TRANSFORMAÇÕES E SÍMBOLOS DA LIBIDO

Dados Internacionais de Catalogação na Publicação (CIP)
(Câmara Brasileira do Livro, SP, Brasil)

Jung, C.G., 1875-1961
Transformações e símbolos da libido : a psicologia do inconsciente / C.G. Jung ; tradução de Markus A. Hediger. – Petrópolis, RJ : Vozes, 2025.

Título original: Wandlugen und symbole der libido
ISBN 978-85-326-7184-4

1. Inconsciente (Psicologia) 2. Jung, Carl Gustav, 1875-1961 – Psicologia 3. Transformação (Psicologia) I. Título.

25-253632 CDD-150.1954

Índices para catálogo sistemático:
1. Jung : Psicanálise : Psicologia 150.1954

Eliane de Freitas Leite – Bibliotecária – CRB 8/8415

C.G. JUNG

TRANSFORMAÇÕES E SÍMBOLOS DA LIBIDO

A psicologia do inconsciente

Tradução de Markus A. Hediger

EDITORA VOZES

Petrópolis

Uma nova versão profundamente revisada e ampliada deste trabalho foi publicada pela Rascher Verlag sob o título "*Symbole der Wandlung. Analyse des Vorspiels zu einer Schizophrenie*"

Tradução do original em alemão intitulado *Wandlugen und symbole der libido. Beiträge zur Entwicklungsgeschichte des Denkes*

Direitos de publicação em língua portuguesa:
2025, Editora Vozes Ltda.
Rua Frei Luís, 100
25689-900 Petrópolis, RJ
www.vozes.com.br
Brasil

Editoração: Piero Kanaan Berger
Diagramação: Editora Vozes
Revisão gráfica: Alessandra Karl
Capa: Rafael Machado
Ilustração de capa: *The Mercurial Serpent, alchemical symbol of psychic transformation* de Barchusen, Elementa chemiae, 1718

ISBN 978-85-326-7184-4 (Brasil)
ISBN 978-3-423-35130-0 (Alemanha)

Este livro foi composto e impresso pela Editora Vozes Ltda.

Sumário

Prefácio

A comunidade de herdeiros de C.G. Jung tem recebido vários pedidos para reeditarmos a versão original de *Transformações e símbolos da libido*. Entendemos esse desejo, pois esse escrito representa o ponto de partida da psicologia analítica. A primeira parte foi publicada em 1911, no *Anuário para pesquisas psicanalíticas e psicopatológicas III*, de Eugen Bleuler e Sigmund Freud. Em 1912, a segunda parte foi publicada não só no anuário IV, mas também numa "impressão especial" de ambas as partes em forma de livro.

Hesitamos em atender ao pedido pelo texto original, pois o próprio C.G. Jung não concordava mais totalmente com a sua obra e a revisou e a ampliou em 1949/1950. Além disso, a linguagem técnica da psicanálise e psiquiatria da época não correspondia ainda à terminologia atual.

A despeito de tudo isso, decidimos – com referência explícita à validade limitada de seu conteúdo – reeditar *Transformações e símbolos da libido* no contexto desta edição de bolso e, assim, ir ao encontro dos leitores com interesses históricos.

Melhor do que eu, o próprio C.G. Jung explica o que o levou a reescrever o livro e qual é a importância da versão original. Segue, portanto, seu prefácio de 1950.

Lutz Niehaus
Presidente da Comunidade de Herdeiros de C.G. Jung
Primavera de 1991.

Prefácio à quarta edição

Há muito estou ciente de que este livro, que escrevi 37 anos atrás, precisa de uma revisão urgente, mas minhas obrigações profissionais e minha atividade científica nunca me permitiram o ócio suficiente para me dedicar com calma a essa tarefa desagradável e difícil. Idade e doença finalmente me libertaram de minhas obrigações profissionais e me concederam o tempo necessário para contemplar os pecados de minha juventude. Nunca estive feliz e, menos ainda, satisfeito, com este livro: de certa forma, ele foi escrito contra a minha vontade, em meio à agitação e à pressão da minha prática clínica, sem consideração de tempo e recursos. Tive que reunir meu material às pressas onde quer que o encontrasse. Meus pensamentos não tiveram a possibilidade de amadurecer.

Tudo isso caiu sobre mim como o desmoronamento de uma montanha, que não pode ser impedido. Só me conscientizei mais tarde da urgência por trás disso: foi a explosão de todos esses conteúdos anímicos que não podiam ser acolhidos pela psicologia e pela visão do mundo freudiana em sua urgente estreiteza. De forma alguma pretendo minimizar os méritos extraordinários de Freud na investigação da psique individual. O contexto conceitual, porém, em que Freud inseriu o fenômeno anímico me pareceu insuportavelmente limitado. Não estou me referindo, por exemplo, à sua teoria da neurose, que pode ser tão limitada quanto quiser, contanto que se adeque ao material experiencial – nem à sua teoria dos sonhos, sobre a qual podemos ter a opinião que quisermos; refiro-me antes ao causalismo redutivo de seu ponto de vista geral e a completa desconsideração da orientação pela eficácia, tão característica de todos os aspectos psíquicos. O livro de Freud *O futuro de uma ilusão* foi escrito mais tarde, mas oferece uma representação válida de seu ponto de vista, que se movimenta dentro dos limites do racionalismo e materialismo científico tão característicos ao fim do século XIX.

Como era de se esperar, o livro nascido sob tais circunstâncias consistia em fragmentos maiores e menores, que consegui juntar apenas de forma insuficiente. Foi uma tentativa apenas parcialmente bem-sucedida de criar para a psicologia médica um quadro de referências adicional para focar no todo do fenômeno psíquico. Uma das minhas intenções principais foi libertar a psicologia médica do caráter subjetivo e personalista então predominante de seu ponto de vista para, pelo menos, permitir uma compreensão do inconsciente como uma psique objetiva e coletiva. O personalismo da visão freudiana e adleriana, que acompanhava o individualismo do século XIX, já que ele, com a exceção da dinâmica instintual (que, em Adler, nem chega a ser contemplada adequadamente), não oferecia espaço para dados objetivos e impessoais. Em conformidade com esse fato, Freud não pôde reconhecer a legitimidade objetiva de minha tentativa, desconfiando antes de motivações pessoais.

Assim o livro se transformou em marco inserido no lugar em que dois caminhos se separaram. Devido à sua imperfeição e incompletude, ele se transformou no programa das décadas seguintes de minha vida. Assim que completei o manuscrito, entendi o que significa viver com um mito ou com a ausência desse. Um mito é aquilo sobre o qual um padre da igreja diz: "*Quod ubique, quod semper, quod ab omnibus creditum est*", ou seja, aquele que acredita viver sem mito ou fora dele, representa uma exceção. Sim, ele até chega a ser um desarraigado, que não mantém uma conexão verdadeira nem com o passado, com a vida dos ancestrais (que sempre vive nele); nem com a sociedade humana atual. Ele não mora numa casa como os outros, não come nem bebe o que os outros comem e bebem, mas vive uma vida isolada, emaranhado em um delírio subjetivo inventado por sua razão, que ele vê como uma verdade que acaba de ser descoberta. Esse brinquedo de sua razão não abala suas entranhas. De vez em quando, porém, lhe causa um mal-estar estomacal, pois o estômago vê esse produto da razão como algo indigestível. A alma não é de hoje! Ela tem a idade de milhões de anos. A consciência individual, porém, é apenas a haste sazonal da flor ou da fruta que nasce do rizoma subterrâneo perene, e este se conforma melhor à verdade quando inclui em seu cálculo a existência do rizoma, pois ele é a mãe de todos.

Eu pressentia que o mito tinha um sentido do qual sentiria falta se vivesse fora dele na névoa de minha especulação. Vi-me pressionado a perguntar com toda seriedade:

"Qual é o mito que você vive?" Não consegui responder à pergunta, antes tive que admitir que, na verdade, eu não vivia nem com um mito nem dentro de um mito, mas que vivia numa nuvem incerta de possibilidades de pontos de vista, que eu encarava com uma suspeita crescente. Eu não sabia que tinha um mito, e mesmo que soubesse, não teria conhecido o mito que ordenava minha vida sem que eu o soubesse. Assim nasceu naturalmente a decisão de conhecer "meu" mito, e passei a ver isso como a tarefa *par excellence*, pois – assim dizia a mim mesmo – como poderia, diante de meus pacientes, levar em conta corretamente meu fator pessoal, minha equação pessoal, tão indispensável para o conhecimento do outro, se eu estivesse inconsciente em relação a isso? Eu precisava saber qual mito inconsciente e pré-consciente me moldava, ou seja, de qual rizoma eu descendia. Essa decisão me conduziu àquelas investigações de muitos anos sobre os conteúdos subjetivos produzidos por processos inconscientes e ao desenvolvimento daqueles métodos que, em parte, possibilitam a investigação prática das manifestações do inconsciente e, em parte, a apoiam. Foi aqui que, aos poucos, descobri os contextos que eu deveria ter conhecido antes para unir os fragmentos de meu livro. Não sei se, agora, após 37 anos, fui bem-sucedido em sua resolução. Foi impossível preservar o estilo de 1912, ou seja, tive que incluir muito daquilo que só descobri décadas depois. Pelo menos tentei, a despeito de uma série de intervenções radicais, preservar o máximo da construção original para manter a continuidade com edições anteriores. Apesar de mudanças consideráveis, não se pode afirmar que este seja um livro diferente. Isso seria impossível, pois, na verdade, o livro é apenas um comentário mais ou menos detalhado a uma análise "prática" de um estádio prodrômico esquizofrênico. A sintomatologia desse caso representa o fio de Ariadne que percorre os labirintos de paralelos simbolísticos, isto é, as amplificações indispensáveis à constatação do sentido de contextos arquetípicos. Assim que tais paralelismos são desenvolvidos, eles exigem um espaço amplo, razão pela qual as representações casuísticas são uma tarefa extraordinariamente difícil. Mas essa é a natureza da questão: quanto mais nos aprofundamos, mais o fundamento se amplia. Ele não se torna mais estreito, muito menos termina numa ponta, por exemplo, num trauma psíquico. Uma teoria desse tipo pressupõe o conhecimento da alma afetada pelo trauma, conhecimento esse que nenhum ser humano possui e que, primeiramente, precisa ser adquirido com muito esforço por meio da investigação do inconsciente real. Isso inclui um extenso material comparativo, o qual nem mesmo a anatomia pode dispensar. No entanto, com um conhecimento dos conteúdos da consciência coletiva, ainda não sabemos nada da psique e de sua vida real subterrânea. Também na psicologia, como em qualquer outra ciência, conhecimentos extensos são pré-requisitos do trabalho investigativo. Um pouco de patologia e teoria das neuroses é totalmente insuficiente para isso, pois esse conhecimento médico só tem conhecimento de uma doença e nada sabe da alma adoecida. É essa a calamidade que quis sanar com este livro – tanto no passado como agora...

Escrevi este livro em 1911 aos 36 anos de idade. Esse momento é crítico, pois sinaliza o início da segunda metade da minha vida e em que, não raramente, ocorre uma metanoia, uma mudança de sentido. Na época, eu estava ciente da perda da sociedade profissional e da relação amistosa com Freud. Devo lembrar-me aqui com gratidão do apoio prático e moral de minha querida esposa naquele período difícil.

C.G. Jung
Setembro de 1950.

Prefácio à terceira edição

A nova edição é, em essência, inalterada, ou seja, foram feitas algumas melhorias que pouco afetam o conteúdo do que foi dito.

Este livro pretende cumprir a tarefa ingrata de dizer aos meus contemporâneos que os problemas da alma humana não podem ser resolvidos com os escassos recursos do consultório médico nem com o tão prezado "conhecimento do mundo e do ser humano" do leigo. A psicologia não pode dispensar a contribuição das ciências do espírito, muito menos a contribuição da história do espírito humano. É, de certa forma, a história em primeira linha que, hoje em dia, nos permite inserir a abundância ilimitada do material empírico em contextos ordenados e reconhecer o significado funcional dos conteúdos coletivos do inconsciente. A psique não é algo dado e inalterável, mas um produto de sua história progressiva. Portanto, as alterações nos produtos das glândulas ou o agravamento de relações pessoais não são os estímulos exclusivos de conflitos neuróticos, mas também atitudes e conteúdos determinados pela história do espírito. Os pré-conhecimentos médico-científicos não bastam nem de longe para compreender a natureza da alma, nem mesmo rudimentarmente. A compreensão psiquiátrica do evento patológico de forma alguma permite sua inserção no contexto geral da psique. Da mesma forma, a mera racionalização é uma ferramenta insuficiente. No entanto, a história nos ensina sempre de novo que, ao contrário de toda a expectativa sensata, os fatores irracionais exercem o papel mais importante e até determinante nos processos de transformação anímica.

Parece que, aos poucos, essa percepção vem ganhando terreno com o apoio de eventos contemporâneos.

C.G. Jung

Novembro de 1937.

Prefácio à segunda edição

Por razões técnicas, o texto do livro nesta segunda edição permaneceu inalterado. A reprodução inalterada do livro originalmente publicado doze anos atrás não significa que o autor não desejasse fazer certos aprimoramentos e mudanças. Tais aprimoramentos diriam respeito a detalhes, mas nada que considere essencial. Ainda hoje adiro em seus traços fundamentais às opiniões e constatações expressadas no livro. Peço que o leitor suporte com paciência certos equívocos ou imprecisões e inseguranças em alguns detalhes.

Este livro causou muitos equívocos. Alguns até chegaram a acreditar que represento nele o meu método de tratamento médico. Evidentemente, não é o que acontece, trata-se antes de um processamento do material da fantasia de Frank Miller, uma jovem norte-americana que não conheço pessoalmente. Na época, esse material foi publicado por meu venerado amigo paternal Théodore Flournoy nos *Archives de psychologie*. Foi com grande satisfação que soube por intermédio do próprio Flournoy que representei de forma excelente a mentalidade da jovem dama. Recebi uma confirmação valiosa em 1918, por meio de um médico norte-americano, que tratou a senhorita Miller por causa de um distúrbio que irrompeu após a estadia dela na Europa. Ele me escreveu que minha representação era tão completa que nem mesmo o encontro pessoal com a paciente pôde lhe ensinar "um pingo" a mais sobre a mentalidade dela. Devo deduzir dessas confirmações que, em todos os traços essenciais, minha reconstrução dos processos fantasiosos semiconscientes e inconscientes parece ter sido correta. Não posso deixar de chamar a atenção do leitor para um equívoco frequente. Devido à peculiaridade das fantasias de Miller, tive que recorrer a um material comparativo mitológico e etimológico, e isso pode gerar a impressão em certos leitores de que a intenção do livro é estabelecer hipóteses mitológicas ou etimológicas. No entanto, essa não é minha intenção, caso contrário, eu teria tentado analisar um mito ou todo um campo mitológico, por exemplo, um ciclo indiano. Certamente não teria escolhido o Hiawatha de Longfellow, assim como também não teria usado o *Siegfried*, de Wagner, para falar do ciclo da Edda mais recente. Utilizo os materiais dispostos no livro porque fazem parte das precondições diretas e indiretas das fantasias de Miller, no sentido em que os explico em maior detalhe no texto. Neste trabalho, quando vários mitologemas são postos em relevo para tornar mais palpável seu sentido psicológico, eu os mencionei como um produto colateral bem-vindo, mas sem a intenção de desenvolver uma teoria geral dos mitos. A intenção real do livro se limita a uma análise mais minuciosa possível de todos os fatores histórico-intelectuais que convergem num produto da fantasia individual e involuntário. Além das fontes pessoais evidentes, a fantasia criativa dispõe também do espírito primitivo há muito esquecido e encoberto com suas imagens peculiares, que se expressam nas mitologias de todas as eras e de todos os povos. A totalidade dessas imagens forma o inconsciente coletivo, que, *in potentia*, é dado a cada indivíduo por meio da hereditariedade. Trata-se do correlato psíquico da diferenciação do cérebro humano. Nesse fato reside a razão pela qual as imagens mitológicas podem reaparecer em conformidade umas com as outras não só em todos os cantos da terra, mas também em todas as eras. Elas estão sempre presentes em todos os lugares. Por isso é absolutamente normal que consigamos relacionar os mitologemas mais distantes em termos temporais e étnicos com um sistema de fantasias individual. O fundamento criativo é o mesmo em todos os lugares, é o mesmo cérebro humano que, com variações relativamente pequenas, funciona da mesma forma em todos os lugares.

C.G. Jung
Küsnacht-Zurique, novembro de 1924.

Parte I

Introdução

Donc comme c'est la théorie que donne leur valeur et leur signification aux faits, elle est souvent très utile, même si elle est partiellement fausse; car elle jette la lumière sur des phénomènes auxquels personne ne faisait attention, force à examiner sous plusieurs faces des faits que personne n'étudiait auparavant, et donne l'impulsion à des recherches plus étendues et plus heureuses [...] c'est donc un devoir moral de l'homme de science de s'exposer à commettre des erreurs et à subir des critiques, pour que la science avance toujours. [...] Un écrivain [...] a vivement attaqué l'auteur en disant que c'est là un idéal scientifique bien restreint et mesquin. [...] Mais ceux qui sont doués d'un esprit assez sérieux et Froid pour ne pas croire que tout ce qu'ils écrivent est l'expression de la vérité absolue et éternelle, approuvent cette théorie qui place les raisons de la science bien au dessus de la misérable vanité et du mesquin amour propre du savant.

[Visto que é a teoria que confere aos fatos seu valor e seu significado, muitas vezes, ela é muito útil, mesmo que seja parcialmente errada; pois ela lança luz sobre fenômenos aos quais ninguém dava atenção; obriga a analisar sob diversos pontos de vista fatos até então ignorados e estimula pesquisas mais minuciosas e mais bem-sucedidas. [...] O risco de cometer equívocos e de se expor à

> crítica é, portanto, uma obrigação moral do cientista, para que a ciência progrida cada vez mais. [...] Um escritor atacou duramente o autor ao achar que este era um ideal altamente limitado e pobre. [...] Mas aqueles que são suficientemente sérios e frios para não acreditar que tudo que escrevem é expressão da verdade absoluta e eterna, concordarão com este entendimento, que coloca os interesses da ciência muito acima da vaidade miserável e do amor-próprio mesquinho] (Ferrero, 1895, Prefácio, p. VIII).

Quem conseguiu ler a *Interpretação dos sonhos* de Freud sem indignação científica contra a novidade e a ousadia aparentemente injustificada de seu procedimento e sem exasperação moral diante da nudeza surpreendente das interpretações dos sonhos, quem, portanto, conseguiu deixar agir sobre si serenamente e sem preconceitos essa matéria especial, dificilmente deixou de sentir uma impressão profunda na passagem em que Freud (1900, p. 185) lembra que um conflito psicológico individual, isto é, a fantasia de um incesto, é a raiz principal do grandioso drama antigo, a saga de Édipo. A impressão causada por essa simples constatação pode ser comparada com aquele sentimento muito especial que nos acomete quando, em meio ao barulho e à agitação de uma rua urbana moderna, nos deparamos com uma relíquia antiga – o capitel coríntio de uma coluna amuralhada ou o fragmento de uma inscrição. Ainda agora estávamos totalmente entregues à ruidosa e efêmera azáfama do presente, e então nos aparece algo muito distante e estranho que volta nosso olhar para coisas de outra ordem: levantamos os olhos da multiplicidade confusa do presente para uma conexão mais elevada com a história. Lembramos de repente que nesse lugar, onde agora corremos ocupados de um lado para outro, 2 mil anos atrás já existiam vida e atividade semelhantes, embora em formas um pouco diferentes, paixões semelhantes abalavam as pessoas e essas também estavam convencidas da singularidade de sua existência. Devo comparar essa impressão, facilmente causada pelo primeiro encontro com os monumentos da Antiguidade, com aquela que Freud desperta com sua referência à saga de Édipo. – Ainda agora estávamos ocupados com as impressões confusas das infinitas variáveis da alma individual, quando, de repente, se apresenta a vista daquela singela grandeza da tragédia de Édipo, aquele farol perene do teatro grego. Essa ampliação da vista contém um caráter de revelação. Para nós, em termos psicológicos, a Antiguidade há muito caíra nas sombras do passado; na escola, dificilmente conseguíamos reprimir um sorriso cético quando, indiscretamente, calculávamos a idade matronal de Penélope e o indolente número de anos de Jocasta e fazíamos comparações cômicas entre o resultado do cálculo e as tempestades trágico-eróticas da saga e do drama. Naquela época, não sabíamos (e quem ainda o sabe hoje?) que o filho pode sentir pela "mãe" uma paixão consumidora que transcende tudo e que talvez mine toda a sua vida e a destrua tragicamente, de modo que a grandiosidade do destino de Édipo não parece em nada exagerada. Casos raros percebidos como patológicos, como Ninon de Lenclos e seu filho[1], costumam ser remotos demais para nos transmitir uma impressão vívida. Mas se seguirmos

---

1. Dizem que ele se suicidou quando soube que a tão venerada Ninon era sua mãe.

o caminho traçado por Freud, chegaremos à percepção vívida da existência de tais possibilidades que, embora fracas demais para forçar o incesto, são suficientemente fortes para provocar perturbações da alma em extensões consideráveis. É impossível admitir tais possibilidades em nós mesmos sem uma indignação inicial do sentimento moral; resistências essas que facilmente ofuscam o intelecto e assim impossibilitam o autorreconhecimento. Mas se conseguirmos libertar o reconhecimento científico da valoração emocional, teremos transposto aquele abismo que separa nosso tempo da Antiguidade e veremos com surpresa que Édipo ainda está vivo para nós. A importância de tal impressão não deve ser subestimada: pois esse reconhecimento nos mostra uma identidade dos conflitos humanos elementares que está além do tempo e do espaço. Aquilo que fazia com que os gregos estremecessem ainda é verdade, mas, para nós, apenas quando abdicamos de uma vã ilusão de nossos dias posteriores, isto é, de que somos diferentes, ou seja, mais morais do que os antigos. Apenas conseguimos esquecer que uma comunhão indissolúvel nos une às pessoas da Antiguidade. Com isso, abre-se um caminho para a compreensão do espírito antigo como não havia antes, o caminho de uma empatia interior de um lado e, de outro, de uma compreensão intelectual. Pela via das substruções soterradas de nossa própria alma, nós nos apoderamos do sentido vivo da cultura antiga e, justamente por meio disso, alcançamos aquele ponto fixo fora de nossa própria cultura, e é somente a partir dessa que se torna possível uma compreensão objetiva de suas correntes. Essa, ao menos, é a esperança que haurimos da redescoberta da imortalidade do problema de Édipo.

O questionamento viabilizado pelo trabalho de Freud já teve um efeito fertilizante; devemos a esse estímulo alguns ataques corajosos ao campo da história do espírito humano. São os trabalhos de Riklin (1908), Abraham (1909), Rank (1909), Maeder (1908) e Jones (1910), aos quais se associou recentemente Silberer com um belo estudo sobre fantasia e mito (*Phantasie und Mythus*, 1910). Outro trabalho de importância fulcral para a psicologia da religião cristã devemos a Pfisterer (1910)[2]. O motivo condutor desses trabalhos é o desvelamento de problemas históricos por meio da aplicação de descobertas psicanalíticas, ou seja, obtidos através da atividade da alma inconsciente moderna, a determinada matéria histórica. Devo remeter o leitor completamente aos trabalhos mencionados, para que ele possa se informar sobre a extensão e o tipo de conhecimento já obtidos. Em seus detalhes, as interpretações ainda são muitas vezes inseguras, no entanto, de forma alguma isso prejudica o resultado geral. Já seria suficientemente significativo se demonstrassem apenas a grande analogia entre a estrutura psicológica das relíquias históricas e a estrutura de recentes produtos da psicologia individual. Acredito que, para todos os criteriosos, os trabalhos já feitos tenham demonstrado isso; pois a analogia se encontra especialmente no simbolismo, como mostraram Riklin, Rank, Maeder e Abraham com exemplos esclarecedores, e depois nos mecanismos individuais do trabalho inconsciente, ou seja, no recalcamento, na condensação etc., como foi demonstrado de forma explícita principalmente por Abraham.

---

2. O trabalho de Freud nos traz informações significativas na obra: *Uma recordação de infância de Leonardo da Vinci.*

Até agora, o pesquisador psicológico tem voltado seu interesse principalmente para a análise de problemas da psicologia individual. Diante da situação atual, porém, parece-me tornar-se uma exigência mais ou menos irrefutável ao psicanalista ampliar a análise dos problemas individuais pelo recurso ao material histórico, como Freud já fez de modo exemplar em seu escrito sobre Leonardo da Vinci (1910, p. 465ss.). Pois, assim como os conhecimentos psicanalíticos incentivam a compreensão de formações histórico-psicológicas, inversamente os materiais históricos podem lançar nova luz sobre problemas da psicologia individual. Essas e outras considerações me levaram a voltar minha atenção um pouco mais para os aspectos históricos, na esperança de, ali, obter novos conhecimentos sobre os fundamentos da psicologia individual.

Sobre os dois tipos de pensamento

Como sabemos, um dos princípios da psicologia analítica é que as imagens oníricas devem ser interpretadas de modo simbólico, que não podem ser compreendidas literalmente, mas que se deve suspeitar de um sentido oculto por trás delas. Esse pensamento antiquado de um simbolismo dos sonhos provocou não apenas críticas, mas até oposição do tipo mais feroz. Ao senso comum, porém, não parece ser algo tão escandaloso o fato de que o sonho tenha sentido e, portanto, seja algo que possa ser interpretado, pois isso expressa apenas uma verdade que as pessoas conhecem há milênios e, portanto, é praticamente banal. Lembramo-nos de que, já na escola, ouvíamos falar dos intérpretes de sonhos egípcios e caldeus. Ouvíamos falar de José, que interpretava os sonhos do faraó; também do livro dos sonhos de Artemidoros. Incontáveis monumentos literários de todas as épocas e de todos os povos nos falam de sonhos significativos e proféticos, de sonhos agourentos e também de sonhos curativos, que o deus enviava aos enfermos que dormiam no templo. Conhecemos o sonho da mãe de Augusto, que sonhou que foi engravidada pela divindade que se transformara em serpente. Não queremos exagerar o número de referências e exemplos que comprovam a existência de uma crença no simbolismo do sonho. Se uma verdade é tão antiga e tão geralmente aceita, de algum modo, ela também deve ser verdadeira – não, como costuma ser o caso, *verdadeira de modo real*, mas *psicologicamente verdadeira* (deve-se a essa diferença o fato de que, de vez em quando, a ignorância científica jogou fora uma antiga herança de sabedoria, porque ela não era real, mas psicologicamente verdadeira, algo que esse tipo de pessoa jamais compreendeu).

Para a nossa experiência, é quase inconcebível que um deus existente fora de nós cause o sonho ou que o sonho possa prever o futuro profeticamente. Mas se traduzirmos isso para o psicológico, a concepção antiga já se apresenta de forma muito mais reconciliadora, ou seja: *o sonho tem sua origem em uma parte desconhecida, mas importante, da alma e se ocupa com os desejos para o dia seguinte*. Essa formulação psicológica, derivada da antiga concepção supersticiosa do sonho, concorda perfeitamente com a psicologia freudiana, que pressupõe como fonte do sonho um desejo emergente do inconsciente.

Como afirma a velha crença, a divindade ou o demônio falam em linguagem simbólica ao adormecido, e cabe ao intérprete de sonhos traduzir a linguagem enigmática. Em linguagem moderna, isso significa que *o sonho é uma série de imagens aparentemente contraditórias e absurdas, mas que provém de um material psicológico que oferece um sentido claro*.

Caso tivesse que pressupor um desconhecimento amplo da análise dos sonhos, eu teria que comprovar essa frase com múltiplos exemplos. Hoje em dia, porém, essas coisas já são muito conhecidas; por respeito ao público com formação psicanalítica, devemos ser parcimoniosos com a casuística dos sonhos para não nos tornarmos entediantes. Uma dificuldade especial é que não podemos narrar nenhum sonho sem ter de acrescentar metade de uma biografia que represente as bases individuais do sonho. Existem alguns poucos sonhos típicos que podem ser narrados sem lastro excessivo. Um deles é o sonho da agressão sexual, especialmente frequente em mulheres. Uma moça que adormece após uma alegre noite de dança sonha com um ladrão que arromba sua porta com barulho e perfura seu corpo com uma lança.

Esse tema facilmente compreensível apresenta inúmeras variantes, ora simples, ora complexas. A lança pode ser substituída por uma espada, um punhal, um revólver, uma espingarda, um canhão, um hidrante, um regador; a agressão pode ser um arrombamento, uma perseguição, um furto, ou alguém que se esconde no armário ou embaixo da cama. Ou o perigo é ilustrado por animais selvagens, por exemplo, por um cavalo, que derruba a sonhadora e, com a pata traseira, desfere-lhe um golpe no corpo; ou por leões, tigres, elefantes com trombas ameaçadoras e, por fim, cobras em infinitas variações.

Ora a cobra entra na boca, ora morde o seio, como a lendária cobra de Cleópatra, ora assume o papel da cobra do paraíso ou as variações de Franz von Stuck, cujas pinturas de cobras têm nomes significativos: o vício, o pecado e a volúpia. A atmosfera dos quadros expressa de modo incomparável a mistura de volúpia e medo, de modo muito mais brutal do que o encantador poema "Primeira canção de amor de uma donzela", de Mörike:

Primeira canção de amor de uma donzela

O que está na rede? Venha ver!
Mas estou com medo;
Pego uma suave enguia?
Pego uma cobra?

É o amor, cega
Pescadora.
Digam à criança
Onde está pegando?

Já pula em minha mão!
Oh lástima! Oh prazer!
Aninha-se e revira
Sobe no meu peito.

Me atravessa, oh maravilha,
Ousadamente a pele,
No coração se atira!
Oh amor, que horror!

Que fazer, que tentar?
A terrível coisa
Lá dentro estala
Se enrola em mim.

Preciso de veneno!
Por aqui rasteja
Com deleite escava
E ainda vai me matar.

Todas essas coisas são simples e dispensam explicação para serem compreendidas. Um pouco mais complicado, mas ainda inequívoco, é o sonho de uma senhora: ela vê o Arco do Triunfo de Constantino. Diante dele está um canhão, à direita deste, um pássaro, à esquerda, um homem. O canhão dispara, o projétil a atinge, entra na bolsa, na carteira. Lá permanece imóvel, e ela segura a carteira como se nela se encontrasse algo precioso. Então a imagem desaparece, e ela só vê o cano do canhão, e acima dele o lema de Constantino: *In hoc signo vinces*.

Essas poucas alusões à natureza simbólica do sonho devem bastar. Quem achar que isso é prova insuficiente (e para qualquer principiante isso realmente é insuficiente), eu o remeto ao trabalho fundamental de Freud e aos trabalhos mais incisivos de Stekel (1909) e Rank (1910). Devemos contar aqui com o simbolismo do sonho como fato comprovado para conjurar a seriedade necessária para a admiração diante desse fato. Caso contrário, não conseguimos nos maravilhar diante do fato de que em nossa atividade espiritual consciente se insinue uma figuração mental que, aparentemente, obedece a leis e fins totalmente diferentes do que o produto anímico.

Por que os sonhos são simbólicos? Na psicologia, cada "por que" se divide em dois questionamentos separados: primeiramente, "*para quê*" os sonhos são simbólicos? Queremos responder a essa pergunta apenas para, logo em seguida, abandoná-la. Os sonhos são simbólicos para que não sejam compreendidos, para que o desejo, que se esconde por trás dele como fonte do sonho, permaneça incompreendido. Por que isso é assim e não de forma diferente, essa pergunta conduz às experiências e aos raciocínios extensos da psicologia freudiana. Aqui, interessa-nos o segundo questionamento: *qual é a razão pela qual os sonhos são simbólicos?* Isto é, de onde vem essa capacidade de representação simbólica, da qual, aparentemente, não conseguimos encontrar nenhum rastro em nosso pensamento cotidiano consciente? Observemos mais de perto: será que realmente não conseguimos encontrar nada de simbólico em nosso pensamento? Sigamos nossas linhas de pensamento; tomemos um exemplo: estamos refletindo sobre a guerra de 1870-1871. Pensamos nas séries de batalhas sangrentas, no sítio de Estrasburgo, Belfort, Paris, o tratado de paz, a fundação do *Deutsches Reich* etc. Como pensamos? Tomamos uma representação inicial ou superior, como também é chamada, e sem pensar nela toda vez, conduzidos apenas por um senso de direção, refletimos sobre as reminiscências individuais da guerra. Não conseguimos encontrar aqui nada de simbólico, e é segundo esse tipo que todo nosso pensamento consciente transcorre[3]. Se observarmos nosso pensamento bem de perto e acompanharmos uma linha de pensamento intensivo, por exemplo, a solução de algum problema difícil, percebemos repentinamente que *pensamos em palavras*, que, quando pensamos muito intensamente, começamos a falar conosco mesmos e que, ocasionalmente, também anotamos ou desenhamos o problema para sermos bem claros. Quem viveu durante um período maior na região de uma língua estranha deve ter percebido que, depois de algum tempo, começou a pensar na língua do país. Um pensamento muito intensivo, portanto, transcorre mais ou menos em

3. Pensamento como submissão a uma representação dominante: cf. Ebbinghaus (1910, p. 221ss.). Külpe se manifesta de forma semelhante: "O pensamento é uma apercepção antecipadora que, em parte, domina um ciclo menor, em parte, um ciclo maior de reproduções individuais e que se diferencia de motivos de reprodução aleatórios apenas pela determinação com a qual tudo que não pertence a esse ciclo é mantido à distância ou reprimido" (1893, p. 464). Cf. Liepmann (1904) e OC 2.

forma de linguagem, ou seja, como se quiséssemos dizê-lo, ensiná-lo ou convencer alguém dele. *Aparentemente, ele se dirige completamente para fora*. Nesse sentido, o pensamento direcionado ou lógico é, para nós, um pensamento da realidade[4], ou seja, um pensamento que se adapta à realidade[5], em que, em outras palavras, *imitamos a sucessão das coisas objetivas reais*, de modo que as imagens em nossa mente seguem a mesma sequência causal rigorosa em que os eventos históricos ocorrem fora dela[6]. Denominamos esse pensamento também de pensamento com atenção direcionada. Possui, além disso, a peculiaridade de causar cansaço e, por isso, de ser posto em função apenas temporariamente. Toda nossa tão custosa atividade vital é adaptação ao ambiente, uma parte dessa é o pensamento direcionado que, biologicamente falando, nada mais é do que um processo psíquico de assimilação que, como toda atividade vital, causa um respectivo esgotamento.

A matéria com que pensamos é *linguagem* e *conceito linguístico*, coisa que, desde sempre, tem sido lado externo e ponte e que tem uma única finalidade, isto é, a da

4. Em sua *Psychologia empirica* (1732, § 23), Christian Wolff afirma de forma simples e precisa: "Cogitatio igitur est actus animae, quo sibi sui rerumque aliarum extra se conscia est" [O pensamento é, portanto, aquele ato da alma por meio do qual ela se conscientiza de si mesma e das coisas restantes fora dela].

5. O momento de adaptação é ressaltado principalmente por William James em sua definição do pensamento lógico: "Consideremos essa destreza de fazer jus a fatos novos como a *differentia specifica* do pensamento lógico. Assim ele é suficientemente diferenciado do pensamento associativo comum" (1909, p. 353).

6. "Os pensamentos são sombras de nossas sensações, sempre mais sombrias, mais vazias e mais simples do que estas", afirma Nietzsche. Lotze (1874, p. 552) se expressa em relação a isso da seguinte forma: "[...] o pensamento, quando se entrega às leis lógicas desse seu movimento, no fim de seu caminho corretamente percorrido, reencontra-se com a maneira de ser das coisas".

comunicação. Enquanto pensamos de modo direcionado, pensamos para outros e falamos a outros[7].

Originalmente, a linguagem é um sistema de sons emotivos e imitativos, sons que expressam susto, medo, raiva, amor etc., e sons que imitam os ruídos dos elementos, o borbulho e o murmúrio da água, o estrondo do trovão, o sopro do vento, os sons do mundo animal etc. e, por fim, os sons que representam uma combinação do som da percepção e do som da reação afetiva (Kleinpaul, 1893). E também os idiomas mais ou menos modernos contêm ainda muitos resíduos onomatopoéticos. Por exemplo, sons para o movimento da água: *rauschen* (murmurar), *rieseln* (chuviscar), *rüschen* (fluir), *rinnen* (escorrer), *rennen* (correr), *to rush* (precipitar), *ruscello* (regato), *ruisseau* (riacho), *river* (rio), *Rhein* (Reno) – *Wasser* (água), *wissen* (saber), *wissern* (aguar), *pissen* (urinar), *piscis* (peixe), *Fisch* (peixe).

Assim, a língua em sua origem e essência nada mais é senão um sistema de signos e símbolos que designam acontecimentos reais ou seu eco na alma humana[8].

Portanto, devemos concordar decisivamente com Anatole France, quando diz:

---

7. Cf. abaixo as explicações de Baldwin. O filósofo excêntrico Johann Georg Hamann (1730-1788) até chegou a identificar a razão com a linguagem. (Cf. os escritos de Hamann, vol. 7, p. 1ss.). Em Nietzsche, a razão se sai ainda pior como "metafísica da linguagem". Mauthner (1901) é quem vai mais longe; para ele, não há pensamento sem linguagem, e só falar é pensar. O que deve ser levado em consideração é seu pensamento do "fetichismo da palavra" na ciência.

8. No entanto, no que diz respeito à situação primitiva da subjetividade de símbolos que parecem pertencer totalmente ao sujeito, meu pequeno filho me deu um exemplo expressivo: tudo que ele gostaria de pegar ou de comer, ele designa com a enérgica exclamação "*stô lô*!" (expressão no dialeto suíço para "não toque nisso!").

> Et qu'est-ce que penser? Et comment pense-t-on? Nous pensons avec des mots; cela seul est sensuel et ramène à la nature. Songez-y, un métaphysicien n'a, pour constituer le système du monde, que le cri perfectionné des singes et des chiens. Ce qu'il appelle spéculation profonde et méthode transcendante, c'est de mettre bout à bout dans un ordre arbitraire, les onomatopées qui criaient la faim, la peur et l'amour dans les forêts primitives et auxquelles se sont attachés peu à peu des significations qu'on croit abstraites quand elles sont seulement relâchées. N'ayez pas peur que cette suite de petits cris éteints et affaiblis qui composent um livre de philosophie nous en apprenne trop sur l'univers pour que nous ne puissions plus y vivre.
>
> [E o que é pensar? E como pensamos? Nós pensamos com palavras; só isto é sensual e reconduz à natureza. Lembrem-se de que um metafísico, para constituir o sistema do mundo, só dispõe do grito aperfeiçoado dos macacos e dos cães. Aquilo que ele chama de especulação profunda e método transcendental é colocar uma depois da outra, numa ordem arbitrária, as onomatopeias que gritavam a fome, o medo e o amor pelas florestas primitivas e às quais pouco a pouco se associaram significados que são considerados abstratos quando estão apenas amortecidos. – Não tenham medo de que esta sequência de pequenos gritos abafados e enfraquecidos que compõem um livro de filosofia nos venham a ensinar coisas demais sobre o universo para que não possamos mais viver nele] (France, 1908, p. 80).

Assim, nosso pensamento direcionado, ainda que fôssemos os mais solitários e alienados pensadores, nada mais é do que o estágio preliminar de um estendido chamado aos companheiros de que alguém encontrou água fresca, que ele abateu o urso, que uma tempestade se aproxima ou que lobos rondam o acampamento. Um paradoxo certeiro de Abelardo, que, de modo divinatório, expressa toda a limitação humana de nossa complexa atividade mental, diz: "*Sermo generatur ab intellectu et generat intellectum*" [A língua é gerada pelo pensamento e gera o pensamento]. Um sistema de filosofia, por mais abstrato que seja, representa, sem seus meios e fins, apenas uma combinação muito engenhosa de primitivos sons naturais[9]. Daí o ímpeto de um Schopenhauer, de um Nietzsche por reconhecimento e compreensão, o desespero e a amargura de sua solidão. Poder-se-ia esperar que um homem genial se deleitasse com a grandeza de seu próprio pensamento, renunciando ao aplauso barato das massas por ele desprezadas; ele, porém, sucumbe à pulsão mais poderosa do instinto gregário, à sua busca e ao seu encontro, seu chamado se dirige forçosamente ao rebanho e *precisa* ser ouvido.

Acabei de dizer acima que, na realidade, o pensamento direcionado é um pensamento em palavras e citei o espirituoso testemunho de Anatole France como prova drástica, e isso facilmente poderia levar ao equívoco de que o pensamento direcionado é sempre apenas "palavra". No entanto, isso iria longe demais. A linguagem, porém, deve ser compreendida em um sentido mais ex-

9. É praticamente impossível avaliar o tamanho da tentadora influência dos significados primitivos das palavras sobre o pensamento. – "[...] tudo aquilo que alguma vez já esteve na consciência permanece como elemento ativo no inconsciente", diz Paul (1909, p. 25). Os antigos significados das palavras ainda exercem um efeito, a princípio de modo imperceptível "a partir do espaço sombrio do inconsciente na alma" (1909, p. 25). De modo absolutamente inequívoco, expressa-se o acima mencionado Hamann: "A metafísica abusa de todos os signos verbais e figuras retóricas de nossa percepção empírica para transformá-los em hieróglifos e tipos de situações ideais". Corre o boato de que Kant teria aprendido muito com Hamann.

tenso do que, por exemplo, o da fala, que, em si, é apenas o escoamento do pensamento formulado, capaz de se comunicar no sentido mais amplo. Se assim fosse, o surdo-mudo seria extremamente limitado em sua capacidade de pensar, o que não é o caso. Ele tem a sua "linguagem", mesmo sem o conhecimento da fala. Historicamente, essa linguagem ideal ou, em outras palavras, o pensamento direcionado é um descendente das palavras primitivas, como explica, por exemplo, Wundt:

> Outra consequência importante daquela ação conjunta da modificação dos sons e dos significados consiste no fato de muitas palavras pouco a pouco perderem totalmente seu sentido concreto-sensorial primitivo, passando a constituir signos de conceitos gerais e da expressão das funções aperceptivas da relação e comparação e de seus produtos. Desse modo se desenvolve o pensamento abstrato, que, por não ser possível sem a modificação do significado subjacente, é ele mesmo um produto daquelas interações psíquicas e psicofísicas das quais se compõe o desenvolvimento da linguagem (Wundt, 1902, p. 365).

Jodl (1908, p. 26) rejeita a identidade de linguagem e pensamento, visto que, por exemplo, o mesmo fato psíquico pode ser expressado de modo diferente em línguas diferentes. Ele conclui disso a existência de um pensamento "hiperlinguístico". Esse certamente existe, quer o chamemos de "hipológico", segundo Erdmann; ou "hiperlinguístico", segundo Jodl, no entanto, não é um pensamento lógico. Minha concepção coincide com as explicações notáveis de Baldwin, que transcrevo aqui literalmente (1910, p. 175ss.):

A passagem do sistema de ideias dos estágios preliminares do julgamento para o do julgamento é precisamente aquela do conhecimento que encontra confirmação social para aquele sistema que pode dispensar esta confirmação. Os conceitos usados no julgamento são aqueles que, através das confirmações do intercâmbio social, já se haviam formado em seus pressupostos e implicações. Desse modo o julgamento pessoal, treinado nos métodos da reprodução social e solidificado pela interação com seu mundo social, torna a projetar seu conteúdo para dentro deste mundo. Em outras palavras, em qualquer época, já está socializado o fundamento de todo movimento que leva à afirmação do julgamento individual, o nível a partir do qual novas experiências se tornam utilizáveis; e é justamente esse movimento que tornamos a reconhecer no resultado real como a sensação da "adequação" ou a particularidade "sinômica" do conteúdo expresso.

Como veremos, o desenvolvimento do pensamento se dá essencialmente pelo método de tentativa e erro, da experimentação, quando os conteúdos são usados como se realmente tivessem um valor maior do que aquele que até então lhes tinha sido atribuído. O indivíduo é obrigado a valer-se de suas ideias antigas, de seu saber determinado, de seus juízos lógicos, para a elaboração de suas construções criativas novas. Ele conduz seu pensamento, como fizemos, 'esquematicamente' ou, como diz a lógica, problematicamente, isto é, condicionalmente, disjuntamente; ele emite para todo o mundo um parecer que ainda é seu próprio, pessoal, como se fosse verdadeiro. Todo o método de descoberta vale-se deste procedimento. Mas, sob o ponto de vista linguístico, usa ainda a linguagem corrente, emprega ideias já incorporadas à linguagem social tradicional.

Esta experimentação favorece simultaneamente o pensamento e a linguagem.

Por isso, a linguagem cresce exatamente como cresce o pensamento, nunca perdendo seu sentido 'sinômico' de dois componentes; seu significado é também pessoal como social.

A linguagem é o registro do conhecimento transmitido, a crônica das conquistas nacionais, o tesouro destinado a todos, alcançado pelos progressos do gênio de cada indivíduo. O sistema de 'modelos' sociais assim formado reflete... os processos de julgamento da raça; e, por sua vez, torna-se a escola que formará o juízo das novas gerações.

É pelo uso da linguagem que se realiza a maior parte da educação do eu reduzindo concomitantemente as inseguranças diante da base sólida do julgamento sadio da reação pessoal, dos fatos e ideias. Quando a criança fala, submete ao mundo sinais para a determinação de um significado geral e comum; a recepção que cabe a esses sinais confirma ou rejeita sua proposta. Tanto num caso quanto no outro, a consequência é ensinamento. A tentativa seguinte da criança se faz então a partir de um grau de conhecimento em que o novo detalhe já está mais próximo daquilo que pode ser transformado na moeda corrente do relacionamento efetivo. O que importa aqui não é tanto o mecanismo exato da troca, o intercâmbio social através do qual a vitória é assegurada, e sim a educação do raciocínio, proporcionada pelo seu uso contínuo. Em todo caso individual o julgamento eficiente é também o julgamento comum.

[...] queremos mostrar aqui que este julgamento é obtido através do desenvolvimento de uma função cuja origem é diretamente *ad hoc* – que visa diretamente aquela experimentação social através da qual o desenvolvimento da capacitação social é igualmente fomentado – a formação da linguagem. Temos assim [...] na linguagem o instrumento palpável, real e histórico do de-

> senvolvimento e da conservação do significado psíquico. Ela nos dá testemunho efetivo e prova a coincidência do julgamento social e pessoal. Nela o significado 'sin-nômico', declarado como 'adequado' pelo julgamento, transforma-se no significado 'social', considerado como socialmente generalizado e aceito.

Essas exposições de Baldwin ressaltam amplamente o condicionamento do pensamento determinado pela linguagem[10], que é de maior importância tanto subjetiva (intrapsíquica) como objetivamente (social); ao menos tão importantes que realmente devemos nos perguntar se, afinal, o cético Friedrich Mauthner (1901, p. 164ss.), ao falar sobre a independência do pensamento, não teve razão ao afirmar que pensamento é linguagem e nada mais. Baldwin se expressa de modo mais cauteloso e reservado, mas, veladamente, defende de forma bastante clara a favor da primazia da linguagem.

O pensamento direcionado ou, como talvez também poderíamos chamá-lo, o *pensamento linguístico*, é o instrumento evidente da cultura, e não erramos se dizemos que o enorme trabalho educacional que os séculos exerceram sobre o pensamento direcionado, justamente por meio do desenvolvimento peculiar do pensamento a partir do individual-subjetivo para o social-objetivo, exigiu um processo de adaptação do espírito humano, ao qual devemos a empiria e a tecnologia modernas, essa absoluta novidade na história do mundo. Os séculos anterio-

---

10. Menciono de passagem que, por incentivo meu, Eberschweiler realizou pesquisas (experimentais) sobre a influência do componente linguístico sobre a associação [*Untersuchungen über den Einfluss der sprachlichen Komponente auf die Assoziation*], que revelaram o notável fato de que, no experimento de associação, a associação intrapsíquica é modificada por influências fonéticas.

res não as conheciam. Muitas vezes já, mentes curiosas foram provocadas a se perguntar por que os indubitavelmente altos conhecimentos matemáticos, mecânicos e materiais, em combinação com a arte inigualável da mão humana na Antiguidade, nunca chegaram a desenvolver aqueles princípios técnicos conhecidos (por exemplo, os princípios das máquinas simples) para além do lúdico e curioso em uma tecnologia real no sentido moderno. Existe para isso necessariamente apenas *uma* resposta: com a exceção de alguns espíritos augustos, todos os antigos careciam da capacidade de permitir que seu interesse acompanhasse as mudanças da matéria inanimada a ponto de serem capazes de reproduzir criativa e artificialmente o processo natural, sendo essa a única maneira pela qual poderiam ter se apropriado da força da natureza. Faltava o treino do pensamento direcionado, ou em termos psicanalíticos: os antigos não conseguiram desvincular a libido sublimável de outras relações naturais e direcioná-la voluntariamente não para matérias antropomorfizadas ou adaptadas de outra forma. Pois o segredo do desenvolvimento da cultura é a *mobilidade e a capacidade de deslocamento da libido*. Por isso, devemos supor que o pensamento direcionado do nosso tempo é uma conquista mais ou menos moderna que faltava em tempos mais remotos.

Isso, porém, nos leva a outra pergunta, ou seja, o que acontece quando não pensamos de modo direcionado: então falta ao nosso pensamento a ideia superior e o senso de direção que dela resulta[11]. Não obrigamos mais nossos

11. Assim, ao menos, esse pensamento se apresenta à consciência. Freud observa em relação a isso (1900, p. 325): "Pois é comprovadamente falso que nós nos abandonamos a um fluir livre das ideias quando [...] deixamos de pensar e per-

pensamentos a seguir determinados trilhos, mas os deixamos flutuar, cair e se elevar de acordo com seu próprio peso. Segundo Külpe (1893, p. 464), o pensamento é uma espécie de "ato voluntário interior", cuja ausência resulta necessariamente em um "jogo automático das ideias". William James considera que o pensamento não direcionado ou "meramente associativo" é o pensamento comum. Ele se manifesta sobre isso da seguinte forma:

> Nosso pensamento consiste em grande parte em sequências de imagens, das quais uma chama a outra, de uma espécie de devaneio passivo, de que os animais superiores provavelmente também são capazes. Não obstante, esse tipo de pensamento conduz a conclusões racionais, tanto de natureza prática quanto teórica [...]. Normalmente, os membros que são conectados aleatoriamente uns com os outros são, nesse tipo de pensamento irresponsável, fatos concretos empíricos, e não abstrações (1909, p. 352).

Podemos completar essas explicações de James da seguinte maneira: esse pensamento não exige esforço, logo se afasta da realidade para fantasias do passado e do futuro. Aqui termina o pensamento em forma linguística, imagem segue imagem, sentimento segue sentimento[12],

---

mitimos que imagens indesejadas venham à tona. Podemos mostrar que só nos é possível renunciar às ideias dirigidas que conhecemos e que, com o cessar destas, imediatamente predominam ideias dirigidas desconhecidas – como dizemos inadequadamente: inconscientes – que agora determinam o desenrolar das imagens indesejadas. Um pensamento sem ideias dirigidas não pode ser sequer formulado devido à nossa própria influência sobre nossa vida espiritual [...]".

12. Por trás dessa afirmação se escondem primeiramente experiências do âmbito normal: o pensamento indeterminado se afasta muito do "refletir", principalmente no que diz respeito à disposição linguística. Em experimentos psicológicos, vivenciei muitas vezes que as pessoas submetidas aos experimentos (falo exclusivamente de pessoas cultas e inteligentes), as quais – aparente-

de forma cada vez mais clara ousa mostrar-se uma tendência que cria e coloca todas as coisas não como *realmente* são, mas como desejaríamos que fossem. A matéria desse pensamento, que volta as costas para a realidade, naturalmente só pode ser o passado com suas mil imagens de recordações. A linguagem corrente chama esse pensar de "sonhar".

Quem observar a si mesmo com atenção achará a linguagem corrente apropriada, pois percebemos quase todos os dias como, ao adormecer, nossas fantasias se entrelaçam com os sonhos, de modo que a diferença não é tão grande entre os sonhos do dia e da noite. Temos, portanto, duas formas de pensar: o *pensar direcionado* e o sonhar ou fantasiar. O primeiro trabalha em prol da

---

mente sem intenção e sem instruí-las previamente – deixei que se entregassem a seus devaneios, apresentavam manifestações afetivas experimentalmente registráveis, sobre cujos fundamentos racionais só conseguiam dizer pouco ou nada, por mais que se esforçassem. Fazemos experiências semelhantes no experimento de associação e na psicanálise aos montes. (Não existe, por exemplo, praticamente nenhum complexo inconsciente que não existiu também como fantasia na consciência). Mais instrutivas são as experiências de natureza patológica, e isso vale menos para as procedentes do campo da histeria e de todas aquelas neuroses caracterizadas por uma tendência predominante de transferência do que para as experiências no campo da psicose ou neurose de introversão, em que deve ser enquadrada a grande maioria dos distúrbios mentais, ao menos todo o grupo esquizofrênico de Bleuler. Como já sugere o termo "introversão" (que introduzi brevemente em meu trabalho "Über Konflikte der kindlichen Seele" [OC 17]), essa neurose leva a um autoerotismo predominante (Freud). E aqui nos deparamos também com aquele pensamento "hiperlinguístico", puramente "fantástico", que se move em imagens e sentimentos "indizíveis". Obtemos uma pequena impressão disso quando tentamos examinar o conteúdo das expressões pobres e confusas desses doentes. É também um esforço infinito para o doente, como vi várias vezes, formular suas fantasias em palavras humanas. Uma doente altamente inteligente, que "traduziu" para mim de forma fragmentária um desses sistemas de fantasias, costumava me dizer: "Sei exatamente do que se trata, vejo e sinto tudo, mas é totalmente impossível encontrar as palavras para isso". A introversão poética e religiosa ocasiona experiências semelhantes; por exemplo, Paulo na Epístola aos Romanos (8,26): "[...] porque não sabemos pedir o que nos convém. O próprio Espírito é que intercede por nós com gemidos inefáveis".

comunicação, com elementos linguísticos, é trabalhoso e cansativo; o segundo trabalha sem esforço, trabalha, por assim dizer, espontaneamente com as reminiscências. O primeiro produz aquisições novas, adaptação, imita a realidade e busca agir sobre ela. O último, por sua vez, afasta-se da realidade, libera desejos subjetivos e é totalmente improdutivo com relação à adaptação[13].

Deixaremos de lado a pergunta para que possuímos dois tipos de pensamento, e voltamos nossa atenção novamente para o segundo questionamento: por que temos dois tipos de pensamentos? Mencionei acima que a história nos mostra que nem sempre o pensamento direcionado era tão desenvolvido quanto agora. Hoje em dia, a expressão mais bela do pensamento direcionado são a ciência e a tecnologia por ele alimentada. Ambas devem sua existência apenas a uma educação enérgica do pensamento direcionado. Na época, porém, em que só alguns precursores da cultura atual, como o poeta Petrarca, começavam a contemplar a natureza de modo compreensivo[14], existia um equivalente de nossa ciência, a Esco-

---

13. Semelhantemente James (1909, p. 353). A dedução possui significado produtivo, enquanto o pensamento "empírico" (puramente associativo) é somente *reprodutivo*.

14. Cf. a descrição impressionante de Petrarca escalando o Monte Ventoux, em Burckhardt (1869, p. 235ss.): "Espera-se, porém, em vão uma descrição da vista, mas não porque o poeta fosse insensível em relação a ela, mas, ao contrário, porque a impressão é demasiada forte. À sua alma se apresenta toda a sua vida passada, com todas as tolices; ele se lembra de que, hoje, completam-se dez anos desde que partiu de Bolonha e, saudoso, volta seu olhar para a direção da Itália; abre um pequeno livro que, na época, havia sido seu companheiro, as *Confissões* de Santo Agostinho; mas veja, seu olhar cai sobre o trecho na décima seção: 'Viajam os homens e admiram as alturas dos montes, os mares amplos, as correntes poderosas, e o oceano, e a órbita dos astros, e nisso se esquecem de si mesmos'. O seu irmão, a quem lê essas palavras, não compreende por que ele, a seguir, fecha o livro e se cala".

lástica[15], que emprestava seus objetos das fantasias do passado, mas conferia ao espírito uma formação dialética. O único sucesso que o pensador podia esperar era a vitória retórica na disputa e não uma remodelação da realidade. Muitas vezes, os objetos do pensamento eram surpreendentemente fantásticos; discutiam-se, por exemplo, questões como: quantos anjos caberiam na ponta de uma agulha, se Cristo poderia ter realizado sua obra de redenção se tivesse vindo ao mundo como ervilha etc. A possibilidade de tais problemas, aos quais pertence o problema metafísico de conhecer o incognoscível, mostra a constituição especial desse espírito, que criou coisas que, a nosso ver, constituem o cúmulo do absurdo. Nietzsche, porém, intuiu o pano de fundo biológico desse fenômeno quando falou da "tensão suntuosa" do espírito germânico produzido pela Idade Média.

Vista historicamente, a Escolástica, em cujo espírito trabalharam pessoas de capacidade intelectual eminente, como Tomás de Aquino, Duns Scotus, Abelardo, Guilherme de Occam e outros, é a mãe do espírito científico moderno, e o futuro verá claramente como e onde a Escolástica ainda fornece impulsos vivos à ciência de hoje. Em todo o seu ser, ela é ginástica dialética que ajudou a conferir ao símbolo linguístico, à *palavra, um signifi-*

15. Wundt (1898, p. 345) oferece uma descrição sucinta, porém certeira, do método escolástico. O método consistia "primeiro, no fato de ver como tarefa principal da pesquisa científica a identificação de um esquema de conceitos definido e aplicado uniformemente a diferentes problemas; e, segundo, no fato de se dar valor excessivo a determinados conceitos gerais e, consequentemente, também a símbolos linguísticos que designam esses conceitos e, assim, analisar os significados das palavras, em casos extremos, um vazio sofisma de conceitos e um jogo de palavras vem a ocupar a investigação dos fatos reais, a partir dos quais os conceitos foram abstraídos".

cado praticamente absoluto, de modo que, finalmente, adquiriu aquela substancialidade que a Antiguidade Tardia pôde atribuir temporariamente a seu logos apenas por meio de uma valorização mística. Como grande feito da Escolástica surge a fundamentação da sublimação intelectual solidificada, a *conditio sine qua non* da ciência e da técnica modernas.

Se voltarmos ainda mais na história, aquilo que hoje chamamos de ciência se dissolve em névoas indefinidas. O espírito moderno criador de cultura se ocupa incessantemente em livrar a experiência de todo elemento subjetivo e encontrar aquelas fórmulas que conferem à natureza e às suas forças a melhor e mais adequada expressão. Seria uma presunção ridícula e totalmente injustificada se quiséssemos supor que somos mais enérgicos ou mais inteligentes do que a Antiguidade – nosso patrimônio de conhecimentos aumentou, não, porém, nossa capacidade intelectual. Por isso nos mostramos tão fechados e incapazes diante de ideias novas quanto as pessoas nos tempos mais obscuros da Antiguidade. Tornamo-nos ricos em *conhecimento*, mas não em sabedoria. O foco de nossos interesses se deslocou totalmente em direção à realidade material; a Antiguidade preferia um pensamento que se aproximasse mais do tipo fantástico. Além de uma plasticidade sensual da obra de arte nunca mais alcançada desde então, em vão buscamos na Antiguidade aquele modo de pensar preciso e concreto da moderna ciência natural e ciência do espírito. Vemos como o espírito antigo cria não ciência, mas *mitologia*. Infelizmente, a escola nos transmite uma noção muito pobre da riqueza e da incrível vivacidade da mitologia grega.

Assim, à primeira vista, parece pouco provável que a energia que hoje investimos na ciência e na técnica o homem antigo investia em grande parte em sua mitologia. Isso explica as mudanças desconcertantes, as transformações caleidoscópicas e os reagrupamentos sincréticos, os rejuvenescimentos incessantes dos mitos na esfera cultural da Grécia. Movemo-nos aqui num mundo de fantasias que, pouco preocupadas com o andamento externo das coisas, transbordam de uma fonte interior e produzem figuras variáveis, ora plásticas, ora esquemáticas. Essa atividade fantástica do espírito antigo criava de modo artístico *par excellence*. A meta do interesse não parece ter sido captar o "como" do mundo real da forma mais objetiva e exata possível, mas adaptá-lo esteticamente às fantasias e expectativas subjetivas. Só pouquíssimos entre os antigos vivenciaram o esfriamento e a desilusão da humanidade moderna diante da ideia do infinito de Giordano Bruno e das descobertas de Kepler. A Antiguidade ingênua reconhecia no Sol o grande pai do céu e do universo, e na Lua a bondosa mãe fecunda. E cada coisa tinha seu demônio, ou seja, era animada e igual ao ser humano ou seu irmão, o animal. Tudo era representado de modo antropomorfo ou teriomorfo, como ser humano ou animal. Até o disco solar recebia asas ou quatro pezinhos para ilustrar seu movimento. Assim surgiu uma imagem do universo, que correspondia à realidade apenas de longe, mas inteiramente às fantasias subjetivas.

Conhecemos esse estado de espírito por experiência própria, trata-se de um estado infantil. Para a criança, a Lua é um homem, ou um rosto, ou o pastor das estrelas; as nuvens passam pelo céu como ovelhinhas, as bonecas bebem, comem, dormem, ela deixa um bilhete na janela para o menino Jesus, pede à cegonha que lhe traga um irmãozinho ou uma irmãzinha, a vaca é esposa do cavalo, e o cachorro é marido da gata. Sabemos também que raças inferiores, como os negros, acreditam que a locomotiva é um animal e que chamam a gaveta de filho da mesa (informação de Dr. Oetker).

Como sabemos graças a Freud, o sonho apresenta um pensamento semelhante. Sem qualquer preocupação com as condições reais das coisas, os fatos mais heterogêneos são reunidos nele, e um mundo de impossibilidades passa a ocupar o lugar da realidade. Freud identifica a *progressão* como característica do pensamento desperto, ou seja, o progresso do estímulo do pensar pelo sistema da percepção interna ou externa por meio do trabalho (consciente ou inconsciente) de associação endoscópica até o final motor, isto é, a inervação. Para o sonho, ele identifica o contrário: a *regressão* do estímulo do pensar a partir do pré-consciente ou inconsciente para o sistema da percepção, pelo qual o sonho adquire seu cunho comum de plasticidade sensorial, que pode se intensificar até a nitidez alucinatória. O pensar onírico se move, portanto, de modo regressivo com relação à matéria-prima da memória: "A trama dos pensamentos do sonho na regressão se dissolve em sua matéria-prima" (Freud, 1900, p. 336). A reanimação de percepções originais, porém, é apenas um lado da regressão; o outro lado é a regressão ao material de recordações infantis, o que também pode ser visto como regressão à percepção original, mas, devido à sua importância particular, merece menção especial. Creio que podemos chamar essa regressão de "histórica".

Segundo essa concepção, o sonho também poderia ser descrito como *o substituto da cena infantil modificado pela transmissão para eventos recentes*. A cena infantil não consegue impor sua renovação; ela precisa se contentar com seu retorno na forma de sonho (Freud, 1900, p. 338). Dessa concepção do lado histórico da regressão segue consequentemente que os modos finais do sonho – se é que podemos falar deles – precisam apresentar concomitantemente um caráter analógico e outro infantil. Isso realmente ocorre, como mostrou a experiência de forma abundante, de modo que, hoje em dia, cada pessoa conhecedora da análise dos sonhos pode confirmar a sentença de Freud, segundo a qual *o sonhar é um pedaço da vida anímica infantil superada*. Visto, porém, que a vida anímica infantil não pode negar um tipo arcaico, essa peculiaridade se aplica ao sonho *em medida especial*. Freud ressalta isso explicitamente:

> O sonho, que realiza seus desejos através de caminhos curtos e regressivos, conservou para nós apenas uma amostra do modo de funcionamento primário do aparelho psíquico, abandonado por ser inadequado. Parece estar banido para a vida noturna tudo aquilo que, outrora, reinava na mente desperta, quando a vida psíquica ainda era jovem e inábil, como quando reencontramos na infância as armas primitivas e abandonadas da humanidade adulta, o arco e a flecha (1900, p. 349)[16].

16. A passagem seguinte na *Traumdeutung* foi de importância profética e confirmou-se desde então de forma brilhante pelo estudo das psicoses. "Nas psicoses, os tipos de funcionamento do aparelho psíquico reprimidos no estado desperto tentarão impor-se novamente, revelando então sua incapacidade de satisfazer nossas necessidades em relação ao mundo exterior". A importância dessa afirmação é ressaltada pelos conceitos de Pierre Janet, (infelizmente) in-

Essas considerações sugerem que tracemos uma paralela entre o pensamento fantástico-mitológico da Antiguidade e o pensamento semelhante das crianças[17], das raças humanas mais inferiores e do sonho. Esse raciocínio não nos é estranho, ao contrário, nós o conhecemos bem por intermédio da anatomia e da história da evolu-

---

dependentes de Freud, e que aqui merecem ser mencionados porque os confirmam, a partir de um lado totalmente diferente, o biológico. Janet distingue na função uma parte "inferior", firmemente organizada, e uma parte "superior", que se encontra em transformação constante: "C'est justement sur cette partie supérieure des fonctions, sur leur adaptation aux circonstances présentes que portent les névroses [...] les névroses sont des troubles ou des arrêts dans l'évolution des fonctions [...]. Les névroses sont des maladies portant sur les diverses fonctions de l'organisme, caractérisées par une altération des parties supérieures de ces fonctions, arrêtées dans leur évolution, dans leur adaptation au moment présent, à l'état présent du monde extérieur et de l'individu et par l'absence de détérioration des parties anciennes de ces mêmes fonctions [...]. A la place de ces opérations supérieures se développent de l'agitation physique et mentale, et surtout de l'émotivité. Celle-ci n'est [...] que la tendance à remplacer les opérations supérieures par l'exagération de certaines opérations inférieures, et surtout par de grossières agitations viscérales" [É justamente sobre esta parte superior das funções, sobre sua adaptação às circunstâncias atuais, que agem as neuroses [...]. As neuroses são distúrbios ou estagnações na evolução das funções [...]. As neuroses são doenças originárias relacionadas a diversas funções do organismo, que são inibidas em sua interação, em sua adaptação ao respectivo momento, ao estado do mundo externo e do indivíduo, enquanto as partes antigas das mesmas funções não são afetadas [...]. Em lugar dessas operações superiores se desenvolve uma agitação física e mental, e sobretudo da emotividade. Esta nada mais é [...] do que a tendência de substituir as operações superiores pela exageração de certas operações inferiores e sobretudo por grosseiras agitações viscerais]. (Janet, 1909, p. 383ss.). As "partes antigas" são justamente as "partes inferiores" das funções, e essas substituem de forma inadequada a adaptação fracassada. Resumindo: o arcaico substitui a função recente falha. Também Claparède manifesta ideias semelhantes sobre a natureza do sintoma neurótico (Claparède, 1908, p. 169). Ele considera o mecanismo histerogênico como uma "tendência à reversão", como uma espécie de atavismo do modo de reação.

17. Devo ao Dr. Abraham a seguinte comunicação interessante: "Uma menina de 3 anos e meio ganhara um irmãozinho, que se tornou objeto do conhecido ciúme infantil; uma vez, ela disse à mãe: '*Você é duas mamães. Você é minha mamãe e seu seio é a mamão do irmãozinho*'. Ela acabara de assistir com grande interesse ao ato de amamentação". Para o pensamento arcaico da criança é muito característico que ela chame o seio de mamãe.

ção comparativas, que nos mostram como a construção e a função do corpo humano surgem por meio de uma série de transformações embrionárias, que correspondem a transformações semelhantes na filogenia. A suposição de que, também na psicologia, a ontogênese corresponda à filogenia é, portanto, justificada. O estado do pensamento infantil[18] na vida anímica da criança seria, então, como o do sonho, nada mais do que uma repetição da pré-história e da Antiguidade.

Nesse sentido, Nietzsche assume uma posição muito ampla, mas digna de nota:

> [...] no sono e no sonho fazemos o trabalho da humanidade antiga. [...] Quero dizer: como o homem ainda hoje raciocina no sonho, a humanidade raciocinava também no estado acordado durante muitos milênios: a primeira causa que ocorria ao espírito para explicar qualquer coisa que necessitasse de explicação lhe bastava e valia como verdade [...]. No sonho esta parcela antiquíssima da humanidade continua agindo em nós, pois é a base sobre a qual a razão superior se desenvolveu e continua se desenvolvendo em cada ser humano: o sonho nos traz de volta a situações remotas da cultura humana e nos fornece um meio para compreendê-las melhor. O pensamento em forma de sonho tornou-se tão fácil para nós porque durante enormes períodos do desenvolvimento da humanidade fomos tão bem treinados nesta forma de explicação fantástica e cômoda, a partir de qualquer ideia que primeiro nos ocorresse. Neste sentido o sonho é um descanso para o cérebro, que durante o dia precisa

18. Cf. especialmente o estudo de Freud, *Analyse der Phobie eines fünfjährigen Knaben*, 1909, como também meu trabalho "Über Konflikte der kindlichen Seele" (OC 17).

> corresponder às exigências mais rigorosas que a cultura superior faz ao pensamento. [...]
> Destes fenômenos podemos concluir quão tarde se desenvolveu o pensamento lógico rigoroso, a distinção severa de causa e efeito, se nossas funções racionais e compreensivas ainda hoje se voltam instintivamente para aquelas formas primitivas de raciocínio, e vivemos quase a metade de nossa vida neste estado (Nietzsche, 1899, p. 27ss.).

Já vimos acima que Freud (independentemente de Nietzsche), com base na análise dos sonhos, chegou a uma posição semelhante. O passo dessa constatação para a concepção dos mitos como figurações semelhantes a sonhos já não é grande. O próprio Freud (1909, vol. 2, p. 205) formulou essa conclusão: "A análise dessas estruturas psicológicas populares (mitos etc.) de forma alguma está concluída, mas é bem provável que, por exemplo, os mitos correspondam aos restos desfigurados de fantasias de desejos de nações inteiras, aos sonhos seculares da jovem humanidade". De forma semelhante, também Rank (1907, p. 36; 1909) considera o mito um *sonho coletivo* do povo. Riklin (1908) destacou devidamente o mecanismo de sonho dos contos de fada. Abraham fez o mesmo em relação ao mito. Ele diz: "O mito é uma parte da vida anímica infantil superada do povo", e: "Assim, é uma parte preservada da vida anímica infantil do povo; e o sonho, o mito do indivíduo" (Abraham, 1909, p. 36 e 71). Uma leitura sem preconceitos dos autores acima mencionados afasta todas as dúvidas sobre a íntima conexão entre a psicologia dos sonhos e a psicologia dos mitos. A conclusão de que a época que criou os mitos tenha pensado de modo infantil, ou seja, fantástico, como ainda o faz o sonho em grandíssima medida (de forma associativa ou analógica), impõe-se quase que automaticamente. Os inícios de uma formação de mitos na criança, o ver como reais as fantasias, que, em parte, remetem à história, podem ser facilmente descobertos nas crianças.

Objetar-se-á que as tendências mitológicas nas crianças lhes foram implantadas pela educação. A objeção é fútil. Alguma vez as pessoas conseguiram desprender-se totalmente do mito? Cada pessoa tinha os olhos e todos os seus sentidos para perceber que o mundo é morto, frio e infinito, e jamais ele viu um deus ou exigiu sua existência por coerção empírica. Ao contrário, foi preciso um otimismo fantástico indestrutível e avesso à realidade para, por exemplo, reconhecer na morte vergonhosa de Cristo a suprema salvação e a redenção do mundo. Podemos até ocultar a uma criança os conteúdos de mitos antigos, mas não podemos tirar dela a necessidade da mitologia. Podemos dizer que, se conseguíssemos cortar de uma só vez toda a tradição no mundo, toda a mitologia e a história da religião recomeçariam com a geração seguinte. Só poucos indivíduos conseguem despir-se da mitologia na época de certa presunção intelectual, as massas nunca se libertam. Todo esclarecimento não adianta nada, ele apenas destrói uma forma passageira de manifestação, não, porém, o instinto criador.

Retomemos nosso raciocínio anterior!

Estávamos falando da repetição ontogenética da psicologia filogenética na criança. Vimos que o pensamento fantástico é uma peculiaridade da Antiguidade, da criança e das raças humanas inferiores. Agora, porém, sabemos também que esse mesmo pensamento fantástico ocupa também em nós, as pessoas modernas e adultas, um espaço amplo e ocorre assim que cessa o pensamento direcionado. Basta um afrouxamento do interesse, um leve cansaço, para suspender o pensamento direcionado, a adaptação psicológica exata ao mundo real, e substituí-lo por fantasias. Desviamo-nos do tema e nos entregamos aos nossos próprios pensamentos; quando o relaxamento da atenção aumenta, perdemos aos poucos a consciência do presente, e a fantasia passa a dominar.

Aqui se impõe a pergunta importante: como são constituídas as fantasias? Sabemos muito a respeito disso dos poetas, mas pouco da ciência. Só o método psicanalítico, presenteado por Freud à ciência, lançou luz sobre isso. Ele nos mostrou que existem ciclos típicos. Em suas fantasias, o gago se imagina como grande orador, o que Demóstenes transformou em realidade graças à sua enorme energia; o pobre se imagina milionário, a criança, um adulto. O oprimido trava batalhas vitoriosas com seu opressor, o inapto se tortura ou deleita com planos de ambição. Fantasiamos o que nos falta. Deixaremos de lado também aqui a pergunta interessante pelo "para quê" (OC 17, § 11, nota 3). Retornamos para o problema histórico: *de onde as fantasias tiram seu material*? Escolhemos como exemplo uma típica fantasia da puberdade: tal criança, confrontada com toda a insegurança assustadora do destino futuro, em sua fantasia, transfere a insegurança para o passado e diz: se eu não fosse filho de meus pais comuns e sim o filho de um conde nobre e rico e se eu apenas tivesse sido acolhido pelos meus pais, certamente algum dia chegaria uma carruagem dourada, e o senhor conde levaria seu filho para seu castelo maravilhoso, e assim continuaria, como num conto de Grimm que a mãe conta aos filhos (Abraham, 1909, p. 40s.)[19]. Na criança normal, isso não passa de uma ideia fugaz, que logo esvanece e é esquecida. Certa vez, porém, no mundo cultural da Antiguidade, a fantasia era uma instituição publicamente reconhecida. Os heróis – lembro Rômulo e Remo, Moisés, Semíramis e muitos outros – foram separados dos pais verdadeiros (Rank, 1909). Outros são diretamente os filhos de deuses, e as estirpes nobres descendem de heróis e deuses. Como mostra esse exemplo, a fantasia do homem moderno nada mais é do que uma repetição de uma antiga crença popular, que, originalmente, era amplamente difundida. A fantasia ambiciosa escolhe, portanto, entre outras coisas, uma forma clássica que, outrora, tinha validade real. Isso vale para a fantasia sexual. No início, mencionamos sonhos de violência sexual: o ladrão que arromba uma casa e comete um ato perigoso. Esse também é um tema mitológico e certamente também era realidade na pré-história[20]. Independentemente do fato de que, na era pré-histórica sem leis, o rapto de mulheres era algo comum, ele se tornou objeto da mitologia também em épocas civilizadas. Lembro o rapto de Proserpina, Dejanira, Europa, das Sabinas etc. Não esqueçamos de que, ainda hoje, existem costumes nupciais em diferentes regiões que lembram o antigo rapto.

19. O desejo para o futuro é apresentado como algo que já se cumpriu no passado. Mais tarde, a fantasia infantil é retomada de forma regressiva para compensar as decepções da vida atual.

20. "Os Dióscuros sempre se casam com elas (as filhas de Leucipo) por meio do rapto, o que, de acordo com a Alta Antiguidade, fazia parte dos costumes necessários de um casamento" (Preller, 1854, p. 68).

O simbolismo do instrumento do coito era um tema inesgotável para a fantasia antiga. Existiam cultos amplamente difundidos, que eram chamados de fálicos e cujo objeto de adoração era justamente o falo. O companheiro de Dionísio era Fales, uma personificação do falo, que tinha sua origem na herma fálica de Dionísio. Eram incontáveis os símbolos fálicos. Entre os sabinos havia o costume de o noivo marcar a risca do cabelo da noiva com uma lança. O pássaro, o peixe e a cobra eram símbolos fálicos. Além disso, existiam inúmeras representações teriomorfas do impulso sexual, e o touro, o bode, o carneiro, o varrão e o jumento eram representantes populares. Um subgrupo dessa escolha de símbolos era formado pela tendência sodomista das pessoas. Quando, na fantasia onírica do ser humano moderno, o homem temido é substituído por um animal, ocorre o mesmo na repetição ontogenética, o que os antigos representaram incontáveis vezes publicamente: bodes perseguindo ninfas, sátiros com cabras; em tempos ainda mais remotos, existiam no Egito até santuários de um deus-bode, que os gregos chamavam de Pã, onde as hieródulas se prostituíam com bodes (Creuzer, 1811, vol. 3, p. 245ss.). Como sabemos, esse culto não foi extinto, mas sobrevive como peculiaridade especial na Grécia e no Sul da Itália[21].

Hoje sentimos nada além de nojo profundo por tais coisas e jamais admitiríamos que elas ainda existem em estado adormecido em algum lugar da nossa alma. Assim como o pensamento do ato sexual violento, também essas coisas, que devemos contemplar não enojados por meio

21. Cf. também as fantasias sodomitas nas metamorfoses de Apuleio. No Herculano, por exemplo, foram encontradas esculturas correspondentes.

de lentes morais, mas com um interesse científico como relíquias sagradas de períodos culturais do passado, ainda estão próximas. Ainda temos um artigo no código penal contra a sodomia. Mas o que, antigamente, era tão forte que disso pôde surgir um culto no povo altamente desenvolvido, não deve desaparecer completamente da alma humana em poucas gerações. Jamais devemos nos esquecer de que, desde *O Banquete*, de Platão, em que nos deparamos com a homossexualidade no mesmo nível da assim chamada sexualidade normal, passaram-se mais ou menos oitenta gerações. O que são oitenta gerações? Elas se reduzem a um período imperceptível quando as comparamos com o tempo que nos separa do *homo neanderthalensis* ou *heidelbergensis*. Quero lembrar uma palavra certeira do grande historiador Guillaume Ferrero: *heidelheid*.

> Il est très commun de croire que plus l'homme s'éloigne dans le lointain du temps, plus il est censé être différent de nous par ses idées et ses sentiments; que la psychologie de l'humanité change de siècle en siècle comme la mode ou la littérature. Aussi à peine trouve-t-on dans l'histoire un peu ancienne une institution, un usage, une loi, une croyance un peu différentes de celles que nous voyons chaque Jour, que l'on va chercher toutes sortes d'explications compliquées les quelles, le plus solvente, se réduisent à des phrases dont la signification n'est pas très-précise. Or l'homme ne change pas si vite; sa psychologie reste au fond la même; et si sa culture varie beaucoup d'une époque à l'autre, ce n'est pas encore cela qui changera le fonctionnement de son esprit. Les lois fondamentales de l'esprit restent les mêmes, au moins pour les périodes historiques si courtes, dont nous avons connaissance; et presque tous les phénomènes, même les plus

étranges, doivent pouvoir s'expliquer par ces lois communes de l'esprit que nous pouvons constater en nous-mêmes.

[É absolutamente comum supor que, com distância temporal crescente, o ser humano se diferencie cada vez mais em seu mundo de pensamentos e em seus sentimentos; que a psicologia da humanidade mude de século em século como a moda ou a literatura. Portanto, assim que nos deparamos na história mais antiga com uma instituição, um costume, uma crença que sejam um pouco diferentes daqueles que vemos diariamente, buscamos todos os tipos de explicações complicadas, que, na maioria das vezes, se contentam com declarações cujo sentido não é muito claro. Acontece, porém, que o ser humano não muda tão rapidamente; no fundo, sua psicologia permanece a mesma; e mesmo que sua cultura varie muito de época em época, isso muda pouco no funcionamento de seu espírito. As leis fundamentais do espírito permanecem iguais, pelo menos para os períodos históricos tão curtos dos quais temos conhecimento; e praticamente todos os fenômenos, até mesmo os mais estranhos, devem ser explicados a partir daquelas leis comuns do espírito que constatamos em nós mesmos] (Ferrero, 1895).

O psicólogo deve absolutamente aderir a essa opinião. Na nossa civilização atual, as procissões fálicas, as falalogias fálicas da Atenas Clássica, os emblemas evidentemente fálicos desapareceram de nossas moedas, casas, templos e ruas, e as representações teriomorfas da divindade se limitam a certos restos, como a pomba do Espírito Santo, o cordeiro de Deus e o galo de São Pedro que adornam as torres de nossas igrejas, e o rapto de mulheres e os estupros se limitam aos crimes, mas tudo isso não impede que, na criança, percorramos uma época em que os inícios dessas tendências arcaicas voltem a se apresentar e que, ao longo de toda a vida, possuamos, ao lado do pensamento recém-adquirido, direcionado e adaptado, um pensamento fantástico, que corresponde ao pensamento da Antiguidade e da era bárbara. Assim como nosso corpo ainda preserva em muitos órgãos arcaicos resquícios de funções e estados antigos, nosso espírito, embora pareça ter superado tais pulsões arcaicas, ainda apresenta as características do desenvolvimento percorrido e, pelo menos nas fantasias, repete o arcaico nos sonhos.

Sob esse ponto de vista, o simbolismo descoberto por Freud se revela como uma expressão – limitadas a um sonho de um pensamento, um ato falho e um distúrbio mental – e uma atividade impulsiva que, outrora, dominaram épocas culturais como influências mais poderosas.

A pergunta sobre a origem da tendência e da capacidade do espírito de se expressar simbolicamente levou à distinção de dois tipos de pensamento: o pensamento direcionado e adaptado e o pensamento subjetivo, alimentado exclusivamente por desejos egoístas. Esta segunda forma de pensamento, contanto que não seja constantemente corrigida pelo pensamento adaptado, produz necessariamente uma imagem do mundo predominante e subjetivamente distorcida. Chamamos esse estado de espírito *infantil*. Ele se encontra em nosso passado individual e no passado da humanidade.

Constatamos assim o fato importante de que, em seu pensamento fantástico, o ser humano preservou para si um produto de condensação de sua evolução psíquica.

Um desafio muito importante que, hoje, ainda não pode ser realizado, é a descrição sistemática do pensamento fantástico. No máximo, podemos esboçá-la: enquanto o pensamento direcionado é um fenômeno absolutamente consciente[22], não se pode afirmar o mesmo do pensamento fantástico. Sem dúvida alguma, grande parte de seus conteúdos se insere ainda totalmente na área consciente, mas uma parte pelo menos igual ocorre na meia-sombra, e um tanto indeterminado, no inconsciente e, por isso, só pode ser explorada indiretamente[23]. Pelo pensamento fantástico dá-se a ligação do pensamento direcionado com os fundamentos mais antigos do espírito humano, que, há muito, estão abaixo do limiar do consciente. Os produtos do pensamento fantástico que ocupam diretamente o consciente são primeiramente os sonhos acordados ou fantasias diurnas, a que Freud, Flournoy, Pick e outros deram atenção especial; depois os sonhos que, inicialmente, apresentam um lado exterior enigmático ao consciente e só adquirem sentido por meio dos conteúdos inconscientes reconhecidos de forma indireta. Finalmente, há, por assim dizer, sistemas de fantasias totalmente inconscientes no complexo separado, que apresentam uma tendência nítida à constituição de uma personalidade à parte[24].

Nossas explicações acima mostram como justamente os produtos provenientes do inconsciente têm parentesco com o mítico. Todos esses indícios nos permitem concluir que, de certo modo, a alma possui uma estratificação histórica, sendo que as camadas mais antigas correspondem

22. Exceto o fato de que os conteúdos entram no consciente já prontos e em alta complexidade, o que já foi mencionado por Wundt.

23. Schelling (1857) reconhece no "pré-consciente" a fonte criativa, assim como Fichte (1864, p. 508ss.) acredita que a "região pré-consciente" seja a origem de conteúdos oníricos essenciais.

24. Cf. Flournoy (1900) e as obras de Jung: *Estudos psiquiátricos* (OC 1) e *Psicogênese das doenças mentais* (OC 3). Cf. também Schreber (1909).

ao inconsciente. Portanto, deveríamos concluir que uma introversão ocorrida mais tarde na vida (segundo a teoria de Freud) recorre a reminiscências infantis regressivas (do passado individual), em que *ocorrem traços, a princípio leves, mas pronunciados de uma natureza de espírito arcaica, que, sob certas circunstâncias, podem chegar à reanimação de produtos do espírito arcaicos que outrora se manifestaram*.

Esse problema merece uma discussão mais aprofundada. Tomemos como exemplo concreto a história do pio Abbé Oegger, narrada por Anatole France (1908). Esse sacerdote era um cismador e fantasiava muito, principalmente sobre uma questão, o destino de Judas, se ele realmente foi condenado ao castigo eterno no inferno, como afirma a doutrina da igreja, ou se Deus lhe concedeu indulto. Oegger se baseava no raciocínio compreensível de que Deus, em sua onisciência, tinha escolhido Judas como instrumento para ocasionar o auge da obra de redenção de Cristo[25]. Era impossível que esse instrumento necessário, sem o qual a humanidade jamais teria recebido a redenção, poderia ter sido condenado para sempre pelo Deus infinitamente bondoso. Para pôr fim a suas dúvidas, uma noite, Oegger foi até a igreja e clamou por um sinal de que Judas havia sido remido. Sentiu então um toque celestial no ombro. No dia seguinte, Oegger comunicou ao arcebispo sua decisão de partir para o mundo para pregar o evangelho da infinita misericórdia de Deus.

Vemo-nos aqui diante de um sistema de fantasias ricamente desenvolvido. Trata-se da questão arguciosa e eterna

25. A figura de Judas tem alta importância psicológica como imolador sacerdotal do Cordeiro de Deus que, assim, também sacrifica a si mesmo (suicídio). Cf. a segunda parte deste trabalho.

mente insolúvel se a figura lendária de Judas foi condenada ou não. A lenda de Judas em si é um motivo mítico, a traição pérfida do herói; lembro Siegfried e Hagen, Balder e Loki; em que Siegfried e Balder são assassinados por um traidor desleal do círculo mais próximo. Esse mito é comovente e trágico; o que abate o nobre não é a luta honesta, mas a terrível traição, ao mesmo tempo, é um evento que aconteceu muitas vezes na história, basta lembrar de César e Brutus. O fato de o mito de tal ato ser antiquíssimo e continuar sendo objeto de instrução e repetida narração é expressão do fato psicológico de que a inveja não deixa o ser humano dormir e de que todos nós, em alguma fenda do coração, desejamos a morte ao herói. Essa regra se aplica de modo geral à tradição dos mitos; *não se propagam relatos aleatórios de eventos antigos, mas somente aquilo que expressa um pensamento geral e sempre renovado da humanidade*. Assim, por exemplo, a vida e os atos de antigos fundadores de religiões são as mais puras condensações de mitos contemporâneos típicos, atrás das quais a figura individual desaparece completamente[26].

26. Cf. as declarações tão combatidas pela cegueira do nosso tempo de Drews (1910). Teólogos sensatos, como Kalthoff (1904), porém, avaliam a questão com a mesma frieza de Drews. Kalthoff afirma: "As fontes que informam a origem do cristianismo são de tal ordem que, diante da situação atual das pesquisas históricas, nenhum historiador se atreveria a escrever a biografia de um Jesus histórico com base nessas fontes" (1904, p. 8). "Sem as consequências da teologia racionalista, nenhuma pessoa ousaria reconhecer a vida de um homem natural e histórico por trás dessas narrativas dos evangelhos" (1904, p. 10). "Em Cristo, o divino deve sempre e em toda parte ser concebido como internamente uno com o humano; do Deus-homem da Igreja, há uma linha reta que perpassa as epístolas e os evangelhos do Novo Testamento até o Apocalipse de Daniel, onde teve início a cunhagem eclesiástica da imagem de Cristo. Mas em cada um dos pontos desta linha, Cristo apresenta também traços sobre-humanos, nunca e em parte alguma Ele é aquilo em que a teologia crítica quis transformá-lo: um mero homem natural, um indivíduo histórico" (1904, p. 9).

Mas por que nosso pio Abbé se tortura com a antiga lenda de Judas?

Partiu, portanto, para o mundo para pregar o evangelho da misericórdia. Depois de algum tempo, saiu da Igreja Católica e se tornou swedenborgiano. Agora entendemos sua fantasia em torno de Judas: *ele era o Judas*, que traiu seu Senhor; por isso precisava assegurar-se primeiramente da misericórdia divina para poder ser Judas com tranquilidade.

Esse caso lança luz sobre o mecanismo das fantasias de modo geral. A *fantasia consciente* pode ser de natureza mítica ou outra, mas, como tal, ela não pode ser levada a sério, pois seu significado é indireto. Se a levarmos a sério ao pé da letra, a coisa se torna incompreensível e somos levados a duvidar da utilidade do espírito. No entanto, vimos no caso de Abbé Oegger que suas dúvidas e esperanças não giram em torno da pessoa histórica de Judas, mas em torno de sua própria pessoa, que, ao solucionar o problema de Judas, ele abre o caminho para a própria liberdade.

Com a ajuda de um tema mítico ou outro, as fantasias conscientes nos falam de tendências de desejos na alma que não são mais ou ainda não foram admitidas. Como se compreende facilmente, uma tendência anímica a que se nega o reconhecimento e é tratada como não existente, dificilmente poderá conter algo que combinasse bem com nosso caráter consciente. Trata-se de tendências designadas como imorais ou impossíveis e cuja conscientização provoca a maior resistência. Qual teria sido a reação de Oegger se lhe tivessem contado confidencialmente que ele mesmo estava se preparando para o papel de Judas? O que nós caracterizamos em nós mesmos como imoral e não existente ou pelo menos desejamos que não exista? É aquilo que, na Antiguidade, estava na superfície, ou seja, a sexualidade em suas múltiplas formas de manifestação. Portanto, não devemos nos surpreender quando a encontramos na base da maioria de nossas fantasias, mesmo que as fantasias tenham uma aparência diferente. Oegger achou a condenação de Judas incompatível com a bondade de Deus, por isso refletiu sobre esse conflito: essa é a sequência causal consciente. Paralelamente corre a sequência inconsciente: já que o próprio Oegger queria se tornar Judas, ele se assegurou anteriormente da bondade de Deus. Para Oegger, Judas se tornou símbolo de sua própria tendência inconsciente, e ele precisava desse símbolo para poder refletir sobre seu desejo inconsciente; é provável que a conscientização direta do desejo de ser Judas tivesse sido dolorosa demais. Assim, devem existir mitos típicos que realmente são instrumentos para o processamento de complexos psicológicos dos povos. Jacob Burckhardt parece ter pressentido isso quando disse uma vez que cada grego do Período Clássico carregava em si um pouco de Édipo, assim como todo alemão tem em si um pouco de Fausto[27].

Reencontramos os problemas que a singela narrativa do Abbé Oegger apresentou aos nossos olhos quan-

---

27. Cf. as cartas de Burckhardt a Albert Brenner (1901): "Para a explicação especial de Fausto nada tenho em caixas e armários. E o senhor está muito bem equipado com comentaristas de todo tipo. Ouça: devolva imediatamente todos esses trastes à sociedade de leitura de onde vieram [...]. Aquilo que o lhe está destinado a encontrar no Fausto terá de ser encontrado pela via da intuição [...]. Pois o Fausto é um mito autêntico e justo, isto é, uma grande imagem ancestral, em que cada um precisa reencontrar sua essência e seu destino a seu modo pela intuição. Permita-me uma comparação: o que teriam dito os gregos se, entre eles e a lenda de Édipo, tivesse se colocado um comentarista? Para a lenda de Édipo, cada grego trazia em si uma fibra de Édipo, que queria ser tocada diretamente e exigia estremecer à sua maneira. E o mesmo se aplica à nação alemã e ao Fausto".

do examinamos as fantasias que, dessa vez, devem sua existência a um trabalho exclusivamente inconsciente. Devemos o material, ao qual recorreremos nos próximos capítulos, à publicação meritória de Miss Frank Miller, uma senhora norte-americana, que disponibilizou ao público, sob o título *Quelques faits d'imagination créatrice subconsciente*[28], algumas fantasias formadas inconscientemente de forma poética no 5º tomo dos *Archives de Psychologie* (1906)[29].

---

28. Miss Frank Miller: *Phänomene vorübergehender Suggestion oder momentaner Autosuggestion* (tradução completa no Apêndice deste volume; esta reproduz a nova tradução em OC 5 e, por isso, diverge das passagens traduzidas por C.G. Jung para a primeira edição).

29. Não posso ocultar que, por algum tempo, tive dúvidas se poderia ousar desvendar analiticamente os fatos íntimos e pessoais que a autora revelou ao público com certo altruísmo em prol do interesse científico. Mas eu me disse que a autora deveria suportar uma compreensão mais profunda, assim como as objeções da crítica. Sempre arriscamos algo quando nos expomos ao público. A ausência total de um relacionamento pessoal com Miss Miller me permite uma linguagem livre, ao mesmo tempo, essa ausência me exonera de qualquer consideração que se deveria a uma senhora e que pudesse afetar a conclusão. Portanto, a pessoa da autora é, para mim, tão umbrosa como suas fantasias, e esforcei-me como Odisseu para permitir que essa sombra só bebesse o sangue necessário para fazê-la falar e revelar-nos alguns mistérios do submundo. Não que eu sentisse prazer ao desenterrar intimidades alheias para expor a pessoa; eu o fiz porque pretendo apresentar seu mistério *individual* como um mistério de validade universal, por isso assumi a tarefa dessa análise, pela qual a autora talvez não me agradeça.

Materiais preparativos para a análise das fantasias de Miller

Sabemos, por múltiplas experiências psicanalíticas, que, quando alguém narra suas fantasias ou seus sonhos, nem sempre se trata apenas de um problema urgente, mas sim do mais embaraçoso de seus problemas íntimos[30].

Visto que, no caso de Miss Miller, estamos lidando com um sistema complicado, precisamos ocupar-nos cuidadosamente também com detalhes, que, seguindo a descrição de Miss Miller, passo a expor.

---

30. Encontramos um belo exemplo em Bernoulli (1908, vol. 1, p. 72). Bernoulli narra o comportamento de Nietzsche na sociedade de Basileia: "Uma vez, ele contou à senhora que estava com ele à sua mesa: 'Sonhei recentemente que minha mão, que estava na mesa à minha frente, de repente adquiriu uma pele vítrea e transparente; eu via nitidamente os ossos, o tecido, a atividade muscular. De repente, vi um sapo enorme sentado em minha mão e senti ao mesmo tempo a necessidade irresistível de engolir o animal. Superei minha horrível repugnância e o traguei'. A jovem senhora riu. 'E a senhora ri disso?', perguntou Nietzsche com terrível seriedade e manteve seu olhar profundo, meio indagador, meio triste, voltado para sua interlocutora. Ela pressentiu então, mesmo sem compreender bem, que lhe falara aqui um oráculo com palavras enigmáticas e que Nietzsche, por meio de uma fenda estreita, permitira-lhe vislumbrar o abismo obscuro de seu íntimo". Na página 166, Bernoulli acrescenta a seguinte nota: "Talvez se percebeu também que a exatidão impecável de suas roupas se devia menos a uma satisfação inocente consigo mesmo do que ao asco secreto e angustiante, resultante do medo de macular-se". Sabemos que Nietzsche chegou a Basileia ainda muito jovem. Estava justamente numa idade em que outros jovens pensam em se casar. Estava sentado ao lado de uma mulher jovem e lhe contava que algo horrível havia acontecido com sua mão transparente e que ele tivera que absorver completamente em seu corpo. Sabe-se que a doença encerrou prematuramente a vida de Nietzsche. E foi justamente isso que ele quis comunicar à sua senhora. O riso dela realmente não fazia sentido.

No primeiro capítulo, "Phénomènes de suggestion passagère ou d'autossugestion instantanée" [Fenômenos de sugestão passageira ou de autossugestão instantânea], Miss Miller oferece uma série de exemplos de sua sugestionabilidade incomum, que ela mesma vê como sintoma de um temperamento nervoso. Por exemplo, ela é apaixonada por *caviar*, enquanto alguns de seus familiares têm nojo disso. Assim que alguém expressa seu nojo, ela sente o mesmo nojo por alguns instantes. Não preciso ressaltar especialmente que tais exemplos sempre são bastante importantes do ponto de vista da psicologia individual. O psicanalista sabe que caviar é algo com o qual mulheres nervosas desenvolvem facilmente uma relação especial.

Miss Miller possui uma capacidade extraordinária de empatia e identificação. No *Cyrano*, por exemplo, ela se identificou a tal ponto com Christian de Neuvillette que sentiu uma dor lancinante em seu próprio peito, justamente no lugar em que Christian foi atingido pelo disparo letal.

Do ponto de vista psicanalítico, poderíamos chamar o teatro antiesteticamente de instituição para o processamento público de complexos. O prazer da comédia ou do enredo dramático que se resolve em gozo ocorre pela vida da identificação incondicional de complexos próprios com os da peça, o prazer da tragédia, por meio da sensação ao mesmo tempo assustadora e benéfica de que esteja acontecendo ao outro aquilo que ameaça acontecer conosco. A simpatia de nossa autora com o moribundo Christian significa que nela jaz um complexo com uma solução semelhante e que, em voz baixa, sussurra um "*hodie tibi cras mihi*" [Hoje a ti, amanhã a mim]. E para que saibamos exatamente qual é o momento crucial, Miss

Miller acrescenta que ela sente a dor no peito "*lorsque Sarah Bernhardt se précipite sur lui pour étancher le sang de as blessure*" [quando Sarah Bernhardt se joga nele para estancar o sangue de sua ferida]; ou seja, o momento crucial é aquele em que o amor entre Christian e Roxane encontra um fim súbito. Se revermos toda a peça de Rostand, perceberemos certas passagens de cujo efeito não podemos nos esquivar facilmente e que queremos destacar aqui porque são importantes para tudo o que segue. Cyrano de Bergerac com seu comprido e feio nariz, pelo qual vence inúmeros duelos, ama Roxane, que, sem saber de nada, ama Christian por causa de seus lindos versos, que, no entanto, provêm da pena de Cyrano, mas parecem provir de Christian. Cyrano é o incompreendido, ninguém sabe de seu amor ardente e de sua alma nobre, do herói que se sacrifica pelos outros; e moribundo, só no crepúsculo da vida, ele lê para Roxane mais uma vez a última carta de Christian, cujos versos ele mesmo redigira:

> Roxane, adieu, je vais mourir!
> C'est pour ce soir, je crois, ma bien-aimée!
> J'ai l'âme lourde encore d'amour inexprimé
> Et je meurs! Jamais plus, jamais mes yeux grisés,
> Mes regards dont c'était les frémissantes fêtes,
> Ne baiseront au vol les gestes que vous faites;
> J'en revois un petit qui vous est familiar
> Pour toucher votre front et je voudrais crier…
> Et je crie:
> Adieu!… Ma chère, ma chérie,
> Mon trésor… Mon amour!…
> Mon coeur ne vous quitta jamais une seconde,
> Et je suis et je serai jusque dans l'autre monde
> Celui qui vous aime sans mesure, celui…

[Roxane, adeus, eu vou morrer!
Será esta noite, creio, minha bem-amada!
A alma ainda pesa de amor inconfessado
E morro! Nunca mais, nunca meus olhos cinzentos,
Meu olhar de que eras festa fremente,
Beijarão de passagem os gestos que fazes;
Revejo um pequeno que te é familiar
Para tocar tua fronte, e eu gostaria de gritar
E grito:
Adeus!... Minha querida, minha amada,
Meu tesouro... Meu amor!...
Meu coração jamais te deixou por um segundo
E sou e serei também no outro mundo
Aquele que te amou sem medida, aquele...].

Então Roxane reconhece o verdadeiro amado. Já é tarde demais, a morte vem, e no delírio da agonia, Cyrano se levanta, desembainha a espada:

Je crois qu'elle regarde...
Qu'elle ose regarder mon nez, la camarde!
(Il lève son épée).
Que dites-vous?... C'est inutile?... Je le sais!
Mais on ne se bat pas dans l'espoir du succès!
Non! Non! C'est bien plus beau, lorsque c'est inutile!
– Qu'est-ce que c'est que tous ceux-là? – Vous êtes mille?
Ah! Je vous reconnais, tous mes vieux ennemis!
Le mensonge!
(Il frappe de son épée le vide).
Tiens, tiens, ha! ha! les Compromis,
Les Préjugés, les Lâchetés!...
(Il frappe).
Que je pactise?
Jamais, jamais! – Ah, te voilà, toi, la Sottise!
N'importe: je me bats! je me bats, je me bats!

Oui, vous m'arrachez tout, le laurier et la rose!
Arrachez! Il y a malgré vous quelque chose
Que j'emporte, et ce soir, quand j'entrerai chez Dieu,
Mon solut balaiera largement le seuil bleu.
Quelque chose que sans un pli, sans une tache,
J'emporte malgré vous, et c'est...
Mon panache.

[Acho que ela olha...
Que ela ousa olhar meu nariz, este horror!
(Ele ergue a espada).
Que dizes?... É inútil?... Eu sei!
Mas não se luta na esperança do sucesso!
Não! Não! é muito mais belo quando é inútil!
– O que são todos aqueles lá? – Sois mil?
Ah! eu vos reconheço, meus velhos inimigos!
A Mentira?
(Ele vibra a espada no vazio).
Tomai, tomai! Ha! Ha! Compromissos,
Preconceitos, Covardias!...
(Ele vibra a espada).
Que eu faça um pacto?
Jamais, jamais! Ah! aí estás, Tolice!
– Sei bem que por fim me vencereis;
Não importa: eu me bato! eu me bato! eu me bato!
Sim, vós me arrancais tudo, o louro e a rosa!
Arrancai! Existe não obstante alguma coisa
Que levarei comigo, e esta noite, quando entrar na casa de Deus,
Minha saudação varrerá amplamente a soleira azul,
Alguma coisa que, sem uma dobra, nem uma mancha,
Eu levo contra a vossa vontade, e é o...
Meu penacho].

Cyrano que, sob o feio invólucro de seu corpo, abrigava uma alma tanto mais bela, é um saudoso e incompreendido, e seu último triunfo é que, ao menos, consegue partir com seu penacho imaculado – *sans un pli et sans une tache*. A identificação da autora com o Christian moribundo, que, em si, é uma figura pouco impressionante e simpática, diz que seu amor está fadado a ter um fim súbito – igual a Christian. Mas, como vimos, o trágico interlúdio com Christian se desenrola sobre um fundo muito mais significativo, ou seja, o amor incompreendido de Cyrano por Roxane. Por isso, a identificação com Christian poderia ter apenas a importância de uma lembrança-pretexto. Veremos no decorrer desta análise que, provavelmente, esse foi o caso.

A esse exemplo da identificação com Christian segue-se, como outro exemplo, uma lembrança muito plástica do mar diante da fotografia de um navio em alto-mar ("[...] je sentis les pulsations des machines, le soulèvement des vagues, le balancement du navire" [senti as pulsações das máquinas, o levantamento das ondas, o balanço do navio]).

Já podemos articular a suspeita aqui de que as viagens por mar estão ligadas a lembranças particularmente impressionantes, que penetraram profundamente na alma e conferem à lembrança encobridora, por meio de uma consonância inconsciente, um relevo especialmente forte. Veremos abaixo como essas lembranças aqui presumidas poderiam estar relacionadas com o problema acima mencionado.

O exemplo que se segue agora é estranho. Uma vez, no banho, Miss Miller enrolara os cabelos numa toalha para protegê-los contra a umidade. No mesmo instante, ela teve a seguinte forte impressão: "Il me sembla que j'étais sur un piedéstal, une véritable statue égyptienne, avec tous les détails: membres raides, un pied avant, la main tenant des insignes" [Pareceu-me que eu estava num pedestal, como uma verdadeira estátua egípcia, com todos os detalhes: membros rígidos, um pé à frente, insígnias na mão]. Miss Miller se identifica, portanto, com uma estátua egípcia, naturalmente com base em uma pretensão subjetiva. Isso significa: eu sou como uma estátua egípcia, igualmente rígida, hirta, altiva e "*impassible*", para o que a estátua egípcia é proverbial. Ninguém faz tal afirmação sobre si mesmo sem coerção interior; a fórmula correta seria então: "Eu gostaria de ser tão rígida e hirta como uma estátua egípcia". Invariavelmente, a vista do próprio corpo nu no banho costuma ter consequências para a fantasia, e a fórmula acima é a melhor maneira de aplacá-las[31].

O exemplo que se segue destaca a influência pessoal da autora sobre um artista:

> J'ai réussi à lui faire rendre des paysages, comme ceux du lac Léman, où il n'a jamais été, et il prétendait 'que je pouvais lui faire rendre des choses qu'il n'avait jamais vues, et lui donner la sensation d'une atmosphère ambiante qu'il n'avait jamais sentie; bref que je me servais de lui comme lui-même se servait de son crayon, c'est à dire comme d'un simple instrument'.
>
> [Consegui fazê-lo reproduzir paisagens, como a do Lago Léman, onde ele jamais estivera, e ele afirmava que eu era capaz de fazê-lo desenhar

31. Eu poderia citar para isso toda uma série de experiências psicanalíticas.

> coisas que ele jamais vira e lhe dar a sensação de uma atmosfera correspondente que ele jamais sentira; em suma, que eu me servia dele como ele mesmo se servia de seu lápis, ou seja, como de um simples instrumento].

Essa observação contradiz totalmente a fantasia da estátua egípcia. Miss Miller tem a necessidade inarticulada de ressaltar aqui seu efeito quase mágico sobre outra pessoa. É provável que também isso não ocorre sem coerção interior, sentida justamente por quem, muitas vezes, não consegue exercer uma influência afetiva sobre o próximo.

Com isso se esgota a série de exemplos para descrever a autossugestionabilidade e o efeito sugestivo de Miss Miller. Nesse sentido, os exemplos não são muito convincentes nem interessantes, mas, em termos analíticos, já são muito mais valiosos porque já nos oferecem um vislumbre da alma da autora. Em um trabalho excelente, Ferenczi (1909) nos ensinou como devemos entender a sugestionabilidade, que, à luz da teoria freudiana da libido, essa peculiaridade adquire novos aspectos, visto que seus efeitos se tornam explicáveis por meio de "investimentos libidinais". Isso já foi sugerido acima, quando discutimos os exemplos, em maior detalhe por ocasião da identificação com Christian: a identificação se torna eficaz porque recebe energia das segundas intenções ("ocupadas") do motivo de Christian com forte ênfase emocional. Inversamente, o efeito sugestivo da própria pessoa está numa capacidade especial de concentrar interesse (isto é, libido) em outra pessoa, e por meio disso, o outro é inconscientemente coagido a reagir (em conformidade ou de modo contrário). A maioria dos exemplos diz respeito a casos em que Miss Miller é subjugada a efeitos sugestivos, ou seja, em que a libido se apoderou de certas impressões, o que é impossível quando a libido está represada em medida não totalmente normal por meio da aplicação ausente à realidade. As considerações de Miss Miller sobre a autossugestionabilidade nos mostram, portanto, que, em suas fantasias seguintes, a autora está prestes a comunicar algo da história de seu amor.

O hino ao Criador

O segundo capítulo do trabalho de Miss Miller traz o título "Gloire à Dieu. Poème onirique" ("Glória a Deus. Poema onírico").

Em 1898, aos 20 anos de idade, Miss Miller fez uma longa viagem pela Europa. Passamos a palavra à sua descrição:

> Depois de uma longa e escabrosa viagem de Nova York a Estocolmo, e de lá a Petersburgo e Odessa, foi uma verdadeira volúpia (une véritable volupté[32]) abandonar o mundo das cidades habitadas e adentrar o mundo das ondas, do céu e do silêncio. Por horas, eu permanecia no convés para sonhar, estendida numa espreguiçadeira: as histórias, lendas e mitos dos diferentes países que eu vira longe de casa voltavam indistintos, diluídos num tipo de névoa radiante, na qual as coisas perdiam sua realidade, enquanto só os sonhos e pensamentos adquiriam a aparência de uma realidade verdadeira. No início, até evitava toda companhia e me mantinha afastada, inteiramente perdida em meus devaneios, onde tudo que eu conhecia de grandioso, belo e bom me voltava à consciência com força e vida renovada. Usei também boa parte de meu tempo para escrever a meus amigos distantes, para ler e esboçar pequenos poemas sobre os lugares visitados. Alguns desses poemas eram de caráter mais sério.

32. A escolha de palavras e parábolas é sempre significativa. Uma psicologia do viajar e das forças inconscientes que ajudam nisso ainda há de ser escrita.

Talvez pareça supérfluo analisar mais de perto todos esses detalhes. Mas se lembrarmos a observação feita acima de que, quando as pessoas permitem que seu inconsciente fale, elas sempre nos contam as coisas mais importantes de sua intimidade, até os menores detalhes nos parecem importantes. *Personalidades importantes* sempre nos revelam por meio de seu inconsciente também *coisas importantes*, de modo que um interesse paciente sempre vale a pena.

Nessa peça, Miss Miller descreve um "estado de introversão": depois que a vida das cidades com suas muitas impressões tinha atraído seu interesse (com aquela força sugestiva já analisada que impõe a impressão violentamente), ela respira aliviada sobre o mar e, depois de toda exterioridade, submerge totalmente na interioridade com a separação intencional do ambiente, de modo que as coisas perdem sua realidade e os sonhos se transformam em verdade. A psicopatologia sabe que existem certos distúrbios mentais[33] que são induzidos quando,

33. Até agora, esse distúrbio mental tinha a infeliz denominação cunhada por Kraepelin de *dementia praecox*. Para essa doença, é um grande infortúnio que os psiquiatras a encontraram. A essa circunstância se deve seu prognóstico aparentemente ruim, visto que *dementia praecox* significa falta de esperança terapêutica. Que impressão teríamos da histeria se a julgássemos sob o ponto de vista do psiquiatra! Em sua clínica, o psiquiatra vê naturalmente apenas o pior e, por isso, precisa ser um pessimista, pois está terapeuticamente paralisado. Que aspecto lamentável teria a tuberculose se o médico de um asilo para doentes incuráveis descrevesse sua clínica! Assim como os casos de histerias crônicas, que lentamente definham nos hospícios, não são características da histeria verdadeira, tampouco o é a *dementia praecox* com relação às suas fases preliminares tão frequentes no consultório, que Janet designa como psicastenia. Elas se inserem na definição bleuleriana da esquizofrenia – no entanto, esse nome implica um fato psicológico que facilmente pode ser confundido com fatos semelhantes encontrados na histeria. Para meu uso particular, que não pretendo impor a ninguém, tenho o termo *neurose da introversão*, que, a meu ver, informa a característica mais importante da doença, ou seja, a predominância da introversão em relação à transferência, que caracteriza a histeria. Em meu trabalho: "A psicologia da dementia praecox" (OC 3) não reuni a psicastenia

aos poucos, os doentes se fecham cada vez mais contra a realidade e submergem em suas fantasias, sendo que, à medida que a realidade perde seu destaque, o mundo interior aumenta em realidade e força determinadora[34]. Esse processo leva a um auge (individualmente distinto), em que, de repente, os doentes tomam mais ou menos consciência de sua cisão da realidade: o evento que então ocorre é a excitação patológica, ou seja, os doentes começam a dirigir-se ao ambiente, mas com intenções doentias, porém que representam o desejo compensador (embora malsucedido) da transferência[35]. (Naturalmente, os meios de representação são extremamente diversos, fato que, aqui, não elaborarei mais a fundo).

Esse tipo parece ser uma regra psicológica válida para todas as neuroses e, portanto, também para os normais em medida muito menor. Assim, podemos esperar que, depois dessa introversão enérgica e continuada, que até chegou a prejudicar temporariamente o senso de realidade, Miss Miller seja dominada novamente por uma nova impressão do mundo real (tão energicamente sugestiva quanto a de seus devaneios). Continuemos a acompanhar a narrativa:

---

de Janet com a *dementia praecox*. Desde então, minhas experiências – principalmente o fato de ter sido instruído em Paris sobre o conceito da psicastenia – convenceram-me de que o grupo de Janet pertence à neurose da introversão (esquizofrenia de Bleuler).

34. Cf. as explicações relacionadas em meu escrito "A psicologia da dementia praecox" (OC 3), e "O conteúdo da psicose" (OC 3). Cf. também: Abraham (1908). Apoiando-se em Freud, Abraham define a tendência característica da *dementia praecox* como *autoerotismo*, o que, conforme observo, é uma das consequências da introversão.

35. Freud, a quem devo uma parte essencial dessa percepção, fala também de "tentativa de cura".

> Mas quando a viagem se aproximou do fim, os oficiais de bordo superavam uns aos outros em amabilidades (*tout ce qu'il y a de plus empressé et de plus aimable*), e passei muitas horas divertidas ensinando-lhes o inglês. Na costa da Sicília, no porto de Catânia, escrevi uma canção de marinheiro, que aliás se aproximavam muito de uma canção muito conhecida entre os homens do mar (*'Brine, wine and damsels fine'*). Todos os italianos em geral cantam bem, e um dos oficiais que cantava no convés durante a vigia noturna, me impressionara muito e me inspirara a escrever algumas palavras que combinassem com sua melodia. Pouco depois, quase tive que inverter o conhecido ditado *'Veder Napoli e poi morir'*, pois de repente fiquei muito indisposta (embora sem perigo), mas recuperei-me o suficiente para poder desembarcar e visitar de carro as curiosidades da cidade. Esse dia me cansou muito e, como pretendíamos visitar Pisa no dia seguinte, voltei a bordo no fim da tarde e logo fui dormir, sem pensar em algo mais sério do que na beleza dos oficiais e na feiura dos mendigos italianos.

Ficamos um pouco decepcionados, pois, em vez da esperada impressão da realidade, encontramos apenas um pequeno interlúdio, um flerte. Pelo menos, um dos oficiais, o cantor, causara-lhe forte impressão ("*il m'avait fait beaucoup d'impression*"). No entanto, a observação no fim da descrição "*sans songer à rien de plus sérieux qu'à la beauté des officiers*" volta a reduzir a seriedade da impressão. A suposição, porém, de que a impressão tenha exercido uma influência grande sobre o humor é apoiada pelo fato de ter sido criado um poema de caráter erótico ("*brine, wine and damsels fine*") em homenagem ao cantor. Tendemos a não dar muita importância a tais impressões, e cedemos facilmente às afirmações dos envolvidos quando descrevem tudo como simples e pouca seriedade. Detenho-me nessa impressão porque importa saber que uma impressão erótica, depois de tal introversão, tem um efeito profundo e talvez subestimado por Miss Miller sobre o ânimo. O mal-estar súbito e passageiro é obscuro e necessitaria um esclarecimento psicológico, que, porém, pela falta de pontos de referência, não pode ocorrer. Os fenômenos a serem narrados em seguida só podem ser compreendidos a partir de um abalo que se estende até os fundamentos:

> O navio leva uma noite de Nápoles a Livorno, durante a qual dormi mais ou menos bem –, pois raramente meu sono é profundo e sem sonhos. Pareceu-me que a voz de minha mãe me despertava justamente no fim do seguinte sonho: 'Inicialmente, tive uma vaga noção das palavras: When the morning stars sang together' – que eram o prelúdio de certa ideia turva de criação e de poderosos corais que ecoavam pelo universo. Apesar do estranho caráter confuso e contraditório peculiar ao sonho, imiscuíram-se os coros de um oratório apresentado por uma das melhores sociedades musicais de Nova York e, em seguida, lembranças do *Paraíso perdido* de Milton. Então, aos poucos, emergiram dessa confusão certas palavras, organizando-se em três estrofes, aparecendo em minha caligrafia, sobre papel comum com pautas azuis, numa página de meu velho álbum de poesias, que sempre levo comigo; em suma, apareceram-me exatamente como, minutos depois, de fato se encontravam em meu livro.

Miss Miller registrou então o seguinte poema, que, alguns meses depois, redigiu um pouco, aproximando-o assim, em sua opinião, um pouco mais do original do sonho:

When the eternal first made Sound
A myriad ears sprang out to hear,
And throughout all the Universe
There rolled an echo deep and clear:
All Glory to the God of Sound!

When the Eternal first made Light
A myriad eyes sprang out to look,
And hearing ears and seeing eyes,
Once more a mighty choral took:
'All Glory to the God of Light!'

When the Eternal first gave Love,
A myriad hearts sprang into life;
Ears filled with music, eyes with light,
Pealed forth with hearts with love all rife:
'All Glory to the God of Love!'

[Quando o Eterno criou o Som
Miríades de ouvidos surgiram para ouvir
E através de todo o Universo
Rolou um eco claro e profundo:
Toda Glória ao Deus do Som!

Quando o Eterno criou a Luz
Miríades de olhos surgiram para ver
E ouvidos que ouviam e olhos que viam
Tornaram a entoar o poderoso coral:
'Toda Glória ao Deus da Luz!'

Quando o Eterno criou o Amor
Miríades de corações saltaram à vida;
E ouvidos cheios de sons, olhos cheios de luz
E corações cheios de amor proclamavam:
'Toda Glória ao Deus do Amor!'].

Antes de analisar as tentativas de Miss Miller de descobrir as raízes dessa criação subliminal por meio de ideias próprias[36], queremos fazer uma revisão de todo o material comunicado até agora. A impressão do navio já foi devidamente destacada, de modo que, agora, não deveria mais ser difícil reconhecer os processos dinâmicos que causaram essa revelação poética. Já demos a entender que Miss Miller talvez tenha subestimado consideravelmente o alcance da impressão erótica. Essa suposição se torna ainda mais provável pela experiência de que, de modo geral, impressões eróticas relativamente fracas são fortemente subestimadas. Vemos isso mais claramente naqueles casos em que os envolvidos consideram uma relação erótica impensável por motivos sociais ou morais (por exemplo, pais e filhos, irmãos, relações entre homens mais velhos e mais jovens etc.). Se a impressão é relativamente fraca, ela nem sequer existe para a pessoa envolvida; se é forte, dá-se uma dependência trágica, que pode resultar em qualquer disparate. A falta de juízo pode ir muito longe: mães que vivenciam as primeiras ereções de seu filho pequeno em sua própria cama; uma irmã que, de modo jocoso, acaricia o irmão; uma filha de 20 anos de idade que ainda se senta no colo do pai e, ao fazê-lo, tem sensações "estranhas" no "ventre"; todos eles ficariam escandalizados se quiséssemos falar de "sexualidade". Afinal de contas, toda a nossa educação visa tacitamente saber o mínimo possível de erotismo e propagar o mais profundo desconhecimento sobre ele. Portanto, não admira que o julgamento sobre a extensão

36. Observo que, em sua publicação, Miss Miller não revela nenhum conhecimento psicanalítico.

de uma impressão erótica costuma ser inseguro e insuficiente. Como vimos, Miss Miller estava absolutamente disposta a uma impressão erótica *profunda*. Da soma de sentimentos assim despertados, pouco parece ter vindo à tona, pois o sonho precisou de um grande rebusco. A experiência analítica sabe que os primeiros sonhos que os pacientes trazem para a análise são de interesse especial porque, muitas vezes, revelam avaliações e valorizações da personalidade do médico, que, antes, teríamos indagado em vão diretamente. Eles enriquecem consideravelmente a impressão *consciente* que o paciente tinha de seu médico, e normalmente são comentários eróticos feitos pelo inconsciente, justamente por causa da subestimação geral e da avaliação insegura da impressão erótica relativamente fraca. Na expressão drástica e hiperbólica do sonho, frequentemente a impressão aparece de forma quase incompreensível devido às dimensões inadequadas do símbolo. Outra peculiaridade, que parece se basear na estratificação histórica do inconsciente, é que uma impressão erótica à qual é negado o reconhecimento consciente se apodera de uma transferência anterior e já superada e nela se expressa. É por isso que, em moças, por ocasião de seu primeiro amor, ocorrem dificuldades notáveis na capacidade de expressão erótica, que podem ser reduzidas analiticamente a distúrbios pelo reavivamento regressivo da imagem ou *imago paterna*[37].

---

37. Dou preferência intencional à expressão "imago" e não à expressão "complexo", para conferir também visivelmente, por meio da escolha do termo técnico, ao fato psicológico que entendo por "imago", ou seja, aquela independência viva na hierarquia psíquica, aquela *autonomia*, que tenho exigido como peculiaridade essencial do complexo de sentimentos com base em experiências múltiplas. (Cf. "A psicologia da dementia praecox", e capítulos 2 e 3; OC 3). Meus críticos, especialmente Isserlin, virem nessa concepção um retorno à psicologia medieval

Podemos supor algo semelhante em Miss Miller, pois, em termos analíticos e histórico-psicológicos, a ideia da divindade criadora masculina é um *derivado* da *imago* paterna[38], e tem como objetivo inicial substituir a transferência paterna infantil de modo a facilitar a transição do indivíduo do círculo íntimo da família para o círculo amplo da sociedade humana.

De acordo com essa consideração, vemos no poema e em seu "prelúdio" o produto formado religiosa e poeticamente de uma introversão regressiva para o sucedâneo da imago paterna. Apesar da percepção insuficiente da impressão ativa, elementos essenciais da mesma são incluídos na formação substituta, de certa forma como insígnias da origem (Pfisterer introduziu para isso a expressão certeira da "lei do retorno do complexo"). A impressão ativa tinha sido o oficial *cantante* durante a vigia noturna ("*When the morning stars sang together*"), cuja imagem desvendou um novo mundo para a jovem ("criação").

Esse "Criador" criou o som, depois a luz e então o amor. A criação inicial do som tem certos paralelos no "verbo criador" de *Gênesis*, em Simão Mago, onde a voz corresponde ao Sol, depois nos gritos animais dos sistemas gnósticos e no grito mencionado no *Poimandres* (Schultz, 1910). Desde já podemos arriscar uma conjetura que já se

---

e, por isso, a rejeitaram por completo. Esse "retorno" de minha parte aconteceu de forma consciente e intencional, pois a psicologia de superstições velhas e novas, e especialmente a demonologia, fornecem inúmeros comprovantes para a minha concepção. Percepções e confirmações muito interessantes são fornecidas também pelo doente mental Schreber, em sua autobiografia (1909), em que expressou perfeitamente a doutrina da autonomia. "Imago" se apoiou inicialmente na representação psicologicamente cabal no romance *Imago*, de Spitteler e, depois, na antiga ideia religiosa de "*imagines et lares*".

38. Cf. "A importância do pai no destino do indivíduo" (OC 4).

insinua e, mais tarde, se confirmará abundantemente, isto é, a seguinte cadeia de associações: o cantor – a estrela da manhã que canta – o deus do som – o Criador – o deus da luz – (do sol) – (do fogo) – e do amor.

Os membros dessa sequência são comprovados pelo material, exceto o sol e o fogo, que coloquei entre parênteses, mas que, no decurso da análise, serão confirmados pelo que segue. Todas as designações pertencem, com uma única exceção, também à linguagem erótica ("meu Deus, estrela, luz, meu sol, fogo do amor, amor ardente etc."). A princípio, o "Criador" parece ser vago, mas se torna compreensível pela referência às alusões de Eros, aos acordes ressoantes da natureza, que busca se rejuvenescer em cada casal de amantes e que espera o milagre da criação.

Miss Miller também tentou compreender a criação inconsciente de seu espírito e fez isso por meio de um processo que, em princípio, coincide com a psicanálise e, por isso, leva aos mesmos resultados desta. Mas como costuma acontecer ao leigo e principiante, ela, por não possuir nenhum conhecimento psicanalítico, para nas ideias que necessariamente expressam o complexo subjacente apenas de modo indireto, ou seja, censurado. De qualquer maneira, basta um simples processo de dedução, na verdade, um mero levar a termo do pensamento, para encontrar o sentido.

De início, Miss Miller se surpreende diante do fato de que sua fantasia inconsciente não tenha colocado a luz em primeiro lugar, como o faz a narrativa da criação de Moisés, e sim o som.

Segue então uma explicação construída *ad hoc* e teoricamente, cuja falta de conteúdo é típica de todas as tentativas de interpretação desse tipo. Ela diz:

> Talvez seja interessante lembrar que também Anaxágoras faz o cosmos surgir do caos por meio de uma espécie de turbilhão[39], o que geralmente não acontece sem a produção de som. Mas naquela época eu ainda não havia feito estudos filosóficos e nada saiba de Anaxágoras nem de suas teorias sobre o nous, as quais aparentemente eu seguira inconscientemente. Na época, também não possuía nenhum conhecimento sobre Leibniz e, por isso, nada sabia de sua doutrina 'dum Deus calculat, fit mundus' [quando Deus calcula, o mundo se faz].

As duas referências a Anaxágoras e Leibniz dizem respeito à criação pelo "pensamento", isto é, que o pensamento divino por si só poderia produzir uma nova realidade material; uma alusão a princípio incompreensível, mas que logo se tornará mais compreensível.

Chegamos agora àquelas ideias das quais Miss Miller deduz a essência de sua criação inconsciente:

> É sobretudo o *Paraíso perdido* de Milton, na edição ilustrada por Doré, que tínhamos em casa e com a qual me deleitei muitas vezes desde a minha infância. Depois, o Livro de Jó, que leram para mim desde que consigo me lembrar. Falando nisso, se compararmos as primeiras palavras do *Paraíso perdido* com meu primeiro verso, percebemos que ele tem a mesma métrica.

---

39. Como sabemos, em Anaxágoras, a potência primordial do *nous* confere movimento à matéria primordial morta por meio de um sopro de vento. Naturalmente, nem se fala de som. Esse *nous*, que já se assemelha bastante ao conceito posterior de Filo, ao *logos pneumatikos* da gnose, ao *pneuma* paulino, como também ao *penam* das teologias paracristãs, tem provavelmente o antigo significado mitológico do sopro fecundante, que fecundava as éguas da Lusitânia e os abutres egípcios. A animação de Adão e a fecundação da Mãe de Deus pelo *pneuma* ocorrem de modo semelhante. A fantasia incestuosa de uma de minhas pacientes diz: O pai cobre seu rosto com as mãos e *sopra* em sua boca aberta.

> 'Of man's first disobedience...
> When the eternal first made sound.'
> Meu poema lembra também diversas passagens de Jó e uma ou duas passagens de '*A Criação*', o oratório de Händel[40], o que já ocorreu indistintamente no começo do sonho.

O *Paraíso perdido* que, como sabemos, está tão intimamente ligado ao começo do mundo, é especificado pelo verso "*Of man's first disobedience...*", que, como vemos, se refere à Queda, cujo significado não precisa ser ressaltado. Conheço a objeção que será levantada aqui por todos que desconhecem a psicanálise, ou seja, que Miss Miller poderia ter escolhido qualquer outro verso como exemplo, e que teria escolhido apenas por acaso o primeiro que lhe ocorrera, e que, também por mero acaso, tem esse conteúdo. A crítica que recebemos igualmente de nossos colegas médicos e de nossos pacientes, costuma, como se sabe, operar com esses argumentos. O equívoco vem do fato de não se levar a sério a lei da causalidade no campo psíquico: pois não existem acasos, não há os "assim como". Portanto, ocorre que o poema de Miss Miller está ligado à Queda, e é justamente nisso que se destaca aquele componente erótico de cuja existência suspeitamos acima.

Infelizmente, Miss Miller não fala de quais passagens de Jó ela se lembrou. Por isso só podemos fazer conjeturas gerais. Primeiramente, a analogia com o *Paraíso perdido*: Jó perde tudo que tem, e isso por sugestão de satanás, que pretende fazer com que Deus duvide dele. Da mesma forma, os seres humanos perderam o paraíso

40. Provavelmente, trata-se de *A Criação*, de Haydn.

por meio da tentação da serpente e foram expulsos para a tortura na terra. A ideia, ou melhor, o estado de espírito que é expresso pela reminiscência do paraíso perdido é a sensação de Miss Miller de ter perdido algo que está ligado à tentação satânica. Como Jó, ela sofre sem culpa, pois não caiu vítima da tentação. O sofrimento de Jó permanece *incompreendido* por seus amigos (Jó 16,1-11), ninguém sabe que satanás está envolvido no jogo e que Jó é realmente inocente. Jó não se cansa de afirmar sua inocência. Haveria aqui uma insinuação? Sabemos que certos neuróticos e sobretudo doentes mentais defendem constantemente sua inocência contra os ataques inexistentes; mas uma análise mais detalhada revela que o doente, ao defender sua inocência aparentemente sem qualquer razão, executa com isso apenas um "ato encobridor", cuja energia provém justamente daquelas pulsões cujo caráter pecaminoso é revelado justamente pelo conteúdo das supostas acusações e difamações[41].

Jó sofre duplamente, de um lado, pela perda de sua felicidade; de outro, pela *falta de compreensão* de seus amigos, tema esse que perpassa todo o livro. O sofrimento do incompreendido lembra a figura de Cyrano de Bergerac: ele também sofre duplamente, de um lado, por causa de um amor sem esperança; de outro, por não ser compreendido. Como vimos, ele cai na última luta desesperada contra *le Mensonge, les Compromis, les Préjugés, les Lâchetés et la Sottise*: *"Oui, vous m'arrachez tout le laurier et la rose!"*

---

41. Lembro-me, por exemplo, do caso de uma jovem doente mental que sempre suspeitava de sua inocência, sendo impossível dissuadi-la. Aos poucos, desenvolveu-se a partir da defesa indignada uma erotomania enérgica positiva correspondente.

Jó lamenta:

> Deus entrega-me à custódia dos ímpios,
> arroja-me em mãos criminosas.
> Vivia eu tranquilo, quando me esmagou,
> agarrou-me pela nuca e me triturou.
> Fez de mim seu alvo.
> Suas flechas zuniam em torno de mim,
> atravessou-me os rins sem piedade
> e derramou por terra meu fel.
> Abriu-me com mil brechas
> e assaltou-me como um guerreiro (Jó 16,12ss.)[42].

A analogia dos sentimentos está no sofrimento da *luta desesperadora contra o mais poderoso*. É como se essa luta fosse acompanhada de longe pelos sons da "Criação", o que nos permite deduzir uma imagem linda e misteriosa, que pertence ao inconsciente e ainda não emergiu para a luz do mundo superior. Pressentimos mais do que sabemos que essa luta realmente tem algo a ver com a criação, com a luta entre negação e afirmação. As referências ao *Cyrano*, de Rostand, pela identificação com Christian; ao *Paraíso perdido*, de Milton; aos sofrimentos do Jó incompreendido pelos amigos, revelam claramente que, na alma da poetisa, algo se identifica com essas imagens, sofre como Cyrano e Jó, perdeu o paraíso e sonha com "criação" – criação pelo pensamento – fecundação pelo sopro de Anaxágoras.

Permitimos novamente que Miss Miller nos guie:

> Lembro-me de que uma vez, aos 15 anos de idade, fiquei muito agitada com um artigo que minha mãe lera para mim sobre a 'ideia que gera seu objeto espontaneamente'. Fiquei tão agitada

42. Os grifos no texto serão explicados na segunda parte do meu trabalho. As citações bíblicas são tiradas da *Bíblia Sagrada*, edição Vozes de 1982 [N.T.].

> que não consegui dormir quase a noite toda, pensando e refletindo o que aquilo significaria. Na idade dos 9 aos 16 anos, eu ia a uma igreja presbiteriana todos os domingos, onde o pastor naquela época era um homem muito culto. Em uma das primeiras lembranças que guardei dele, vejo-me como menininha numa grande cadeira de igreja, esforçando-me constantemente a ficar acordada e prestar atenção, mas não conseguindo entender por nada neste mundo o que ele queria nos dizer ao nos falar de 'caos', 'cosmos' e da 'dádiva do amor' (*don d'amour*).

São, portanto, lembranças bastante precoces da época em que a puberdade desperta (nove a dezesseis), que associaram as ideias do cosmo, que surge do caos, com o "*don d'amour*". O meio em que ocorreu essa associação é a lembrança de um clérigo certamente muito venerado, que pronunciou aquelas palavras obscuras. Da mesma época provém aquela agitação provocada pela ideia do "pensamento" criador, que "gera seu objeto" por si só. Aqui se insinuam dois caminhos da criação: o pensamento criador e a misteriosa relação com o "*don d'amour*".

Numa época em que eu ainda não tinha compreendido a natureza da psicanálise, tive a feliz oportunidade de, por meio de uma prolongada observação, adquirir uma visão profunda da alma de uma moça de 15 anos. Naquela ocasião, descobri com espanto quais são os conteúdos das fantasias inconscientes e o quanto eles se afastam daquilo que uma moça dessa idade mostra externamente. Eram fantasias amplas de fertilidade quase mítica. Na fantasia dividida, ela era a mãe ancestral de incontáveis gerações[43].

---

43. O caso foi publicado em meu trabalho "Sobre a psicologia e patologia dos fenômenos chamados ocultos" (OC 1).

Se descontarmos a fantasia acentuadamente poética da moça, restam elementos que são comuns a todas as moças dessa idade, pois o inconsciente é comum a todos os seres humanos em grau infinitamente maior do que os conteúdos do consciente individual, *pois é a condensação do historicamente mediano e frequente*.

O problema de Miss Miller nessa idade era o humano geral: como serei criativa? A natureza só tem *uma* resposta a isso: "através do filho (*don d'amour*?!)". Mas como se chega ao filho? Aqui surge o problema receoso que, como mostra nossa experiência analítica, vincula-se ao pai, ao qual não deveria se vincular, pois, desde os primórdios, pesa sobre a raça humana o pecado original do incesto. Nos anos em que o humano do pai é reconhecido claramente, o amor forte e natural que liga a criança ao pai se desvia para formas mais elevadas do pai, para os "padres" da igreja e para o Deus Pai[44] que eles representam visivelmente, e aí ainda há menos possibilidade de retomar o problema. No entanto, a mitologia não carece de consolos. O *logos* também não se fez carne? O *pneuma* divino, justamente o *logos*, não penetrou o ventre da virgem e habitou entre nós como o filho dos homens? Aquela rajada de vento de Anaxágoras era o *nous* divino, que, a partir de si mesmo, tornou-se mundo. Por que conservamos até hoje a imagem da mãe imaculada? Porque ela ainda conforta ricamente e, sem palavras e sermão berrante, diz àquela que busca consolo: "Eu também me tornei mãe" – pela "ideia que espontaneamente gera seu objeto".

Creio que houve razão suficiente para uma noite insone, quando as fantasias próprias àquela idade da pu-

44. Outras não necessitam desse estágio, pois antes já são arrastadas pelo Eros.

berdade se apoderavam dessa ideia – as consequências seriam imprevisíveis.

Todo psíquico tem um sentido inferior e um sentido superior, como afirma a profunda sentença da mística antiga:

Céu em cima
Céu embaixo
Estrelas em cima
Estrelas embaixo.
Tudo que está em cima
Também está embaixo.
Compreende isto e alegra-te.

Pois não faríamos jus à peculiaridade intelectual de nossa autora se nos contentássemos em atribuir a excitação daquela noite insone unicamente ao problema sexual em sentido estrito. Essa seria apenas uma das metades e, para usar a expressão mística, a metade inferior. A outra metade, porém, é a *sublimação intelectual*, que busca realizar a seu modo a sentença ambígua da "ideia que espontaneamente gera seu objeto": *a criação ideal no lugar da criação real*.

Para uma personalidade aparentemente muito capacitada para o trabalho intelectual, a perspectiva de fertilidade intelectual é algo digno do mais alto anseio, pois para muitos é uma necessidade de vida. Também esse lado da fantasia explica em grande medida a agitação, pois é um pensamento que pressente o futuro; é uma daquelas ideias que, para usar a expressão de Maeterlinck (1914), provém do "*inconscient supérieur*", daquela "potência prospectiva" de combinações subliminares[45]. É uma experiência ocasional

45. Dessa vez, certamente não deixarão de me acusar de misticismo. Talvez, porém, valesse a pena refletir: sem dúvida alguma, o inconsciente contém as combinações psicológicas que não alcançam o limiar da consciência. A análise decompõe essas combinações em suas determinantes históricas, pois essa é uma das tarefas essenciais da análise, isto é, despotencializar as ocupações dos com-

de meu trabalho profissional diário (uma experiência sobre cuja certeza devo me expressar com toda cautela exigida pela complexidade da matéria) que, em certos casos de neuroses de vários anos, no início da doença ou muito antes disso, ocorreu um sonho, muitas vezes de nitidez visionária, que se inscreveu de forma indelével na memória e que, durante a análise, revelou ao paciente um sentido oculto, antecipando os eventos posteriores da vida, ou seja, seus significados psicológicos[46]. Tendo a atribuir esse sentido também à excitação daquela noite agitada, pois os acontecimentos posteriores, à medida que Miss Miller os desvenda consciente ou inconscientemente, parecem confirmar a suposição de que

---

plexos que competem com o estilo de vida útil por meio da dissolução. A psicanálise trabalha em retrocesso, como a ciência da história. Assim como grande parte do passado está tão distante que o conhecimento da história não mais a alcança, grande parte da determinação inconsciente também é inalcançável. Mas a história *não* sabe de duas coisas: o que está oculto no passado e o que está oculto no futuro. Ambos, porém, talvez pudessem ser alcançados com certa probabilidade, o primeiro como postulado, o último como prognóstico histórico. Na medida em que o amanhã já está contido no hoje e todos os fios do futuro já estão dispostos, um conhecimento aprofundado do presente poderia tornar possível um prognóstico mais ou menos amplo e seguro do futuro. Se transferirmos esse raciocínio, como já fizera Kant, para o âmbito psicológico, chegaremos necessariamente ao mesmo: pois assim como vestígios de recordações que se tornaram subliminares há muito tempo ainda são comprovadamente acessíveis ao inconsciente, assim o são também determinadas combinações subliminares muito tênues e voltadas para a frente, que são da maior importância para acontecimentos futuros, contanto que esses sejam determinados por nossa psicologia. Mas, assim como a ciência da história não se preocupa com combinações para o futuro, que são objeto da política, tampouco as combinações psicológicas para o futuro são objeto da análise, antes seriam objeto de uma síntese psicológica infinitamente refinada, que soubesse acompanhar as correntes naturais da libido. Não somos capazes disso, mas o inconsciente o é, pois é aí que isso acontece, e parece que, de tempo em tempo e em certos casos, fragmentos significativos desse trabalho aparecem pelo menos em sonhos, de onde viria, então, o *significado profético* dos sonhos, há muito alegado pela superstição. A aversão dos *exatos* de hoje a tais raciocínios, que dificilmente poderíamos chamar de fantásticos, é apenas uma sobrecompensação da tendência milenar, mas exagerada, das pessoas de acreditar em adivinhação.

46. Os sonhos parecem permanecer espontaneamente na memória enquanto resumirem certeiramente a situação psicológica do indivíduo.

aquele momento deve ser compreendido como a apresentação e o pressentimento de um objetivo de vida sublimado.

Miss Miller encerra a série de suas ideias com as seguintes observações:

> (O sonho) me parece surgir de uma mistura de ideias do *Paraíso perdido*, de Jó e da *Criação*, com ideias como 'o pensamento que gera espontaneamente o seu objeto', 'a dádiva do amor, caos e cosmos'.

Como num caleidoscópio de fragmentos de vidro colorido, em sua mente teriam se combinado bocados de filosofia, estética e religião:

> [...] sob a influência estimulante da viagem e dos países vistos de passagem, combinada com o grande silêncio e a magia indizível do mar... *Ce ne fut que cela et rien de plus*: '*Only this and nothing more!*'

Com essas palavras, Miss Miller, educada, mas energicamente, nos conduz até a porta. Suas palavras de despedida, em sua negação mais uma vez confirmada em inglês, deixam uma curiosidade, ou seja: qual é a posição que deve ser negada por essas palavras? "*Ce ne fut que cela et rien de plus*", isto é, realmente apenas "*le charme impalpable de la mer*" – e o jovem que cantou melodicamente durante a vigília está esquecido, e ninguém deve saber, muito menos a sonhadora, que ele era uma estrela da manhã que precedia a criação de um novo dia[47].

---

47. Uma canção de amor, que existe em muitas versões, mostra como, na verdade, são pobres o elenco e os figurinos da vivência erótica. Cito-o aqui em sua forma epirótica:
Canção de amor epirótica
Ó menina, quando nos beijamos, era noite, quem nos viu?
Viu-nos uma estrela noturna, viu-nos a Lua
E inclinou-se para o mar e ao mar falou,

No entanto, não deveríamos cometer o erro de tranquilizar-nos e ao leitor com uma frase do tipo "*Ce ne fut que cela*". Caso contrário, poderíamos nos ver obrigados a desmentir-nos imediatamente[48]. Isso também acontece com Miss Miller, quando acrescenta uma citação em inglês: "*Only this and nothing more*", mas sem citar a fonte. A citação é do poema extremamente impressionante "The Raven" [O corvo], de Edgar A. Poe. A respectiva estrofe diz:

> While I nodded, nearly napping, suddenly there came a tapping,
> As of some one gently rapping, rapping at my chamber door.
> 'T'is some visitor', I muttered, tapping at my chamber door –
> Only this and nothing more.
>
> [Enquanto cochilava, quase adormecendo, súbito ouvi pancadas
> Como alguém batendo levemente, batendo na porta de minha alcova.
> 'Uma visita', murmurei, batendo na porta de minha alcova –
> Apenas isso e nada mais].

Um corvo fantasmagórico bate em hora noturna à sua porta e lembra o poeta de sua "Lenore" irrecuperavelmen-

---

O mar então contou ao leme, o leme a seu barqueiro,
O barqueiro disto fez uma canção, e os vizinhos a ouviram
Ouve-a também o padre e a contou à minha mãe.
Dela soube o pai, e se enfureceu;
Brigaram comigo e repreenderam e me proibiram
De jamais ir até a minha porta, jamais até a janela.
Mas à janela irei como se fosse para ficar com as flores,
E nunca descansarei enquanto o amado não for meu (Arnold, 1902, p. 159).

48. Cf. os excelentes exemplos em Freud (1904, p. 57).

te perdida. O nome do corvo é "Nevermore" e, no refrão a cada estrofe, ele grasna seu terrível "Nevermore". Velhas lembranças voltam para torturá-lo, e o fantasma repete implacavelmente: "Nevermore". Em vão, o poeta busca afugentar o visitante assombroso e grita para o corvo:

> 'Be that word our sign of parting, bird or fiend!' I shrieked upstarting –
> 'Get thee back into the tempest and the Night's Plutonian shore!
> Leave no black plume as a token of the lie thy soul hath spoken!
> Leave my loneliness unbroken! – quit the bust above my door!
> Take thy beak from out my heart, and take thy form from off my door!'
> Quoth the Raven 'Nevermore'.
> ['Sê esta palavra nosso sinal de despedida, ave ou demônio!', gritei me erguendo –
> 'Volta para a tempestade e a costa plutônica da noite!
> Não deixes pena negra como prova da mentira que tua alma contou!
> Deixa intacta minha solidão! – sai do busto sobre minha porta!
> Tira teu bico de meu coração e afasta tua figura de minha porta!'
> Grasna o corvo 'Nunca Mais'].

A frase que, aparentemente, supera a situação com leveza, "Only this and nothing more", é de um texto que descreve de modo comovente o desespero diante do amor perdido. Portanto, a citação desmente nossa poetisa da forma mais convincente.

Ela subestima a impressão erótica e o efeito de longo alcance de sua excitação. Justamente essa subestimação, que Freud formulou mais precisamente como recalque, é a razão pela qual o problema erótico não chega diretamente ao processamento consciente, e é daí que se originam os "enigmas psicológicos". A impressão erótica continua trabalhando no inconsciente e, em seu lugar, insere símbolos no consciente. Somos tão bons em brincar de esconde-esconde conosco mesmos. Primeiro são as "estrelas cantantes da manhã", depois o *Paraíso perdido*, então o anseio erótico veste roupas sacerdotais e professa palavras obscuras sobre a criação do mundo e, finalmente, se ergue num hino religioso para, por fim, encontrar uma saída para a liberdade, à qual a censura da personalidade moral nada mais pode objetar. Mas o hino contém em sua peculiaridade as marcas de sua origem, nele se cumpriu a "lei do retorno do complexo": o "cantor noturno", pela via da antiga transferência para o pai-padre, transformou-se no "Eterno", no Criador, no *deus do som, da luz e do amor*.

O desvio da libido parece ser uma *Via Crucis*, pelo menos é o que sugerem o *Paraíso perdido* e a referência paralela a Jó. Se juntarmos a isso as alusões introdutórias da identificação com Christian, que nos remetem a Cyrano, resulta um material que realmente descreve o desvio da libido como uma *Via Crucis*: assim como, depois da Queda, os homens tiveram que suportar o peso da vida na Terra ou como Jó sofreu sob o poder de satanás e de Deus e, sem estar ciente disso, se tornou joguete entre duas forças do além, que não consideramos mais como metafísicas, mas como *metapsicológicas*. Encontramos essa mesma cena da *aposta com Deus* no *Fausto*.

Mefistófeles:

> Que apostais? Haveis de perdê-lo se me permitis conduzi-lo sutilmente por meus caminhos! (Goethe, *Fausto*, Parte I, Prólogo no Céu).

Satanás:

> Mas estende tu um pouco a tua mão, e toca em tudo o que ele possui, e verás se ele não te amaldiçoa na cara (Jó 1,11).

Enquanto, em Jó, as duas grandes correntes são caracterizadas simplesmente como o bem e o mal, o problema de Fausto é de natureza explicitamente erótica, ou seja, a luta entre sublimação e Eros, sendo que o diabo é brilhantemente caracterizado pelo seu papel do sedutor erótico. O aspecto erótico falta em Jó, ao mesmo tempo, porém, ele também não tem consciência do conflito em sua própria alma, ele até refuta insistentemente os discursos de seus amigos, que tentam convencê-lo do mal em seu coração. Nesse sentido, podemos dizer que o *Fausto* é muito mais sincero, pois admite abertamente a dilaceração de sua alma.

Miss Miller age como Jó, ela não o diz e faz o bem e o mal virem do além, do âmbito metapsicológico. A identificação com Jó também nesse sentido é reveladora. Devemos mencionar mais uma analogia muito significativa: *aquilo que gera*, como o qual o amor pretende ser compreendido do ponto de vista natural, permanece na divindade sublimada como atributo essencial, razão pela qual, no hino, Deus é louvado como Criador. Como sabemos, encontramos a mesma cena em Jó. Satanás é o destruidor da fecundidade de Jó; Deus é o próprio Fecundo e, por isso, Ele canta no fim do livro o hino imbuído de grande beleza poética à sua própria força criadora. Chama atenção que o hino dá a maior ênfase a dois representantes nada simpáticos do mundo animal, Beemote e Leviatã, ambos representantes da força natural mais bruta, sendo que Beemote é o atributo fálico do Deus Criador:

> Vê o hipopótamo que criei como a ti;
> alimenta-se de erva como o boi.
> Vê a força de suas ancas,
> o vigor de seu ventre musculoso.
> Sua cauda reponta como um cedro,
> enfeixam-se os tendões de suas coxas.
> Os ossos são tubos de bronze,
> as vértebras, barras de ferro.
> Ele é a obra-prima de Deus,
> mas quem o fez pode enfrentá-lo com a espada.
> Ainda que o rio transborde, não se assusta, fica tranquilo,
> mesmo que o Jordão borbulhe até sua goela.
> Poderá alguém agarrá-lo pela frente
> e na armadilha perfurar-lhe o focinho?
> Poderás pescar com anzol o crocodilo
> e atar-lhe a língua com uma corda?
> Põe-lhe a mão em cima: lembra-te da luta, não o farás de novo!
> Ninguém se atreve a provocá-lo; pois quem se colocaria diante dele?
> Quem avançou contra mim e ficou ileso? Quem, debaixo dos céus?

É Deus que diz isso, para mostrar vigorosamente a Jó seu poder e sua força primitiva: Deus é como Beemote e Leviatã: a natureza fértil e abençoadora – a ferocidade e a ausência de limites indomáveis da natureza – e o perigo esmagador da violência desenfreada[49].

---

49. Jó (41,13ss.) (Leviatã): "Seu hálito queima como brasa e de sua boca saem chamas. No seu pescoço reside sua força, diante dele corre o terror. As dobras

Mas o que destruiu o paraíso terrestre de Jó? A força desenfreada da natureza. Como o poeta dá a entender aqui, a divindade simplesmente mostrou seu outro lado, aquele que chamamos de diabo, e soltou sobre Jó todos os terrores da natureza – naturalmente para fins educativos. O Deus que criou tais monstruosidades, diante das quais os fracos e coitados humanos estarrecem de medo, deve realmente conter em si qualidades que dão o que pensar. Esse Deus mora no coração, no inconsciente, no reino da metapsicologia. Aí está a fonte do medo diante do indizivelmente horrível e da força de resistir ao horror. O ser humano, isto é, seu eu consciente, é como um joguete, uma pluma, levada por diferentes ventos em muitas direções, ora *vítima*, ora *vitimizador*, e não pode impedir a ambos. O Livro de Jó nos mostra o Deus como Criador e Destruidor em ação: quem é esse Deus? Um pensamento, que tem se imposto à humanidade em todas as regiões do mundo e sempre de novo de forma semelhante: uma força do além, a qual estamos entregues, que tanto cria como mata, uma imagem das necessidades da vida. Visto que, sob uma perspectiva psicológica, a divindade nada mais é do que um complexo de ideias projetado, que, a depender da religiosidade do indivíduo, é emotivo, o Deus deve ser visto como representante de certa soma de energia (libido), que aparece de forma projetada ("metafísica") porque age a partir do inconsciente ao ser recalcada para ele, como mostra a psicanálise. Como ten

---

de seus músculos são maciças, endureceram nele, são inabaláveis. Seu coração é duro como rocha, duro como pedra molar. Quando se ergue, tremem os heróis e aterrorizados erram o alvo. [...] Na terra ninguém se iguala a ele; foi feito para não ter medo. Ele enfrenta tudo que é grande, é o rei de todos os animais ferozes" [...] (Jó 42,1s.): "Jó respondeu então ao SENHOR e disse: 'Bem sei que podes tudo, que nenhum projeto te é impossível'".

tei mostrar (significado do pai) acima, a pulsão religiosa consome a libido incestuosa da pré-história infantil. Nas principais religiões do presente, os atributos de Deus parecem, pelo menos, serem formados pela transferência paterna, em religiões mais antigas, também pela transferência materna. Os atributos da divindade são o poder esmagador, o *paterno aterrorizante* e *iradamente perseguidor* (Antigo Testamento) e o *paterno amoroso* (Novo Testamento). Esses são os atributos da libido naquele sentido mais amplo em que Freud encontrou esse conceito empiricamente. Em certos atributos pagãos e também cristãos da divindade, o *materno* se destaca muito, nas religiões pagãs junta-se a isso ainda o aspecto *animal* em ampla medida[50]. Em lugar algum, falta o *infantil*, que, muitas vezes, adere às fantasias religiosas e de vez em quando irrompe poderosamente (Pfisterer, 1910). Tudo isso aponta para a origem dos dinamismos que atuam no religioso: trata-se daquelas forças motrizes que, na infância, são abstraídas do uso incestuoso pela interferência da barreira ao incesto e que, especialmente na puberdade devido a afluxos libidinosos resultantes da sexualidade não completamente utilizada, são despertadas para sua atividade peculiar. Como entendemos facilmente, o aspecto eficaz na ideia de Deus não é a forma, mas a força,

50. Ao cristianismo falta o teriomorfo, exceto restos, como pomba, peixe, cordeiro, este sendo representado nas imagens das catacumbas também como carneiro. Pertencem a essa categoria também os animais dos evangelistas, que exigem primeiro uma interpretação histórica. Águia e leão eram graus de iniciação no mistério de Mitra. Os adoradores de Dionísio chamavam-se *boés*, pois o deus era representado como touro, igualmente as *arktoi* de Ártemis, compreendida como ursa. O anjo poderia corresponder aos *heliodromoi* do mistério de Mitra. É uma invenção especialmente engraçada da fantasia cristã que o animal atribuído a Santo Antônio seja justamente o porco, pois o santo faz parte daqueles que foram submetidos às piores tentações do diabo.

a libido. A força primordial, que seu Hino ao Criador reivindica em Jó, o incondicional e implacável, o injusto e sobre-humano são atributos certos e verdadeiros da libido, que "nos faz entrar na vida", que faz "o pobre tornar-se culpado" e contra a qual a luta é inútil. Não existe alternativa para o ser humano senão compactuar com essa vontade, o que nos ensina insistentemente o *Zaratustra* de Nietzsche.

Vemos que, em Miss Miller, o hino religioso composto inconscientemente é uma formação substituta para o erótico; em grande parte, ele obtém seu material de reminiscências infantis, reanimadas pela libido introvertida. Se essa "criação" não tivesse sido bem-sucedida (e nenhuma outra aplicação sublimada tivesse sido possível), Miss Miller teria ficado à mercê da impressão erótica, ou até a consequência natural ou até o desfecho negativo, que teria substituído o amor perdido por um pesar correspondentemente grande. Sabemos que as opiniões divergem muito sobre o *valor* desse desfecho de um conflito erótico, como esse apresentado por Miss Miller. Certamente seria muito mais bonito deixar uma tensão erótica dissolver-se nos elevados sentimentos de uma poesia religiosa, na qual talvez muitas outras pessoas possam encontrar deleite e edificação. Seríamos injustos se assumíssemos o ponto de vista radical do fanático pela verdade e protestássemos contra essa concepção.

Acho que deveríamos contemplar os curiosos caminhos da libido com admiração filosófica e investigar as intenções de seus desvios. O fato de termos desenterrado a raiz erótica ainda não quer dizer muita coisa, certamente não resolveu o problema. Se não houvesse uma finalidade secreta de, provavelmente, maior importância biológica vinculada a isso, certamente o anseio dos vinte séculos passados não o teria buscado. Sem dúvida, essa transformação da libido se move na mesma direção como o ideal "extático", no sentido mais amplo, da Idade Média e dos antigos cultos de mistérios, em um dos quais se transformou o cristianismo posterior. Biologicamente, devemos ver nesse ideal um *exercício da projeção psicológica* (do "mecanismo *paranoico*", como diria Freud)[51]. A projeção consiste em recalcar o conflito para o inconsciente e em expulsar o conteúdo recalcado para a suposta objetividade (que é, ao mesmo tempo, a fórmula da paranoia). Como se sabe, o recalque serve para a redenção de um complexo embaraçoso, do qual é preciso livrar-se de qualquer forma por temer seu poder forçoso e opressor. Aparentemente, o recalque pode levar a uma repressão completa, o que corresponde a um forte autocontrole. Infelizmente, porém, o autocontrole tem limites bastante estreitos. Uma observação mais cuidadosa do ser humano mostra que, mesmo que a pessoa consiga se manter calma naquele momento, aparecem certos efeitos consequentes, que se dividem em duas categorias:

(1) O afeto reprimido vem à tona imediatamente em seguida, mas raramente de forma direta, e sim normalmente na forma de um deslocamento para outro objeto (uma pessoa, por exemplo, mostra-se educada, submissa, paciente etc. em ambientes oficiais, mas descarrega toda a raiva na mulher ou nos subalternos);

51. O Livro de Jó, escrito tardiamente sob influências extrajudaicas, é uma representação excelente de psicologia individual projetada.

(2) O afeto reprimido cria compensações em outros lugares. Pessoas, por exemplo, que se impõem uma ética exagerada, que sempre pensam, sentem e agem de modo altruísta e idealista, vingam-se pela insuportabilidade de seu ideal por meio de maldades cuidadosamente aplicadas que, naturalmente, não chegam à consciência como tais e que resultam em mal-entendidos e desequilíbrios. Aparentemente, tudo isso não passa de "circunstâncias muito infelizes", ou é a culpa e a maldade de outras pessoas, ou são complicações trágicas. A pessoa pode ter se livrado do conflito na consciência, mas ele permanece invisivelmente diante de seus pés, e ela tropeça nele a cada passo. A técnica da repressão e do esquecimento aparentes é insuficiente, pois, no fim das contas, é inexecutável – na verdade, é apenas uma solução emergencial. Outra ajuda eficaz é oferecida pela projeção religiosa: o conflito é mantido sob observação (preocupação, dor, medo etc.) e entregue a uma personalidade externa, a divindade. É para isso que a exigência evangélica pretende nos educar:

> Lançai sobre ele vossas preocupações, porque cuida de vós (1Pd 5,7).
>
> Não vos inquieteis por coisa alguma. Em todas as circunstâncias apresentai a Deus as vossas necessidades em oração e súplica (Fl 4,6).

Os complexos que pesam sobre a alma devem ser entregues *conscientemente*, ou seja, eles devem ser associados a um determinado complexo de ideias, que é postulado como real e objetivo, como pessoa que responde às perguntas irresolúveis para nós. Essa exigência educacional inclui a *confissão voluntária dos pecados* e a *humildade* que esta pressupõe. Ambas pretendem permitir que a pessoa se examine e se reconheça[52]. Como apoio mais importante a essa obra educacional deve-se considerar a confissão recíproca dos pecados (Tg 5,16: "Confessai vossos pecados uns aos outros"). Essas medidas visam a uma *conscientização constante dos conflitos*, o que também é uma *conditio sine qua non* do estado de cura psicanalítica. Mas assim como a psicanálise na mão do médico como um método a princípio secular institui o objeto de transferência *real*, a religião cristã faz o mesmo com o Salvador postulado como real, "nele temos a redenção pelo seu sangue, a remissão dos pecados" (Ef 1,7; Cl 1,14)[53]. Ele é o redentor e resgatador de nossa culpa, um Deus que está acima do pecado, que "não cometeu pecado, nem em sua boca se encontrou engano" (1Pd 2,22); "carregou nossos pecados em seu corpo sobre o madeiro" (1Pd 2,24). "Assim também Cristo se ofereceu uma só vez para apagar os pecados de muitos" (Hb 9,28). Esse Deus assim concebido é caracterizado como isento de culpa em si mesmo e como autoimolador (essas determinações valem, portanto, para aquele conjunto de energia [libido] atribuído ao complexo de ideias designado como Redentor). A projeção consciente, que a educação cristã procura desenvolver, traz um benefício duplo: de um lado, o conflito ("pecado") entre duas tendências contrárias permanece consciente e assim impede que, por meio da repressão e do esquecimento, um sofrimento conhecido se transforme em um sofrimento

---

52. "Se dizemos que não temos pecado, enganamos a nós mesmos, e a verdade não está em nós" (1Jo 1,8).

53. "Foi ele que carregou as nossas enfermidades e tomou sobre si as nossas dores" (Is 53,4).

desconhecido e, por isso, ainda mais torturante; de outro, alivia-se o fardo, entregando-o àquele que conhece todas as soluções. No entanto, não devemos esquecer que, para a pessoa piedosa, as raízes psicológico-individuais da divindade postulada como real estão ocultas, que, portanto, sem que ela se dê conta disso, ela carrega o fardo sozinha e está a sós com seu conflito. Invariavelmente, essa ilusão leva ao colapso do sistema, pois nenhuma ilusão consegue se sustentar diante da natureza. A poderosa instituição da *comunidade cristã* responde a isso, cujo sentido psicológico se expressa melhor no preceito da Epístola de Tiago: "Confessai vossos pecados uns aos outros"[54].

Ressalta-se como muito importante a preservação da comunidade por meio do *amor* mútuo ("transferência"); os prescritos paulinos não deixam dúvida quanto a isso: "Fazei-vos servos uns dos outros pelo amor" (Gl 5,13). "Perseverai no amor fraterno" (Hb 13,1). "Olhemos uns pelos outros para estimularmos o amor e as boas obras. *Não abandonemos as nossas reuniões, como é costume de alguns, mas exortemo-nos*" (Hb 10,24-25).

Podemos dizer que a transferência real na comunidade cristã é a *conditio sine qua non* para a eficácia do milagre da redenção. A Primeira Epístola de João admite isso explicitamente: "Quem ama o irmão está na luz" (1Jo 2,10). "Se nos amarmos uns aos outros, Deus permanece conosco" (1Jo 4,12).

A divindade só permanece *eficaz* devido ao amor fraternal na comunidade cristã. Portanto, também aqui, o

54. "Carregai o peso uns dos outros" (Gl 6,2).

mistério redentor é a transferência real sem resistência[55]. Talvez alguém pergunte com todo direito para que serve a divindade se sua eficácia só se consiste na transferência real. Também para isso a mensagem evangélica tem uma resposta clara: todas as pessoas são irmãs "em Cristo". "Por isso acolhei-vos uns aos outros, como Cristo vos acolheu para glória de Deus" (Hb 9,28)[56].

A relação de transferência entre os irmãos deve ser igual à que existe entre o ser humano e Cristo, ou seja, uma relação mental. Como mostra a história de cultos antigos e de certas seitas cristãs, essa definição da comunidade é de extrema importância biológica; pois a intimidade psicológica gera certos caminhos dos mais curtos entre as pessoas, que facilmente levam àquilo do qual o cristianismo as pretende libertar, ou seja, à *relação sexual* com todas aquelas consequências e necessidades, sob as quais sofria o homem já altamente desenvolvido no início da nossa era. Pois assim como a antiga vivência religiosa era compreendida como união física com a divindade[57], o culto também era impregnado de todos os tipos de sexualidade. A sexualidade era algo demasiado óbvio no relacionamento entre as pessoas. A decadência moral dos primeiros séculos cristãos produziu uma reação moral a partir das trevas das camadas mais baixas da sociedade,

---

55. Pois Deus é o amor, correspondente ao "Eros" platônico, que conecta o ser humano com o sobrenatural.

56. A referência correta é Romanos (15,7) [N.T.].

57. Cf. Reitzenstein (1910, p. 20): "Entre as formas como povos primitivos imaginavam a sagração religiosa máxima, a união com Deus, está necessariamente a de uma união sexual, por meio da qual o homem acolhe em si a essência e a força de um deus, seu sêmen. A ideia, de início inteiramente sensual, em diferentes regiões leva independentemente a atos sagrados em que o deus é representado por substitutos humanos ou por um símbolo, o falo".

reação essa que, nos séculos II e III, se expressou de forma mais clara nas duas religiões antagônicas, o cristianismo de um lado e o mitraísmo de outro. Essas religiões almejavam aquela forma superior de comunidade sob o signo de uma ideia (*logos*) projetada ("encarnada"), em que se tornavam úteis para a preservação social todos aqueles instintos mais fortes do homem arcaico, que antes o arrastavam de uma paixão para outra[58], o que, aos

---

58. Cf. como exemplo, entre muitos outros, a excelente descrição psicológica das sinas de Alípio, nas *Confissões* de Santo Agostinho (Livro 4, capítulo 7s., p. 132ss.): "Mas a devassidão dos cartagineses, que se manifesta em toda sua selvageria naqueles espetáculos brutais e vãos, o arrastara ao turbilhão desta miséria [...]" (Agostinho o converteu com sua sabedoria). "Depois destas palavras, ele se reergueu da profundidade da lama pela qual voluntariamente se deixara tragar e o ofuscara com prazeres infaustos; com corajosa abstinência sacudiu o lodo de sua alma, toda a sujeira do circo o abandonou, e ali não mais foi ter [...]" (Alípio foi então a Roma para estudar direito; e recaiu no erro). "Uma infeliz paixão o atraiu perdidamente para os jogos de gladiadores. Pois se a princípio ainda os renegava e abominava, alguns amigos e colegas, que encontrou ao regressarem de um festim, o forçaram amistosamente a acompanhá-los ao anfiteatro no dia destes jogos cruéis e sanguinários, embora ele se negasse e resistisse com todas as suas forças. Ele lhes disse: 'Ainda que arrasteis meu corpo para aquele lugar e o prendais, podereis voltar também meu espírito e meus olhos para aquele espetáculo? Pois estarei presente-ausente e me manterei além de vós e destes jogos'. Apesar destas palavras, levaram-no consigo, curiosos em saber se realmente cumpriria o que dissera. Ao chegarem, sentaram-se onde ainda havia lugares, e tudo ardia em prazer desumano. Alípio fechou os olhos e proibiu sua alma de aventurar-se em tais perigos. Oh! tivesse ele também tapado os seus ouvidos. Pois quando um dos gladiadores caiu na luta e o povo irrompeu em tremendo clamor, deixou-se levar pela curiosidade. Disposto a desprezar orgulhosamente qualquer cena, fosse ela qual fosse, abriu os olhos. E sua alma foi ferida mais gravemente do que o corpo daquele que desejara ver. Tombou mais miserável do que aquele cuja queda provocou. O clamor que penetrou em seus ouvidos e o fez abrir os olhos, formando uma brecha por meio da qual foi atingido e derrubado, ele, mais arrojado do que forte de espírito, e tanto mais fraco por ter confiado em si mesmo e não, como deveria, em ti. Pois ao ver o sangue, também se sentiu dominado pela sede de sangue e não mais se desviou. Olhou para a luta e lhe absorveu o ódio, embora não soubesse. Regozijou-se no jogo nefando e se deixou embriagar pelo prazer sanguinário. Já não era mais o mesmo de quando viera, e sim o autêntico cúmplice daqueles que o haviam trazido. O que mais se pode dizer? Ele viu, participou do clamor, inflamou-se e levou consigo o desejo louco de voltar sempre e sempre de novo, não só em companhia daqueles que primeiro o haviam levado, mas à frente de todos e aliciando outros".

antigos, se apresentava como coerção dos espíritos maus, como *heimarmene*[59], e o que poderíamos traduzir, no sentido da Antiguidade Tardia, também como *coerção da libido* (a *dynamis kinetike*, de Zenão)[60]. Certamente podemos

---

59. Cf. as orações da assim chamada liturgia de Mitra (Dieterich, 1910). Nela se encontram passagens características, como: "[...] a força da alma humana, que readquirirei depois da amarga dor que ora me oprime, sem culpa; [...] por causa da necessidade oprimente, amarga e inexorável". Na fala do sumo sacerdote (Apuleio, *Metamorphoseos*, Livro 11, p. 248ss.) encontramos um raciocínio semelhante. O jovem filósofo Lúcio é transformado em um asno, animal este que se encontra em permanente cio e é odiado por Ísis; mais tarde é desencantado e iniciado nos mistérios de Ísis. Durante o desencantamento, o sacerdote diz o seguinte: "[...] lubrico virentis aetatulae, *ad serviles delapsus voluptates*, curiositates improsperae sinistrum praemium reportasti [...]. Nam in eos, quorum sibi vitas servitium Deae nostrae majestas vindicavit, *non habet locum casus infestus* [...]. In tutelam jam receptus es Fortunae, sed videntes" [Sobre o perigoso solo da força juvenil, deixaste escravizar-te pelos prazeres baixos e recebeste a sinistra recompensa da curiosidade nefasta [...]. Diante daqueles, porém, cuja vida a majestade de nossa rainha reivindicou para si, o golpe do destino inimigo não tem mais poder [...] foste acolhido sob a tutela de Fortuna, mas [não da cega] e sim da vidente. Na oração a Ísis, a rainha do Céu, (p. 241), Lúcio diz: "Qua Fatorum etiam inextricabilíter contorta rectatas licia, et Fortunae tempestates mitigas, et stellarum noxios meatus cohibes" [(tua direita) com a qual separas os fios inextricavelmente emaranhados do destino e aplacas as tempestades da sorte e impedes os caminhos funestos dos astros]. – De modo geral, o sentido dos mistérios era quebrar a "coerção dos astros" por meio de força mágica. O poder do destino só é percebido de forma desagradável quando tudo acontece contra a nossa vontade, isto é, quando não estamos em harmonia com nós mesmos. Como tentei mostrar em meu escrito "A importância do pai no destino do indivíduo" (OC 4), os poderes do destino mais perigosos são as posições da libido infantil, localizadas no inconsciente. A coerção do destino se revela, diante de uma análise mais aprofundada, como uma coerção da libido, razão pela qual Maeterlinck afirma com todo direito que era impossível que Sócrates se tornasse um herói trágico do tipo de Hamlet. De acordo com esse conceito, já a Antiguidade estabeleceu uma relação entre *heimarmene*, a "luz original" ou o "fogo original", e a ideia estoica da última causa, do *calor* onipresente, que tudo criou, e justamente por isso é também o destino (Cumont, 1911, p. 83). Como veremos mais adiante, esse calor é uma imagem da libido. Outra imagem de Ananke (necessidade) é, segundo o livro de Zoroastro, *peri physeos*, o *ar*, que, como *vento* (cf. acima) está relacionado com aquilo que fecunda. Devo ao Pastor Keller em Zurique a referência ao conceito da "*durée créatrice*", de Bergson.

60. Schiller diz em *Wallenstein*: "Em teu peito estão os astros de teu destino". – "Nossos destinos são o resultado de nossa personalidade", diz Emerson em seus ensaios. Cf. minhas observações em: "A importância do pai no destino do indivíduo" (OC 4).

supor que a *domesticação* dos seres humanos exigiu os mais pesados sacrifícios. Uma época que criou o ideal estoico deve ter sabido muito bem para que e contra quem ela o inventou. A era de Nero serviu como pano de fundo para as famosas passagens da 41ª epístola de Sêneca a Lucílio:

> Um arrasta o outro para o erro, e como poderemos alcançar a bem-aventurança se ninguém impõe um basta, se todo mundo nos arrasta cada vez mais para ele? – Se encontrares em algum lugar um homem destemido em perigos, intocado pelos desejos, feliz no infortúnio, calmo em meio à tempestade, soberano sobre os mortais comuns, em nível igual aos deuses: não és então tomado por veneração? Não és obrigado a dizer: um ente tão sublime realmente não é o mesmo que meu corpo miserável! Ali reina uma força divina; um espírito tão excelente, pleno de moderação, superior a tudo o que é mesquinho, que sorri daquilo que nós tememos ou desejamos; tal espírito é animado por uma força celestial; tal não existe sem participação de um deus. Na maior parte, tal espírito pertence às regiões das quais desceu. Assim como os raios do sol tocam a Terra, mas têm sua morada no lugar de onde vêm, assim um homem grande e santo, enviado até nós para que conheçamos melhor o divino, convive conosco, mas, na realidade, pertence à sua pátria original; para lá dirige seu olhar e suas ambições; entre nós caminha como um ente superior.

As pessoas dessa época haviam amadurecido para a identificação com o *logos* encarnado, para a fundação de uma nova sociedade unida por uma ideia[61] em cujo nome

61. A ascensão à "ideia" é lindamente descrita em Agostinho (*Confissões*, Livro 10, cap. 6ss.). O capítulo 8 começa assim: "Elevarei-me também sobre esta força de minha natureza, subindo degrau por degrau até aquele que me criou; alcançarei os campos e amplos palácios de minha memória" (p. 237).

elas podiam se amar e se chamar de irmãos[62]. A ideia de um *mesites*, de um *mediador*, em cujo nome eram desbravados novos caminhos do amor, tornou-se fato e, assim, a sociedade humana deu um passo enorme à frente. Isso não foi consequência de uma filosofia especulativamente elaborada, mas uma necessidade elementar da massa que vegetava em escuridão espiritual. Necessidades profundas parecem ter impelido isso, pois a humanidade não se sentia bem no estado de descontrole[63]. O sentido desses cultos – estou falando do cristianismo e mitraísmo – está claro: a domação moral de instintos animais[64]. A aparição explo-

62. Também os seguidores de Mitra chamavam-se irmãos. Em linguagem filosófica, Mitra também era o *logos* emanado de Deus (Cumont, 1911, p. 125). Além dos seguidores de Mitra, existiam muitas outras fraternidades, chamadas tiasotas e, provavelmente, foram as organizações das quais surgiu a Igreja posteriormente (Kalthoff, 1904, p. 79ss.).

63. Santo Agostinho, que era próximo desse período de transição não só no tempo, mas também em espírito, escreve em suas *Confissões* (Livro 6, cap. 16, p. 146s.): "E eu perguntava: 'Se fôssemos imortais e vivêssemos em perpétuo prazer dos sentidos, sem temor algum de perdê-lo, *não seríamos felizes? Que mais poderíamos desejar*?' E eu não sabia que isso era uma grande miséria, não poder, tão imerso no vício e cego como estava, imaginar a luz da virtude e de uma beleza que por si mesma deve ser abraçada, invisível aos olhos da carne e somente visível das profundezas da alma. Na minha miséria, não procurava saber de que fonte manava essa grande doçura em conversar com os amigos, mesmo sobre esses assuntos vergonhosos, e *por que, segundo o modo de pensar então, não podia ser feliz sem meus amigos, por maior que fosse a abundância dos prazeres carnais. Eu amava a meus amigos desinteressadamente*, também sentia que eles me amavam com o mesmo desinteresse. Ó caminhos tortuosos! Pobre da alma temerária que, apartando-se de ti (Deus), esperava achar algo melhor! Dá voltas e mais voltas, de costas, de lado, de bruços, mas tudo lhe é duro, porque só tu és seu descanso". Não é somente um processo contrário à psicologia, mas também completamente contrário à ciência, descartar sem mais nem menos tais efeitos da religião como autossugestões. Tais coisas devem ser levadas a sério como expressão de uma necessidade psicológica profunda.

64. Ambas as religiões ensinam uma moral excepcionalmente ascética, ao mesmo tempo, porém, também uma moral da ação. Esta última vale também para o culto de Mitra; Cumont afirma que o mitraísmo deve seu sucesso ao valor de sua moral: "que, em medida excelente, educava para a ação" (1911, p. 108). Os seguidores de Mitra formavam um "exército santo" para a luta con-

siva de ambas as religiões revela algo daquele sentimento de redenção inerente aos primeiros seguidores e que, hoje em dia, mal conseguimos entender, pois nós nos cansamos dessas antigas sabedorias. Certamente ainda o entenderíamos se nossos costumes possuíssem um pingo de crueza antiga. Mas conhecemos os turbilhões da libido desenfreada, que agitavam a Roma de César. O homem cultural de hoje parece estar muito distante disso. Ele só se tornou nervoso. Assim, perderam-se para nós necessariamente as necessidades da comunidade cristã, pois não conhecemos mais seu sentido. Não sabemos contra o que ela deveria nos proteger[65]. Nos dois últimos milênios, o cristianismo fez seu trabalho e ergueu suas barreiras de repressão, que nos negam a vista de nossa própria "pecaminosidade". Já

---

tra o mal (1911, p. 108). Havia entre eles *virgines* = freiras e *continentes* = ascetas (1911, p. 123). Não tratarei do fato de que as fraternidades tinham ainda outro sentido, ou seja, um sentido econômico-comunista. Ambas as religiões compartilham da ideia do sacrifício de Deus: assim como Cristo se sacrifica como Cordeiro de Deus, Mitra sacrifica seu touro. Em ambas as religiões, esse sacrifício é o núcleo do mistério. A morte sacrificial de Cristo significa a redenção do mundo; do sacrifício do touro de Mitra surge toda a criação.

65. Esse entendimento psicanalítico das raízes dos cultos de mistério é necessariamente unilateral, tanto quanto a análise dos fundamentos da poesia religiosa. A fim de entender a causa real da repressão em Miss Miller, teríamos que falar também da história moral da atualidade; da mesma forma, somos forçados a identificar a causa real da repressão para o desenvolvimento dos cultos de mistério na história moral e econômica da Antiguidade. Esse empreendimento foi realizado de modo brilhante por Kalthoff (1904). Indico especialmente também Pöhlmann, *Geschichte des antiken Kommunismus und Sozialismus* (1893/1901), e os livros *Die Aufstände der unfreien Arbeiter, 143 bis 129 v. Chr.*, (1874). Provavelmente, devemos procurar a outra causa para a enorme introversão da libido na Antiguidade Tardia no fato de que grande parte do povo vivia na mais profunda miséria da escravidão. Em longo prazo, não é possível que aqueles que levam uma vida feliz não sejam contagiados pela profunda tristeza e a miséria ainda maior de seus irmãos pelos caminhos secretos do inconsciente, e então alguns são tomados por uma fúria orgástica. Mas os outros, os melhores, caíam na estranha melancolia e no tédio dos intelectuais da época. Assim, a grande introversão foi possibilitada por dois lados.

não conhecemos mais os movimentos elementares da libido, pois eles ocorrem no inconsciente, por isso também se tornou vazio e insípido a fé que os combate. Quem não acredita que nossa religião se transformou em máscara adquira uma impressão das nossas igrejas modernas, das quais fugiram há muito estilo e arte.

Assim voltamos para a pergunta da qual partimos, ou seja, se Miss Miller criou algo valioso com seu poema ou não. Se levarmos em conta sob quais condições psicológicas e histórico-morais o cristianismo surgiu, isto é, numa época em que a brutalidade mais profunda era um espetáculo cotidiano, entendemos a *comoção religiosa de toda a personalidade* e o valor da religião, que defendia as pessoas da cultura romana contra os ataques visíveis do mal. Para aquelas pessoas, não era difícil manter-se ciente da pecaminosidade, pois elas a viam todos os dias diante de seus olhos. Na época, o produto religioso era o resultado da personalidade total. Miss Miller subestima não só seu "pecado", ela também se esqueceu da relação entre a "necessidade opressora e implacável" e seu produto religioso. Assim seu produto poético perde completamente o valor do religioso; é pouco mais do que uma remodelação do erótico, que ocorre em surdina às margens da consciência e possui o mesmo valor do conteúdo onírico manifesto (Freud, 1900) com sua transitoriedade incerta e enganosa. Pois, no fundo, o poema nada mais é do que um sonho que se articulou.

À medida que a consciência moderna se ocupa apaixonadamente com coisas totalmente diferentes da religião, a religião e seu objeto – a pecaminosidade elementar – assumiram um "cargo secundário", ou seja, passaram em grande parte para o inconsciente. Por isso, hoje, não se acredita nem na religião nem no pecado. Por isso a escola freudiana é tachada de fantasia suja, quando, com um rápido olhar sobre a história da religião e dos costumes da Antiguidade, seria tão fácil convencer-nos dos demônios abrigados pela alma humana. A essa descrença na brutalidade da natureza humana vincula-se a descrença no poder da religião. Cada psicanalista conhece o fenômeno da deformação inconsciente de um conflito erótico em atividade religiosa, que é algo que não tem nenhum valor ético e nada mais é do que ativismo histérico. Mas aquele que contrapõe ao seu pecado consciente a religião de forma igualmente consciente, faz algo que não podemos negar a qualidade do extraordinário em termos históricos. Isso é religião saudável. À deformação inconsciente do erótico em religião cabe, porém, a acusação de pose sentimental e eticamente inútil.

Por meio do exercício mundano da projeção ingênua, que, como vimos, nada mais é do que uma transferência velada ou indireta (por meio do *logos*), a educação cristã conseguiu alcançar um forte enfraquecimento dos aspectos animais, de modo que uma grande quantidade de forças instintivas pôde ser liberada para o trabalho da preservação e fecundação social[66]. Quando o Renascimento começou a brotar (por exemplo, Petrarca; cf. acima), esse conjunto de libido (para usar essa expressão curiosa) embarcou num caminho já preparado pela Antiguidade Tardia, isto é, o caminho da transferência para

66. Cf. a “sublimação” em Freud (1905, p. 76).

a natureza[67]. Essa deformação do interesse libidinoso é, em grande parte, mérito do culto de Mitra, que era uma religião natural no melhor sentido da palavra[68], enquanto o cristianismo primitivo se mostrou averso à beleza deste mundo[69]. Lembro o trecho de Santo Agostinho citado por Jacob Burckhardt: "Viajam os homens para admirar as alturas das montanhas e as enormes vagas do mar [...] e abandonam a si mesmos" (Agostinho, *Confissões*, Livro 10, cap. 8, p. 239).

Franz Cumont, o grande conhecedor do culto de Mitra, diz o seguinte:

> Os deuses estavam em toda parte e interferiam em todas as atividades da vida diária. O fogo que preparava os alimentos dos fiéis e os aquecia, a água que saciava sua sede e os purificava, até o ar

67. De uma maneira muito próxima a meu raciocínio, Kalthoff (1904, p. 154) compreende a secularização do interesse religioso como uma nova encarnação do *logos*; ele diz: "A compreensão aprofundada da animação da natureza na pintura e poesia moderna, a intuição viva da qual nem mesmo a ciência quer se privar em seus trabalhos mais rigorosos, permite reconhecer como o *logos* da filosofia grega, que atribuiu ao antigo tipo de Cristo o seu lugar no mundo, despido de seu caráter do além, celebra uma nova encarnação".

68. Por causa da exteriorização do culto, isso parece também ter sido sua ruína, pois os olhos daquela era precisaram ser desviados da beleza deste mundo. Santo Agostinho (*Confissões*, Livro 10, cap. 6, p. 235) observa corretamente: "Mas eles (os homens), por meio de seu amor a ela (a criação), tornam-se súditos dela".

69. Santo Agostinho (*Confissões*, Livro 10, cap. 6, p. 234): "O que amo quando amo a ti, Deus? Não figura física nem graciosidade temporal, não o brilho da luz tão cara a estes olhos nem as doces melodias de cantos ricos em variações, não o amável perfume das flores e dos bálsamos e ervas cheirosos, não maná e mel, não os membros que se deleitam com os abraços da carne. Não é isso que amo quando amo meu Deus, a luz, a voz, o perfume, a comida, o abraço de meu homem interior; onde brilha para minha alma o que nenhum espaço contém; onde ressoa o que não rouba tempo; onde emana perfume que o vento não leva; onde saboreia o que nenhuma gula diminui e onde permanece unido o que nenhum fastio separa. É isso que amo quando amo meu Deus" (Talvez esse texto tenha inspirado Zaratustra: Os sete selos, Nietzsche, vol. 6, p. 33ss.).

> que respiravam e o dia que brilhava para eles eram objeto de suas homenagens. Talvez nenhuma outra religião tenha oferecido tanta oportunidade de oração e tantos motivos de adoração a seus seguidores quanto o mitraísmo. À noite, quando o iniciado se dirigia para a gruta sagrada, escondida na solidão da floresta, a cada passo, novas impressões despertavam uma excitação mística em seu coração. As estrelas que brilhavam no céu, o vento que agitava as folhas, a fonte ou o riacho que, murmurantes, corriam até o vale, até a terra em que seu pé pisava – tudo era divino a seus olhos, e toda a natureza que o cercava despertava nele o temor respeitoso pelas forças infinitas que agiam no universo (Cumont, 1903, p. 109).

Esses pensamentos fundamentais do mitraísmo, que, como tantos outros elementos da vida espiritual da Antiguidade, ressurgiram de seu túmulo no Renascimento, também se encontram nas belas palavras de Sêneca:

> Ao adentrares uma floresta de árvores antigas e excepcionalmente altas, no qual o emaranhado de ramos e galhos te esconde a vista do céu: a majestade de tal mata, o silêncio do lugar, a sombra maravilhosa dessa abóbada livre e ao mesmo tempo densa, não despertam em ti a fé em um ser superior? E onde, debaixo de pedras solapadas, sob a saliência de uma montanha, estende-se uma gruta, não feita por mãos humanas, mas assim escavada pela natureza, tua alma não é invadida por uma espécie de religião? Santificamos as nascentes de grandes rios; onde brote uma água das profundezas da terra, ali se ergue um altar; reverenciamos as fontes térmicas; vários lagos são tidos como sagrados por seu negror sombrio ou por sua profundeza insondada (41ª carta a Lucílio).

Tudo isso desapareceu na fuga do mundo pelo cristianismo, para reaparecer apenas muito mais tarde, quando o pensamento das pessoas adquiriu aquela *independência da ideia* que conseguia resistir à impressão estética, de modo que o pensamento não era mais acorrentado ao efeito emocional da impressão, mas podia se elevar à observação reflexiva. Assim o ser humano entrou numa relação nova e independente com a natureza, estabelecendo, portanto, o fundamento para a ciência natural e para a tecnologia. Com isso, porém, ocorreu novamente um deslocamento do centro do interesse, desenvolveu-se de novo uma transferência real na qual a nossa era chegou mais longe. O interesse materialista se impôs amplamente. Por isso os centros do espírito, onde antigamente ocorriam as maiores lutas e desenvolvimentos, estão vazios e baldios. O mundo não está apenas desdeificado, como lamentavam os sentimentais do século XIX, mas também um pouco desalmado. Não surpreende, portanto, que as descobertas e os ensinamentos da escola freudiana com seus pontos de vista *exclusivamente psicológicos* provocam incompreensão generalizada. Graças ao deslocamento do centro de interesse do mundo interior para o mundo exterior, o conhecimento natural aumentou infinitamente em comparação com o passado, o que questiona de forma absoluta o modo de contemplação antropomorfo do dogma religioso. A religião de hoje só pode fechar os olhos diante disso com o maior esforço, pois o mais forte interesse não só se desviou da religião cristã, a crítica e a correção necessária aumentaram respectivamente. A nosso ver, a religião cristã parece ter cumprido seu grande destino biológico: ela ensinou independência ao pensamento humano e, por isso, perdeu sua importância em medida ainda indeterminada; em todo caso, o conteúdo de seus dogmas caiu vítima do místico. Tendo em vista, porém, que essa religião alcançou uma educação extraordinária, não podemos rejeitá-la *eo ipso*. Pois parece-me que ainda deveríamos aproveitar de alguma forma as suas formas de pensar e, ao menos, sua grande sabedoria de vida que, durante dois milênios, comprovaram sua grande eficácia. O perigo é o *infeliz emaranhamento entre religião e moral*. Isso precisa ser superado. Essa luta deixa rastros na alma das quais não queremos prescindir. É difícil dizer em que eles consistem, faltam-nos para isso conceitos e palavras: se, ainda assim, eu me pronunciar sobre isso, eu o farei parabolicamente com as palavras de Sêneca:

> Se te esforças persistentemente por sentimentos nobres, ages bem e salutarmente. Mas não precisas desejar esta atitude, pois ela está em tuas próprias mãos e podes realizá-la. Não é preciso erguer as mãos para o céu ou pedir ao sacristão que permita chegares bem junto ao ouvido da imagem de Deus para teres certeza de ser ouvido: Deus está junto a ti, está contigo, em ti. Sim, meu caro Lucílio, um santo espírito habita em nós; ele observa tudo o que de bom e de mau em nós existe, e sobre tudo vela. Assim como o tratamos, assim também ele age conosco; ninguém é bom sem Deus. Ou pode alguém alcançar a felicidade sem Ele? Não é Ele quem confere ao homem grandes e elevados pensamentos? Em todo homem honrado mora um Deus: qual? – isto não sei dizer-te (Sêneca, 41ª carta a Lucílio).

O canto da mariposa

Pouco tempo depois, Miss Miller viajou de Genebra a Paris; ela diz: "Meu cansaço no trem era tanto que mal consegui dormir uma hora. Fazia muito calor no vagão das senhoras". Às quatro da manhã, ela notou uma mariposa que esvoaçava contra a luz no vagão. Depois, tentou adormecer de novo, quando, de repente, lhe ocorreu o seguinte poema:

> The moth to the sun
>
> I longed for thee when first I crawled to consciousness.
> My dreams were all of thee when in the chrysalis I lay.
> Oft myriads of my kind beat out their lives
> Against some feeble spark once caught from thee.
> And one hour more – and my poor life is gone;
> Yet my last effort; as my first desire, shall be
> But to approach thy glory; then, having gained
> One raptured glance, I'll die content,
> For I, the source of beauty, warmth and life
> Have in this perfect splendor once beheld.
>
> [A mariposa ao sol
>
> Ansiei por ti quando primeiro rastejei para a consciência.

Todos os meus sonhos tratavam de ti quando na crisálida me deitava.
Muitas vezes, miríades de minha espécie esgotam sua vida
Contra alguma fraca centelha recebida de ti.
E uma hora mais – e minha pobre vida se foi;
Mas meu último esforço, como o primeiro desejo meu, será
Aproximar-me apenas de tua glória; depois, obtido
Um vislumbre arrebatado, morrerei contente,
Pois a fonte de beleza, calor e vida
Em seu esplendor perfeito, por uma vez olhei].

Antes de tratar do material que Miss Miller fornece para a compreensão do poema, queremos lançar um olhar sobre a situação psicológica em que o poema foi escrito. Desde a última manifestação direta do inconsciente relatada por Miss Miller, parecem ter passado alguns meses ou semanas, sobre os quais não somos informados. Nada sabemos sobre os humores e fantasias desse período. Se pudéssemos concluir algo desse silêncio, seria, por exemplo, que no espaço de tempo entre os dois poemas realmente nada de importante aconteceu, que, portanto, o poema é novamente uma peça manifesta da elaboração inconsciente do complexo, que se estende por meses e anos. Trata-se muito provavelmente do mesmo complexo de antes[70]. – O produto anterior, porém, um hino à criação cheio de esperança, pouco se parece com o poema atual. Esse segundo poema tem caráter bastante desesperançoso e melancólico: mariposa e Sol, duas coisas que nunca se reúnem. No entanto, temos o direito de

70. Complexos costumam ser altamente estáveis, mesmo que suas formas de manifestação externa variem caleidoscopicamente. Pesquisas experimentais me convenceram completamente desse fato.

perguntar: a mariposa realmente precisa ir até o Sol? – Conhecemos o provérbio da mariposa que voa para a luz e queima suas asas, não, porém, a lenda de uma mariposa que procura o sol. Aparentemente, misturam-se aqui duas coisas que, em seu sentido, não combinam; primeiro a mariposa que voa em torno da luz até se queimar e, depois, a imagem de um ser pequeno e efêmero, por exemplo, a efemérida que, em lamentável contraste com a eternidade dos astros, anseia pela luz imperecível do dia. Essa imagem lembra o *Fausto*:

Betrachte, wie in Abendsonneglut
Die grünumgebnen Hütten schimmern!
Sie rückt und weicht, der Tag ist überlebt,
Dort eilt sie hin und fördert neues Leben.
O dass kein Flügel mich vom Boden hebt,
Ihr nach und immer nach zu streben!
Ich säh im ewgen Abendstrahl
Die stille Welt zu meinen Füssen...

Doch scheint die Göttin endlich wegzusinken;
Allein der neue Trieb erwacht:
Ich eile fort, ihr ewiges Licht zu trinken,
Vor mir den Tag und hinter mir die Nacht,
Den Himmel über mir und unter mir die Wellen.
Ein schöner Traum, indessen sie entweicht.
Ach, zu des Geistes Flügeln wird so leicht
Kein körperlicher Flügel sich gesellen.

[Vê como ao rubor crepuscular
Fulgem as choças e o verde que as cerca!
Recua e cede, findo está o dia,
Para lá avança e desperta nova vida.
Oh! pudesse do solo erguer-me alguma asa,
Para seguir-lhe o curso sempre e sempre!
Veria no fulgor do ocaso eterno

A meus pés o mundo silencioso.
Mas parece ir-se enfim o grande deus;
Novo impulso, porém, em mim desperta:
Corro a beber sua luz eterna,
À minha frente o dia, e atrás a noite,
Sobre mim o céu, aos pés o oceano.
Um belo sonho, enquanto o Sol se vai.
Às asas do espírito tão simplesmente
Não pode unir-se asa corporal].

Pouco depois, Fausto vê o "negro cão vagar por sementeiras e restolhais", o cão que é o próprio diabo, o tentador, em cujo fogo infernal Fausto queimará suas asas. Quando achava que estava entregando seu grande anseio ao Sol e à Terra, "ele abandonou a si mesmo" e caiu nas mãos do maligno. "Sim, ao belo Sol desta terra, decidido, vira tuas costas", Fausto tinha dito pouco antes, ao reconhecer corretamente a situação, pois a veneração da beleza da natureza leva o cristão medieval a pensamentos pagãos, que se encontram na mesma prontidão antagônica às margens de sua religião consciente, assim como, outrora, o mitraísmo ameaçava o cristianismo com sua concorrência, pois frequentemente satanás se disfarça como anjo da luz[71].

O anseio de Fausto tornou-se sua perdição. Coerentemente, o *anseio pelo além* o levara ao cansaço de viver, e ele estava à beira do suicídio[72]. O *anseio pela beleza do*

71. A última tentativa fracassada de fazer o mitraísmo triunfar sobre o cristianismo foi feita por Juliano, o Apóstata.

72. Esse problema da libido foi solucionado de forma semelhante por meio da fuga do mundo nos primeiros séculos pós-cristãos (as cidades anacoretas nos desertos do Oriente). Em sua espiritualização, as pessoas se mortificavam para fugir do extremo da brutalidade da cultura romana decadente. A ascese é sublimação forçada e sempre é encontrada quando os impulsos animais ain-

aquém o levou novamente à perdição, a dúvidas e à dor, até a trágica morte de Margarida. Seu erro como homem de grande paixão foi seguir desenfreadamente para ambos os lados o impulso da libido. Fausto retrata mais uma vez o conflito psicológico coletivo no início da nossa era, mas o que é digno de nota é o fato de que ele o faz em ordem inversa. O exemplo de Alípio em Santo Agostinho mostra contra que forças de tentação poderosas Cristo teve que se defender por meio da transcendência absoluta de sua esperança. Aqueles de nós que tivessem vivido naquela época teriam compreendido que aquela cultura *teve* que perecer porque a própria humanidade se rebelava contra ela. Como sabemos, uma estranha esperança de redenção se apoderara da humanidade já antes da expansão do cristianismo. É provável que a écloga de Virgílio seja um eco desse estado de espírito:

> Ultima Cumaei venit iam carminis aetas:
> magnus ab integro saeclorum nascitur ordo.
> Iam redit et Virgo[73], redeunt Saturnia regna,
> iam nova progênies caelo demittitur alto.
> Tu modo nascenti puero, quo férrea primum
> desinet ac toto surget gens aurea mundo,
> casta fave Lucina: tuus iam regnat Apollo.

---

da são tão fortes que precisam ser mortificados pela força. O suicídio velado na ascese não precisa ser comprovado biologicamente. Chamberlain (1904) reconhece no problema um suicídio biológico por causa do abastardamento desenfreado dos povos mediterrâneos daquela época. Eu acredito que o abastardamento torna as pessoas mais vulgares e alegres. Tudo indica que foram pessoas mais nobres e elevadas que; cansadas do terrível desequilíbrio moral da época, o qual era apenas uma expressão do desequilíbrio moral do indivíduo, puseram fim à sua vida para fazer morrer em si mesmas a antiga cultura com sua infinita pecaminosidade.

73. Dice (Justiça, filha de Zeus e Têmis, que, desde a Idade Áurea, abandonara a Terra embrutecida).

[...]
te duce, si qua manent sceleris vestigia nostri,
inrita perpetua solvente formidine terras.
Ille deum vitam accipiet, divisque videbit
permixtos heroas et ipse videbitur illis,
pacatumque reget patriis virtutibus orbem.

Já se cumpriu o tempo cantos de Cuma,
Já dos séculos o magno ciclo recomeça.
Retorna para nós a serva sagrada e retorna o reino de Saturno,
Já do alto Olimpo nova geração aponta.
Ao nascimento do filho, a quem logo esta idade férrea
Cede, e Áurea Idade renasce sobre a terra.
Casta Lucina, sê propícia; já reina Apolo, teu irmão.
[...]
Guia do ano, esvai-se agora de violência e horror
O último vestígio, aliviados respiram as terras.
Destino divino partilha a criança e olha os heróis
Caminhando no bando bendito; eles o saúdam amáveis,
Quando rege o país pacificado pela força de seus pais (Virgílio, *Bucólica*, Écloga 4).

A virada para a ascese que ocorreu com a expansão do cristianismo trouxe uma nova perdição para muitos: o monasticismo e o anacoretismo[74].

Fausto percorre o caminho contrário; para ele, o ideal ascético é mortal. Ele luta por libertação e ganha a vida

---

74. Ambos não eram exclusivamente cristãos e tinham precursores pagãos. Os essênios e os *terapeutas* eram ordens de anacoretas que, em parte, viviam no deserto. Provavelmente (como lemos, por exemplo, em Apuleio, *Metamorfoses*, Livro 11), existiam pequenos assentamentos de iniciados e consagrados em torno dos santuários de Ísis e de Mitra. A prática de abstinência sexual e do celibato era conhecida.

entregando-se ao mal, mas assim ele traz a morte para aquilo que ele mais ama: Margarida. Ele foge da dor e sacrifica sua vida a um trabalho útil e infindável, salvando assim a vida de muitos[75]. O seu destino duplo como redentor e anjo da morte já é insinuado anteriormente de forma preliminar:

> Wagner:
> Grande homem, que sentimento,
> Deve dar-te o preito desta multidão!
> Fausto:
> Assim, com infernais eletuários,
> Nestes montes, nestes vales,
> Causamos maiores males do que a peste.
> A milhares dei eu próprio o veneno,
> Feneceram; e agora devo presenciar passivo,
> Que se honrem os infames assassinos.
> (Goethe, *Fausto*, Parte I, Diante da porta
> da cidade).

Um paralelo desse papel duplo é a palavra no Evangelho de São Mateus, que se tornou historicamente significativa (10,34): "Não penseis que vim trazer paz à terra. Não vim trazer a paz, e sim a espada".

É justamente isso que confere ao *Fausto* de Goethe seu profundo significado, ou seja, o fato de ele ter traduzido em palavras um problema do ser humano que ele arrasta consigo desde o Renascimento em sono inquieto, assim como o drama de Édipo o fez para a esfera cultural helênica. Qual deve ser a saída entre Cila, da negação do mundo, e Caribde, de sua afirmação?

---

75. Goethe (*Fausto*, Parte II, 5º Ato): "Um lamaçal se estende junto aos montes, / Empesta tudo o que já foi conquistado; / Drenando este charco podre. / Abro espaço para milhões de criaturas...". Observe-se a analogia das expressões da passagem citada acima.

O tom esperançoso que irrompeu no hino ao Deus Criador não deve ter durado muito em nossa autora. A pose só promete, mas nunca cumpre sua palavra. O velho anseio retornará, pois uma peculiaridade de todos os complexos trabalhados exclusivamente no inconsciente (Breuer & Freud, 1895; Bleuler, 1910) é que nada perdem de sua carga afetiva original, embora suas manifestações externas possam se modificar de maneiras quase ilimitadas. Podemos, portanto, ver o primeiro poema como uma tentativa inconsciente de resolver o conflito por meio de uma religiosidade positiva, mais ou menos como, nos séculos anteriores, seus conflitos conscientes eram decididos pela contraposição do ponto de vista religioso; essa tentativa falha. Com o segundo poema segue agora uma segunda tentativa, de natureza decididamente mais mundana; seu pensamento é inequívoco: só uma vez (*having gained one raptured glance…*) e então morrer.

Das esferas da transcendência religiosa, como já no *Fausto*[76], o olhar se volta para o sol deste mundo. E já se mistura algo que tem sentido diferente, ou seja, a *mariposa que voa em torno da luz até queimar as asas*.

Passamos agora para o que Miss Miller contribui para a compreensão do poema. Ela diz:

---

76. Goethe (*Fausto*, Parte I, Noite):
Fausto: Sou enviado para o alto mar / A maré espelhada reluz *a meus pés* / Para novas margens chama um novo dia. / Uma carruagem de fogo flutua sobre leves asas / Para perto de mim! *Sinto-me pronto*, / para penetrar o éter em via nova, / para novas esferas de atividade pura. / Esta vida nobre, este deleite divino, / Tu, que há pouco ainda eras verme, a mereces? / Sim, decidido, dá de costas / para o Sol da Terra!
Goethe (*Fausto*, Parte I, Diante do portão da cidade):
Fausto: Oh! Asa alguma do chão me ergue, / Para sempre e sempre o seguir. / No arrebol eterno eu semeio / O silencioso mundo *a meus pés… / Mas já novo ímpeto desperta* / E corro ávido, para beber sua eterna luz. Vemos que é o mesmo anseio e – o mesmo sol.

> Este pequeno poema deixou uma impressão profunda em mim. No entanto, não encontrei logo uma explicação suficientemente clara e direta para isso. Mas poucos dias depois, ao voltar para um texto filosófico que eu lera em Berlim no inverno anterior e que me alegrara muito lê-lo para uma amiga, deparei-me com as seguintes palavras: '*La même aspiration passionnée de la mite vers l'étoile, de l'homme vers Dieu*' [A mesma aspiração apaixonada da mariposa pela estrela, do homem por Deus]. Eu as tinha esquecido completamente, mas pareceu-me muito claro que justamente essas palavras tinham reaparecido em meu poema hipnagógico. Além disso, lembrei-me de um drama que tinha visto alguns anos atrás: '*La mite et la flamme*' [A mariposa e a chama] como outra possível causa do poema. Vê-se quantas vezes a expressão 'mariposa' me foi inculcada.

A impressão profunda que a poesia deixou na autora expressa que ela depositou nela muito amor. Na expressão "*aspiration passionnée*", encontramos o anseio apaixonado da mariposa pela estrela, do homem por Deus, quer dizer, a mariposa é a própria Miss Miller. Sua última observação, de que a expressão "mariposa" lhe foi inculcada muitas vezes, significa quantas vezes ela gravou o nome "mariposa" como algo que combina com ela mesma. *Seu anseio por Deus é semelhante ao anseio da mariposa pela "estrela"*. O leitor se lembrará de que essa expressão ocorre já no material anterior: "When the morning stars sang together", isto é, o oficial canta no convés durante a vigília. O anseio apaixonado por Deus é semelhante àquele anseio pela estrela cantante da manhã. No capítulo anterior, mostramos em extenso que essa analogia era esperada –

sic parvis componere magna solebam [assim eu costumava comparar coisas grandes com pequenas].

É humilhante ou chocante, como queiram, que o anseio divino do ser humano, o anseio que o torna verdadeiramente humano, precisa ser juntado com uma nulidade erótica. Uma sensibilidade mais fina recusa uma comparação desse tipo. Por isso, a despeito de fatos irrecusáveis, tendemos a negar tal conexão. Um navegador com pele morena e bigode negro – a ideia mais sublime e preciosa da humanidade? As duas coisas não *podem* ser juntadas, escandaliza-se contra isso não só nossa sensibilidade religiosa, mas também nosso gosto.

Certamente também seria incorreto comparar os dois objetos como coisas concretas, para isso são heterógenos demais. Amamos uma sonata de Beethoven, mas também amamos caviar. Ninguém ousaria comparar a sonata com o caviar. É um equívoco comum *julgar o anseio pela qualidade do objeto*. O apetite do gourmet, saciado com fígado de ganso e codornas, não é nem um pouco mais nobre do que o apetite do trabalho por chucrute e toucinho. O anseio é o mesmo, muda o objeto. A natureza só é bela graças ao anseio e ao amor que o ser humano lhe dá. Os atributos estéticos que disso emanam se aplicam, portanto, primeiramente à libido, pois é só ela que confere beleza à natureza. O sonho sabe muito bem disso quando representa um sentimento forte e belo por meio de uma bela paisagem. Quando nos movemos no campo do erótico, torna-se totalmente claro quão pouco significa o objeto e quanto significa o amor. Normalmente, superestimamos extraordinariamente o "objeto sexual" e fazemos isso apenas graças ao alto grau de libido dedicado ao objeto.

Aparentemente, Miss Miller se interessou muito pouco pelo oficial, o que é humanamente compreensível. Mesmo assim esse relacionamento teve um efeito profundo e prolongado, que coloca a divindade e o objeto erótico no mesmo nível. Pois os estados de ânimo que, aparentemente, surgem desses objetos, não vêm daí, mas são manifestações de seu forte amor. Portanto, quando Miss Miller louva Deus ou o Sol, ela se refere a seu amor, àquele instinto mais profundo e mais forte da natureza humana e animal.

O leitor se lembrará de que, no capítulo anterior, estabelecemos a seguinte sequência de sinônimos: o cantor – Deus do Som – estrela cantante da manhã – Criador – Deus da Luz – Sol – fogo – Deus do amor.

Tínhamos colocado o Sol e o fogo entre parênteses. Agora eles se inserem legitimamente na sequência de sinônimos. Com a mudança da impressão erótica do afirmativo para a negação, surgem predominantemente *símbolos da luz* para o objeto. No segundo poema, onde o anseio ousa se expor mais abertamente, é até o sol terreno. Já que o anseio se afastou do objeto real, seu objeto tornou-se um objeto subjetivo, ou seja, Deus. Psicologicamente, porém, Deus é o nome de um complexo de representações que se agrupam em torno de um sentimento muito forte (soma da libido); o sentimento, porém, é o fator verdadeiramente característico e eficaz do complexo (OC 2; OC 3, § 77-142). Consequentemente, os atributos e símbolos da divindade devem pertencer ao sentimento (ao anseio, ao amor, à libido etc.). Quando Deus, o Sol ou o fogo são venerados, venera-se seu instinto, a libido. É como diz Sêneca: "Deus é próximo de ti, Ele está contigo, em ti". O Deus é nosso anseio, ao qual prestamos homenagem divina[77]. Se não soubéssemos quão imensamente significativa era e é a religião, essa curiosa brincadeira consigo mesmo nos pareceria risível. No entanto, ela possui algo que nada tem de risível e que, em certo sentido, é altamente adequado ao fim. Carregar um Deus dentro de si não é pouca coisa: é a garantia da felicidade, do poder, até mesmo da onipotência, contanto que esses atributos pertençam à divindade; pois carregar o Deus dentro de si significa tanto quanto ser o próprio Deus. No cristianismo, que excluiu com o maior cuidado possível todas as representações e símbolos sensuais brutos (ao que parece, uma continuação da pobreza simbólica do culto judaico), encontramos traços claros dessa psicologia. Mais clara, porém, é a deificação nos mistérios paracristãos, em que, por meio da iniciação, o próprio iniciado é elevado à adoração divina: no fim da consagração no mistério de Ísis[78], o iniciado é coroado com a coroa de ramos, é colocado num pedestal e venerado como Hélio[79]. No papiro mágico publicado por Dieterich como liturgia de Mitra, um *hieros logos* do consagrado diz: "Eu sou uma estrela, que convosco percorre seu trajeto e resplandece das profundezas" (Dieterich, 1910, p. 8).

---

77. Na visão cristã, *Deus é amor.*

78. Apuleio (*Metamorphoseos*, Livro 11, p. 240): "At manu dextera gerebam falmmis adultam facem: et caput decora corona cinxerat palmae candidae foliis in modum radiorum prosistentibus. Sic ad instar solis extornato et in vivcem simulacri constituto [...]" [Eu conduzia uma tocha ardenta na mão direita e estava adornado com uma guirlanda de folhas de palmeira, arranjadas de tal forma que irradiavam de minha cabeça igual a raios. Adornado assim como imagem do sol, eu fiquei parado igual a uma coluna pictórica].

79. O paralelo no mistério de Cristo é a coroação com a coroa de espinhos, a exposição e o deboche do santo.

No êxtase religioso, o iniciado se iguala aos astros, assim como um santo da Idade Média se iguala a Cristo pela estigmatização. Francisco de Assis, de modo verdadeiro pagão, até alcançou um parentesco mais próximo com o irmão Sol e a irmã Lua[80]. Essas representações da deificação são muito antigas. A crença antiga transferia a deificação para o tempo após a morte, mas o mistério traz a deificação já neste mundo. Um texto muito antigo representa a deificação da forma mais linda: é o canto triunfal da alma em ascensão (Erman, 1885, p. 459ss.):

> Eu sou o deus Atum, que só eu fui.
> Sou o deus Rê em seu primeiro esplendor.
> Sou o grande deus, que criou a si mesmo [...], o senhor dos deuses, ao qual nenhum dentre os deuses se iguala.
> Eu era ontem e conheço o amanhã; o campo de batalha dos deuses se faz quando falei. Sei o nome daquele grande deus, que nele habita.
> Sou aquela grande Fênix, que está em Heliópolis, que calcula tudo que é e existe.
> Sou o deus Min, em seu aparecer, que coloco as penas sobre minha cabeça[81].
> Estou em minha terra, chego em minha cidade.
> Estou com meu pai Atum todos os dias[82].

---

80. Os reis sassânidas também se chamavam "irmãos do Sol e da Lua". No Egito, a alma de todo soberano era uma divisão do Hórus solar.

81. Cf. acima a coroação. Pena, um símbolo do poder. Coroa de penas = coroa de raios. A coroação em si já é identificação com o sol. Por exemplo, a coroa denteada aparece em moedas romanas a partir do tempo em que os césares eram identificados com o *Sol invictus* ("Solis invicti comes"). A auréola e a tonsura são a mesma coisa, isto é, uma imagem do Sol. Os sacerdotes de Ísis tinham a cabeça raspada e brilhante como os astros (cf. Apuleio, *Metamorphoseos*).

82. Cf. o que digo sobre isso em meu escrito "A importância do pai no destino do indivíduo" (OC 4).

> Minha impureza está expulsa, e o pecado que estava em mim foi derrubado. Lavei-me naqueles dois grandes tanques que estão em Heracleópolis, onde o sacrifício dos homens é lavado para aquele grande Deus que ali se detém.
>
> Ando pelo caminho onde lavo minha cabeça no lago dos justos. Chego a este reino dos glorificados e nele entro pelo magnífico portão.
>
> Vós que estais na frente, estendei-me vossas mãos, sou eu, eu tornei-me um de vós. Estou com meu pai Atum todos os dias.

A deificação traz necessariamente uma intensificação da importância e do poder individual[83]. A princípio, isso também parece ter sido seu objetivo: um fortalecimento do indivíduo face à sua grande fraqueza e insegurança na vida real. A megalomania da identificação com o deus tem um pano de fundo bastante lastimável. O reforço da consciência de força, porém, é apenas uma consequência externa da deificação, muito mais significativos são os processos afetivos subjacentes. Quem inverte a libido, ou seja, quem a retira do objeto real, sofre, caso não realize outra substituição real, as consequências necessárias da introversão: a libido, que está voltada para dentro, para o sujeito, desperta das recordações adormecidas aquela que contém o caminho pelo qual, no passado, a libido havia alcançado o objeto real. Foram, primeiramente, *pai e mãe* os objetos do amor infantil; eles são os singulares

83. O texto da assim chamada liturgia de Mitra diz: "Quando tiveres dito isso, o disco solar se desdobrará imediatamente". Portanto, o iniciado pedia por meio de sua oração o poder divino de causar o desdobramento do disco solar. *O Chantecler*, de Rostand, com seu corvejar, também faz com que o Sol nasça. Cf. também Mateus (17,20): "Eu vos garanto: Se tivésseis uma fé do tamanho de um grão de mostarda, diríeis a este monte: 'sai daqui para ali' e ele iria, e nada vos seria impossível".

e imperecíveis, por isso, na vida do adulto, não são necessárias grandes dificuldades para tornar a despertar e ativar essas lembranças.

Na religião, a reanimação regressiva da imago paterna e materna é organizada como sistema. As boas obras da religião são as boas obras das mãos dos pais, sua proteção e sua paz são efeitos do acolhimento dos pais sobre o filho, e seus sentimentos místicos são as lembranças inconscientes das emoções afetuosas da primeira infância; como diz o hino: "Estou em minha terra, chego em minha cidade. Estou com meu pai Atum todos os dias"[84].

O pai visível do mundo, porém, é o Sol, o fogo celestial, por isso Pai, Deus, Sol, Fogo são sinônimos mitológicos. O conhecido fato de que na *força do Sol* se venera a grande força geradora da natureza diz claramente àquele que ainda não se deu conta que o ser humano venera na figura divina sua própria libido sob a imagem ou sob o *símbolo do respectivo objeto de transferência*. De forma muito plástica, esse simbolismo aparece no terceiro *logos* do papiro de Dieterich: depois da segunda oração, estrelas saem do disco solar e vêm em direção ao iniciado, "com cinco pontas, em grande número e preenchendo todo o ar". "Quando o disco solar se tiver aberto, verás um círculo incomensurável e portões flamejantes, que estão trancados". O iniciado recita a seguinte oração:

> Ouve-me, escuta-me [...], tu que, com o sopro do espírito, fechaste os palácios ardentes do céu, tu, biventrado, senhor do fogo, criador da luz,

84. Cf. especialmente as palavras no Evangelho de João: "Eu e o Pai somos um" (10,30); "Quem me viu, viu o Pai" (14,9); "Crede em mim: eu estou no Pai e o Pai em mim" (14,11); "eu vou para junto do Pai" (14,28); "Subo para meu Pai e vosso Pai, meu Deus e vosso Deus" (20,17).

> ignívomo, corajoso como fogo, brilhante de espírito, prazeroso do fogo, esplendoroso, senhor da luz, ígneo, doador de luz, semeador de luz, retumbante de fogo, vivo em luz, redemoinho de fogo, estimulador de luz, relampejante, glória da luz, multiplicador da luz, candelabro de fogo, domador dos astros [...] (Dieterich, 1910, p. 8-10).

Como vemos, a invocação é quase inesgotável em atributos de luz e fogo e, em sua exuberância, só pode ser comparada com os atributos amorosos sinônimos do místico medieval. Entre os muitos textos que poderiam ser citados como exemplos, escolho uma passagem dos escritos de Mechthild von Magdeburg (1212-1277):

> Ó Senhor, amai-me com força e amai-me frequente e longamente;
> quanto mais vezes me amardes, mais pura serei;
> quanto mais fortemente me amardes, mais bela serei;
> quanto mais longamente me amardes, mais santa serei neste mundo.

Deus respondeu:

> Que eu te ame com frequência, *isso devo à minha natureza,*
> pois eu mesmo sou o amor.
> Que eu te ame fortemente, isso devo ao meu desejo,
> pois também eu desejo que me amem fortemente.
> Que eu te ame longamente, isso provém de minha eternidade,
> pois não tenho fim (Buber, 1909, p. 66).

A regressão religiosa parece recorrer à *imago* paterna e materna, mas sem conscientizá-la como objeto de transferência, pois o limiar de incesto proíbe isso (Freud,

1905); ela permanece antes num sinônimo, por exemplo, do pai, ou seja, num deus ou no símbolo mais ou menos personificado do sol e do fogo[85]. Sol e fogo, isto é, a força fecundadora e o calor, são atributos da libido. Na mística, muitas vezes, o divino contemplado interiormente é só Sol ou luz, e é pouco ou nada personificado. Na liturgia de Mitra, encontra-se uma passagem característica: "O caminho dos deuses visíveis aparecerá através do Sol, o deus, meu pai" (Dieterich, 1910, p. 6s.).

Hildegard von Bingen (1100-1178) se expressa da seguinte forma:

> A luz, porém, que vejo não é local, mas muito e muito mais clara do que a nuvem que sustenta o sol [...]. Não consigo reconhecer a forma desta luz, assim como também não posso contemplar todo o círculo do sol. Nessa luz, porém, de vez em quando e não frequentemente vejo outra luz, que me disseram ser a luz viva, e não sei dizer quando e de que forma eu a vejo. E quando a contemplo, são levados de mim toda tristeza e todo sofrimento, de modo que, então, *tenho os costumes de uma simples donzela e não de uma senhora velha* (Buber, 1909, p. 51s.).

Simeão, o novo teólogo (970-1040), diz o seguinte:

> Minha língua carece de palavras, e o que acontece em mim, meu espírito vê, mas não explica [...]. Ele contempla o invisível, o despojado de qualquer forma, totalmente uno, não composto e infinito em tamanho. Pois ele não contempla

85. Renan (1876, p. 168) diz: "Avant que la religion fût arrivée à proclamer que Dieu doit être mis dans l'absolu et l'ideal, c'est-à-dire hors du monde, un seul culte fût raisonnable et scientifique, ce fût le culte du soleil" [Antes de a religião chegar a proclamar que Deus precisava ser imaginado no absoluto e ideal, isto é, fora do mundo, apenas um culto era sensato e científico, o culto do Sol].

> nenhum começo, e nenhum fim ele vê, e está totalmente ciente de nenhum meio, e não sabe como deve dizer o que vê. Um todo aparece, como me parece, e não em sua própria essência, mas através de uma participação. Pois no fogo acendes fogo e recebes todo o fogo: aquele, porém, não diminui e permanece indiviso como antes. Mesmo assim se separa do primeiro o que é partilhado; e como algo corpóreo adentra muitas luzes. Aquele, porém, é algo espiritual, incomensurável, inseparável e inesgotável. Pois não se divide em muitos quando se entrega, mas permanece indiviso e está em mim, e nasce em meu pobre coração *como um Sol ou um redondo disco solar, semelhante à luz, pois é luz*! (Buber, 1909, p. 41)[86].

Das palavras de Simeão resulta claramente que aquilo que é visto como luz interior, como Sol do além, é o anseio:

> E seguindo-o, meu espírito desejava por abraçar o esplendor vislumbrado, mas não o encontrou como criatura e não lhe foi possível sair das criaturas para que pudesse abraçar aquele esplendor não criado e não alcançado. Não obstante, circundou tudo e ansiou por vê-lo. *Pesquisou o ar, andou pelo céu, transpôs os abismos, espreitou, como lhe pareceu, os confins do mundo*[87]. Mas

86. Encontramos um simbolismo semelhante em Carlyle (s.d., p. 54): "O grande fato da existência é coisa grande para ele. Volte-se ele para onde quiser, não conseguirá sair da sublime presença dessa realidade. Destarte é sua natureza, e é primeiramente isso que o torna grande. Terrível e maravilhoso, real como a vida, real como a morte lhe é este universo. Mesmo se todos os homens se esquecessem dessa verdade e caminhassem em vaidosa aparência, ele não consegue. *Em cada momento, brilha diante dele a imagem de chamas*". Podemos escolher qualquer exemplo da literatura, por exemplo, Friedländer (1910): "Seu anseio deseja do amado apenas o mais puro; como o Sol, ela consome com a chama da vida imensa tudo aquilo que não quer ser luz, transformando-o em carvão. Este olhar solar do amor [...]".

87. Grifo essa passagem porque essa imagem contém a raiz psicológica da assim chamada "migração celestial da alma", cuja ideia é muito antiga. É uma imagem do *Sol vagante*, que percorre o mundo inteiro desde o levante até o

> em tudo isso não encontrou, pois tudo era criado. E eu lamentava, chorava e ardia no âmago, e como um alienado em espírito eu vivia. Mas ele veio quando quis e, descendo como uma clara nuvem nebulosa, ele pareceu deitar-se em torno de minha cabeça, de modo que gritei assustado. Ele, porém, de novo fugindo, deixou-me só. E quando o procurei penosamente, percebi subitamente que ele estava em mim mesmo, e, no centro de meu coração, ele apareceu como a luz de um Sol circular (Buber, 1909, p. 45).

Em *Ruhm und Ewigkeit*, de Nietzsche, encontramos uma simbólica semelhante:

> Silêncio! –
> Sobre grandes coisas – eu vejo o Grande! –
> devemos silenciar
> ou falar grande:
> fala grande, meu maravilhoso saber!
>
> Ergo os olhos –
> ali rolam mares de luz:

---

poente. Esses deuses vagantes são imagens do Sol, ou seja, *imagens da libido*. Essa comparação está indelevelmente inscrita na fantasia humana, como mostra o poema "Schmerzen" [Dores], de Wesendonck: "Sol, choras toda noite / até enrubescer teus olhos / quando, banhando-te no espelho do mar / te alcança a morte precoce. / Mas renasces no esplendor antigo, / glória do mundo sombrio, / no despertar matutino / como herói orgulhoso e vencedor. / Ah, como lamentaria, / como, meu coração, ver-te tão pesado, / o próprio Sol deve fraquejar / deve o Sol se pôr? / E se a morte só gera vida, / dores só trazem alegrias: / Ah, como sou grato à natureza / por ter me dado essas dores".
Outro paralelo é o poema de Ricarda Huch: "Como a terra, despedindo-se do Sol, / Precipita-se na noite tenebrosa, / Cobrindo o corpo nu com névoa estrelada, / Emudecida, despojada de estival ardor. // E mergulhando mais e mais nas sombras do inverno, / Súbito se aproxima daquilo de que foge, / Por rósea luz se vê agora abraçada, / Vindo ao encontro do amor perdido. // Assim eu, sofrendo a pena do exílio, / De teu semblante parti para o desterro, / Ao ermo norte voltada sem defesa, // Mais e mais me inclinando para a morte, / E despertei assim, junto a teu peito, / De matutino esplendor cegada".

– oh noite! oh silêncio! oh bulha mortalmente quieta!
Vejo um sinal –,
de longínquas distâncias
lentamente, *cintilante, uma constelação* desce a mim... (Nietzsche, 1899-1911, vol. 8, p. 427).

Não surpreende que a grande solidão interior de Nietzsche volta a conferir existência a certas formas de pensamento que o êxtase religioso de cultos antigos elevou a ideias rituais. Nas visões da liturgia de Mitra, movemo-nos em ideias muito semelhantes, que, agora, podemos compreender facilmente como símbolos extáticos da libido:

> Mas após recitares a segunda oração, onde duas vezes é ordenado calar-se, e a seguinte, então assobia duas vezes e estala a língua duas vezes, e imediatamente verás grande número de estrelas de cinco ponta descer do disco solar que preenchem todo o ar. Mas dize novamente: silêncio, silêncio [...] (Dieterich, 1910, p. 8)[88].

Pede-se *silêncio*, então se revela a visão luminosa. A semelhança entre a situação do iniciado e a visão poética de Nietzsche é surpreendente. Nietzsche diz: "Conste-

88. O assobiar e estalar a língua são relíquias arcaicas de mau gosto para atrair a divindade teriomorfa, provavelmente também uma reminiscência infantil: acalmar a criança por meio do assobio e o estalo da língua. O urrar para a divindade tem um significado semelhante: "Tu, porém, levanta o olhar para ele e solta um longo *urro*, com que com um chifre, aplicando todo o teu fôlego, comprimindo teus flancos, dá de ti e beija os amuletos [...]" (Dieterich, 1910, p. 13). "Minha alma *urra* com a voz de um leão faminto", diz Mechthild von Magdeburg. Salmos (42,2): "Como o cervo clama por água fresca, assim minha alma, ó Deus, clama por ti". O costume cultual, como tantas vezes, degenerou em metáfora. Mas a *dementia praecox* ressuscita o antigo hábito no assim chamado "milagre do berro" de Schreber (1909), por meio do qual ele informa sobre sua existência ao Deus mal orientado a respeito da humanidade. A reminiscência infantil é clara: o grito infantil para atrair os pais, o assobio e o estalo da língua para atrair seus atributos teriomorfos, dos "animais prestativos" (Rank, 1909).

lação". Como se sabe, constelações são principalmente teriomorfas ou antropomorfas; o papiro diz: *asteras pentadaktyliaious* (estrela de cinco dedos, semelhante à Eos de "dedos rosados"), o que nada mais é do que uma imagem antropomorfa. Pode-se esperar, portanto, que ao contemplá-la prolongadamente, a "imagem de chamas" se transforme em um ser animado, numa "constelação" de natureza teriomorfa ou antropomorfa, pois o simbolismo da libido não para no Sol, na luz e no fogo, mas dispõe, como sabemos, de muitas outras formas de expressão. Passo a palavra para Nietzsche:

> O sinal de fogo
>
> Aqui, onde entre mares cresceu a ilha,
> uma pedra sacrifical erguida bruscamente,
> aqui, sob um céu escuro,
> Zaratustra, acende seu fogo celestial...
>
> Esta chama com ventre esbranquiçado –
> até frias distâncias lança labaredas seu anseio,
> para alturas cada vez mais puras estende seu pescoço –
> uma serpente se impacienta impertigada:
> este sinal diante de mim ergui.
>
> Minha própria alma é esta chama:
> por novas distâncias insaciável,
> sobe, sobe, seu silencioso ardor...
>
> Tudo que é solitário procuro agora:
> respondei à inquietação da chama,
> apanhai para mim, pescador em altos montes,
> minha sétima, derradeira, solidão!
> (Nietzsche, 1899-1911, vol. 8, p. 417).

Aqui a libido se transforma em fogo, chama e *serpente*. O símbolo egípcio do "disco solar animado": o disco com os dois uréus contém a combinação das duas analogias da libido. O disco solar com seu calor fecundante é o análogo do calor fecundante do amor. A comparação da libido com o Sol e o fogo é essencialmente análoga. Ela também contém um elemento "causativo", pois o Sol e o fogo como forças benéficas são objetos do amor humano (o herói solar Mitra, por exemplo, é chamado de "muito amado"). No poema de Nietzsche, a comparação também é causativa, dessa vez, porém, em sentido contrário: a comparação com a serpente é inequivocamente fálica, em plena conformidade com a tendência da Antiguidade de reconhecer no símbolo do falo a quintessência da vida e da fertilidade. *O falo é a fonte da vida e da libido, o grande criador e taumaturgo*, como o qual ele era venerado por toda parte. Temos, portanto, três tipos de designações simbólicas da libido:

1. A *comparação análoga*: como Sol e fogo;
2. As *comparações causativas*: (a) a comparação com o objeto. A libido é designada pelo objeto, por exemplo, pelo Sol benéfico; (b) a comparação com o sujeito. A libido é designada pelo seu local de origem ou pelo análogo deste, por exemplo, pelo falo ou pela serpente (seu análogo).

Nessas três formas fundamentais da comparação, participa ainda uma quarta, ou seja, a *comparação de atividade*, onde o *tertium comparationis* é a atividade (a libido, por exemplo, fecunda como o touro, é perigosa – por meio do poder da paixão – como o leão, o javali feroz, está no cio como o asno sempre aluado etc.).

A comparação de atividade pode pertencer tanto à categoria da comparação análoga como à da comparação causativa. *Essas possibilidades de comparações significam igual número de possibilidades de símbolos* e, por essa razão, todos os símbolos infinitamente diferentes, enquanto imagens da libido, podem ser reduzidos a uma raiz muito simples, justamente *à libido e às suas propriedades primitivas fixas*. Essa redução e simplificação psicológica corresponde ao esforço histórico das civilizações de unir e simplificar sincreticamente o número infinito de deuses. Encontramos essa tentativa já no Egito Antigo, onde o politeísmo desmedido dos diferentes demônios locais finalmente obrigou à simplificação. Todos os deuses locais foram identificados com Rê, o deus Sol, assim o Amon de Tebas, o Hórus do Oriente, o Hórus de Edfu, o Chnum de Elefantina, o Atum de Heliópolis etc.[89] Nos hinos ao Sol, a mistura Amon-Rê-Harmachis-Atum era invocada como "deus único, vivo em verdade" (Erman, 1885, p. 354).

Nesse sentido, Amenhotep IV (18ª dinastia) foi mais longe: ele substituiu todos os deuses existentes até então pelo "grande disco solar vivo", cujo título oficial era: "O sol que domina os dois horizontes, que no horizonte jubila em seu nome: esplendor que está no disco solar". – "E não um deus solar devia ser adorado", acrescenta Erman, "mas o próprio astro do Sol, que comunica aos seres vivos a infinidade de vida que nele existe através de suas mãos de raios[90]" (Erman, 1885, p. 355).

Com sua reforma, Amenhotep IV realizou um trabalho de interpretação, que é psicologicamente valioso. Ele reuniu no disco solar todos os deuses representados pelo

---

89. Até Sobek, o deus da água, manifesto no crocodilo, foi identificado com Rê.

90. Cf. acima "estrela de cinco dedos".

touro[91], pelo carneiro[92], pelo crocodilo[93], pela estaca[94] etc. e assim declarou os atributos especiais deles como compatíveis com os atributos do Sol[95]. Devido às tendências sincretistas dos séculos subsequentes, o politeísmo grego e romano teve um destino semelhante. Temos uma excelente prova disso na bela oração de Lúcio[96] à Rainha do Céu (Lua): "*Regina coeli, sive tu Ceres alma, frugum parens originalis* [...] *seu tu coelestis Venus* [...] *seu Phoebi soror* [...] *seu nocturnis ululatibus horrenda Proserpina* [...] *ista luce feminea conlustrans cunca moenia*" [Rainha do Céu, quer te chames Ceres, a soberba mãe dos frutos do campo, quer sejas Vênus, ou a irmã de Febo, ou Prosérpina, que causa horror com seu ulular noturno... tu que, com tua suave luz feminina, iluminas todas as cidades].

Essas tentativas de reunir novamente em poucas unidades as ideias primordiais divididas em inúmeras variantes e personificadas em deuses individuais após sua multiplicação e diversificação politeísta descrevem o fato de que, já em tempos remotos, as analogias praticamente se impunham. Rico em tais relações é, como se sabe, Heródoto, sem falar dos sistemas do mundo helênico-romano. Ao esforço de produzir a unidade, opõe-se um

91. Boi Ápis, como manifestação de Ptah. O touro é uma imagem conhecida do Sol.

92. Amon.

93. Sobek de Fayum.

94. O deus de Dedu, no Delta, que era venerado na forma de estaca de madeira.

95. Essa Reforma, executada com muito fanatismo, logo tornou a sucumbir.

96. Apuleio (*Metamorphoseos*, Livro 11, p. 223s.). É notável que também os humanistas (penso numa palavra de Mutianus Rufus) reconheceram rapidamente que, na verdade, a Antiguidade só tinha dois deuses, um masculino e um feminino.

esforço ainda mais forte de sempre voltar a criar pluralidade, de modo que, também em religiões ditas rigorosamente monoteístas – por exemplo, no cristianismo – a tendência politeísta era irreprimível. A divindade é dividida em pelo menos três partes, às quais se acrescentam ainda a divindade feminina de Maria e a legião de deuses inferiores, ou seja, dos anjos e santos. Essas duas tendências se encontram em luta constante; ora é *um* Deus com muitos atributos, ora são muitos deuses, que então simplesmente têm nomes locais diferentes e personificam ora este ora aquele atributo de sua ideia fundamental, como vimos, por exemplo, nos deuses egípcios acima.

Com isso voltamos para o poema de Nietzsche: "O sinal de fogo". Encontramos nele como *imagem da libido* a chama, representada teriomorficamente como *serpente* (simultaneamente como imagem da alma: "Minha própria alma é esta chama")[97]. Vimos que a serpente deve ser interpretada como uma imagem fálica da libido ("erguida bruscamente") e que essa imagem é também um atributo da imagem do Sol (o ídolo egípcio do Sol), uma imagem

97. A substância de luz ou fogo era atribuída não só à divindade, mas também à alma, por exemplo, no sistema de Mâni, também nos gregos, em que ela era caracterizada como sopro de fogo. O Espírito Santo do Novo Testamento aparece em forma de chamas sobre as cabeças dos apóstolos, pois o *pneuma* era imaginado como fogo (Dieterich, 1910, p. 116). Muito semelhante é a ideia iraniana do Hvarenô, que significa a "Graça dos Céus", através da qual o monarca reina. A "Graça" era concebida de forma muito substancial como uma espécie de fogo ou glória luminosa (Cumont, 1903, p. 70). Encontramos ideias semelhantes em "Die Seherin von Prevorst" [A vidente de Prevorst], de Kerner, e no caso por mim publicado em "Sobre a psicologia e patologia dos fenômenos chamados ocultos" (OC 1). Aqui, não só as almas consistem em uma substância espiritual de luz, o mundo inteiro é construído segundo o sistema de preto e branco do maniqueísmo – e isso numa moça de 15 anos de idade! O "desempenho extra intelectual", que antes eu reconhecia nessa criação, agora se revela como consequência da introversão enérgica, que volta a agitar camadas históricas profundas do espírito, e nisso vejo uma regressão às lembranças da humanidade condensadas no inconsciente.

da libido como combinação de Sol e do falo. Por isso não é totalmente inimaginável que o disco solar seja dotado não só de mãos e pés, mas também de pênis. Encontramos a prova disso numa visão estranha da liturgia de Mitra: "Semelhantemente, será visível também o assim chamado tubo, a origem do vento servidor. Pois verás pendendo do disco solar como que um tubo" (Dieterich, 1910, p. 6s.).

Essa visão muito curiosa de um tubo que pende do disco solar causaria um efeito de estranhamento e, ao mesmo tempo, de mau gosto num texto religioso como o da liturgia de Mitra, se o tubo não tivesse significado fálico: o tubo é o lugar de origem do vento. A princípio, esse atributo não revela o significado fálico. Mas devemos lembrar que o vento, tanto quanto o Sol, é um fecundador e criador, como já mencionei assim numa nota de rodapé[98]. Num pintor da Idade Média alemã, encontramos uma representação da *conceptio immaculata*, que aqui merece ser mencionada: do céu desce um tubo ou cano e penetra por baixo da saia de Maria; dentro do tubo desce voando o Espírito Santo em forma de pomba para a fecundação da Mãe de Deus[99].

Num doente mental (demência paranoica), Honegger descobriu a seguinte alucinação: o doente vê um assim chamado "pau ascendente" (ou seja, um membro ereto). Quando o doente balança a cabeça para um lado e para

98. Acrescento aqui uma passagem de Firmicus Maternus (*Mathesos*, 1, 5, 9; segundo Cumont, 1896, p. 40): "Cui (animo) descensus per orbem solis tribuitur" [Dizem que o espírito desce pela órbita do Sol].

99. Sobre Mitra, que nasce milagrosamente de uma rocha, São Jerônimo comenta que essa fecundação teria ocorrido "solo aestu libidinis" [pelo simples calor da libido] (Cumont, 1896, p. 163).

o outro, o pênis solar também oscila para um lado e para o outro e *disso resulta o vento*. Não conseguimos entender essa estranha alucinação até eu conhecer as visões da liturgia de Mitra. Mas, como me parece, a alucinação lança também uma luz esclarecedora sobre um trecho um tanto obscuro do texto, que segue imediatamente ao citado anteriormente. Dieterich traduz aqui: "e para as regiões do Ocidente, infinito como vento oriental; quando o outro tem destinação para as regiões do Oriente, semelhantemente verás a conversão (o avanço) da visão para as regiões daquele" (Dieterich, 1910, p. 7).

Mead traduz de forma um pouco mais clara: "And towards the regions Westward, as though it were an infinite Eastwind. But if the other wind, toward the regions of the East, should be in service, in the like fashion shalt thou see, toward the regions of that (side) the converse of the sight" (Mead, 1907, p. 22).

Horama é a visão, aquilo que é visto; a rigor, *apophora* significa levar embora, retirar. Portanto, o sentido poderia ser: de acordo com a direção do vento, o que é visto é levado ou virado ora para cá, ora para lá. O *horama* é o tubo, o "lugar de origem do vento", que ora se volta para o Oeste, ora para o Leste e, como podemos acrescentar, produz o vento correspondente. A visão do doente mental coincide surpreendentemente com esse movimento do tubo[100].

---

100. Devo a meu amigo e colega, Dr. Franz Riklin, o conhecimento do seguinte caso, que apresenta um simbolismo que nos interessa: trata-se de uma paciente paranoica, que passou para a mania de grandeza da seguinte forma: de repente, ela viu uma luz forte, um vento soprou nela, ela sentiu como seu "coração virou", e a partir desse momento ela sabia que Deus fez moradia nela e nela estava. Devo mencionar aqui também as relações interessantes entre formações mitológicas e patológicas, que resultam da investigação analítica realizada com admirável paciência e meticulosidade pela senhorita Dra. S. Spielbein. Ressalto explicitamente que a Dra. Spielrein descobriu os

Os diferentes atributos do Sol, divididos em séries, aparecem sucessivamente na liturgia de Mitra: depois da visão de Hélio aparecem *sete virgens com cabeça de serpente e sete deuses com cabeça de touro preto*.

A virgem é facilmente compreendida como comparação causativa da libido. A serpente no paraíso costuma ser imaginada como feminina, como princípio sedutor na mulher (também representado como feminino por artistas antigos), embora, na verdade, a serpente tenha significado fálico. Numa mudança semelhante de significado, na Antiguidade, a serpente também se tornou símbolo da terra, que, por sua vez, sempre foi imaginada como feminina. O touro é um símbolo conhecido da fecundidade do sol. Na liturgia de Mitra, os deuses-touros são chamados de "guardiões do eixo da terra", que invertem o "eixo do círculo do céu". Mitra, o deus-homem, possui o mesmo atributo, sendo ora o próprio *Sol invictus*, ora o poderoso companheiro e senhor de Hélio: na mão direita, ele traz "a constelação da Ursa, que movimenta o céu e o faz retornar". Os deuses com cabeça de touro, também *hieroi kai alkimoi neaniai* [jovens sagrados e fortes] como o próprio Mitra, que recebeu o atributo de *neoteros* [o jovem], são apenas desdobramentos atributivos da mesma divindade. O deus principal da liturgia de Mitra se subdivide em Mitra e Hélio, cujos atributos são muito semelhantes. De Hélio: "Verás um deus, jovem, belo, com cachos de cabelos fogosos, em hábito branco e manto escarlate, com uma guirlanda de fogo" (Dieterich, 1910, p. 10s.). De Mitra:

---

simbolismos representados nesse anuário por meio de um trabalho de pesquisa autônomo e independente de mim.

> Verás deus onipotente, com face iluminada, jovem, com cabelos dourados, em hábito branco, com guirlanda dourada, pantalonas largas, segurando na mão direita a espádua dourada de um touro que é a constelação da Ursa, que move e faz retornar o céu, vagando para cima e para baixo de hora em hora, e então verás sair raios de seus olhos e saltar estrelas de seu corpo (Dieterich, 1910, p. 14s.).

Se considerarmos ouro e fogo como essencialmente semelhantes, existe uma grande concordância entre os atributos dos dois deuses. A essas imagens místico-pagãs merecem ser acrescentadas as visões do Apocalipse de São João, provavelmente mais ou menos do mesmo tempo:

> Virei-me para ver quem falava comigo. Ao virar-me, vi sete candelabros de ouro. No meio[101] alguém semelhante a um filho de homem, vestido de túnica longa até os pés e com o peito cingido por um cinturão de ouro. A cabeça e os cabelos eram brancos como lã branca e como a neve. Os olhos eram como chamas de fogo. Os pés semelhantes ao bronze incandescente no forno, e a voz, como a voz de muitas águas. Na mão direita tinha sete estrelas[102] e da boca saía uma espada afiada de dois gumes[103]. O aspecto do rosto era como o Sol, quando resplandece em toda sua plenitude (Ap 1,12-16).
>
> Olhei e eis uma nuvem branca e alguém como um filho de homem, sentado sobre a nuvem com uma coroa de ouro

---

101. Segundo a doutrina caldeia, o Sol ocupa o centro no coro dos sete planetas.

102. A constelação da Ursa Maior consiste em sete estrelas.

103. Frequentemente, Mitra é representado com a faca numa mão e a tocha na outra. Em seu mito, a faca desempenha um papel importante como instrumento de sacrifício.

> na cabeça e uma foice afiada na mão (Ap 14,14)[104].
> Seus olhos são como chamas de fogo, traz na cabeça muitos
> diademas...
> Está vestido com um manto tinto de sangue[105]...
> Seguem-no os exércitos celestes em cavalos brancos, vestidos
> de linho puro[106]. De sua boca sai uma espada afiada... (Ap 19,12-15).

Não precisamos supor que exista uma relação de dependência direta entre o Apocalipse e as ideias de Mitra. As imagens visionárias dos dois textos provêm de uma fonte que não jorra apenas em um único lugar, antes se encontra no espírito de muitas pessoas, pois os símbolos que dela surgem são típicos demais para pertencerem a um único espírito.

Insiro essas imagens aqui para mostrar como a simbólica primitiva da luz aos poucos se desenvolve, com o crescente aprofundamento da visão, até a imagem do herói solar, do "muito amado"[107]. Essa via pela simbólica da luz é típica; lembro[108] que já a comprovei por meio de

---

104. Cf. anotação 34.

105. Cf. o manto escarlate de Hélio na liturgia de Mitra. No ritual de vários cultos os fiéis envolviam-se nas peles ensanguentadas dos animais sacrificados. Por exemplo, nas festas lupercálias, dionísias e saturnálias. Estes últimos nos legaram o carnaval, cuja figura típica em Roma era o polichinelo priápico.

106. Cf. o séquito de Hélio vestido de linho fino. Os deuses com cabeça de touro vestem *perizomata* (aventais?) brancos.

107. O título de Mitra em Vendidad XIX, 28 (apud Cumont, 1896, vol. 1, p. 37).

108. O desenvolvimento da simbólica do sol em *Fausto* não alcança a visão antropomorfa, ela para (na cena do suicídio) na carruagem de Hélio. ("Uma carruagem de fogo, sobre leves asas / de mim se aproxima!"). A carruagem de fogo chega para receber o herói moribundo ou em despedida, como na ascensão de Elias ou de Mitra (de modo semelhante também São Francisco

numerosos exemplos, razão pela qual não preciso voltar a falar disso aqui[109]. Esses eventos visionários são as raízes psicológicas das coroações solares nos mistérios (Apuleio, *Metamorphoseos*, Livro 11). Seu rito é alucinação religiosa estarrecida em forma de liturgia, que, devido à sua grande legitimidade, pôde se transformar em forma exterior universal.

Depois de tudo isso, compreende-se facilmente que a antiga Igreja cristã, por um lado, mantinha-se numa relação especial com Cristo como *Sol novus* e, por outro, tinha certa dificuldade em defender-se contra o símbolo terreno do Cristo. Já Fílon de Alexandria reconheceu no Sol a imagem do *logos* divino ou da divindade em si (*De somniis*, I, 85). Num hino ambrosiano, Cristo é invocado: "O sol salutis [...]". Na época de Marco Aurélio, Melitão, em sua obra *Peri loutrou*, chamou Cristo de "Sol do Oriente [...] como o Sol único Ele subiu ao céu"[110].

Mais nítida ainda é uma passagem em Pseudo-Cipriano:

> O quam praeclara providentia ut illo die quo factus est sol, in ipso die nasceretur Christus, v. Kal. Apr. feria IV, et ideo de ipso ad plebem dicebat Malachias Propheta: 'Orietur vobis sol iustitiae et curatio est in pennis ejus', hic est sol iustitiae cuis in pennis curatio praeostendebatur.
>
> [Oh quão bela e divinamente se confirma a previsão do Senhor, pois no exato dia em que o Sol foi

---

de Assis). O voo de Fausto passa sobre o mar, como o de Mitra. As ilustrações cristãs antigas da ascensão do Profeta Elias se baseiam em parte nas representações mítricas correspondentes: os cavalos da carruagem solar abandonam a terra firme e avançam para o céu deixando a seus pés Oceano, o deus da água (Cumont, 1896, vol. 1, p. 178 com a ilustração correspondente).

109. Cf. "Sobre a psicologia e patologia dos fenômenos chamados ocultos" (OC 1).

110. Pitra, *Analecta sacra* (apud Cumont, 1896, vol. 1, p. 355).

criado, Cristo nasceu, a 28 de março, numa quarta-feira. Por isso, com razão, o Profeta Malaquias pôde dizer ao povo (4,2): 'Nascerá para vós o Sol da justiça e estará a salvação sob as suas asas'. É ele o Sol da justiça em cujas asas apareceu a salvação] (Usener, 1911, p. 8)[111].

No texto *De solstitiis et aequinoctiis*, supostamente escrito por João Crisóstomo, lemos:

> Sed et dominus nascitur mense Decembri hiemis tempore, VIII. kal. Januarias, quando oleae maturae praemuntur et unctio, id est chrisma, nascatur [...]. Sed et Invicti natalem appellant. Quis utique tam invictus nisi dominus noster qui mortem subactam devicit? Vel quod dicant Solis esse natalem, ipse est sol iustitiae, de quo Malachias propheta dixit. – Dominus lucis ac noctis conditor et discretor qui a propheta Sol iustitiae cognominatus est.
>
> [Mas também o Senhor nasceu no inverno, no dia 24-25 de dezembro, quando se espremem as olivas maduras para se obter a unção, isto é, o óleo para ungir – mas chamam-no também o dia do nascimento do Invicto. Quem, no entanto, é tão completamente invicto quanto Nosso Senhor, que subjugou e venceu a morte? Ou, quando dizem ser o dia do nascimento do Sol, é então o próprio Sol da justiça, de que falou o Profeta Malaquias. – O Senhor da luz e da noite, o criador e ordenador, que o profeta denominou 'Sol da Justiça'] (Cumont, 1896, vol. 1, p. 355).

Segundo o testemunho de Eusébio de Alexandria, também os cristãos participavam do culto ao Sol nascente, que perdurou até o século V:

111. A passagem se encontra em Malaquias (3,19): "Mas para vós, os que temeis o meu nome, nascerá o Sol da justiça e estará a salvação sob as suas asas (penas)". Essa figura lembra o disco solar alado egípcio.

> Ai daqueles que se prostram diante do Sol e da Lua e dos astros. Pois vi muitos que se prostraram diante do Sol e rezaram para ele. Já ao nascer do Sol oferecem suas orações com as palavras: 'Compadece-te de nós', e não só os heliólatras e hereges fazem isso, mas também os cristãos, esquecendo-se de sua fé, se misturam com os heréticos (*Orígenes* 6, apud Cumont, 1896, vol. 1, p. 356).

Agostinho diz explicitamente a seus cristãos: "Non est Dominus Sol factus sed per quem Sol factus est – ne quis carnaliter sapiens Solem istum (Christum) intelligendum putaret" [Não é Cristo, o Senhor, que se tornou Sol, mas Ele é aquele por quem o Sol foi feito] (Agostinho, *In Ioannis evangelium tractatus 24*, apud Cumont, 1896, vol. 1, p. 356).

A arte conservou muito do culto ao Sol[112]: a auréola radiada em torno da cabeça de Cristo, a auréola em geral. A lenda cristã também atribui muitos símbolos de fogo e luz a seus santos[113]. Os doze apóstolos, por exemplo, foram comparados com os doze signos do zodíaco e, por isso, representados com uma estrela sobre a cabeça (Le Blant, 1886)[114]. Não surpreende que os gentios acre-

---

112. As pinturas nas catacumbas contêm muita simbólica solar. A suástica, por exemplo (uma conhecida imagem do Sol, roda solar ou pezinhos do Sol), encontra-se no hábito de Fossor Diógenes, no cemitério de Pedro e Marcelino. Os símbolos do Sol nascente, touro e carneiro se encontram no afresco de Orfeu, do cemitério de Santa Domitila; semelhantemente o carneiro e o pavão (que, juntamente com a Fênix, é símbolo solar) num epitáfio da catacumba de Calisto.

113. Cf. os numerosos exemplos em Görres (1836-1842).

114. Nas homilias de Clemente de Roma (Cumont, 1896, p. 356) lemos: "O Senhor tem doze apóstolos, que têm o número dos doze meses do Sol". Como se vê, essa imagem se refere à trajetória do Sol pelo zodíaco. Sem querer antecipar uma interpretação do zodíaco, menciono que, de acordo com um entendimento antigo (provavelmente caldeu), o caminho do Sol era representado como *serpente*,

ditavam que o Sol era o Deus dos cristãos, conforme relata Tertuliano: "Alii humanius et verisimilius Solem credunt deum nostrum" [Outros, de forma mais humana e provável, veem o Sol como sendo nosso Deus] (Tertuliano, *Apologeticus*, 16). Para os maniqueus, era realmente o Sol. Um dos momentos mais estranhos dessa esfera, em que se misturavam elementos pagãos asiáticos, helenísticos e cristãos, é o "Relato dos eventos na Pérsia", editado por Wirth (1894, p. 151ss.), um livro de fábulas, mas um baú repleto de fantasias paracristãs, que traz revelações profundas sobre a simbólica cristã. Nele encontramos a seguinte dedicatória mágica: "Ao grande deus Zeus Hélio, ao Rei Jesus" (Wirth, 1894, p. 166). Em certas regiões da Armênia, ainda hoje os cristãos adoram o Sol nascente e pedem que "repouse seu pé sobre a face daquele que reza" (Abeghian, 1899, p. 41). O pé chama a atenção como atributo antropomorfo. Nós já nos deparamos com o atributo teriomorfo das penas e do falo solar.

---

que carrega os signos nas costas (semelhante ao *deus leontocephalus* do mistério de Mitra). Essa concepção se encontra numa passagem, editada por Cumont em outro contexto (Cumont, 1896, p. 35), do códice vaticano: "Então o sábio Criador do mundo, por meio de sua ordem suprema, pôs em movimento o grande dragão com a coroa de estrelas radiantes, isto é, os doze signos do zodíaco, que surgem em suas costas". Essa relação íntima dos signos com a serpente do zodíaco é notável e nos faz pensar. O sistema Maniqueu também atribuía a Cristo a imagem da serpente, isto é, da serpente na árvore do paraíso, o que o versículo 3,14 no Evangelho de São João justifica amplamente ("E como Moisés levantou no deserto a serpente, assim também importa que seja levantado o Filho do homem"). Hauff (1834), um velho teólogo, observa por precaução: "Cristo, porém, entende essa narrativa do Antigo Testamento como símbolo incondicional da reconciliação". A união quase corporal dos seguidores com Cristo é conhecida (Rm 12,4-5: "Pois assim como num só corpo temos muitos membros e cada um de nossos membros possui diferente função, também nós, sendo muitos, somos um só corpo em Cristo, mas cada membro está a serviço dos outros membros"). Caso se confirme que os signos do zodíaco são *imagens da libido*, a afirmação de João: "Eis o Cordeiro de Deus que tira o *pecado* do mundo" (Jo 1,29) adquiria um sentido significativo, referindo-me, é claro, à história da figura retórica.

Esse significado tem também o pé, como aludi aqui (Aigremont, 1909), as penas ou os cabelos do Sol, que significam poder ou força solar. Remeto à lenda de Sansão ou à narrativa do Apocalipse de Baruque sobre a ave Fênix, que, voando à frente do Sol, perde suas penas e, à noite, se fortalece no banho oceânico.

Sob o símbolo de "mariposa e sol", escavamos as profundezas históricas da alma e, durante esse trabalho, nos deparamos com um antigo ídolo soterrado do herói solar "jovem, belo, com cachos dourados" e coroado com raios que, eternamente e inacessível aos mortais, vaga em torno da terra e faz suceder ao dia a noite, ao verão o inverno, à vida a morte – e ressuscita com esplendor rejuvenescido e brilha para as gerações novas. A ele se dirige o anseio da sonhadora, que se esconde na mariposa.

A esfera cultural antiga da Ásia Menor conhecia um culto ao Sol sob a imagem do *deus que morre e renasce* (Osíris, Tammuz, Átis-Adônis[115], Cristo, Mitra e seu touro[116], Fênix, e assim em diante). No fogo, venerava-se não só a força benevolente, mas também a força destruidora. As forças da natureza sempre têm dois lados, como já vimos no Deus de Jó. Esse fato nos faz voltar ao poema de Miss Miller. Suas reminiscências comprovam também nossa suspeita inicial de que a imagem da mariposa e do Sol é uma condensação de duas imagens, uma

---

115. Mais tarde, Átis foi assimilado a Mitra. Assim como Mitra, ele foi representado com o barrete frígio (Cumont, 1903, p. 65). Segundo o testemunho de Jerônimo, a gruta da natividade de Belém era originalmente um santuário (*spelaeum*) de Átis (Usener, 1911, p. 283).

116. Cumont (1903, p. 4) diz sobre o cristianismo e o mitraísmo: "Com espanto perceberam os dois adversários quão semelhantes eles eram em muitos aspectos, mas incapazes de explicar essa semelhança".

das quais acabamos de discutir; a outra é a mariposa e a chama. Como título de uma peça de teatro, sobre cujo conteúdo a autora nada nos comunica, "a mariposa e a chama" devem ter o conhecido sentido erótico: esvoaçar em torno do fogo da paixão até queimar as asas. O anseio apaixonado, isto é, a libido, tem seus dois lados: ela é a força que tudo embeleza e, sob certas circunstâncias, também tudo destrói. Frequentemente, fazemos de conta que não entendemos bem em que consistiria a qualidade destrutiva da força criativa. Uma mulher, pelo menos sob circunstâncias culturais atuais, que se entrega à paixão, não demora a vivenciar o aspecto destrutivo. Basta se afastar na imaginação um pouco das circunstâncias dos costumes burgueses para entender o sentimento de insegurança ilimitada que acomete o ser humano que se entrega incondicionalmente ao destino. Ser fértil significa destruir-se a si mesmo, pois com o surgimento da geração seguinte, a anterior já passou de seu zênite; assim, nossos descendentes se tornam nossos inimigos mais perigosos, que não conseguimos vencer, pois eles sobreviverão e infalivelmente tomarão o poder de nossas mãos enfraquecidas. O medo do destino erótico é perfeitamente compreensível, pois ele possui algo de imprevisível; o destino em geral abriga perigos desconhecidos, e a hesitação constante da pessoa neurótica em ousar a vida se explica facilmente a partir do desejo de ficar às margens para não ter que participar da perigosa luta da vida[117].

117. Nossas convicções morais atuais vão ao encontro desse desejo no que diz respeito ao destino erótico. A aventura erótica, necessária para muitas pessoas, muitas vezes é facilmente desencorajada por motivos morais contrários, e as pessoas se deixam desencorajar prontamente, pois isso traz a vantagem social de ser "ético".

Quem renuncia à aventura de vivenciar precisa sufocar dentro de si mesmo esse desejo, cometer um tipo de suicídio. Isso explica as fantasias de morte, que costumam acompanhar a renúncia ao desejo erótico. No poema, Miss Miller já articulou essas fantasias e, nos materiais, acrescenta o seguinte: "Eu tinha lido uma seleção de peças de Byron, que muito me agradou e deixou uma impressão em mim. Aliás, o ritmo de meus dois últimos versos: 'For I, the source...' e o de dois versos de Byron são muito parecidos: 'Now let me die as I have lived in faith / Nor tremble tho' the universe should quake'" [Agora me deixa morrer como vivi em fé / Nem deixa-me tremer mesmo que o universo se abale].

Essa reminiscência, que encerra a série de lembranças, confirma as fantasias de morte, que resultam da renúncia ao desejo erótico. A citação é de uma poesia inacabada de Byron, "Heaven and Earth", o que Miss Miller não menciona. A passagem completa diz:

> Still blessed be the Lord,
> For what is past,
> For that which is:
> For all are his.
> From first to last
> Time, space, eternity, life, death –
> The vast known and immeasurable unknown.
> He made, and can unmake,
> And shall I for a little gasp of breath,
> Blaspheme and groan?
> Now; let me die, as I have lived, in faith,
> Nor quiver, though the universe may quake!
>
> [Ainda bendito seja o Senhor
> Pelo que foi,
> Pelo que é.

Pois dele tudo é.
Do primeiro ao último
Tempo, espaço, eternidade, vida, morte –
O vasto conhecido e o imensurável desconhecido,
Ele fez e pode desfazer,
E devo eu, por um leve sopro,
Gemer e blasfemar?
Não; deixa-me morrer como vivi, em fé,
Nem deixa-me tremer, ainda que se abale o universo]
(Byron, 1902, p. 421).

As palavras estão contidas num tipo de louvor ou oração, ditas por um "mortal", que se encontra em fuga desesperada do dilúvio crescente. Com sua citação, Miss Miller se coloca na mesma situação, isto é, deixa entrever sutilmente que seu estado emocional é comparável ao desespero dos infelizes que se viam ameaçados pelas águas crescentes do dilúvio. Com isso a autora nos abre uma vista profunda para os subsolos obscuros de seu anseio pelo herói solar. Vemos que seu anseio é em vão, pois ela é uma mortal, só brevemente *levantada* para a luz e então entregue à morte, ou melhor, impelida para o alto por uma angústia mortal, como as pessoas do dilúvio e, a despeito da luta desesperada, irremediavelmente entregues à perdição, um estado de espírito que lembra vividamente a cena final de *Cyrano de Bergerac*:

Cyrano:
Oh! mais!... puisqu'elle est en chemin,
Je l'attendrai debout, et l'épée à la main!

Que dites-vous?... C'est inutile?... Je le sais.
Mais on ne se bat pas dans l'espoir du succès!
Non! non! c'est bien plus beau lorsque c'est inutile!

Je sais bien qu'à la fin vous me mettrez à bas...

[Cyrano:
Ah! mas!... uma vez que ela está a caminho,
Eu a esperarei de pé, espada na mão!...

Que dizeis?... É inútil?... Eu sei.
Mas não se luta na esperança de vencer!
Não! não! é muito mais belo quando é inútil!...
Sei muito bem que no fim haveis de me abater...]
(Rostand, 1898, p. 224s.).

Já sabemos que anseio e que instinto buscam abrir caminho para a luz, mas para que o saibamos nítida e irrevogavelmente, a citação "Now, let me die" nos aponta para um contexto que confirma e completa tudo o que foi dito anteriormente, O divino, o "muito amado", que é venerado na imagem do Sol, é também a meta do anseio de nossa poetisa.

O "Heaven and Earth" de Byron é um "Mystery, founded on the following passage in Genesis: 'And it came to pass [...] that the Sons of God saw the daughters of men, that they were fair; and they took them wives of all which they choose'" [mistério baseado na seguinte passagem em Gênesis: "Vendo os filhos de Deus que as filhas dos homens eram formosas, tomaram por suas mulheres as que, dentre todas, lhes agradaram"] (Gn 6,2). Além disso, Byron justapõe, como lema adicional, a seguinte passagem de Coleridge: "And woman wailing for her demon lover" [e mulher lamentando por seu amante demônio].

A poesia de Byron reúne dois grandes eventos, um psicológico e um telúrico, a paixão que derruba todas as barreiras e os terrores das forças desenfreadas da natureza, um paralelo que já foi introduzido em nossas reflexões anteriores. Os anjos Samiasa e Azaziel se apaixonam pecaminosamente por Ana e Aolibama, as belas filhas de Caim, e assim rompem a barreira erguida entre os mortais e os imortais. Como outrora Lúcifer, eles se revoltam contra Deus, e o Arcanjo Rafael ergue sua voz e alerta:

> But man has listen'd to his voice,
> And ye to woman's – beautiful she is,
> The serpent's voice less subtle than her kiss.
> The snake but vanquish'd dust; but she will draw
> A second host from heaven, to break heaven's law.
>
> [Mas o homem ouviu sua voz
> E vós, a da mulher – bela ela é,
> A voz da serpente menos sutil que os beijos seus
> A serpente apenas pó conquistou; mas ela atrairá
> Legiões do céu, para a lei dos céus quebrar].
> (Byron, 1902, p. 419).

O poder de Deus é ameaçado pela sedução da paixão, uma segunda debandada dos anjos ameaça o céu. Se traduzirmos essa projeção mitológica de volta para a esfera psicológica, onde ela teve sua origem, teremos: o poder do bem e do sensato, que rege o mundo por meio de sábias leis, é ameaçado pelo poder primordial e caótico da paixão. Por isso a paixão deve ser exterminada. Em projeção mitológica, isso significa: a raça de Caim e todo o mundo pecaminoso devem ser destruídos totalmente por meio do dilúvio. Essa é a consequência necessária da paixão pecaminosa, que rompeu todas as barreiras. Sua parábola é o mar, as águas da profundeza e as chuvas torrenciais[118],

118. A projeção sobre o "cômico" é o privilégio primordial da libido, pois ela já entra de forma natural por todas as portas sensórias, aparentemente de fora,

que eram as geradoras, as fecundadoras, as "mais maternas", como a mitologia indiana chama as águas; agora, elas abandonam seus limites naturais, crescem acima dos picos das montanhas e afogam tudo o que é vivo, *pois a paixão destrói a si mesma*. A libido é Deus e o diabo. Por isso, a destruição da pecaminosidade da libido destruiria também uma parte essencial da libido; por meio da perda do diabo, o próprio Deus sofreria uma perda significativa; seria *uma amputação no corpo da divindade*. Para isso aponta uma alusão misteriosa no lamento de Rafael sobre os dois rebeldes Samiasa e Azaziel:

> [...] why
> Cannot this earth be made, or be destroy'd,
> Without involving ever some vast void
> In the immortal ranks?
>
> [por que
> Este mundo não pode ser feito nem destruído

---

em nossa percepção, na forma de tons de prazer e desgosto da percepção, que, como sabemos, atribuímos aos objetos sem reflexão adicional e causas, a despeito da reflexão filosófica, sempre tendemos a identificar no objeto, mesmo que o objeto não tenha culpa nenhuma. Cf. o conceito freudiano da transferência e, sobretudo, o que Ferenczi diz em seu escrito *Introjektion und Übertragung* (1909, p. 422). Encontramos belos exemplos de projeção direta da libido em canções eróticas: "Lá embaixo, na praia, ali à beira-mar, / Uma donzela o lenço do amado estava a lavar... / Uma leve brisa soprou pela praia, / Erguendo-lhe a saia com seu sopro, / Seu tornozelo fez entrever um pouco. / E a praia, e *o mundo inteiro se iluminaram*" (Sanders, 1844, p. 81 apud Arnold, 1902, p. 166). – "Na quinta de Gymir vi caminhar minha bem-amada; / O brilho de seus braços incandesceu o céu / E todo o eterno mar" (*Die Edda*, apud Arnold, 1902, p. 167). Enquadram-se aqui também todos os relatos milagrosos dos eventos "cósmicos" no nascimento e na morte dos heróis (estrela de Belém, terremotos, a cortina rasgada etc. por ocasião da morte de Cristo). A onipotência de Deus é a notória onipotência da libido, do único taumaturgo verdadeiro que conhecemos. O sintoma descrito por Freud da "onipotência do pensamento" na neurose obsessiva surge a partir da "sexualização" do intelecto. O paralelo histórico é a onipotência mágica do iniciado alcançada por meio da introversão. À onipotência do pensamento corresponde a identificação com Deus do paranoico, também alcançada por meio da introversão.

Sem envolver algum vasto vazio
Nas fileiras imortais?]
(Byron, 1902, p. 419).

O amor eleva o homem não só acima de si mesmo, mas também acima dos limites de sua imortalidade e condição terrestre até a divindade e, ao elevá-lo, ele o destrói. Essa auto-"elevação" encontra mitologicamente sua expressão na construção da Torre de Babel, alta como o céu, que traz confusão aos homens[119]; na poesia de Byron, é a ambição pecaminosa da raça de Caim, cujo amor põe a seu serviço as estrelas e seduz os próprios filhos de Deus. Embora o anseio pelas coisas mais elevadas seja – sou tentado a dizer – legítimo, o fato de ele transcender os limites humanos encerra em si a pecaminosidade e, com isso, a perdição. O anseio da mariposa pelas estrelas não é totalmente puro nem transparente, mas arde em bruma abafada, pois o ser humano permanece humano. Por meio do excesso de seu anseio, ele atrai o divino para a perdição de sua paixão[120], enquanto parece elevar-se para o divino, mas assim assassina sua humanidade. Assim, o amor de Ana e Aolibama por seus anjos se transforma em ruína para deuses e humanos. A invocação com que as filhas de Caim apelam aos anjos é um paralelo psicologicamente exato da poesia de Miss Miller.

Anah[121]:
Seraph!

---

119. Comparável aos heróis mitológicos que, após seus maiores feitos, caem em confusão mental.

120. Preciso mencionar aqui a piedade blasfema de Zinzendorf, que a pesquisa excelente de Pfister nos permitiu acessar.

121. Ana é a amada de Jafé, filho de Noé. Ela o abandona por causa do anjo.

From thy sphere!
Whatever star[122] contain thy glory;
In the eternal depths of heaven
Albeit thou watchest with 'the seven'
Though through space infinite and hoary
Before they bright wings worlds be driven,
Yet hear!
Oh think of her who holds thee dear!
And though she nothing is to thee,
Yet think that thou art all to her.
[...]
Eternity is in thine years,
Unborn, undying beauty in thine eyes;
With me thou canst not sympathise,
Except in love, and there thou must
Acknowledge that more loving dust
Ne'er wept beneath the skies.
Thou walk'st thy many worlds[123], thou se'st
The face of him who made thee great,
As she hath made me of the least
Of those cast out from Eden's gate;
Yet Seraph dear!
Oh hear!

For thou hast loved me, and I would not die
Until I know what I must die in knowing,
That thou forgett'st in thine eternity
Her whose heart death could not keep from o'erflowing
For thee, immortal essence as thou art![124]

---

122. Na verdade, o ser invocado é uma estrela. Cf. o poema de Miss Miller.

123. Um atributo do Sol vagante.

124. Cf. Miss Miller: "[...] My poor life is gone; / [...] then having gained / One raptured glance, I'll die content, / For I, the source of beauty, warmth and life / Have in his perfect splendor once beheld".

Great is their love who love in sin and fear;
And such, I feel, are waging in my heart
A war unworthy: to an Adamite
Forgive, my Seraph! that such thoughts appear.
For sorrow is our element.
[...]
The hour is near
Which tells me we war not abandon'd quite.
Appear! Appear!
Seraph!
My own Azaziel! be but here,
And leave the stars to their own light...

Aholibamah:
I call thee, I await thee and I love thee.
[...]
Though I be form'd of clay
And thou of beams[125]
More bright than those of day
On Eden's streams,
Thine immortality cannot repay
With love more warm than mine
My love. There is a ray[126]
In me, which, though forbidden yet to shine,
I feel was lighted at thy God's and thine[127].

It may be hidden long: death and decay
Our mother Eve bequeath'd us – but my heart
Defies it: though this life must pass away
Is *that* a cause for thee and me to part?

---

125. A substância de luz do deus.

126. A substância de luz da própria alma.

127. A união das duas substâncias luminosas mostra sua origem comum; são imagens da libido. Aqui, são figuras retóricas, antigamente, era doutrina. Segundo Mechthild von Magdeburg (1909) a alma é feita de "amor".

I can share all things, even immortal sorrow;
For thou hast ventured to share life with me,
And shall *I* shrink from thine eternity?
No! though the serpent sting[128] should pierce me thorough,
And thou thyself wert like the serpent, coil
Around me still![129] And I will smile,
And curse thee not; but hold
Thee in as warm a fold
As – but descend, and prove
A mortal's love
For an immortal...

[Ana:
Serafim!
De tua esfera!
Se alguma estrela contiver a tua glória;
Se nas profundezas eternas do céu
Tronares com 'os sete',
Ou se através do espaço infinito e alvo
Mundos afugentares com
Teu bater de asas reluzentes,
Ouve!
Pensa nela, que por ti anseia!
E embora nada seja para ti,
Lembra que és tudo para ela.
[...]
A eternidade está em teus anos,
Perene, imortal beleza em teu olhar;

128. Cf. acima o que foi dito sobre a imagem da libido da serpente. A ideia de que o auge significa concomitantemente também o fim, até mesmo a morte, transparece aqui.

129. Cf. os quadros acima mencionados de Stuck: o pecado, o vício e a volúpia, em que o corpo despido da mulher é envolvido por uma serpente. No fundo, é uma imagem de extrema angústia mortal. Devemos mencionar aqui a morte de Cleópatra.

Não podes simpatizar comigo,
Exceto no amor, e ali reconhecer tu deves
Que jamais pó, de tanto amor,
Sob estes céus chorou.
Caminhaste por teus muitos mundos,
Viste a face daquele que te fez grande,
Assim como fez de mim uma das últimas
Expulsas dos portais do Éden;
No entanto, Serafim, imploro!
Ouve!

Pois me amaste, e morrer não posso,
Enquanto não souber o que, sabendo, morrerei,
Que em tua eternidade esqueceste
Aquela cujo amor não aplaca nem mesmo a morte,
Imortal essência que tu és!
Grande é o amor dos que amam em pecado e medo;
E medo e pecado sinto em meu coração,
Guerra inútil travam: a uma adamita perdoa
Meu Serafim, que tal pensamento ocorra.
Pois a dor é nosso elemento.
[...]
A hora se aproxima
Que me diz não estarmos tão abandonados.
Aparece!
Aparece!
Serafim!
Azaziel meu! Vem!
E deixa as estrelas entregues à sua própria luz.

Aolibama:
Eu te chamo, por ti espero, e te amo.
[...]
Embora feita de barro

E tu de raios
Mais claros do que a luz do dia
Nas fontes do Éden,
Tua imortalidade retribuir não poderia
Amor mais forte do que o meu
Amor. Há uma luz
Em mim que, embora ainda proibida,
Eu sinto que foi acesa na luz de teu deus e na tua.

Pode ocultar-se longamente: morte e destruição
Nossa mãe Eva nos legou – mas meu coração
As desafia; se esta vida deve findar um dia,
É *esta* uma razão para um do outro partir?

Tudo partilho, até imortal dor;
Pois se tu *comigo* a vida partilhaste,
Como recuaria diante de tua eternidade?
Não! ainda que a serpente me picasse
E que tu mesmo a serpente fosses,
Se enroscando em mim! Eu sorriria,
Sem acusar-te; em quente abraço
Apenas te amaria.
Mas – desce e prova
De uma mortal o amor
Por um imortal...].

A aparição dos dois anjos que se segue à invocação é, como sempre, uma visão resplandecente de luz:

Aholibamah:
The clouds from off their pinions flinging,
As though they bore to-morrow's light.
Anah:
But if our father see the sight!
Aholibamah:
He would but deem it was the moon

Rising unto some sorcerer's tune
An hour too soon.
[…]
Anah:
Lo! They have kindled all the west,
Like a returning sunset; – lo!
On Ararat's late secret crest
A mild and many-colour'd bow,
The remnant of their flashing path,
Now shines!

[Aolibama:
As nuvens de sua plumagem rompem
Como se trouxessem a luz da manhã.
Ana:
Se nosso pai visse tal esplendor!
Aolibama:
Pensaria apenas que era a Lua
Nascendo, por algum ato de magia,
Uma hora antes do que deveria.
[…]
Ana:
Vê! todo o ocidente iluminaram
Como um renovado pôr do Sol; – vê!
Sobre a crista tardia do Ararat
Um arco multicolorido,
Remanescente de sua esplendorosa trilha,
Agora brilha!].

Diante dessa colorida visão de luz, em que as duas mulheres são inteiramente anseio e expectativa, Ana usa uma comparação carregada de presságios, que, de repente, volta a abrir a vista para a tremenda profundeza escura, da qual, por um momento, emerge a terrível natureza teriomorfa do suave deus da luz:

[...] and now, behold! it hath
Return'd to night, as rippling foam
Which the *leviathan* hath lash'd
From his unfathomable home,
When sporting on the face of the calm deep,
Subsides soon after he again hath dash'd
Down, down, to where the ocean's fountains sleep.

[... e agora, eis que, à noite voltou
Como a borbulhante espuma
Que *Leviatã* levanta
De sua insondável morada,
Ao brincar sobre as calmas vagas,
Submergindo logo após lançar-se para o alto,
Ao fundo, ao fundo, até onde dormem as fontes do oceano].

Como o Leviatã! Lembramo-nos desse peso esmagador na balança dos direitos de Deus sobre o homem Jó. Onde estão as profundas fontes do oceano, ali habita o Leviatã; dali brota a maré que tudo destrói, a maré da paixão animal que tudo afoga. A sensação esmagadora e asfixiante do instinto que se impõe é mitologicamente projetada como maré crescente que destrói tudo o que existe, para, a partir dessa destruição, fazer nascer uma criação nova e melhor:

Japhet:
The eternal will
Shall deign to expound this dream
Of good and evil; and redeem
Unto himself all times, all things;
And, gather'd under his almighty wings,
Abolish hell!
And to the expiated Earth
Restore the beauty of her birth.

Spirits:
And when shall take effect this wondrous spell?

Japhet:
When the Redeemer cometh; first in pain,
And then in glory.

Spirits:
New times, new climes, new arts, new men, but still,
The same old tears, old crimes, and oldest ill,
Shall be amongst your race in different forms;
But the same mortal storms
Shall oversweep the future, as the waves
In a few hours the glorious giants' waves.

[Jafé:
A vontade eterna
Há de solucionar condigna
Do sonho do bem e do mal o enigma;
Expiar em si todos os tempos, as coisas todas;
Reuni-las sob suas asas poderosas,
Abolindo o inferno!
E da terra redimida
Restaurar a beleza primitiva.

Espíritos:
E quando acontecerá este miraculoso encanto?

Jafé:
Quando o Redentor vier; primeiro em pranto,
E depois em glória.

Espíritos:
Novos tempos, novos climas, novas artes, novos homens;

Mas antigo pranto, antigos crimes, a mais antiga desgraça,
Sob várias formas estarão em vossa raça.
As mesmas tempestades morais
O futuro tragarão, tal qual
As vagas soltas submergem em instantes
As sepulturas dos gloriosos gigantes].

As visões proféticas de Jafé têm, a princípio, significado profético para nossa poetisa: a morte da mariposa na luz afasta por ora o mal; o complexo, mesmo que em uma forma censurada, voltou a mostrar-se à realidade; mas com isso o problema não está resolvido, todo o sofrimento e todo o anseio recomeçam, no entanto, há "promessa no ar", um presságio do Redentor, do "muito amado", do herói solar, que ascende para a altura do Sol e volta a descer para o frio do inverno, que é a luz da esperança de geração em geração, a imagem da libido.

Parte II

Introdução

Antes de tratar do material desta segunda parte, parece-me indicado recapitular o estranho processo de raciocínio apontado pela análise do poema "The moth to the sun". Embora esse poema seja muito diferente do Hino ao Criador que o precedeu, a análise mais profunda do "anseio pelo Sol" nos conduziu a ideias religiosas e astral-mitológicas básicas que se conectam intimamente às observações sobre o primeiro poema: o deus criador, cuja natureza físico-moral ambígua nos foi apresentada de forma especialmente nítida por Jó, sofre, nos fundamentos do segundo poema, uma nova qualificação de caráter astral-mitológico ou, melhor, astrológico. O deus se transforma em Sol e encontra assim, para além da divisão moral do conceito de Deus no Pai celestial moral e no diabo, uma expressão natural adequada. O *Sol* é, como observa Renan, no fundo, a única imagem racional de Deus, seja sob o ponto de vista do bárbaro primordial, seja sob o ponto de vista da ciência natural moderna: nos dois casos, o Sol é o deus paterno, predominantemente em termos mitológicos o Deus Pai, do qual vive tudo que vive, que é o fecundador e criador de todas as coisas vivas, a fonte de energia do nosso mundo. No sol como objeto natural, que não se curva a nenhuma lei moral humana, o conflito que acometeu a alma do ser humano por meio do efeito das leis morais[130] pode desfazer-se em perfeita harmonia. O sol não é só benéfico, pois pode também destruir, razão pela qual a imagem do zodíaco do calor de agosto é o leão destruidor de rebanhos, que o precursor judaico do salvador Sansão[131] mata para redimir a terra sofredora dessa praga. Mas a natureza harmônica e inerente do Sol é arder, e parece natural ao ser humano que ele arda. Ele também brilha igualmente para os justos e injustos e faz crescer tanto seres úteis como nocivos. Por isso o Sol, melhor do que qualquer outra coisa, é apto a representar o deus visível deste mundo, ou seja, a força motriz de nossa alma, que chamamos de libido e cuja natureza é produzir coisas úteis e nocivas, o bem e o mal. Que essa comparação não é um mero jogo de palavras, isso nos mostraram os místicos: quando, por meio da interiorização (introversão), descem para as profundezas de seu próprio ser, eles encontram "em seu coração" a imagem do Sol, encontram seu próprio amor ou libido, que, com toda razão, posso até dizer: com razão física; é chamado de Sol, pois nossa fonte de energia e vida é o Sol. Assim, nossa substância vital como processo energético é inteiramente Sol. Um exemplo da mitologia indiana mostra a natureza especial dessa "energia solar" contemplada interiormente pelo místico[132]. Das explica-

130. Isso nos parece ser assim sob o ponto de vista psicológico. Cf. abaixo.

131. Sansão como deus do Sol. Cf. Steinthal (1862).

132. Devo ao Dr. Van Ophuijsen em Zurique o conhecimento desse texto.

ções da terceira parte do *Svetâsvatara-Upanishad* extraímos as seguintes passagens, que se referem a Rudra[133]:

> 2. For there is one Rudra only, they do not allow a second, who rules all the worlds by his powers. He stands behind all persons, and after having created all worlds, he, the protector, rolls it up at the end of time [Pois existe um só Rudra, eles não admitem um segundo, que governa todos os mundos com seus poderes. Ele está por trás de todas as pessoas e, após ter criado todos os mundos, ele, o protetor, os recolhe no fim dos tempos].
>
> 3. That one God, having his eyes, his face, his arms, and his feet in every place, when producing heaven and earth, forges them together with his arms and his wings [Esse deus único, tendo seus olhos, sua face, seus braços e seus pés em toda parte, ao produzir o céu e a terra, solda-os um ao outro com seus braços e suas asas].
>
> 4. He, the creator and supporter of the gods, Rundra, the great seer, the lord of all, he who formerly gave birth Hiranyagarbha, may he endow us with good thoughts [Ele, o criador e mantenedor dos deuses, Rudra, o grande vidente, o senhor de tudo, ele que, outrora, fez nascer Hiranyagarbha, que ele nos dote de bons pensamentos].

Esses atributos apresentam nitidamente o criador de tudo e, nele, o Sol, que é alado e espreita o mundo com mil olhos[134]. As seguintes passagens confirmam o que foi

---

133. Rudra, como pai dos Maruts (ventos), um deus-vento ou deus-tempestade, apresenta-se aqui como deus criador único, conforme mostra o texto. Como deus-vento, cabe-lhe o papel de criador e fecundador: remeto o leitor às explicações sobre Anaxágoras na primeira parte deste livro e abaixo.

134. Semelhantemente, Mitra, o deus do Sol indubitavelmente persa possui inúmeros olhos.

dito e acrescentam a peculiaridade, significativa para nós, de que o deus também está contido na criatura individual.

> 7. Those who know beyond this the High Brahman, the vast, hidden in the bodies of all creatures, and alone enveloping everything, as the Lord, they become immortal. [Aqueles que, além disso, conhecem o Grande Brahman, o vasto, oculto nos corpos de todas as criaturas, e, só ele, envolvendo tudo, como o Senhor, estes se tornam imortais].
>
> 8. I know that great person (purusha) of sunlike lustre beyond the darkness. A man who knows him truly, passes over death; there is no other path to go. [Eu conheço essa grande pessoa (purusha) de brilho solar para além da escuridão. Um homem que o conhece verdadeiramente passa por cima da morte; não há outra senda a trilhar].
>
> 11. [...] *he dwells in the cave (of the heart) of all beings, he is all-pervading, therefore he is the omnipresent Siva* [ele habita na caverna (do coração) de todos os seres, ele permeia tudo, portanto, ele é o Siva onipresente].

O deus poderoso, o igual ao Sol, está em todos, e quem o conhece é imortal[135]. (Aquele que conhece o profundo medo diante da morte entenderá facilmente que o desejo da imortalidade é um motivo impulsionador para a identificação com o Sol). Prosseguindo no texto, chegamos a novos atributos, que nos ensinam com que forma e figura Rudra habita no ser humano:

> 12. That person (purusha) is the great lord; he is the mover of existence, he possesses that purest power of reaching everything, he is light, he is undecaying. [Essa pessoa (purusha) é o grande senhor; ele é o movedor da existência, ele possui

135. Aquele que tem deus, o Sol, dentro de si é imortal como o Sol. Cf. o capítulo 5: "O canto da mariposa", na primeira parte deste livro.

aquele mais puro poder de alcançar tudo, ele é luz, ele é imperecível].

13. The person (purusha), not larger than a thumb, dwelling within, always dwelling in the heart of man, is perceived by the heart, the thought, the mind; they who know it, become immortal. [A pessoa (purusha), não maior do que um polegar, que habita no interior, sempre habita no coração do homem, é percebida pelo coração, pelo pensamento, pela mente; aqueles que a conhecem se tornam imortais].

14. The person (purusha) with a thousand heads, a thousand eyes, a thousand feet, having compassed the earth on every side, extends beyond it by ten fingers' breadth. [A pessoa (purusha) com mil cabeças, mil olhos, mil pés, tendo circundado a terra por todos os lados, se estende para além dela num espaço de dez dedos].

15. That person alone (purusha) is all this, what has been and what will be; he is also the lord of immortality; he is whatever grows by food. [Essa pessoa sozinha (purusha) é tudo isso que foi e que será; ela é também o senhor da imortalidade; é tudo que cresce com alimento].

Passagens paralelas importantes encontram-se em Katha-Upanishad:

12. The person (purusha) of the size of a thumb, stands in the middle of the Self (body?), as lord of the past and the future, and henceforward fears no more. This is that. [A pessoa (purusha), do tamanho de um polegar, está no meio do si-mesmo (corpo?), como senhor do passado e do futuro, e doravante não teme mais. É isso].

13. That person, of the size of a thumb, is like a light without smoke, lord of the past and the future, he is the same to-day and to-morrow. This is that. [Essa pessoa, do tamanho de um polegar, é

> como uma luz sem fumaça, senhor do passado e do futuro, é o mesmo hoje e amanhã. É isso].

É fácil adivinhar quem é esse polegar: *o símbolo fálico da libido*. O falo é esse herói-anão, que realiza os grandes feitos, ele, esse deus feio, de figura pouco notável, mas que é o grande taumaturgo, pois é a expressão visível da força criativa encarnada no ser humano. Essa curiosa oposição chama atenção também no *Fausto* (II, Cena das mães):

> Mefistófeles:
> Louvo-te ao de mim partires
> E vejo que o diabo conheces bem.
> Toma esta chave aqui!
>
> Fausto:
> Coisinha à toa!
>
> Mefistófeles:
> Pega-a primeiro e não a menosprezes!
>
> Fausto:
> Ela cresce em minha mão! Ela brilha, reluz!
>
> Mefistófeles:
> Percebes agora o que com ela possuis?
> A chave há de farejar o lugar certo;
> Segue-a até embaixo; às mães vai te levar!

Novamente, o diabo entrega aqui a Fausto o instrumento milagroso, um símbolo fálico da libido, assim como já no início o diabo se aproxima de Fausto na forma de um cachorro preto, apresentando-se com as palavras: "Uma parte daquela força, que sempre quer o mal e sempre faz o bem".

Unido com essa "força", Fausto consegue executar sua verdadeira tarefa na vida, primeiro com aventuras nefastas e depois para a bênção da humanidade, pois sem o "mal" não existe força criadora. Aqui, na misteriosa cena das mães, em que o poeta desvela ao que entende o último mistério da força criativa, Fausto precisa da varinha mágica fálica, sem, a princípio, acreditar em sua força mágica, para realizar o maior dos milagres, a criação de Páris e Helena. Com isso, Fausto alcança força milagrosa divina por meio do pequeno instrumento obscuro. Essa impressão paradoxal parece ser muito antiga, pois também os Upanixades dizem o seguinte sobre o deus-anão:

> 19. Grasping without hands, hasting without feet, he sees without eyes, he hears without ears. He knows what can be known, but no one knows him; they call him the first, the great person (purusha). [Pegando sem mãos, correndo sem pés, ele vê sem olhos, ouve sem ouvidos. Ele conhece o que pode ser conhecido, mas ninguém o conhece; chamam-no o primeiro, a grande pessoa (purusha)].
>
> 20. *The Self, smaller than small, greater than great...* [O si-mesmo, menor que pequeno, maior que grande...].

O falo é o ser que se mexe sem membros, que vê sem olhos, que conhece o futuro; e como representante simbólico da força criativa propagada por toda parte, é-lhe concedido imortalidade. Ele é imaginado como independente, o que não era apenas uma ideia comum na Antiguidade, mas também se revela nos desenhos pornográficos de nossos filhos e artistas. Ele é um vidente, artista e taumaturgo, portanto, não estranha que reencontramos certas características no vidente, artista e taumaturgo mitológico. Hefesto, Wieland (o Ferreiro) e Mâni (fundador do maniqueísmo, cujos dons artísticos também são elogiados) têm *pés aleijados*, e também parece ser típico que os videntes sejam *cegos* e que o velho vidente Melampo tenha um nome tão revelador (Pé Negro)[136]. O pé atrofiado, a imperceptibilidade e a deformação física se tornaram características típicas daqueles deuses ctônicos secretos, os filhos de Hefesto, aos quais se atribuía um poder mágico enorme, os cabiros[137]. O nome significa "poderoso", seu culto samotrácico está intimamente misturado com o do Hermes *itifálico*, que, segundo o relato de Heródoto, foi trazido para a Ática pelos pelasgos. São chamados também de *megaloi theoi*, os grandes deuses. Os seus parentes próximos são os dáctilos idálicos (dedos) ou polegares[138], aos quais a *mãe dos deuses ensinara a arte de forjar* ("A chave farejará o lugar certo, segue-a para baixo, ela te levará até as mães"). Eles foram os primeiros sábios, os mestres de Orfeu, e inventaram as fórmulas mágicas efésicas e os *ritmos musicais*[139]. A desproporção característica que apontamos acima no texto do Upanixade e no *Fausto* é encontrada também aqui, onde o poderoso Héracles era considerado um dáctilo. Os frígios gigantescos, os hábeis servos de Réia[140], também eram

136. Além disso, ele introduziu o falo cultual. Como ato de gratidão por ele ter sepultado a mãe das serpentes, as serpentes jovens limparam seus ouvidos, de modo que ele se tornou clariouvinte.

137. Cf. o vaso do Cabeirion de Tebas, onde os cabiros são representados de forma nobre e caricatural. Cf. Roscher (1884-1890, verbete: "Megaloi Theoi").

138. O direito de chamar os dáctilos de polegares provém de uma anotação em Plínio (37, 170), segundo a qual existiam pedras preciosas cretenses de cor ferruginosa e em forma de polegar, que eram chamadas de *idaei daktyli*.

139. Daí o metro de Dáctilo.

140. Cf. Roscher (1884-1890, verbete: "Daktyloi").

dáctilos. Oannes[141], o mestre da sabedoria dos babilônios, era representado na forma fálica de um peixe (Inman, 1894). Os dois heróis solares, os dióscuros, estão relacionados aos cabiros[142] e também usam o notável barrete pontiagudo (pileu) próprio desses misteriosos deuses[143] e cujo uso se propaga a partir de então como um secreto sinal de reconhecimento. Átis (esse irmão mais velho de *Christos*) usa o gorro pontiagudo, como também Mitra. Esse capuz tornou-se tradicional para nossos deuses infantis ctônicos de hoje[144], os gnomos (os penates) e todo o típico bando de anãos. Freud (1911) já chamou nossa atenção para o significado fálico do chapéu em fantasias recentes. Outra interpretação é que o gorro pontiagudo representa prepúcio. Para não me desviar demais do meu tema propriamente dito, devo contentar-me com alusões. Mais tarde, porém, retomarei esse ponto com demonstrações detalhadas.

A figura do anão nos leva à figura do menino divino, do *puer aeternus, pais*, do jovem Dionísio, Júpiter Anxuro, Tages[145] etc. No acima mencionado vaso de Tebas, um Dionísio barbudo é designado como *kabiros*, a figura de um menino como *pais*; segue-se então uma caricatura

141. Segundo Jensen (1890, p. 292s.), Oannes-Ea é o formador dos seres humanos.

142. Varro identifica os *megaloi theoi* com os penates. Os cabiros seriam *simulacra duo virilia Castoris et Pollucis* no Porto de Samotrácia.

143. Em Brasiae, na Costa da Lacônia e em Pephnos havia algumas estatuetas com apenas um pé de altura e gorros na cabeça.

144. O fato de o capuz ter sido reinventado justamente pelos monges parece significativo.

145. O motivo típico do pueril mestre da sabedoria foi incluído também no mito de *Christos*: a cena do menino Jesus de 12 anos no templo.

de um menino designado como *pratolaos*, e então, de novo, a caricatura de um homem barbudo designado como *mitos*[146]. A rigor, *mitos* significa fio, mas, na linguagem órfica, é usado para semente. Supõe-se que essa composição correspondia a um grupo de imagens litúrgicas no santuário. Essa hipótese coincide com a história do culto, na medida em que a conhecemos: é um culto originalmente fenício de *pai e filho* (Roscher, 1884-1890, verbete: "Megaloi Theoi"), de um cabiro velho e um cabiro jovem, que foram mais ou menos assimilados aos deuses gregos. Para essa assimilação, a figura dupla do Dionísio adulto e do Dionísio infantil se prestava particularmente bem. Poderíamos chamar esse culto também de culto do ser humano grande e pequeno. Sob vários aspectos, Dionísio é um *deus fálico*, em cujo culto o falo era um elemento importante (por exemplo, no culto argivo de Dionísio-Touro). Além disso, a herma fálica do deus motivou a personificação do falo dionisíaco na forma do deus Fales, que nada mais é do que um príapo. Ele se chama *hetairos* ou *sygkomos Bakchiou* (Roscher, 1884-1890, verbete: "Phales"). Diante desses fatos, não nos resta alternativa senão reconhecer no cabiro-Dionísio acima mencionado e no *pais* acrescentado a ele a imagem do homem e de seu pênis[147]. O paradoxo de grande e pequeno, de anão e gigante, no texto do Upanixade aqui é expressado de forma mais suave como menino e

146. Ao lado dele, uma figura feminina designada como *krateia*, (orficamente) interpretada como "parideira".

147. Cf. os exemplos de Freud em *Zentralblatt für Psychoanalyse*, vol. 1, p. 188s. Observa aqui também que, etimologicamente, *penis* e *penates* não são vinculados. No entanto, *peos, posthe* (em grego), pása-h (sânscrito), *penis* (latim) são vinculados a *visel* (alto-alemão médio) e *fasel* (alto-alemão antigo) com o significado de *foetus, proles* (Walde, 1910, cf.: *penis*).

homem ou filho e pai[148]. O motivo da figura deformada, muito usado no culto cabírico, também se encontra na imagem do vaso, onde as figuras paralelas de Dionísio e Pais são Mitos e Pratolaos caricaturados. Como antes a diferença de tamanho se torna motivo de cisão, o mesmo acontece aqui com a deformidade.

Sem, por ora, apresentar outras provas, quero observar que esse reconhecimento lança luzes especiais sobre o significado psicológico original dos heróis religiosos. Dionísio está intimamente relacionado à psicologia do Deus-Redentor que morre e ressurge da Ásia Menor, cujas múltiplas variações se condensaram na figura do *Christos* numa figuração sólida que sobreviveu a milênios. A partir de nosso ponto de vista, adquirimos a impressão de que esses heróis, juntamente com seus destinos típicos, seriam imagens da libido humana e de seus destinos típicos. São *imagines*, iguais às figuras de nossos sonhos noturnos, os atores e intérpretes de nossos pensamentos secretos. E visto que, hoje, conseguimos desvendar a simbólica dos sonhos e, assim, adivinhar a evolução psicológica secreta do indivíduo, abre-se aqui um caminho para a compreensão das misteriosas forças impulsionadoras da evolução psicológica dos povos.

Nossas considerações acima, que explicam o lado fálico da simbólica da libido, mostram também como o termo "libido" é justificado[149]. Originalmente emprestado

148. Observo que, na simbólica do sonho, Stekel identificou esse tipo de representação do genital, igualmente Spielrein no caso da *dementia praecox* (Spielrein, 1912, p. 369).

149. No tratado de Freud (1911, p. 68) encontra-se uma observação cujo sentido é perfeitamente paralelo às minhas considerações sobre a "teoria da

do âmbito sexual, essa palavra se tornou o termo mais conhecido da psicanálise, e isso apenas porque seu conceito é amplo o suficiente para abarcar todas as inúmeras e diversas manifestações da vontade no sentido schopenhaueriano e suficientemente conciso e rico em conteúdo para caracterizar a verdadeira natureza da entidade psicológica por ele referida.

Também o significado clássico da palavra "libido" a qualifica como termo apropriado. Em Cícero, a libido possui um sentido muito amplo:

> Volunt ex duobus opinatis bonis nasci *libidinem* et *laetitiam*, ut sit laetitia praesentium opinione versatur, cum Libido ad id, quod videtur bonum, inlecta et inflammata rapiatur. – Natura enim omnes ea, quae bona videntur, sequuntur fugiuntque contraria. Quam ob rem simul obiecta species cuiuspiam est, quod bonum videatur, ad id adipiscendum impellit ipsa natura. Id cum constanter prudenterque fit, eius modi appetitionem Stoici boulesin appellant, nos appellamus voluntatem; eam illi putant in solo esse sapiente, quam sic definiunt; voluntas est quae quid cum ratione desiderat: quae autem ratione ad versa incitata est vehementius, ea libido est, vel cupiditas effrenata, quae in omnibus stultis invenitur. [Pensam que *satisfação* e *prazer* provêm de dois bens de nossa imaginação: que a satisfação está

---

libido", decorrente das fantasias do doente mental Schreber: "*Os 'raios divinos' de Schreber, compostos pela condensação de raios solares, fibras nervosas e espermatozoides*, a rigor nada mais são do que os atributos da libido representados materialmente, projetados para fora, e tornam sua fantasia extraordinariamente semelhante à nossa teoria. Que o mundo deve acabar porque o eu do doente atrai todos os raios sobre si, que mais tarde, durante o processo de reconstrução, ele precisa preocupar-se para que Deus não desfaça sua união radiada com ele, estes e outros detalhes da fantasia de Schreber soam quase como percepções endopsíquicas dos processos que admiti como base para uma compreensão da paranoia".

na ideia de bens alcançados, enquanto o prazer, atraído por aquilo que parece bom, se excita e se deixa arrastar. Pois todos os homens, por sua natureza, anseiam por aquilo que lhes parece um bem, e evitam o contrário. Assim que se oferece, portanto, a ideia de alguma coisa que parece ser um bem, a própria natureza impele o homem a adquiri-la. Se isto acontece, agora, com ponderação e perseverança, os estoicos chamavam um tal desejo de 'boulesis' e nós o chamamos de vontade. Esta, segundo eles, só existe no homem sábio, e o definem assim: Vontade é aquilo que se deseja com a razão. Aquilo, porém, que é contrário à razão e veementemente excitado chama-se libido ou desejo desenfreado, que se encontra em todos os tolos] (Cícero, *Tusculanarum disputationum libri*, 4, 6, 12).

O significado da libido aqui é *desejar* e, em diferenciação estoica com o querer, *desejo desenfreado*. Cícero usa o termo *libido* no sentido correspondente: "[...] quas (res) *libidine*, non ratione gesserat" [O que ele fizera por vontade arbitrária, não com razão"] (Cícero, *Pro Quinc tio*, 14). Nesse mesmo sentido, Salústio diz: "Irracundia pars est libidinis" [A ira é parte do desejo"]. Em outro lugar, num sentido mais brando e geral, que se aproxima perfeitamente do uso analítico: "Magisque in decoris armis et militaribus equis, quam in scortis et conviviis libidinem habebant" [Eles sentiam mais prazer com belas armas e cavalos militares do que com prostitutas e orgias] (Salústio, *Catilina*, 7). Igualmente: "Quod si tibi bona libido fuerit patriae [...]" [Se tivesses interesse real por tua pátria]. O emprego de *libido* é tão geral que a frase "libido est scire" só tem o significado de "eu quero", "agrada-me". Na frase "aliquem libido urinae lacessit", libido tem o sentido de ânsia. Também o significado de *volúpia* sexual é clássico. A esse emprego geral clássico do conceito corresponde também o contexto etimológico da palavra "libido".

Libido ou *lubido* (com *libet*, mais antigo *lubet*), agrada, e *libens* ou *lubens* = com prazer, com vontade; sânscrito *lúbhyati* = sente forte desejo, *lôbhayati* = excita desejo, *lubdha-h* = ávido, *lôbha-h* = desejo, cobiça; gótico *liufs*; antigo alto-alemão *liob* = querido. Acrescenta-se gótico *lubains* = esperança, e antigo alto-alemão *lobôn* = louvar, *lob* = elogio, louvor, glória. Búlgaro antigo *ljubiti* = amar, *ljuby* = amor; lituano *liáupsinti* = louvar, glorificar (Walde, 1910, verbete: "*libet*")[150].

Podemos dizer que o conceito de libido, como tem se desenvolvido nos trabalhos recentes de Freud e sua escola, possui na área biológica o mesmo significado que o conceito da *energia* no campo da física desde Robert Mayer[151]. Creio não ser supérfluo dizer algo mais sobre o conceito da libido, após termos seguido a formação de seus símbolos até sua expressão mais elevada na figura humana do *heros* religioso.

---

150. *Liberi* = crianças, é colocado ao lado de *libet* por Nazari (apud Walde, 1910, p. 426). Se isso se confirma, então *Liber*, o deus da procriação italiano, indubitavelmente composto de *liberi*, também deveria ser derivado de *libet*. *Libitina* é a deusa dos cadáveres e nada teria a ver com Lubentina e Lubentia (atributo de Vênus), que faz parte de *libet*. O nome ainda não está explicado. (Cf. as considerações posteriores neste trabalho). *Libare* = despejar (sacrificar?) nada teria a ver com *liber*. A etimologia de *libido* mostra não só a importância central do conceito, mas revela também o contexto com *Liebe* ("amor", em alemão). Sob essas circunstâncias, devemos dizer que não só o conceito, mas também a palavra *libido* foi uma escolha excelente para a causa presente.

151. Uma correção epistemológica do princípio da conservação de energia poderia observar que essa imagem é a projeção de uma percepção endopsíquica das transformações equivalentes da libido.

Sobre o conceito e a teoria genética da libido

A principal fonte para a história do conceito de libido são os *Drei Abhandlungen zur Sexualtheorie* [Três ensaios sobre a teoria da sexualidade], de Freud. Neles, o termo "libido" é compreendido em seu sentido (médico) originalmente próprio no sentido da pulsão sexual, do desejo sexual. A experiência nos obriga a supor uma capacidade de deslocamento da libido, em que, sem dúvida alguma, funções ou localizações de forças instintivas sexuais são capazes de absorver certo montante de instinto sexual, um "afluxo libidinoso"[152]. Destarte, podem adquirir valor sexual, funções ou objetos que, normalmente, nada têm a ver com sexualidade[153]. Desse fato resulta a comparação de Freud da libido com uma corrente que pode ser dividi-

152. "Ao lado de um 'instinto' não sexual em si, oriundos de fontes de impulso motoras, podemos diferenciar neles [...] nos instintos parciais [...] uma contribuição de um órgão que recebe estímulos (pele etc.). Esse deve ser aqui designado como *zona erógena*, como o órgão cuja excitação dá ao instinto o caráter sexual" (Freud, 1905, p. 26).

153. "E um desses contatos, aquele entre as mucosas dos lábios das duas pessoas, alcançou, com o nome de beijo, grande valor sexual [...], embora as partes do corpo nele envolvidas não pertençam ao aparelho sexual, constituindo a entrada para o tubo sexual" (Freud, 1905, p. 12).

da, que pode ser represada, que transborda em colaterais etc. (Freud, 1905, p. 28). A concepção original de Freud, portanto, não declara que "tudo é sexual", como gostam de afirmar nossos adversários, mas reconhece a existências de instintos especiais, desconhecidos em sua natureza, aos quais, porém, pressionado pelos fatos mais evidentes que qualquer leigo reconhece, Freud teve que atribuir a capacidade de receber "afluxos libidinosos". A imagem hipotética subjacente é o símbolo do "feixe de instintos"[154], em que o instinto sexual figura como instinto parcial. Sua transposição para outros territórios instintivos é um fato experiencial. A teoria de Freud decorrente dessa concepção, segundo a qual as forças instintivas de um sistema neurótico correspondem justamente àqueles afluxos libidinosos a outras funções instintivas (não sexuais)[155], demonstraram em minha opinião, por meio dos trabalhos de Freud e de sua escola, suficientemente sua validade. Desde 1905, ano da publicação dos três ensaios, ocorreu uma mudança[156] na aplicação do conceito da libido.

---

154. Uma concepção antiga, que, como se sabe, Möbius tentou reabilitar. Entre os autores mais recentes, Fouillée, Wundt, Beneke, Spencer, Ribot e outros, que atribuem ao sistema de instintos a primazia psicológica. Ignoraremos aqui os filósofos e psicólogos mais antigos.

155. "Devo antes explicitar que essas psiconeuroses – até onde vai minha experiência – assentam em forças instintuais sexuais. Não quero dizer com isso que a energia do instinto sexual faz uma contribuição para as forças que mantêm os fenômenos patológicos; quero afirmar expressamente que esse aporte é o único constante e a mais importante fonte de energia da neurose, de maneira que a vida sexual das pessoas em questão se manifesta exclusiva ou predominantemente ou apenas em parte nesses sintomas" (Freud, 1905, p. 22).

156. Quão profundamente a escolástica ainda está arraigada no nosso tempo se revela no fato de que Freud é acusado de ter mudado algumas concepções. Ai daqueles que obrigam as pessoas a reaprenderem! "Les savants ne sont pas curieux".

Seu campo de aplicação foi ampliado. Um exemplo especialmente nítido dessa ampliação é este meu trabalho. Devo, porém, observar que também Freud, simultaneamente comigo, viu-se obrigado a ampliar o conceito da libido, porém com aquele cuidado hesitante que se deve ter diante de um problema tão difícil. Devo observar que foi a paranoia, tão próxima da *dementia praecox*, que parece obrigar Freud a afrouxar a definição anterior do conceito. O trecho correspondente, que insiro aqui literalmente, diz:

> Uma terceira consideração, que se impõe diante dos conceitos aqui desenvolvidos, coloca a questão se devemos considerar a separação entre a libido e o mundo exterior como suficientemente eficaz para explicar por seu intermédio o 'fim do mundo', e se neste caso os conteúdos retidos do eu não seriam suficientes para manter a relação com o mundo exterior. Neste caso deveríamos ou fazer coincidir aquilo que chamamos de conteúdos libidinosos (interesse de fontes eróticas) com o interesse em geral, ou aventar a hipótese de que um distúrbio acentuado da colocação da libido possa induzir também um distúrbio equivalente dos conteúdos do eu. No entanto, estes são problemas para cuja solução estamos ainda totalmente desamparados e inábeis. Se pudéssemos partir de uma doutrina segura sobre os instintos, o caso seria outro. Mas na realidade não dispomos de tal doutrina. Consideramos o instinto como o conceito-limite do somático contra o espiritual, vemos nele o representante psíquico de forças orgânicas e admitimos a distinção popular de instintos do eu e instinto sexual, que nos parece concordar com a duplicidade biológica do ser individual que visa sua própria conservação assim como a conservação da espécie. Mas tudo o mais são hipóteses que levantamos e tornamos a

> descartar, para orientar-nos no emaranhado dos processos psíquicos mais obscuros. Esperamos justamente das investigações psicanalíticas sobre processos mentais patológicos que nos forcem a determinadas decisões nas questões da doutrina dos instintos. Diante da pouca idade que têm tais estudos e por serem isolados esta expectativa ainda não pode ser satisfeita. A possibilidade de efeitos retroativos dos distúrbios libidinosos sobre as ocupações do eu não podem ser negadas, tampouco como sua inversão, o distúrbio secundário ou induzido dos processos libidinosos por meio de mudanças anormais no eu. Sim, é provável que processos desse tipo representem o caráter diferencial da psicose. Atualmente, não se pode dizer quais elementos disso afetam a paranoia. Quero destacar um único ponto de vista. Não se pode afirmar que o paranoico tenha retirado seu interesse completamente do mundo externo, nem mesmo no nível do recalque, ao contrário do que se deve descrever sobre outras formas das psicoses alucinatórias. Ele percebe o mundo externo, presta contas a si mesmo sobre suas mudanças, é encorajado a um desempenho explicativo por meio de sua impressão, por isso acho muito mais provável que uma relação alterada com o mundo se explica, apenas ou predominantemente, pela ausência do interesse libidinoso (Freud, 1911, p. 65).

Nessa passagem, Freud aborda claramente a pergunta se a notória perda de realidade da demência paranoica (e da *dementia praecox*)[157], para a qual chamei atenção em minha "A psicologia da dementia praecox"[158], deve ser atribuída exclusivamente à retração do "afluxo libidinoso"

157. O caso de Schreber não é uma paranoia pura no sentido moderno.

158. OC 3, também em "O conteúdo da psicose" (OC 3).

ou se ela coincide com o assim chamado interesse objetivo. Dificilmente podemos supor que a "fonction du réel" (Janet, 1909; OC 3, § 9; § 195) normal seja alimentada somente por "afluxos libidinosos" ou pelo interesse erótico. Fato é que, em muitos casos, a realidade como um todo desaparece, de modo que os doentes não apresentam nenhum traço de adaptação ou orientação psicológica (nesses estados, a realidade está *reprimida* e substituída por conteúdos de complexos). Somos obrigados a dizer que não só o interesse erótico, mas o interesse em geral, isto é, toda a adaptação à realidade se perdeu. Nessa categoria se inserem os autômatos estuporados e catatônicos.

Nesse fenômeno torna-se evidente que a diferenciação emprestada da psicologia das neuroses (preferencialmente da histeria e da neurose obsessiva) entre os instintos não sexuais e seu afluxo libidinoso falha na *dementia praecox* (que inclui a demência paranoica), e com boas razões. Antigamente, em minha "A psicologia da dementia praecox", eu recorria à expressão da "energia psíquica", pois não conseguia fundamentar a teoria da *dementia praecox* na teoria dos deslocamentos dos afluxos libidinosos. Na época, minha experiência psiquiátrica não me permitia compreender essa teoria, cuja validade para as neuroses (a rigor: para as neuroses de transferência[159]) eu só aprendi a reconhecer mais tarde, graças às experiências no campo da histeria e da neurose obsessiva. No campo dessas neuroses, trata-se realmente do fato de que aquela parte da libido que é dispensada pela repressão específica é introvertida e, regressivamen-

159. Cf. a definição na primeira parte.

te, percorre vias de transferência antigas (por exemplo, a via da transferência paternal e maternal)[160]. Nisso, porém, a adaptação psicológica não sexual ao ambiente é preservada, contanto que não diga respeito ao erotismo e a suas posições secundárias (os sintomas). A realidade da qual os doentes carecem é justamente a parte da libido que se encontra na neurose. Na *dementia praecox*, porém, falta à realidade não apenas a parte da libido que é dispensada por causa da repressão sexual específica, mas muito mais do que aquilo que, *sensu strictiori*, poderíamos atribuir à sexualidade. Tamanha é a falta da função de realidade que a perda precisa incluir forças instintivas cujo caráter sexual deve ser contestado[161], pois ninguém aceitará que a realidade é uma função sexual. Caso fosse, a introversão da libido (*sensu strictiori*) teria que causar uma perda de realidade já nas neuroses, uma perda que seria comparável à da *dementia praecox*. Esses fatos tornaram impossível transferir a *teoria da libido* de Freud para a *dementia praecox*. Por isso acredito também que, do ponto de vista da teoria da libido de Freud, a tentativa de Abraham (1908) dificilmente pode ser sustentada. Quando Abraham acredita que, quando a "libido" abandona o mundo externo, surge o sistema paranoico ou a sintomatologia esquizofrênica, essa suposição não se justifica a partir do ponto de vista do conhecimento

---

160. Uma mulher frígida, por exemplo, que, devida a uma repressão sexual específica, nunca conseguiu aplicar a *libido sexualis* ao homem, mantém viva em si mesma a imagem dos pais e produz sintomas pertencentes àquele ambiente.

161. Observo também que tais transposições do campo do instinto sexual podem ocorrer também em psicoses histéricas; isso já está contido na definição da psicose, que nada mais é do que um distúrbio geral de adaptação.

de então, pois uma mera introversão ou regressão da libido conduz, como Freud mostrou claramente, invariavelmente à neurose (a rigor: à neurose de transferência) e não à *dementia praecox*. A mera transferência da teoria da libido para a *dementia praecox* é impossível, pois essa doença apresenta uma *perda que não pode ser explicada pela suspensão da libido*.

É uma satisfação especial que também nosso mestre, quando voltou sua atenção para a matéria seca da vida espiritual paranoica, viu-se obrigado a duvidar da aplicabilidade do conceito da libido existente. Minha posição reservada em relação à ubiquidade da sexualidade, que assumi no prefácio à minha "A psicologia da dementia praecox" com reconhecimento dos mecanismos psicológicos, foi ditada pela situação da teoria da libido na época, cuja definição sexual não me permitia explicar distúrbios funcionais, que dizem respeito não só à sexualidade, mas também ao campo (indeterminado) do instinto da fome, por meio de uma teoria sexual da libido. Durante muito tempo, a teoria da libido me pareceu inaplicável à *dementia praecox*. Em meu trabalho analítico, porém, com experiência crescente, percebi uma transformação lenta de meu conceito da libido: aos poucos, a *definição descritiva* dos "Três ensaios" foi substituída por uma *definição genética* da libido, que me permitiu substituir a expressão "energia psíquica" pelo termo "libido". Precisei dizer-me: já que, hoje, a libido sexual representa a menor parte da função do real e esta consiste principalmente em outras "forças instintivas", surge a pergunta muito importante *se a função do real não era filogeneticamente, pelo menos em grande parte, de proveniência sexual*. Não é possível responder diretamente a essa pergunta em relação à função do real. Tentamos, porém, alcançar uma compreensão pela via de um desvio.

Basta lançar um olhar breve sobre a história da evolução para nos mostrar que numerosas funções complicadas, às quais hoje em dia deve ser negado um caráter sexual com todo direito, a princípio, nada mais são do que ramificações do instinto geral de propagação. Como se sabe, ocorreu na série ascendente dos animais um deslocamento importante nos princípios da propagação: a massa dos produtos de procriação com a correlata arbitrariedade da fecundação foi cada vez mais reduzida a favor de uma fecundação segura e uma proteção eficiente da cria. Assim ocorreu uma transposição da energia da produção de óvulos e espermatozoides para a geração de mecanismos de atração e proteção da cria. Assim, vemos os primeiros impulsos artificiais na série animal a serviço do instinto de propagação, limitados à temporada do cio. O caráter sexual original dessas instituições biológicas se perde com sua fixação orgânica e independência funcional. Já que não restam dúvidas sobre a origem sexual da música, seria uma generalização sem valor e sem gosto se quiséssemos compreender a *música* sob a categoria da sexualidade. Tal terminologia nos levaria a contemplar a catedral de Colônia sob o aspecto da mineralogia porque ela também consiste em pedras.

Só um leigo em questões relacionadas à história da evolução se surpreenderia diante do pequeno número de coisas existentes no mundo dos seres humanos que, em última análise, devem ser reduzidas ao instinto de propagação; acredito que seja praticamente tudo que nos é caro.

Até agora, falamos da libido como instinto de propagação, permanecendo assim dentro dos limites do conceito que confronta a libido com a fome, de forma semelhante como o instinto de conservação da espécie costuma ser confrontado com o instinto da autopreservação. Na natureza não existe, é claro, essa separação artificial. Aqui só vemos um instinto vital contínuo, uma vontade de existir, que, pela preservação do indivíduo, pretende alcançar a propagação de toda a espécie. Nesse sentido, essa concepção coincide com o conceito de *vontade* em Schopenhauer, no sentido de que um movimento visto por fora só pode ser compreendido por nós como querer. (A língua o revela: movimentar, motivar.) Essa projeção de conteúdos psicológicos para dentro do objeto, na *filosofia*, se chama "introjeção" (o conceito de "introjeção" de Ferenczi (1909, p. 422) designa, ao contrário, a absorção do mundo exterior no mundo interior). Pela introjeção, porém, a imagem do mundo é essencialmente falsificada. O conceito freudiano do princípio do prazer é uma formulação voluntarista do conceito da introjeção, enquanto seu "princípio da realidade" igualmente voluntarista corresponde funcionalmente àquilo que eu chamo de "correção da realidade" e que Avenarius designa como "coordenação de princípio empiro-crítica" (Avenarius, 1891, p. 25s.). O conceito de força deve sua existência à mesma introjeção; como Galileu já disse claramente, a origem desse conceito deve ser procurada na percepção subjetiva da própria força muscular.

Se já chegamos à suposição ousada de que a libido, que originalmente servia para a produção de óvulos e espermatozoides, aparece agora também firmemente organizada na função da construção do ninho e incapaz de qualquer outra aplicação, somos obrigados a incluir nesse conceito também o querer em si, portanto, também a *fome*. Pois não temos mais nenhum direito de fazer uma distinção em princípio entre o instinto da construção do ninho e o desejo de comer.

Essa consideração nos leva a um conceito de libido que se amplia para além dos limites da formação científico-natural para uma contemplação filosófica, para o conceito da vontade em geral. Cabe ao filósofo dar conta com esse caso de voluntarismo psicológico. De resto, remeto às respectivas explicações de Schopenhauer (1891, vol. 1, § 54). No que diz respeito ao elemento psicológico desse conceito (com o qual não me refiro ao metapsicológico nem ao metafísico), lembro aqui o significado cosmogônico de Eros em Platão e em Hesíodo[162], como também a figura órfica de Fanes, o "reluzente", que foi o primeiro a devir, do "pai de Eros". Fanes também tem (orficamente) o significado de Priapo, é um deus do amor, é bissexual e igualado ao Dionísio Lísio tebano (Roscher et al., 1884-1890, col. 2248s.). O significado órfico de Fanes é igual ao do Kâma indiano, deus do amor, que também é princípio cosmogônico. Para o neoplatônico Plotino, a alma do mundo é a *energia do intelecto* (Drews, 1907, p. 127). Plotino compara o *Uno* (o princípio criador primordial) com a luz em si, o intelecto com o Sol, a alma do mundo com a Lua. Outra comparação é que Plotino compara o *Uno* com o Pai e o intelecto com o Filho (Drews, 1907, p. 132). O *Uno* designado como Urano é transcendental.

---

162. Teogonia.

O Filho, como Cronos, detém o governo do mundo visível. A alma do mundo (designada como Zeus) é subordinada a ele. Plotino designa o Uno ou a Usia de toda a existência como *hipóstase*, assim também as três formas de emanação, ou seja, "um ser em três hipóstases"; como observa Drews, essa também é a fórmula da Trindade cristã (Deus-Pai, Deus-Filho e Espírito Santo), como foi constatada nos Concílios de Niceia e Constantinopla (Drews, 1907, p. 135). Cabe ainda observar que certos sectários do início do cristianismo atribuíam um *significado maternal* ao Espírito Santo (alma do mundo, Lua)[163]. Em Plotino, a alma do mundo apresenta uma *tendência ao ser dividido e à divisibilidade*, a *conditio sine qua non* de toda mudança, criação e procriação (ou seja, qualidades maternas), ela é um "todo infinito da vida" e toda energia; é um organismo vivo das ideias, que nela alcançam eficácia e realidade (Plotino, *Enéadas*, 2, 5, 3). O intelecto é seu gerador, seu pai; o que nela se contempla ela faz desabrochar no sensorial (Plotino, *Enéadas*, 4, 8, 3). "O que se encontra fechado no intelecto se desdobra como *logos* na alma do mundo, a preenche com conteúdo e como que a embriaga com néctar" (Plotino, *Enéadas*, 3, 5, 9). O néctar é análogo ao soma, à bebida de fertilidade e vida, ou seja, esperma. A alma é fecundada pelo intelecto (ou seja, pelo Pai[164]). Como alma "superior", chama-se Afrodite *celestial*; como alma "inferior", Afrodite *terrena*. Ela conhece "as dores do parto" (Drews, 1907, p. 141) etc. Não é à toa que a ave de Afrodite, a pomba, é símbolo do Espírito Santo.

163. Cf. abaixo o Chi em Timeu.

164. Cf. abaixo as ideias egípcias análogas.

Essa seção da história da filosofia, que facilmente poderia ser ampliada, mostra a importância da percepção endopsíquica da libido e de seus símbolos para o pensamento humano.

Na multiplicidade do fenômeno natural, vemos o querer, a libido, nas mais diversas aplicações e formações. Vemos a libido no estágio da infância totalmente na forma do instinto de alimentação, que provê a construção do corpo. Com o desenvolvimento do corpo, abrem-se sucessivamente novas regiões de aplicação da libido. A última e suprema (em seu significado funcional) região de aplicação é a *sexualidade*, que, a princípio, parece extraordinariamente vinculada à função de alimentação (influência sobre a procriação por meio das condições de alimentação em animais inferiores e plantas). No campo da sexualidade, a libido adquire aquela formação, cuja enorme importância nos dá o direito de usar o termo *libido*. Aqui, a libido se manifesta verdadeiramente como instinto de propagação, inicialmente na forma de uma libido sexual primordial indiferenciada, que, como energia de crescimento, causa a divisão, o brotamento etc. dos indivíduos (a distinção mais clara entre as duas formas de libido pode ser encontrada nos animais nos quais a fase de alimentação é separada da fase sexual por um estágio de pupa).

A partir daquela libido sexual primordial, que gerou milhões de óvulos e espermatozoides a partir de uma pequena criatura, desenvolveram-se, com enorme limitação da fertilidade, ramificações cuja função é alimentada por uma libido especialmente diferenciada. Essa libido diferenciada é agora "dessexualizada", pois foi despida de sua função original da produção de óvulos e espermatozoides e também não existe mais nenhuma possibilidade de devolvê-la à sua função original. Assim, todo o processo de desenvolvimento consiste numa crescente erosão da libido primordial, que só gerava produtos de propagação, para as funções secundárias da atração e proteção da cria. Esse desenvolvimento exige agora uma relação completamente diferente e muito mais complicada com a realidade, uma verdadeira *função de realidade* que, funcionalmente, está inseparavelmente vinculada às necessidades da propagação, ou seja, o modo alterado de propagação leva consigo como correlato uma adaptação mais elevada à realidade[165].

Destarte, chegamos a reconhecer certas condições originais da função de realidade. Seria totalmente errado afirmar que sua força impulsiva é de natureza sexual, ela *era* sexual em grande medida.

É provável que o processo da erosão da libido primordial em processos secundários tenha sempre ocorrido na forma do "afluxo libidinoso", ou seja, a sexualidade foi despida de sua função original e usada como montante parcial para a manutenção dos mecanismos de atração e proteção da cria, que, filogeneticamente, se intensificava aos poucos. Essa transferência da libido sexual da região sexual *sensu strictiori* para funções secundárias ainda ocorre[166]. Onde essa operação ocorre sem desvantagem para a adaptação do indivíduo, falamos de *sublimação*, onde a tentativa falha, falamos de *repressão*.

165. Com isso, não queremos dizer que a função de realidade se deva exclusivamente à diferenciação da propagação. Estou ciente da participação indeterminada da função de alimentação.

166. O malthusianismo é a continuação artificial da tendência natural.

O ponto de vista *descritivo* da psicologia vê a multiplicidade dos instintos, entre eles como fenômeno parcial o instinto sexual; além disso, ele reconhece certos afluxos libidinosos a instintos não sexuais.

Diferentemente do ponto de vista *genético*: ele vê a emergência da multiplicidade dos instintos a partir de uma unidade relativa, a libido primordial[167], vê como, constantemente, montantes parciais se separam da libido primordial, se juntam na forma de afluxos libidinosos a processos em formação e, finalmente, são absorvidos por eles. Em decorrência disso, é *impossível* para o ponto de vista genético manter o conceito rigorosamente restrito da libido do ponto de vista descritivo e, invariavelmente, resulta numa ampliação do conceito de libido. Assim alcançamos um conceito de libido como o introduzi de modo fraudulento na primeira parte deste trabalho, com a intenção de tornar tragável esse *conceito genético de libido*. Reservei o esclarecimento dessa fraude inofensiva, que eu devia ao leitor, para a segunda parte.

Somente por meio desse conceito genético de libido, que ultrapassa em todos os lados os aspectos sexuais recentes (ou sexuais descritivos), torna-se possível a transferência da teoria da libido de Freud para o âmbito psicótico. A passagem acima citada mostra como o conceito da libido de Freud colide com os problemas da psicose[168]. Por isso, quando falo de libido (neste trabalho ou em ou-

---

167. Por exemplo, a princípio na forma da propagação com subcaso da vontade em geral.

168. Freud, cuja postura absolutamente empírica preciso defender repetidamente contra os adversários que afirmam o contrário, permitiu que, em seu trabalho com a paranoia, os fatos dessa doença o conduzissem para além dos limites de seu próprio conceito de libido. Ele até usa *libido* para a função do real, o que não consigo conciliar com o ponto de vista dos "Três ensaios".

tro lugar), refiro-me ao conceito genético, que amplia os aspectos sexuais recentes em um montante qualquer de libido primordial dessexualizada. Quando digo que um doente retira sua libido do mundo exterior para ocupar com ela o mundo interior, não estou dizendo que ele só retira os afluxos libidinosos à função do real; ele retira, em minha opinião, daquelas forças instintivas já não mais sexualizadas ("dessexualizadas") que, na verdade, alimentam a função do real.

Por causa dessa definição conceitual, certos elementos da nossa terminologia também precisam ser revisados. Como sabemos, Abraham fez uma tentativa de transferir a teoria da libido para a *dementia praecox* e interpretou a característica falta de empatia e a suspensão da função de realidade como *autoerotismo*. Esse conceito necessita ser revisado. Uma introversão histérica da libido leva a *autoerotismo* quando o paciente introverte seus afluxos *eróticos* à função de adaptação e assim seu eu é ocupado com o montante correspondente de libido erótica. O esquizofrênico, porém, retira da realidade muito mais do que apenas os afluxos eróticos, em troca, porém, desenvolve-se em seu interior algo completamente diferente do que no histérico. Ele é *mais do que autoerótico*, ele forma um equivalente intrapsíquico à realidade, para o qual precisa recorrer necessariamente a outros dinamismos do que montantes eróticos parciais. Por isso devo reconhecer o direito de Bleuler de rejeitar o conceito do autoerotismo emprestado da teoria da neurose, em que seu uso é legítimo, e substituí-lo pelo conceito do *autismo*[169].

169. No entanto, Bleuler chega a esse conceito devido a outras considerações, com as quais nem sempre posso concordar. Cf. Bleuler (1911).

Devo dizer que esse termo faz mais jus aos fatos do que o "autoerotismo". Reconheço assim minha equiparação anterior entre *autismo* (Bleuler) e *autoerotismo* (Freud) como injustificada e a retiro (OC 3). A isso me obriga a revisão fundamental do conceito de libido aqui realizada.

Dessas considerações segue forçosamente que o conceito psicológico descritivo ou sexual recente da libido deve ser refutado para que a teoria da libido possa ser aplicada também à *dementia praecox*. A análise brilhante das fantasias de Schreber por Freud mostra que ela é, de fato, aplicável. A pergunta é somente se o conceito genético da libido por mim sugerido se aplica também às neuroses. Acredito que a resposta a essa pergunta seja afirmativa. *Natura non facit saltus* [A natureza não dá saltos] – não podemos apenas esperar, é até muito provável que ocorram também nas neuroses distúrbios funcionais pelo menos temporariamente ou em diferentes gradações, que ultrapassam o alcance do aspecto sexual recente; isso vale pelo menos para os episódios psicóticos.

Considero a ampliação do conceito da libido, preparada pelos trabalhos analíticos mais recentes, um avanço essencial, que beneficiará sobretudo o enorme campo de trabalho das psicoses de introversão. Ali já nos esperam as provas para a correção de minha suposição. Uma série de trabalhos da escola de Zurique, publicados apenas em parte até agora (Spielrein, 1912, p. 329), mostrou que *os produtos substitutos fantásticos, que passam a ocupar o lugar da função alterada do real, apresentam nítidos traços do pensamento arcaico*. Essa constatação é paralela ao postulado desenvolvido acima segundo o qual a realidade não perde apenas um montante recente (individual) da libido, mas também um montante já diferenciado ("dessexualizado"), que, desde os primórdios, garantia a função do real no ser humano normal. A retirada das últimas aquisições da função do real (ou adaptação) deve necessariamente ser substituída por um modo de adaptação anterior. Encontramos esse princípio já na teoria das neuroses, isto é, uma transferência recente fracassada em decorrência de uma repressão é substituída por uma via de transferência antiga, ou seja, por exemplo, por uma reavivação regressiva da imago dos pais. Na neurose (de transferência), em que é retirada da realidade somente o montante sexual recente da libido por meio da repressão sexual específica, o produto substitutivo é uma fantasia de procedência e alcance individual, faltando aqueles traços arcaicos das fantasias daqueles distúrbios mentais, dos quais é retirada uma parte da função do real de natureza humana universal e organizada desde os primórdios. Essa parte só pode ser reposta por um substituto arcaico de validade universal correspondente. Devemos um exemplo simples e claro para esse princípio à pesquisa de Honegger, que, infelizmente, faleceu muito cedo[170].

Um paranoico de boa inteligência, que conhece muito bem a forma redonda da Terra e sua rotação em torno do Sol, substitui em seu sistema os conhecimentos astronômicos modernos por um sistema detalhadamente elaborado, que deve ser chamado de arcaico, no qual a Terra é um disco plano, e o Sol caminha sobre ele[171] (lembro tam-

170. Tenho suas pesquisas em mãos, e sua publicação está sendo preparada.

171. Honegger apresentou esse exemplo em sua palestra na associação psicanalítica privada em Nürnberg, em 1910.

bém o exemplo mencionado na primeira parte do falo solar, que também devemos a Honegger). Spielrein também nos apresentou alguns exemplos muito interessantes das definições arcaicas, que, nessa doença, começam a encobrir os *significados reais* das *palavras modernas*. Por exemplo, a paciente de Spielrein encontrou corretamente os significados mitológicos do álcool, da bebida embriagadora, como "efusão de sêmen" (Spielrein, 1912, p. 338, 353 e 387; sobre soma como efusão de sêmen, veja abaixo). Ela tem também uma simbólica do cozinhar, paralela à significativa visão alquimista de Zósimo (Berthelot, 1887-1888; Spielrein, 1912, p. 353), que, na concavidade do altar, encontrou água fervente e, dentro dela, pessoas[172]. A paciente substitui terra por mãe (Spielrein, 1912, p. 345), e igualmente água por mãe (Spielrein, 1912, p. 338). Não citarei exemplos adicionais, pois outros trabalhos da escola de Zurique trarão ainda uma plenitude de coisas desse tipo.

Minha definição acima da substituição da função perturbada do real por substitutos arcaicos é apoiada por um excelente paradoxo de Spielrein; em sua obra citada, a autora diz: "Várias vezes tive a ilusão *de que os doentes simplesmente teriam se tornado vítimas de uma superstição existente no povo*" (Spielrein, 1912, p. 397). Os doentes realmente substituem a realidade por fantasias semelhantes aos produtos do espírito incorretos do passado, mas que, na época, haviam sido percepção da realidade. Como mostra a visão de Zósimo, as antigas

172. Devo observar que essa visão revela o sentido original da alquimia: um encanto de fecundação original, ou seja, um meio de fazer crianças sem a *mãe*. Contento-me com essa alusão.

superstições eram símbolos[173], que permitiam transições também para as regiões mais distantes. Para certas eras arcaicas, isso deve ter sido muito útil, pois oferecia pontes confortáveis para a transferência de um montante parcial da libido para o intelectual! Aparentemente, também Spielrein tem em mente um significado biológico semelhante do símbolo quando diz: "Assim, quer parecer-me que um símbolo deve sua origem à ambição de um complexo por [...] dissolução no todo geral do pensamento [...]. O complexo é assim despojado do pessoal [...]. Esta tendência de dissolução (transformação) de todo complexo é a força propulsora da poesia, da pintura, de toda forma de arte" (Spielrein, 1912, p. 399).

Se aqui substituirmos o conceito formal do "complexo" pelo conceito da quantidade da libido (= grau afetivo do complexo), o que é uma medida justificada do ponto de vista da teoria da libido, a visão de Spielrein pode facilmente ser harmonizada com a minha. Se um ser humano primitivo sabe o que é um ato de procriação, ele, segundo o princípio da menor medida de força, jamais pode ter a ideia de querer substituir os membros procriadores pelo punho de uma espada com uma naveta de tecelão (como no exemplo acima). Ele teria que ser forçado a inventar uma analogia para transferir um *evidente interesse sexual para uma expressão assexual*. A meu ver, o motivo impulsionador dessa transição de libido sexual recente para ideias não sexuais só pode ser identificado numa resistência *que se opõe à sexualidade primitiva*.

---

173. Devo lembrar também aqueles índios para os quais os primeiros homens se originam da união do punho de uma espada com uma naveta de tecelão.

Parece, portanto, que, por essa via da formação fantástica de analogias, cada vez mais libido tenha sido dessexualizada pelo uso crescente de correlatos fantásticos para as funções primitivas da libido sexual. Com isso, alcançou-se uma enorme ampliação da visão do mundo por meio da assimilação de novos objetos como símbolos sexuais: devemos perguntar-nos se não foi assim que se produziu todo o conteúdo da consciência humana ou pelo menos grande parte desse. Em todo caso, é evidente que essa pulsão para a descoberta de analogias é muito importante para o desenvolvimento do espírito humano. Precisamos concordar com Steinthal quando ele afirma que à palavrinha “assim como” deve ser atribuída uma importância enorme para a história do desenvolvimento do pensamento. É fácil imaginar que a transmissão da libido para correlatos fantásticos levou a humanidade primitiva a uma série das mais importantes descobertas.

O deslocamento da libido como possível fonte das invenções humanas primitivas

A seguir, tentarei descrever a transmissão da libido num exemplo concreto: certa vez tratei uma paciente que sofria de um estado de depressão catatônica. Como se tratava de uma psicose de introversão mais leve, não estranhei a existência de numerosos traços histéricos. No início do tratamento analítico, ao narrar um episódio muito doloroso, ela caiu num estado histérico de sonolência durante o qual apresentou todos os sinais de excitação sexual (tudo indicava que, durante esse estado, ela tinha dissociado o conhecimento de minha presença, por razões evidentes!). A excitação resultou num ato de masturbação (*frictio femorum*). Esse ato era acompanhado por um gesto estranho: *com o dedo indicador da mão esquerda, ela faz movimentos circulares violentos na têmpora esquerda, como se quisesse cavar ali um buraco*. Depois houve uma "amnésia total" do ocorrido, e também não pude descobrir nada sobre o gesto estranho com a mão. Embora esse ato possa facilmente ser reconhecido como o gesto de enfiar o dedo na boca, no nariz ou no ouvido deslocado para a têmpora, que pertence ao campo do *ludus sexualis*[174], do exercício que prepara a atividade sexual, essa impressão pareceu-me significativa: a princípio, não soube por quê. Muitas semanas depois, tive a oportunidade de falar com a mãe da paciente. Soube dela que a paciente havia sido uma criança estranha: já aos 2 anos de idade, mostrava a tendência de se sentar de costas contra a porta aberta de um armário e fechá-la com batidas rítmicas da cabeça[175], assim levando ao desespero todos os presentes. Pouco depois, em vez de brincar como as outras crianças, *ela começou a cavar buracos com o dedo no revestimento de cal da parede da casa*. Fazia isso com pequenos movimentos circulares e de raspagem e passava horas nessa atividade. Para os pais, ela era um enigma total (a partir dos 4 anos, sucedeu o onanismo). É evidente que, nessa atividade infantil, devemos reconhecer a precursora da atividade posterior. O que nos parece especialmente estranho são, primeiro, o fato de que a criança não realiza o ato no próprio corpo e, em segundo lugar, a diligência com que executa a atividade[176]. Somos tentados a estabelecer um vínculo causal entre essas duas constatações e a dizer: talvez a assiduidade provenha do fato de que a criança não executa o ato no próprio corpo *por nunca alcançar satisfação ao fazer*

174. Claramente preliminares à masturbação.

175. No caso de uma catatonia, vi essa oscilação verdadeiramente catatônica da cabeça originar-se de movimentos de coito gradativamente deslocados para cima, o que Freud há muito já descreveu como deslocamento de baixo para cima. Eu agradeceria à crítica se, em vez de brigar constantemente com palavras, discutisse um fato tão simples.

176. Os pequenos fragmentos que se soltavam da parede, *ela as colocava na boca e comia.*

buracos na parede, diferentemente de se executasse o ato de forma masturbatória no próprio corpo.

O ato de cavar, indubitavelmente masturbatório, da paciente pode ser encontrado muito cedo na infância, anterior ao tempo da masturbação local. Psicologicamente, esse período ainda é muito obscuro, pois (semelhante ao animal) ainda faltam reproduções individuais. O que, no animal, predomina por toda a vida é o que, em geral, é peculiar à *sua espécie* (o modo de vida específico), no ser humano, porém, o individual se impõe ao tipo de raça. Supondo que esse raciocínio seja correto, o comportamento aparentemente tão individual dessa criança numa idade tão tenra chama ainda mais atenção. Sabemos da vida posterior dessa criança que seu desenvolvimento, de alguma forma, está entrelaçado de modo insondável com eventos externos paralelos e que resultaram nesse distúrbio mental, famoso pelo individualismo e pela originalidade de seus produtos: a *dementia praecox*. O estranho nessa doença parece se apoiar, como acreditamos ter demonstrado acima, no aparecimento mais forte do modo de pensar fantástico, do aspecto infantil; desse pensamento resultam todos os numerosos contatos com os produtos mitológicos; e aquilo que acreditamos ser criações originais e totalmente individuais, muitas vezes, nada mais são do que formações comparáveis às da pré-história. Acredito que podemos aplicar esse critério a todas as formações dessa doença estranha, portanto, talvez, também esse sintoma especial do *cavar buracos*. Já vimos que essa atividade masturbatória da paciente tem sua origem numa fase inicial da primeira infância, ou seja, que ela foi reativada a partir daquele passado, quando, após vários anos de casamento, ela retomou a masturbação –, mas somente após a morte de seu filho, com o qual ela tinha se identificado por meio de um amor excessivamente afetuoso. Quando a criança morreu, os antigos sintomas reapareceram na mãe, ainda sadia, sob a forma de surtos de masturbação associados a esse mesmo ato de cavar, em um período que *antecedeu a masturbação infantil localizada no aspecto genital*. Essa constatação é importante porque o ato de cavar se distingue assim de outro hábito semelhante mais tardio, que ocorre após o onanismo genital. Os maus hábitos posteriores são normalmente uma substituição para a masturbação genital reprimida ou para as respectivas tentativas. Como tais, esses hábitos (chupar dedo, roer unhas, mexer no nariz e nas orelhas etc.) podem perdurar até a idade adulta, como verdadeiros sintomas de um montante de libido reprimido.

Como já mencionamos acima, a princípio, a libido no indivíduo jovem se expressa exclusivamente na área da função da alimentação, em que o alimento é ingerido no ato da sucção por meio de movimentos rítmicos, sob todos os signos da realização. Com o crescimento do indivíduo e o desenvolvimento de seus órgãos, a libido abre novos caminhos de necessidade, atividade e realização. Agora, vale transferir o modelo primário da atividade rítmica, causadora de satisfação e prazer, para a zona de outras funções, visando a sexualidade. Uma parte considerável da "libido da fome" precisa ser transformada em "libido sexual". Essa transição não ocorre de forma repentina na puberdade, como acredita a suposição leiga, mas aos poucos ao longo de grande parte da infância. A libido só consegue se libertar com dificuldade e aos poucos (como sempre!) da peculiaridade da função alimentar para se absorver na peculiaridade da função sexual. Nesse estágio de transição, a meu ver, devemos distinguir duas épocas: *a época do chupar e a época da atividade rítmica deslocada.* De acordo com seu caráter, o chupar ainda pertence inteiramente ao âmbito da função alimentar, porém se estende para além por não constituir mais uma função alimentar, mas uma atividade rítmica cujo objetivo final é o prazer e a satisfação sem a ingestão de alimento. Como órgão auxiliar aparece aqui a *mão*. Na época da atividade rítmica deslocada, a mão aparece ainda mais nitidamente como órgão auxiliar, a obtenção de prazer abandona a zona oral e se volta para outras áreas. Agora, são muitas as possibilidades. Geralmente, são a princípio os outros orifícios do corpo que se tornam objeto do interesse libidinoso; depois vêm a pele e pontos especiais dessa. As atividades que podem ser exercidas nesses lugares, como esfregar, cavar, puxar e outras, ocorrem em certo ritmo e servem à geração de prazer. Depois de se deter por um período maior ou menor nessas estações, a libido continua até alcançar a região sexual e lá pode dar ensejo às primeiras tentativas masturbatórias. Durante seu deslocamento, a libido leva muita coisa da fase de nutrição para a área sexual, o que explica facilmente as numerosas e íntimas ligações entre as funções alimentar e sexual. Quando, após a ocupação da área sexual, ocorre algum obstáculo à essa forma de aplicação da libido, ocorre uma regressão de acordo com leis conhecidas às fases mais recentes das duas épocas acima mencionadas. É de especial importância que a fase da atividade rítmica deslocada costuma coincidir com o período do *desenvolvimento mental e da fala*. Proponho então designar o período do nascimento até a ocupação da região sexual (que, em geral, ocorre entre o terceiro e quinto ano) como a *fase de desenvolvimento pré-sexual* (comparável ao estado de crisálida da borboleta). Ela se caracteriza por *uma mistura variável de elementos das fases alimentar e sexual*. Certas regressões podem recorrer a essa fase pré-sexual: com base nas experiências atuais, isso parece ser a regra na regressão da *dementia praecox*. Quero citar dois exemplos sucintos: um dos casos se refere a uma jovem que, na época do noivado, adoeceu de catatonia. Ao me ver pela primeira vez, de repente, ela se aproximou de mim, abraçou-me e disse: “Papai, me dá comida!” O outro caso diz respeito a uma jovem empregada que se queixava de ser perseguida com eletricidade, causando-lhe assim uma sensação estranha nos órgãos genitais, “como se, ali embaixo, estivesse comendo e bebendo”.

Esses fenômenos regressivos mostram que, mesmo com o distanciamento do espírito moderno, aquelas fases antigas da libido são capazes de uma ocupação regressiva. Portanto, podemos supor que, em fases de desenvolvimento mais antigas da humanidade, esse caminho era muito mais viável do que hoje. Portanto, seria interessante saber se traços disso se conservaram na história.

Devemos ao trabalho meritório de Abraham (1909) ter-nos chamado a atenção para uma fantasia etnológica do *cavar*, que recebeu um tratamento especial no importante escrito de Adalbert Kuhn (1886)[177]. Por meio dessas pesquisas, somos familiarizados com a possibilidade de

177. Excertos e resumo do conteúdo de fácil leitura podem ser encontrados em Steinthal (1862) e em Abraham (1909).

que Prometeu, o portador do fogo, possa ter sido um irmão do *pramantha* indiano, ou seja, do pedaço de madeira masculino por cuja fricção se produzia fogo. O portador de fogo indiano se chama *mâtariçvan*, e o ato de preparar o fogo nos textos hieráticos sempre é designado pelo verbo *manthâmi*[178], que significa *sacudir, esfregar, produzir por fricção*. Kuhn relacionou esse verbo ao *manthano* grego, que significa "aprender", e também explicou a semelhança dos conceitos (*Zeitschrift für vergleichende Sprachforschung*, vol. 2, p. 395 e vol. 4, p. 124). O *tertium comparationis* poderia estar no ritmo (o movimento de ir e vir no espírito). Segundo Kuhn, o radical *manth* ou *math*, passando por *manthano* (*mathema, mathesis*) *pro-metheomai*, levaria a Prometeu, que, como sabemos, é o ladrão de fogo grego. Por meio de *pramâthyus*, uma palavra não documentada em sânscrito, intermediada por *pramantha* e dotada do significado duplo "esfregador" e "ladrão", é feita a transição para Prometeu. No entanto, o prefixo "pra-" causa uma dificuldade especial, de modo que toda a derivação é questionada por uma série de autores e considerada equivocada por parte deles. No entanto, ressalta-se que, assim como Zeus de Tireu tem o cognome *Pro-mantheus*, que nos interessa particularmente aqui, Pro-meteu também não seria uma palavra indo-germânica original relacionada ao sânscrito *pramantha*, mas apenas um cognome. Uma glosa de Hesíquio apoia essa interpretação: "Ithas: ho ton Titanon keryx Prometheus". Outra glosa de Hesíquio explica *ithainomai* (*iaino* esquentar) como *thermainomai*,

178. Também *mathnâmi* e mâthâyati. O radical *manth* ou *math* possui um significado especial.

resultando em *Ithas* o significado de "o chamejante", análogo a *Aithon* ou *Phlegyas*[179]. A relação de Prometeu com *pramantha*, portanto, não parece ser tão direta como acredita Kuhn. *Prometheus* como cognome de *Ithas*, porém, é de grande importância, visto que o "chamejante" é o "premeditador" (*pramati* = providência, também é atributo de *Agni*, embora *pramati* tenha outra derivação). Mas Prometeu também pertence à tribo dos flégias, que Kuhn relaciona de forma incontestável à família sacerdotal dos *Bhrgu*[180]. Assim como *Mâtariçvan* ("o que intumesce na mãe"), os *Bhrgu* também são portadores de fogo. Kuhn cita uma passagem segundo a qual *Bhrgu* se origina na chama, igual a *Agni* ("Na chama nasceu Bhrgu; Bhrgu, tostado, não queimou"). Essa interpretação leva a um radical semelhante de *Bhrgu*, no sânscrito *bhrây* = brilhar, latim *fulgeo* e grego *phlego* (sânscrito *bhargas* = fulgor, latim *fulgur*); *Bhrgu* aparece assim como o "fúlgido". *Phlegyas* é o nome de certa espécie de águia devido à sua cor amarela flamejante. Evidente é a relação com *phlegein* = arder. Os flégias são, portanto, as águias de fogo[181]. Prometeu também pertence aos flégias. O caminho de *pramantha* a Prometeu não passa pela palavra, mas pela contemplação, por isso devamos talvez supor a mesma interpretação para Prometeu que resulta do simbolismo do fogo indiano para o *pramantha*[182].

---

179. Bapp (*Ausführliches Lexikon*, col. 3034).

180. *Bhrgu* = *phlegu*, uma relação fonética reconhecida. Cf. *Ausführliches Lexikon*, col. 3034, 54.

181. A águia como totem do fogo entre os índios; cf. *Ausführliches Lexikon*, col. 3034, 60.

182. Segundo Kuhn, na língua alemã, o radical "manth" leva a "mangeln", "rollen" (calandrar roupa). *Manthara* é a batedeira de manteiga. Quando os

Recentemente, os filólogos competentes voltaram a defender que, só posteriormente, Prometeu adquiriu seu significado como premeditador (comprovado pela figura de "Epimeteu") e, originalmente, estava ligado a *pramantha, manthâmi, mathâyati*, mas que, etimologicamente, não pode ser vinculado a *prometheomai, mathema, manthano*. Inversamente, o *pramati* = providência, ligado a *Agni*, nada tem a ver com *manthâmi*. A única coisa que podemos constatar diante dessa situação complicada é, portanto, que encontramos a ideia de pensar, premeditar, prevenir relacionada à produção de fogo por perfuração, mas sem que, atualmente, pudéssemos estabelecer um parentesco seguro entre as palavras usadas para isso. Na etimologia, é de importância determinante levar em con-

---

deuses produziram o *amrta* (o elixir da imortalidade), batendo e revirando o oceano, eles usaram o Monte Mandara como batedeira (Kuhn, 1886, p. 16s.). Steinthal chama a atenção para a expressão latina em linguagem poética: *mentula* = membro masculino, equiparando *ment* a *manth*. Eu acrescento ainda: *mentula* pode ser considerado o diminutivo de *menta* ou *mentha* (grego *mintha*), menta. Na Antiguidade, a menta era chamada de "coroa de Afrodite" (Dioscorides, II, 154). Apuleio a chama de "mentha venera", pois era um afrodisíaco (encontramos o sentido oposto em Hipócrates: *Si quis eam saepe comedat, ejus genitale semen ita colliquescit, ut effluat, et arrigere prohibet et corpus imbecillum reddit* [Quando ingerido com frequência, o sêmen genital se torna tão líquido que escorre, o que impede a ereção e enfraquece o corpo] e, segundo Dioscórides, a menta é também um agente anticoncepcional (Aigremont, 1908, p. 127)). Mas os antigos também diziam sobre a menta: "Menta autem appellata, quod suo odore mentam feriat [...] mentae ipsus odor animum excitat" [Chama-se menta porque com seu aroma fere a mente [...] o aroma da mente excita o ânimo]. Isso nos leva ao radical *ment* – *in mens*: mente (*mind*, em inglês) – com o que estaria estabelecido o desenvolvimento paralelo a *prarnantha* – *Prometheus*. Falta acrescentar ainda que um queixo pronunciado é chamado de *mento* (*mentum*). Sabe-se que um desenvolvimento acentuado do queixo é atribuído também à figura priápica do polichinelo, assim como barbas (e orelhas) pontudas são próprias aos sátiros e outros demônios priápicos; de modo geral, todas as saliências do corpo podem assumir significado masculino e todas as depressões ou cavidades, significado feminino (isso vale também para todos os outros objetos animados e inanimados. Cf. Maeder (1908)). No entanto, todo esse vínculo é mais do que incerto.

sideração não só a migração dos radicais, mas também a migração ou o renascimento autóctone de certas imagens primitivas ou modos de percepção.

O *pramantha* como instrumento do *manthana* (o sacrifício de fogo) tem um significado puramente sexual entre os indianos: o *pramantha* como falo ou homem, a madeira furada embaixo dele como vulva ou mulher[183]. O fogo gerado pela perfuração é a criança, *Agni*, o filho divino. No culto, as duas madeiras se chamam *Purûrayas* e *Urvaçi* e são imaginadas de forma personificada como homem e mulher. Do órgão genital da mulher nasce o fogo[184]. Weber oferece uma descrição especialmente interessante da produção cultual do fogo (*manthana*):

> Certo fogo sacrificial é aceso pela fricção de dois paus; toma-se um pedaço de madeira com as palavras: 'Tu és o lugar de nascimento do fogo', então colocam-se sobre ele duas folhas de grama: 'Vós sois os dois testículos', sobre estas, coloca-se o *adharârani* (o pau colocado por baixo), 'tu és *Urvaci*', unta-se com manteiga o *uttarârani* (o pau a ser colocado por cima), 'tu és força' (sêmen, ó manteiga), e deposita-se este sobre o *adhârarani*: 'Tu és *Purúravas*' e esfre-

183. Abraham menciona que, em hebraico, o significado das palavras para homem e mulher se refere a esse simbolismo.

184. "O que é chamado de *gulya* (*pudendum*) chama-se o *yoni* (local de nascimento) do deus; o fogo que ali nasce chama-se aquilo que traz bênçãos" (Karmapradîpa de Kâtyâyana, I, 7, traduzido para o alemão por Kuhn, 1886, p. 65s.). Em alemão, a relação etimológica *bohren* – *geboren* é possível (*bohren* = furar; *geboren* werden = nascer). O germânico *borôn* (furar) tem relação primordial com o latim *forare* (id;) e o grego *pharao* = arar. Supõe-se um radical de raiz indo-germânica *bher*, com o sentido de sustentar, sânscrito *bhar*-, grego *pher*-, latim fer-; daí o antigo alto-alemão *beran* = dar à luz (*gebären*), inglês *to bear*, latim *fero* e *fertilis*, *fordus* (prenhe), grego *phoros* (id.). Mas Walde (*Lat. etymol. Wörterbuch*, verbete: "*ferio*") relaciona *forare* ao radical *bher*-. Cf. adiante o simbolismo fálico do arado.

gam-se ambos três vezes: 'Eu te fricciono com o *Gâyatrîmetrum*', 'eu te fricciono com o *Trishtubhmetrum*', 'eu te fricciono com o *Jagatîmetrum*' (Kuhn, 1886, p. 71).

O simbolismo sexual dessa produção de fogo é inconfundível; vemos aqui também o ritmo, a métrica em posição original como ritmo sexual, que, pela via do ritmo da berra, eleva-se ao nível de música. Uma canção do *Rigveda* (III, 29, 1-3) traz a mesma percepção e o mesmo simbolismo:

> Este é o pau de rodar, o gerador (pênis) está preparado, traz a senhora da tribo, torneemos o *Agni* segundo costume antigo. Nos dois paus jaz o *jâtavedas*, como nas grávidas o protegido fruto do ventre; dia a dia louva-se *Agni* pelos cuidadosos homens sacrificadores. Naquela que está estendida faz penetrar (a haste), tu que és entendido nisto; de imediato ela concebe, pariu o fecundado; com ponta avermelhada, iluminando seu caminho, nasceu o filho de Ilâ na magnífica madeira[185].

Além do símbolo inequívoco do coito, percebemos que *pramantha* é, ao mesmo tempo, Agni, o filho concebido: o falo é o filho, ou o filho é o falo, daí Agni possui caráter triádico na mitologia védica. Isso nos remete de volta ao culto cabírico de pai e filho. Também a língua alemã atual preservou ecos dos símbolos muito antigos: um menino é chamado de "Bengel" ("garoto" e, também,

185. A pesquisa onírica moderna conhece a madeira como símbolo da mãe (Freud, 1900, p. 211). Stekel (1911, p. 128) a interpreta como símbolo da mulher. Em alemão, madeira é também a designação vulgar para os seios femininos. A madeira como símbolo no cristianismo mereceria um capítulo próprio. "Filho de Ilâ": Ilâ é o nome da filha de Manu, o único, que, com a ajuda de seu peixe, sobreviveu ao dilúvio e, depois, com sua filha, voltou a gerar os homens.

"cacete"); no dialeto de Hesse, diz-se "Stift" ou "Bolzen" (também "rapaz" e "cavilha" ou "flecha") (Hirt, 1909, p. 348). A *Artemisia Abrotanum L.*, que em alemão se chama "Stabwurz", em inglês chama-se "boy's love" (a designação vulgar do pênis em alemão como "rapaz" já foi observada por Grimm e outros). O culto da produção de fogo como costume supersticioso foi mantido na Europa até o século XIX. Kuhn menciona um caso do ano de 1828, ocorrido na Alemanha. O ato mágico era chamado de "Nodfyr", fogo de emergência[186], e usava-se o feitiço principalmente contra pragas do gado. Da Crônica de Lanercost, de 1268, Kuhn cita um caso particularmente curioso de fogo de emergência, cujas cerimônias permitem reconhecer claramente o significado fálico:

> Pro fidei divinae integritate servanda recolat lector, quod cum hoc anno in Laodonia pestis grassaretur in pecudes armenti, quam vocant usitate Lungessouht, quidam bestiales, habitu claustrales non animo, docebant idiotas patriae *ignem confrictione de lignis educere et simulacrum Priapi* statuere, et per haec bestiis succurrere. Quod cum unus laicus Cisterciensis apud Fentone fecisset ante atrium aulae, *ac intinctis testiculis canis in aquam benedictam super animalia sparsisset* [...].
>
> [Para preservar íntegra a fé divina, recorde o leitor que, no ano em que na Laodonia grassava a peste comumente chamada Lungessouht [tísica], atacando o gado, certos donos de animais que eram clérigos por sua posição, mas não por con-

186. O "Capitulare Carlomanni" de 742 proibia "*illos sacrílegos ignes quos niedfyr vocant*" ("aqueles fogos blasfemos, chamados de niedfyr"). Cf. Grimm (1876, vol. 1, p. 502). Encontramos aqui também as descrições desse tipo de cerimônias de fogo.

> vicção, ensinaram ao povo *a acender fogo pela fricção de paus e a erigir uma estátua a Priapo*, para assim socorrer os animais. Quando assim o fizera um leigo cisterciense em Fenton diante do portal de sua propriedade, e *mergulhara os testículos de um cão na água-benta e com esta aspergira os animais*...]
> (Kuhn, 1886, p. 43).

Esses exemplos, que apresentam um claro simbolismo sexual da produção de fogo, por provirem de épocas e povos diferentes, provam assim a existência de uma tendência geral de atribuir à produção de fogo não só um significado mágico, mas também sexual. A repetição cultual ou mágica dessa antiquíssima invenção há muito ultrapassada mostra o quanto o espírito humano persevera em formas antigas e quão profundamente arraigada está essa antiquíssima reminiscência de furar para produzir fogo. A princípio tendemos a reconhecer no simbolismo sexual da produção cultual de fogo um ingrediente relativamente tardio da erudição sacerdotal. Isso pode até ser verdade para a elaboração cultual do mistério do fogo; mas continua em aberto a questão se, originalmente, a produção de fogo não era um ato sexual, isto é, um *jogo de coito*. Sabemos que isso ocorre em povos muito primitivos por causa da tribo australiana dos watschandis (Preuss, 1904, p. 358s.), que, na primavera, realizam o seguinte feitiço de fecundação: eles cavam um buraco no chão e o cercam de arbustos de modo a imitar as partes genitais femininas. Eles dançam em torno desse buraco a noite inteira, segurando diante de si suas lanças de tal maneira que lembram um pênis ereto. Eles dançam em torno do buraco e cravam suas lanças na fossa e gritam:

"pulli nira, pulli nira, wataka!" (*non fossa, non fossa, sed cunnus!*). Tais danças obscenas ocorrem também em outras tribos inferiores (Schultze, 1900, p. 161s.).

Nesse feitiço de primavera estão contidos os elementos do jogo do coito: buraco e falo[187]. Esse nada mais é do que um jogo de coito, ou seja, originalmente, esse jogo deve simplesmente ter sido um coito na forma da cópula sacramental, que, por muito tempo, continuou sendo um

---

187. Esse jogo primitivo leva ao *símbolismo fálico do arado. Aroun* em grego significa arar e tem, além disso, o significado poético de emprenhar. Em latim, *arare* significa apenas arar, mas a frase "fundum alienum arare" significa: "colher as cerejas no jardim do vizinho". Uma excelente representação do arado fálico se encontra num vaso do Museu Arqueológico Nacional de Florença: nele estão ilustrados seis homens itifálicos nus, que carregam um arado representado como falo (Dieterich, 1905, p. 107s.). O "carrus navalis" (carnaval) de nossa festa de primavera, na Idade Média era, às vezes, um arado (Hahn apud Dieterich, 1905, p. 109). O Doutor Abegg, de Zurique, chamou minha atenção para o trabalho espirituoso de Meringer (1904). Conhecemos aqui uma fusão muito abrangente de símbolos da libido com material e atividades externos, que apoia de forma extraordinária nossas considerações acima. O raciocínio de Meringer parte de dois radicais indo-germânicos, *uen* e *ueneti*. Indo-germânic **uen*, madeira, antigo islandês *van, vana. Agni* é *garbhas vanãm*, fruto do ventre das madeiras. Indo-germânico **ueneti* significava "ele lavra a terra"; isso quer dizer a perfuração do solo com um pau afiado e o subsequente rasgar da terra para a formação de vales. O verbo em si aqui não é documentado, porque o primitivo trabalho na terra logo foi abandonado. Quando se descobriu uma maneira melhor de lavrar a terra, a designação do primitivo solo de cultivo passou para o pasto, a várzea. Temos aqui o gótico *vinja*, antigo islandês *vin*, prado, pasto. Talvez também o islandês *Vanen* como deuses da lavoura. "Lavrar" se transforma em *coire* (provavelmente, essa ligação precisa ser invertida); ainda o indo-germânico **uenos*, "prazer do amor", latim *venus* (conferir o significado do radical *uen* = madeira!). *Coïre* – "ansiar apaixonadamente"; conferir antigo alto-alemão *vinnan* "fulminar". Ainda gótico *vens*, antigo alto-alemão *wan* expectativa, esperança; sânscrito *van* desejar; também *Wonne* "deleite"; antigo islandês *vinr* amado, amigo. Do significado "arar" origina-se "habitar"; essa transição ocorreu apenas na língua germânica. De *wohnen* (habitar) vem *gewöhnen* (acostumar-se); antigo islandês *vanr* "acostumado". De "lavrar" provém também de outro lado "ganhar, alcançar", antigo alto-alemão *giwinnan*; mas também "ferir": gótico *vunds* "ferido" [*wund*]. No sentido primordial, *wund* significava, portanto, primeiro o solo rasgado pelo arado. De "ferir" depois também "bater, vencer"; antigo alto-alemão *winna*, luta; antigo saxão *winnan*, lutar.

elemento secreto de certos cultos e foi retomado pelas seitas[188]. Encontramos ecos do sacramento do coito no exercício religioso de Zinzendorf e também em outras seitas (conferir o capítulo anterior).

Não é difícil imaginar que, assim como os acima mencionados negros australianos realizam o jogo do coito dessa forma, o mesmo jogo poderia ser realizado também de outra forma, justamente na forma da produção de fogo. Em vez de dois seres humanos eleitos, o coito era representado por dois simulacros, por Purûravas e Urvaçi, pelo falo e pela vulva, pelo perfurador e pelo buraco. Assim como a ideia primitiva por trás de outros costumes é o coito sacramental, também aqui a tendência primordial é o próprio ato; pois o ato da fecundação é o auge, a verdadeira festa da vida e digno de se tornar o núcleo de um mistério religioso. Podemos deduzir que, assim como o simbolismo do buraco na terra dos watschandis substitui inicialmente o coito com o horizonte mais amplo da fecundação da terra, a produção de fogo também pode ser imaginada como substituição do coito, e desse raciocínio teríamos que deduzir *que a invenção da produção de fogo se deve à pulsão de substituir o ato sexual por um símbolo*[189].

---

188. O antigo hábito do "leito nupcial" no campo de cultura, cuja função era tornar a terra fértil, contém a ideia original em sua forma mais elementar, expressando a analogia da forma mais clara: assim como fecundo a mulher, fecundo a terra. *O símbolo transfere a libido para o preparo e a fecundação da terra*. Cf. Mannhardt (1904, vol. 1), onde se encontram numerosos exemplos.

189. A doente de Spielrein (1912, p. 371) também vincula o fogo à fecundação de forma inequívoca; ela diz o seguinte: "O ferro é usado para o propósito da perfuração da terra, para o propósito do fim do fogo" (a partir da liturgia de Mitra, devemos acrescentar: na invocação do deus chamejante, ela diz: "Tu, que com o sopro do espírito trancaste os castelos chamejantes

Retornemos aqui por um instante para o sintoma infantil do cavar. Imaginemos que um homem adulto e forte executa com a mesma perseverança e energia da criança o cavar com duas madeiras: durante essa brincadeira, ele pode fazer a descoberta do fogo sem dificuldade. De suma importância nesse trabalho é o ritmo[190]. Essa hipótese me parece psicologicamente viável. Não estou dizendo que esse seja a única maneira como a invenção do fogo tenha sido feita. Ela pode ter ocorrido igualmente por meio de pederneiras. E é improvável que o fogo tenha sido descoberto em um único lugar. O que quero constatar aqui é apenas o processo psicológico, cujas alusões simbólicas apontam para essa possibilidade da invenção ou produção do fogo.

A existência do jogo ou rito do coito primitivo me parece suficientemente comprovado. Nebulosas são apenas a insistência e a energia do jogo ritual. Como sabemos, muitas vezes, esses ritos primitivos apresentam uma seriedade muito grande e são executados com um enorme esforço energético, o que se apresenta como grande contraste com a preguiça notória dos homens primitivos. Assim o ato ritual perde completamente o caráter do jogo e adquire o caráter do *esforço* intencional. Se certas tribos negras são capazes de dançar por uma noite ao som

---

do céu [...] abre para mim"). "Com o ferro, pode-se criar seres humanos frios a partir da pedra". Nela, a perfuração da terra tem significado de fecundação ou nascimento. Na página 382, ela diz: "Com o ferro ardente pode-se perfurar a montanha. O ferro começa a *arder*, quando ele é enfiado numa pedra". Cf. acima a etimologia de perfurar e parir. Em *L'Oiseau bleu*, de Maeterlinck, as duas crianças que procuram o pássaro azul na terra das crianças inatas encontram um garoto, que *enfia o dedo no nariz*. Sobre ele, ela diz: *Ele inventará um novo fogo*, para reaquecer a terra quando ela tiver esfriado.

190. Cf. os exemplos interessantes em Bücher (1896).

de três notas do modo mais monótono, a nosso ver, o caráter lúdico está completamente ausente e se parece mais com um *exercício*. Parece haver algum tipo de coerção de transferir a libido para esse tipo de atividade ritual. Quando o objeto do ato ritual é o ato sexual, podemos supor que ele é a ideia e o objetivo verdadeiros do exercício. Sob essas circunstâncias, surge, porém, a pergunta por que o homem primitivo busca representar com esforço o ato sexual *simbolicamente* ou (caso essa versão aparente ser hipotética demais) por que ele aplica sua energia em tal medida para produzir coisas totalmente inúteis e que não parecem nem entretê-lo[191]. Podemos supor com segurança que o ato sexual é mais desejável também para o homem primitivo do que exercícios absurdos e, além disso, exaustivos. Provavelmente, a única possibilidade é que *certa coação desvie do objeto original e do objetivo verdadeiro e provoque a produção de substitutos* (a existência de cultos fálicos ou orgiásticos não aponta, por si mesma, para uma exuberância da vida, tão pouco como o simbolismo ascético do cristianismo indique que os cristãos sejam especialmente éticos. Veneramos aquilo que não temos ou não somos). Essa coerção desvia, para permanecermos na terminologia acima formulada, certo montante da libido da atividade sexual e cria para aquilo que se perdeu um substituto simbólico e aproximadamente válido. Essa psicologia é confirmada pela cerimônia dos watschandi acima mencionada: *durante toda a cerimônia, nenhum dos homens pode olhar para uma mulher*. Esse detalhe nos mostra de onde a libido deve ser

191. Sem dúvida alguma a diversão está vinculada a muitos ritos, mas não a todos. Existem coisas muito desagradáveis.

retirada. Mas isso levanta uma pergunta urgente: de onde vem essa coerção? Acima já demos a entender que a sexualidade primitiva sofre uma resistência que provoca um desvio lateral da libido para atividades substitutivas (analogias, símbolos). É impensável que se trate de alguma resistência externa, de um obstáculo real, visto que nenhum selvagem teria a ideia de capturar sua caça inalcançável por meio de um feitiço ritual; trata-se de uma resistência interna, onde *querer* se opõe a *querer* e *libido* a *libido*, pois uma resistência psicológica corresponde, como fenômeno energético, a certo montante de libido. A coerção psicológica para o deslocamento da libido se deve a uma discórdia do querer. Terei que tratar dessa divisão inicial da libido em outro lugar. Aqui, só podemos nos ocupar com o problema do deslocamento da libido. O deslocamento ocorre, como já demos a entender várias vezes, pela via do deslocamento para um análogo. A libido é retirada de seu lugar original e transferida para outro substrato.

A resistência à sexualidade visa ao impedimento do ato sexual, ou seja, ela tenta forçar a libido para fora da função sexual. Vemos, por exemplo, na histeria como a repressão específica desloca a via de transferência, e isso obriga a libido a buscar outra via, uma anterior, ou seja, a *via incestuosa* para os pais (em última linha). Mas quando falamos da proibição do incesto, que impede a primeira transferência sexual, a situação se apresenta de forma diferente no sentido de não existir outra via de transferência real – além da fase de desenvolvimento pré-sexual, quando a libido ainda era, em parte, função alimentar. Por meio de uma regressão à fase pré-sexual, a libido é praticamente *dessexualizada*. Visto, porém, que a proibição do incesto significa apenas uma limitação temporária e limitada da sexualidade, aquele montante da libido, que pode ser designado como *montante libidinoso*, é obrigado a recuar para a fase pré-sexual; portanto, a repressão só se aplica à libido sexual que deseja se fixar permanentemente nos pais. Da libido sexual é retirada apenas o montante incestuoso, reprimido para a fase pré-sexual, e lá, caso a operação seja bem-sucedida, é dessexualizado, enviando assim esse montante da libido para um uso assexual. No entanto, devemos supor que a operação é realizada apenas com dificuldades, visto que, por assim dizer, a libido incestuosa precisa ser separada *artificialmente* da libido sexual, à qual ela estava vinculada de forma indistinguível desde sempre (ao longo de toda a sequência de animais). A regressão da parte incestuosa, portanto, ocorre não só com grandes dificuldades, mas transfere também um caráter sexual considerável para a fase pré-sexual. O efeito é que os fenômenos que disso resultam possuem completamente o caráter do ato sexual, mas, de fato, já não são mais um ato sexual; eles provêm da fase pré-sexual e são alimentados por uma libido sexual reprimida, razão pela qual eles possuem um significado duplo. O cavar fogo é um coito (incestuoso), contudo é um coito dessexualizado, que perdeu seu valor sexual imediato, mas que contribui indiretamente para a propagação da espécie. A fase pré-sexual é caracterizada por inúmeras possibilidades de aplicação, porque a libido ainda não encontrou ali sua localização definitiva. Portanto, parece compreensível que um montante de libido que volta a ocupar essa fase de forma regressiva se vê confrontado com múltiplas possibilidades de aplicação. Ele se vê principalmente diante da possibilidade de uma atividade puramente *masturbatória*. Visto, porém, que o montante regressivo da libido é libido sexual, cujo destino último é a propagação e, por isso, se volta inteiramente para o objeto externo (os pais), ela introverterá esse destino como seu caráter essencial. A consequência disso é que a atividade puramente onanista se revela como insuficiente e é obrigada a buscar um objeto externo que substitua o objeto incestuoso. O caso ideal de tal objeto é representado pela *mãe-terra nutriz*. A psicologia da fase pré-sexual contribui o componente alimentar; a libido sexual, a ideia do coito. Disso surgem os antiquíssimos símbolos da lavoura. No ato da lavoura misturam-se fome e incesto. Os cultos primordiais da mãe-terra e toda a superstição voltada para isso viam no lavrar do solo a fecundação da mãe. O objetivo do ato é, porém, dessexualizado, pois é o fruto da lavoura e o alimento nele contido. A regressão resultante da proibição do incesto leva, nesse caso, à reocupação da mãe, agora já não como objeto sexual, mas como *nutridora*.

Parece que devemos a invenção do fogo a uma regressão muito semelhante à fase mais próxima da atividade rítmica deslocada. A libido, introvertida por causa da proibição do incesto (com a determinação mais precisa dos elementos motores do coito), depara-se, ao chegar na fase pré-sexual, com o cavar infantil, ao qual, de acordo com sua concentração no real, ela oferece uma matéria externa (razão pela qual a matéria é denominada *matéria*, pois o objeto é a mãe, como acima!). Conforme tentei demonstrar acima, a ação do furar infantil só precisa da força e da perseverança de um homem adulto e do "material" apropriado para produzir o fogo. Assim, a ação do furar infantil inclui apenas a força e a persistência de um homem adulto e o "material" apropriado para produzir o fogo. Se esse é o caso, podemos esperar que, em analogia com o *furar masturbatório, também a produção do fogo ocorreu originalmente como um ato desse tipo, representado no objeto, de atividade praticamente masturbatória.* Naturalmente, nunca poderemos comprovar isso, mas é concebível que, em algum lugar, preservaram-se traços desses exercícios primitivos preliminares à produção do fogo. Num monumento muito antigo da literatura indiana, consegui encontrar uma passagem que, sem dúvida alguma, contém essa transição da libido sexual para o preparo do fogo por meio da fase masturbatória.

Encontramos essa passagem na *Brhadâranyaka-Upanishad*[192]; cito-a segundo a tradução alemã de Deussen:

> Pois ele (Âtman[193]) era do tamanho de um homem e uma mulher quando se abraçam. Este, seu eu, dividiu-se em duas partes; disso se originaram esposo e esposa[194] [...]. Com ela acasalou-se; disso

192. Os *Upanixades* pertencem ao *Brâhmana*, à teologia dos escritos Vedas e contêm a parte teosófico-especulativa dos seus ensinamentos. Os escritos ou coleções Vedas são, em parte, de idade completamente indeterminada e, como foram transmitidos apenas oralmente durante muito tempo, podem datar de primórdios muito remotos.

193. O ser primeiro e universal, cujo conceito, retraduzido para a psicologia, coincide com o conceito da libido.

194. Âtman, portanto, é concebido como um ser originalmente bissexual – em conformidade com a teoria da libido. O mundo originou-se do desejo. Cf. Brhadâranyaka-Upanishad 1, 4, 1-3 (Deussen, 1909, p. 22): "1. No início o mundo era somente o Âtman. [...] Este olhou em torno: e não viu nada além de si mesmo. [...] Então sentiu medo; por isso, aquele que está só sente medo. Ponderou então: 'O que devo temer, se nada existe além de mim?' [...] Mas ele também não tinha qualquer prazer; por isso aquele que está só não sente prazer. Desejou ele então um segundo". Segue-se aqui a descrição de sua divisão, citada acima. O conceito de Platão sobre a alma universal aproxima-se muito da ideia indiana: "Não precisava dos olhos, pois nada visível se encontrava em derredor. [...] Nada dela se separava, nada se lhe acrescia, pois nada existia além de si mesma" (*Timaios*, p. 26).

> surgiram os seres humanos. Ela, porém, ponderou: 'Como ele pode acasalar-se comigo após ter-me produzido de seu próprio ser? Pois bem, eu me ocultarei!' – Então se transformou em uma vaca; mas ele virou um touro e se acasalou com ela. Daí se originaram os bovídeos. – Então ela virou uma égua, mas ele se tornou um garanhão; ela se transformou numa jumenta, ele num jumento e se acasalou com ela. Daí se originaram os equídeos. – Ela se transformou numa cabra, ele num bode; ela numa ovelha, ele num carneiro e acasalou-se com ela; daí se originaram as cabras e ovelhas. – Assim aconteceu que ele criou tudo o que se casa, até as minúsculas formigas, tudo isso ele criou. Aí então ele reconheceu: 'Deveras, eu próprio sou a criação, pois eu criei o mundo todo!' [...] *Esfregou então (as mãos mantidas diante da boca), assim; da boca, como do seio materno, e das mãos, produziu então o fogo* (Deussen, 1909, p. 22s.).

Encontramos aqui uma doutrina de criação de tipo especial, que exige uma retradução psicológica: no início, a libido era indiferentemente bissexual (Freud, 1905), então ocorre a diferenciação em um componente masculino e outro feminino. A partir de então, o ser humano sabe o que ele é. Segue então um hiato no contexto do pensamento, ao qual pertence justamente aquela resistência que postulamos acima para explicar a coação à sublimação. Disso resulta o ato masturbatório, transferido para fora da zona sexual, do esfregar ou cavar (aqui, chupar o dedo), origem da produção do fogo[195]. A libido abandona aqui sua atividade original como *função sexual* e regride à fase pré-

195. Em uma criança, descobri um paralelo exato, como me parece, à posição da mão no texto dos Upanixades. A criança colocou uma mão na frente da boca e esfregou a outra nela, um movimento que pode ser comparado ao de tocar um violino. Tratava-se de um hábito infantil, que perdurou muito tempo.

-sexual, em que, de acordo com os conflitos acima, ocupa uma das fases preliminares da sexualidade e, com isso, na opinião dos Upanixades, a primeira arte humana, gerando, a partir daí, como indicam as ideias de Kuhn sobre o radical *manth,* talvez a atividade intelectual superior. Para o psiquiatra, esse desenvolvimento nada tem de estranho, pois é um fato psicopatológico conhecido há muito tempo o quanto o onanismo e a atividade excessiva da fantasia se aproximam (a sexualização [autonomização] do espírito pelo autoerotismo (Freud, 1909, p. 357) é um fato tão corrente que exemplos podem ser dispensados). O caminho da libido era, como podemos deduzir dessas experiências, originalmente semelhante ao da criança, só que em sequência invertida: O ato sexual foi expulso da zona que lhe pertencia originalmente e transferido para a região análoga da boca[196], sendo que à boca era atribuído o significado do órgão genital feminino, à mão e aos *dedos*, porém, o significado fálico[197]. Dessa forma, o significado sexual é transportado para a atividade regressivamente reocupada da fase pré-sexual, que, porém, em partes, já lhe era própria anteriormente, mas num sentido completamente diferente. Certas funções da fase pré-sexual se revelam como continuamente úteis e, por isso, posteriormente são mantidas como funções sexuais. Assim, por exemplo, a região da boca é mantida como eroticamente importante, ou seja, sua ocupação é duradouramente fixada. No que diz respeito à boca, sabemos que ela tem um signi-

196. Como demonstramos acima, na criança, a libido passa da região da boca para a região sexual.

197. Cf. o que dissemos acima sobre Dátilo. Numerosos exemplos em Aigremont (1909).

ficado sexual também nos animais, no sentido de que os garanhões, por exemplo, mordem as éguas durante o ato, assim também os gatos, os galos etc. A boca tem um segundo significado como órgão da linguagem. Ela serve de modo essencial para atrair parceiros durante a temporada de acasalamento, que, na maioria das vezes, representam os tons mais elaborados do mundo animal. No que diz respeito à mão, sabemos que ela tem o significado importante do órgão de toque (por exemplo, nas rãs). Conhecemos as múltiplas aplicações eróticas da mão nos símios. Quando há uma resistência contra a sexualidade em si, a libido represada levará aqueles colaterais a uma função excessiva que são adequados para compensar a resistência, ou seja, as funções mais próximas que servem à introdução do ato[198]; de um lado, a função da mão, de outro, a da boca. O ato sexual, porém, contra qual se direciona a resistência, é substituído por um ato semelhante da fase pré-sexual, para o qual chupar o dedo ou enfiar o dedo no nariz é o caso ideal. Assim como, no símio, o pé pode assumir a função da mão, muitas vezes, também a criança é insegura na escolha do objeto de sucção, colocando na boca não os dedos da mão, mas o hálux. Esse último gesto faz parte de um rito indiano, só que, nele, o hálux não é colocado na boca, mas posicionado na frente do olho[199]. Por meio do

---

198. Quando, diante do crescimento enorme da resistência sexual, as mulheres ressaltam as características sexuais secundárias e outros estímulos eróticos por meio de espartilhos especialmente construídos, isso é um fenômeno que se insere no mesmo esquema do *aumento da atração*.

199. Como sabemos, a abertura do ouvido também reclama valor sexual. Num hino à Maria, lemos: "quae per aurem concepisti". O Gargântua de Rabelais nasce pelo ouvido da mãe. Bastian (1868, p. 238) cita esta passagem de uma obra mais antiga: "Não encontramos em todo este reino uma virgem nem mesmo entre as mais jovens servas, pois, já em sua mais tenra juventude, elas introduzem

significado genital de mão e boca, esses órgãos, que, na fase pré-sexual, serviam à obtenção de prazer, adquirem uma qualidade *geradora*, idêntica àquela determinação mencionada acima, que visa ao objeto externo, visto que se trata de uma libido sexual ou libido de propagação. Se, porém, por meio do preparo real do fogo, o caráter sexual da libido se cumpre, a região da boca fica sem atividade adequada. Só a mão alcançou agora seu verdadeiro objetivo puramente humano em sua primeira arte.

Como vimos, a boca tem outra função importante, que tem tanta relação sexual com o objeto quanto a mão, ou seja, a produção do chamado para o acasalamento. Quando o círculo autoerótico de mão e boca foi rompido, quando a mão fálica se tornou o instrumento produtor de fogo, a libido fornecida à região da boca teve de buscar outro caminho funcional, que naturalmente se abriu na função já existente do chamado para o acasalamento. O acréscimo libidinoso que ocorreu aqui deve ter tido as consequências usuais: a ativação da nova função, ou seja, uma elaboração do chamado para o acasalamento.

Sabemos que a *fala* humana se desenvolveu a partir dos sons primordiais. De acordo com os fatos psicológicos, deveríamos supor que a fala deve sua origem verdadeira a esse momento, ou seja, ao instante em que o instinto obrigado a recuar para a fase pré-sexual se voltou para fora, para ali encontrar um objeto equivalente. O pensamento concreto como atividade consciente é, conforme vimos na primeira parte, um pensamento com destino positivo voltado para o mundo exterior, ou seja, um pensamento

---

uma mistura especial em seus *aposentos* e também nos buracos de seus ouvidos, tornando-os amplos e preservando-os sempre abertos". – Também o buda mongol nasce do ouvido da mãe.

"linguístico". Esse tipo de pensamento parece ter surgido nesse momento. No entanto, é muito curioso que essa opinião, adquirida pela via do raciocínio, seja apoiada pela tradição antiga e outros fragmentos mitológicos.

No *Aitareya-Upanishad* encontramos a seguinte passagem no ensinamento sobre o desenvolvimento do ser humano:

"Being brooded-o'er his mouth hatched out, like an egg; from his mouth (came) speech, *from speech the fire*" [ao chocá-lo, fendeu-se sua boca como um ovo, e da boca nasceu a fala, e da fala o fogo] (1, parte 2, traduzido por Mead et al., 1896). Ao descrever como as coisas recém-criadas são inseridas no ser humano, o texto diz: "Fire, speech becoming, entered in the mouth" [O fogo, tornando-se fala, entrou na boca]. Essas passagens evidenciam nitidamente o vínculo entre fogo e fala[200].

No *Brhadâranyaka-Upanishad* (3, 2) encontramos a passagem[201]:

> 'Yâjñavalkya', assim falou ele, 'quando após a morte deste homem sua fala se extinguir no fogo, seu hálito no vento, seus olhos no Sol [...]'.

Outra passagem no *Brhadâranyaka-Upanishad* (4, 3) diz:

> 'Mas quando o Sol se pôs, ó Yâjñavalkya, e a Lua se pôs, e o fogo se apagou, o que então servirá de luz ao homem?' – 'Então sua fala lhe servirá de luz; pois à luz da fala ele senta e caminha, faz o seu trabalho e regressa ao lar'. '[...] Mas quando o Sol se pôs, ó Yâjñavalkya, e a Lua se pôs, e o fogo se apagou e a voz emudeceu, o que

---

200. Em um cântico do *Rigveda* (10, 90), lemos que os hinos e fórmulas de sacrifício, assim como toda a criação, tiveram sua origem no *Purusha* (homem primordial-criador do mundo) "totalmente queimado".

201. Na tradução alemã de Deussen.

então servirá de luz ao homem?' – 'Então ele a si mesmo (Âtman) servirá de luz; pois à luz de seu ser (da alma) ele senta e caminha, faz o seu trabalho e volta para casa'.

Nessa passagem, percebemos como, de novo, o fogo mantém um vínculo íntimo com a fala. A fala é chamada de "luz", que, por sua vez, é reduzida à "luz" de Âtman, da força anímica criadora, a libido. A metapsicologia indiana compreendia a fala e o fogo como emanações da luz interior, que sabemos ser a libido. Fala e fogo são suas formas de manifestação como as primeiras artes humanas que se desenvolveram a partir do deslocamento. Certos resultados da pesquisa linguística parecem apontar para essa origem psicológica comum. O radical indo-germânico *bhâ* designa a ideia de "brilhar". Esse radical se encontra no grego *phao, phaino, phaos*, no antigo irlandês *bán* = branco, em novo alto-alemão *bohnen* = tornar brilhante. Mas o mesmo radical *bhâ* significa também "falar"; encontra-se no sânscrito *bhan* = falar, armênio *ban* = palavra, novo alto-alemão *Bann*, feitiço, enfeitiçar, no grego *pha-mi, ephan, phatis*, no latim *fâ-ri, fânum*.

O radical *bhelso* com o significado de "soar, latir" se encontra no sânscrito *bhas* = latir e *bhâs* = falar, no lituânio *balsas* = voz, tom. Na verdade, *bhel-sô* = ser claro, iluminado; conferir em grego *phalos* = claro, em lituânio *bálti* = tornar-se branco, alto-alemão médio pálido.

O radical *lâ* com o significado de soar, latir, encontra-se no sânscrito *las, lásati* = ressoar e *las, lásati* = brilhar, reluzir.

O radical parente *lesô* com o significado de "desejar" encontra-se no sânscrito *las, lásati* = brincar, *lash, láshati* = desejar, em grego *lastauros* = excitado, gótico *lustus*, novo alto-alemão *Lust*, latim *lascivus*.

Outro radical da mesma família *lásô* = brilhar, reluzir se encontra em *las, lásati* = irradiar, brilhar.

Como vemos, nesse grupo se reúnem os significados de "desejar", "brincar", "brilhar" e "soar". Outra confluência arcaica de significados no simbolismo original da libido (como talvez já possamos dizer) existe na classe de vocábulos egípcios derivados das raízes muito próximas *ben* e *bel* e da duplicação *benben* e *belbel*. O significado original desses radicais é: expelir, sair, intumescer, projetar (com o sentido secundário de efervescer, borbulhar e arredondamento). *Belbel*, acompanhado do signo do obelisco (de natureza originalmente fálica), significa fonte de luz. O próprio obelisco, além dos nomes de *techenu* e *men*, tinha também o nome de *benben* e, mais raramente, *berber* e *belbel* (Brugsch, 1891, p. 255s. e o vocabulário egípcio). O simbolismo da libido explica essas conexões, como me parece.

O radical indo-germânico *vel* com o significado de ondear (fogo) é encontrado no sânscrito *ulunka* = incêndio, no grego *Falea*, no ático *halea* = calor do Sol, gótico *vulan* = ondear; antigo alto-alemão e alto-alemão médio *walm* = calor, brasa. O radical indo-germânico da mesma família, *vélkô*, com o sentido de "brilhar", "arder", é encontrado no sânscrito *ulka* = incêndio, no grego *Felchanos* = Vulcano. Mas o mesmo radical *vel* também significa soar, em sânscrito *vâní* = ressonância, canto, música; tcheco *volati* = chamar.

O radical *svénô* = soe, ressoe, encontra-se no sânscrito *svan*, *svánati* = murmurar, ressoar, no zenda *qanañt*, latim *sonare*, iraniano antigo *senm*, cambriano *sain*, latim *sonus*, anglo-saxão *svinsian* = soar. O radical da mesma família *svénos* = ruído, som, encontra-se no védico *svánas* = ruído, latim *sonor, sonorus*. Outro radical semelhante é *svonós* = tom, ruído, em iraniano antigo *son* = palavra.

O radical *své(n)*, locativo *svéni*, dativo *sunéi*, significa Sol, em zenda *qeng* = Sol (conferir acima *svénô*, zenda *qanant*), gótico *sun-na, sunnô*[202].

Também aqui Goethe já nos preparou o caminho:
Ressoa o Sol em antigas árias
De cantantes esferas fraternais,
E cumpre seu trajeto pré-traçado
Ao clamor rimbombante de trovões (*Fausto*, Parte I).

Escutai, escutai o troar das horas!
Capta já a mente ativa
O sonoro nascer do novo dia.
Portas de rocha rangem crepitantes,
Rodas de Febo rolam trepidantes,
Quanta zoeira traz a luz!
Ecoam trompetes e pistões,
Pisca o olho, o ouvido pasma,
O inaudito não se escuta.
Escondei-vos nas ramagens,

---

202. A palavra alemã *Schwan* (cisne) se insere aqui, pois ele também "*canta* ao morrer". Ele é o Sol. A figura em Heine também se encaixa lindamente aqui: "Es singt der Schwan im Weiher, / Und
rudert auf und ab, / Und immer leiser singend / taucht er ins Flutengrab" [Canta o cisne no açude, / E para lá e para cá flutua, / E com canto cada vez mais fraco / Na sepultura das águas afunda]. O poema "Versunkene Glocke", de Hauptmann, é um mito solar, sendo que "Glocke" [sino] = Sol = vida = libido.

Em recônditos abrigos,
Entre as rochas, nas folhagens,
Ensurdeceis, se atingidos (*Fausto*, Parte II).

Não devemos esquecer também os versos de Hölderlin:

Onde estás? Ébria, desperta a minh'alma
De todo o teu prazer; pois ouço agora,
Em meio a sons dourados, o jovem Sol,
Em lira celestial tocar sua canção crepuscular.
Os bosques e colinas em derredor ressoam...

Assim como, na língua arcaica, fogo e tom de fala (chamado para o acasalamento, música) aparecem como formas de emanação da libido, também luz e som, *ao entrarem na alma*, transformem-se em um, em libido. Manílio o expressa em seus lindos versos:

Quid mirum noscere mundum
Si possunt homines, quibus est et mundus in ipsis
Exemplumque dei quisque est in imagine parva?
Na quoquam genitos nisi caelo credere faz est
Esse homines?
Stetit unus in arcem
Erectus capitis victorque ad sidera mittit sidereos oculos.

O termo sânscrito *têjas* nos aponta para a importância fundamental da libido para a imagem do mundo. Deve ao Dr. Abegg em Zurique, exímio conhecedor do sânscrito, a lista dos oito significados dessa palavra. *Têjas* significa:

1. Agudeza, corte;
2. Fogo, brilho, luz, brasa, calor;
3. Aspecto sadio, beleza;
4. A força ardorosa e geradora de cor no organismo humano (imaginada na bílis);

5. Força, energia, força vital;

6. Natureza impetuosa;

7. Força espiritual, também mágica; influência, prestígio, dignidade;

8. O sêmen masculino.

Isso nos permite imaginar como, para o pensamento primitivo, o chamado mundo objetivo era e precisava ser imagem subjetiva. É a esse pensamento que a palavra do *chorus mysticus* exige ser aplicado: "Tudo que é passageiro é apenas parábola".

A palavra sânscrita para fogo é *agnis* (*ignis*, em latim)[203], o fogo personificado é o deus Agni, o mediador divino[204], cujo símbolo apresenta certas semelhanças com

---

203. Relacionado a *ag-ilis*, móvel (Müller, 1880, p. 237).

204. Um nome erânico de fogo é *Nairyôçagha* = palavra masculina. Indiano: *Narâçamsa* = desejo dos homens (Spiegel, 1871-1878, vol. 2, p. 49). O fogo tem significado de *logos*. Sobre Agni, o fogo, diz Müller (1874, p. 219): "Era uma ideia comum aos indianos considerar o fogo sobre o altar simultaneamente como sujeito e objeto do sacrifício. O fogo queimava o sacrifício e era, ao mesmo tempo, o sacerdote; o fogo levava o sacrifício até os deuses e era assim, ao mesmo tempo, um mediador entre homens e deuses; mas o próprio fogo também representava um ser divino, um deus, e quando se pretendia venerar este deus, o fogo era ao mesmo tempo sujeito e objeto do sacrifício. Daí a primeira ideia de Agni sacrificar-se a si mesmo, isto é, de oferecer seu próprio sacrifício para si mesmo, e, depois, de imolar-se a si mesmo". A semelhança desse raciocínio com o símbolo cristão é evidente. Krishna expressa a mesma ideia nos Bhagavad-Gitâ (Arnold, 1910, p. 25s.): "All's then God! / The sacrifice is Brahm, the ghee and grain / Are Brahm, the fire is Brahm, the flesh it eats / Is Brahm, and unto Brahm attaineth he / Who, in such office, meditates on Brahm" [Tudo então é Deus! O sacrifício é Brama, o óleo e o grão são Brama, o fogo é Brama, a carne que ele consome é Brama, e o próprio Brama atinge aquele que, em tal prece, medita sobre Brama]. A sábia Diotima, no Banquete de Platão, vê para além desse simbolismo do fogo. Ela ensina a Sócrates que Eros é "o ser intermediário entre mortais e imortais", "um grande demônio, caro Sócrates; pois todo o demoníaco é justamente o termo médio entre Deus e o homem". Eros tem a incumbência "de ser intérprete e mensageiro dos homens junto aos deuses e dos deuses junto aos homens, de uns para suas orações e sacrifícios, de outros para suas ordens e recompensas pelos sacrifícios, e transpor assim o abismo entre ambos, de modo que

o do Christos. No *Avesta* e nos *Vedas*, o fogo é mensageiro de deus. Existem na mitologia cristã vários elementos, que muito se aproximam do mito de Agni. Daniel (3,24s.) fala dos três homens na fornalha:

> Então o Rei Nabucodonosor, tomado de pasmo, levantou-se apressadamente e perguntou a seus conselheiros: 'Não lançamos três homens bem amarrados no meio do fogo?' Eles responderam ao rei: 'Certamente, Majestade!' O rei prosseguiu: '*Mas estou vendo quatro homens passearem livremente no meio do fogo, sem que tenham sofrido qualquer dano, e o aspecto do quarto homem é o de um filho de deuses*'.

A *Biblia pauperum* (segundo um incunábulo alemão de 1471) comenta:

> Lê-se no Profeta Daniel, no capítulo 3, que Nabucodonosor, rei da Babilônia, mandou colocar três homens na fornalha ardente, e, quando o rei se aproximou da fornalha e olhou para dentro dela, viu junto aos três um quarto que era igual ao filho de deus. Os três significam a Santa

---

por seu intermédio o universo se una em si mesmo". Eros é um filho da Pênia (pobreza, carência), gerado por Poros, embriagado pelo néctar. O significado de Poros é obscuro; significa "*caminho*" e "*buraco, abertura*". Zielinski (Archiv für Religionswissenschaft, vol. 9, p. 43ss.) o identifica com Foroneu, o portador do fogo, o que é questionado, outros o comparam ao caos inicial, ainda outros leem aleatoriamente *Koros e Moros* em grego. Sob essas circunstâncias – *in dubio pro reo* – é permitido perguntar se não devemos ver por trás disso um simbolismo sexual relativamente simples. Eros seria então simplesmente o filho da carência e dos órgãos genitais femininos, pois esse portão é início primordial e local de nascimento do fogo. Diotima oferece uma descrição certeira de Eros: "Ele é másculo, temerário e perseverante, um grande caçador (arqueiro! conferir abaixo) e incansável armador de intrigas, sempre à procura da sabedoria – um poderoso *feiticeiro*, *envenenador* e *sofista*; e não é de natureza imortal nem mortal, mas no mesmo dia ora *floresce* e resplandece, ao atingir a plenitude do objetivo almejado, ora *falece*; sempre, porém, torna a despertar para a vida, graças à natureza de seu pai (ressurreição!), mas o fim alcançado sempre de novo lhe escapa [...]" (Gastmahl, 1906, p. 93s.). Compare com essa caracterização os capítulos 5, 6 e 7 da parte II deste trabalho.

Trindade de pessoas e o quarto a unidade do ser. Portanto, Cristo em seu esplendor representa a trindade de pessoas e a unidade do ser.

Segundo essa interpretação mística, a lenda dos três homens na fornalha se apresenta como um feitiço de fogo, em que o Filho de Deus aparece no fogo. A tríade é reunida com a unidade ou, em outras palavras: por meio do coito, uma criança é gerada. A fornalha ardente (como o "tripé" incandescente no *Fausto*) é um símbolo materno, onde as crianças são assadas[205]. A quarta figura na fornalha aparece como Cristo, o Filho de Deus, o Deus que se tornou visível na fornalha. A tríade e unidade místicas apresentam indubitavelmente um simbolismo sexual[206]. Isaías (16,17) diz sobre o Salvador de Israel: "E a luz de Israel se transformará em fogo, e seu santo em chama". Um cântico de Efrém o Sírio diz sobre Cristo: "Tu que és todo fogo, tem piedade de mim".

Agni é a chama sacrifical, o *sacrificador* e o *sacrificado*. Assim como Cristo, deixou no vinho embriagante seu sangue redentor como um *pharmakon athanasis* [remédio de imortalidade], assim Agni também é o *soma*, o sagrado elixir inspirador, o hidromel da imortalidade[207].

205. Cf. também Riklin (1908, p. 69), em que uma criança é gerada quando os pais colocam uma cenourinha (!) no forno. – O motivo do forno em que a criança é chocada é encontrado também no tipo do mito da baleia-dragão. Lá, um motivo que retorna frequentemente é o interior muito *quente* do dragão, de modo que, devido ao calor, o *herói perde os cabelos*; provavelmente, isso significa que lá ele perde os cabelos característicos do homem adulto e se torna criança (naturalmente, os cabelos se referem também aos raios do Sol, que se apagam ao anoitecer). Encontramos muitos exemplos desse motivo em Frobenius (1904).

206. Cf. as muitas referências em Inman (1894).

207. Esse lado de Agni aponta para Dioniso, que tem paralelos notáveis tanto com a mitologia cristã quanto com a indiana.

Na literatura indiana, soma e fogo são idênticos, de modo que facilmente podemos reconhecer o símbolo da libido no soma, e assim todo um conjunto de qualidades aparentemente paradoxais do soma se resolvem sem dificuldade. Assim como os antigos indianos reconheciam no fogo uma emanação do fogo interior da libido, eles reconheciam na bebida inebriante ("água de fogo", Soma-Agni, como chuva e fogo) uma emanação da libido. A definição veda do soma como efusão de sêmen[208] confirma essa interpretação. O significado do fogo como soma, semelhante ao significado do corpo de Cristo como Ceia (cf. o cordeiro pascoal dos judeus, assado em forma de cruz), explica-se por meio da psicologia da fase pré-sexual, em que a libido ainda era, em parte, função alimentar. O soma é a "bebida nutridora", cuja caracterização mitológica corre em paralelo ao fogo e sua origem, razão pela qual ambos se unem em Agni. Os deuses indianos batem o elixir da imortalidade da mesma forma como o fogo. Por meio do recuo da libido à fase pré-sexual, torna-se claro por que, de um lado, tantos deuses são definidos sexualmente e, por outro, são *comidos*.

Como nos mostrou o exemplo do preparo do fogo, o instrumento do fogo não deve ter adquirido posteriormente sua simbólica sexual, mas foi a libido sexual a força motriz que levou à sua descoberta, razão pela qual os ensinamentos sacerdotais posteriores nada mais eram do que constatações de sua origem verdadeira. Outras descobertas primitivas devem ter adquirido sua simbólica sexual de forma parecida; elas provêm da libido sexual.

---

208. "Tudo, enfim, que no mundo é úmido, ele criou com a efusão de sêmen; este porém é o soma" (Brhadâranyaka-Upanishad, 1, 4, p. 394).

Em nossas considerações, que partiram do *pramantha* do sacrifício de Agni, ocupamo-nos apenas com um significado do termo *manthâmi* ou *mathnâmi*, ou seja, com aquele que indica o movimento de *esfregar*. Como Kuhn mostra, essa palavra também tem o significado de *arrancar, apoderar-se, raptar*[209]. Assim, segundo ele, esse significado já está presente nos textos vedas. A saga do descobrimento sempre entende a produção de fogo como um *rapto* (nesse sentido, pertence ao *motivo universal da preciosidade difícil de ser alcançada*). O fato de que, em muitos lugares, e não só na Índia, o preparo do fogo é representado como um rapto parece apontar para uma ideia universal, segundo a qual o preparo do fogo seria algo proibido, usurpador, sujeito a punição, que só pode ser alcançado por meio de astúcia ou violência (em geral por astúcia) (exemplos em Frobenius, 1904). Muitas vezes, é o rapto secreto ou a astúcia que, quando se apresenta ao médico como um sintoma, significa a satisfação de um desejo proibido (Stekel, 1908). Historicamente, a princípio, esse traço provavelmente se deve ao fato de que o preparo do fogo era usado com propósito mágico e, por isso, era perseguido pela crença oficial; depois passou a ser mistério ritual[210] e, por isso, foi protegido pelos sacerdotes e envolto em mistério. Os preceitos rituais dos indianos impunham penas graves àquele que

209. A pergunta é se esse significado só se desenvolveu secundariamente. Segundo Kuhn, podemos supor isso; diz ele (Kuhn, 1886, p. 18): "Juntamente com o significado até agora exposto do radical *manth*, já nos Vedas desenvolveu-se a partir do procedimento também a ideia de arrancar etc., como consequência natural de tal ato".

210. Também na Igreja Católica existia em diferentes lugares o costume de que, uma vez ao ano, o sacerdote produzia fogo "artificial".

preparava fogo de modo incorreto. O simples fato de algo ser mistério significa que algo é feito em segredo. Algo que precisa permanecer secreto, que não pode ser visto nem feito, algo também que é acompanhado por duros castigos do corpo e da alma; ou seja, provavelmente *algo proibido que recebeu uma licença cultual*. Depois de tudo que foi dito acima sobre a gênese do preparo do fogo, não é difícil adivinhar qual é a coisa proibida: a *masturbação*. Quando disse que deveria ser a insatisfação que rompe o círculo autoerótico da atividade sexual *deslocada* no próprio corpo e assim abre os amplos campos da cultura, eu não mencionei que esse círculo apenas fracamente fechado da atividade masturbatória *deslocada* pode ser fechado de forma muito mais firme, ou seja, quando o homem faz a *outra grande descoberta*, a do *onanismo* verdadeiro[211]. Assim, a atividade ocorre em seu lugar próprio e, possivelmente, com uma satisfação suficientemente duradoura; isso, porém, priva a sexualidade de seus objetivos verdadeiros. É uma traição do desenvolvimento natural das coisas, pois todas as forças tensionais, que podem e devem servir ao desenvolvimento cultural, são retiradas pela masturbação, ocorrendo, no lugar do deslocamento, uma regressão à sexualidade local, que é justamente o oposto daquilo que se apresenta como adequado. *Psicologicamente*, porém, o onanismo é uma invenção de uma importância que não deve ser subestimada: ela protege do destino, pois nenhuma carência

211. Devo observar que a designação do onanismo como *grande descoberta* não é uma piada inventada por mim. Devo essa impressão a dois jovens pacientes que sugeriram estar em posse de um segredo assustador, que teriam descoberto algo terrível, que mais ninguém deveria saber, para que a humanidade não sofresse uma grande miséria: eles tinham descoberto a masturbação.

sexual consegue render-nos à vida. Pois com a masturbação temos em mãos o grande feitiço, basta fantasiar e se masturbar para possuirmos todos os prazeres do mundo e nada nos obriga conquistar o mundo de nossos desejos por meio de muito trabalho e luta árdua com a realidade[212]. Aladim *esfrega* a lâmpada, e os espíritos servis se colocam à disposição; assim expressa o conto de fadas o ganho psicológico da regressão à satisfação sexual local. O símbolo de Aladim encobre a ambiguidade do preparo mágico do fogo lindamente.

O vínculo estreito entre a produção do fogo e o ato masturbatório é comprovado por um caso que devo ao Doutor Schmid, em Cerny: um criado camponês imbecil causou vários incêndios. Durante um incêndio, seu comportamento levantou suspeitas, porque, com as mãos nos bolsos e encostado na porta da casa em frente, ele se divertia ao observar o fogo. Durante a investigação no manicômio, ele descreve o incêndio com muitos detalhes e faz movimentos suspeitos com a mão no bolso. A investigação realizada imediatamente revelou que ele tinha se masturbado. Mais tarde, ele confessou que se masturbava quando se deleitava com o fogo que havia posto.

O preparo do fogo em si é um costume totalmente sóbrio, útil e praticado há muitos milênios, que logo per-

212. Para sermos corretos, devemos considerar também que as condições de vida, agravadas significativamente por nossa moral, são tão difíceis que, para muitas pessoas, é simplesmente impossível alcançar aquele objetivo que não desejaríamos negar a ninguém, ou seja, a possibilidade do amor. Sob essa cruel coerção à domesticação, o ser humano terá que chegar ao onanismo se ele possuir uma sexualidade de algum modo ativa. Como sabemos, são justamente as melhores e mais úteis pessoas que devem suas virtudes a uma libido forte. Uma libido enérgica, porém, exige – de vez em quando – mais do que o mero amor ao próximo cristão.

deu sua aura de mistério, assim como os atos de comer e beber. Mas sempre houve a tendência de, vez por outra, preparar o fogo de modo cerimonial e misterioso (assim como o comer e beber ritualizado), o que devia ser feito exatamente da forma prescrita e da qual ninguém podia se afastar. Essa tendência misteriosa acrescida à técnica é, ao lado da cultura, sempre a segunda via oferecida pela regressão masturbatória. É a esta que se dirigem as leis rígidas; o zelo dos procedimentos cerimoniais e os encantos do mistério provêm sobretudo dessa fonte: a cerimônia com sua falta de sentido prático é uma instituição extremamente significativa sob o ponto de vista psicológico, pois representa um substituto – cuidadosamente descrito por leis – da possibilidade de regressão masturbatória[213]. As leis não podem dizer respeito ao conteúdo da cerimônia, pois, no que diz respeito ao ato cerimonial, não importa se ele é executado dessa ou daquela forma. No entanto, importa se a libido represada é aliviada por meio de uma masturbação estéril ou se é desviada por vias de sublimação. Aquelas regras de proteção se dirigem em primeira linha ao onanismo[214].

Devo a Freud outra referência notável à natureza masturbatória do rapto do fogo ou, melhor, do *motivo da preciosidade que só pode ser alcançada com dificuldade* (ao qual pertence o rapto do fogo). Na mitologia, encontramos várias formulações que dizem mais ou menos o seguinte: a preciosidade deve ser colhida ou *arrancada* de

---

213. Cf. as observações fundamentais de Freud (1909, p. 122s.).

214. Estou ciente de que o onanismo é apenas um fenômeno intermediário. Permanece o problema da divisão original da libido.

uma árvore tabu (a árvore do paraíso, Hespérides), o que é um ato proibido ou perigoso. Mais claro em todos os sentidos é o antigo costume bárbaro a serviço de Diana de Arícia: só pode tornar-se sacerdote da deusa aquele que ousa *arrancar* um ramo em seu bosque sagrado. Na língua vulgar, o "arrancar" (juntamente com o "esfregar") preservou-se como símbolo do ato masturbatório. O "esfregar" e o "arrancar", ambos contidos em *manthâmi* e, aparentemente, com uma conexão no mito do rapto do fogo, estão vinculados numa camada mais profunda, no ato masturbatório, em que "esfregar" é utilizado no sentido literal, e "arrancar", no sentido figurativo. Portanto, poderíamos talvez esperar que, na camada mais profunda, ou seja, na camada incestuosa, que precede a fase autoerótica[215], os dois significados se fundem em um, que, diante da falta de tradição mitológica, talvez só possa ser deduzido etimologicamente.

215. Chamo, em aplicação coerente da terminologia elaborada no capítulo anterior, a fase *após* o amor incestuoso de *autoerótica*, destacando o *erótico* como um fenômeno regressivo: a libido represada na barreira do incesto ocupa regressivamente uma função mais antiga, que precede o amor ao objeto incestuoso, que poderíamos designar com o termo bleuleriano do *autismo*, ou seja, a função da autopreservação, que, preferencialmente, é caracterizada pela *função alimentar*. No entanto, não podemos aplicar o termo "autismo" à *fase pré-sexual*, visto que ele já é usado para o estado mental da *dementia praecox*, em que abrange o autoerotismo e a libido introvertida dessexualizada. *Autismo* designa, portanto, em primeira linha, um fenômeno patológico de caráter regressivo; a *fase pré-sexual*, porém, um estado funcional normal, a *fase da crisálida*.

A gênese inconsciente do herói

Preparados pelos capítulos anteriores, aproximamo-nos da personificação da libido na figura de um herói, de um *heros* ou demônio. Com isso a simbólica abandona o campo do neutro e impessoal, próprio do símbolo astral e meteórico, e assume forma humana, a figura do ser que se transforma de sofrimento em alegria e de alegria em sofrimento, que logo, semelhante ao sol, se encontra no zênite, logo se encontra imerso em noite escura e dessa mesma noite ressurge para novo resplendor brilho[216]. Assim como o Sol, em seu movimento e segundo sua lei intrínseca, sobe desde a manhã até o meio-dia, ultrapassa o meio-dia e declina para a tarde, deixando para trás seu brilho e mergulhando na noite que tudo encobre, assim também o homem, segundo leis imutáveis, segue seu caminho e desaparece na noite ao fim da carreira, para renascer de manhã em seus filhos em um novo ciclo. A passagem simbólica do Sol para o ser humano é fácil e viável. A terceira e última criação de Miss Miller percorre essa mesma via. Chamou essa peça de "Chiwantopel, Drame hypnagogique". Sobre a origem dessa fantasia, ela conta o seguinte:

---

216. Daí, provavelmente, o belo nome do herói solar Gilgamesh, "homem triste-alegre" (Jensen, 1906).

> Depois de uma noite cheia de preocupações e temor, fui deitar-me às 11h30. Estava agitada e sem poder dormir, apesar de muito cansada [...]. Não havia luz no quarto. Fechei os olhos e tive uma sensação como se alguma coisa estivesse para acontecer. Então fui tomada por uma sensação de relaxamento generalizado e fiquei tão passiva quanto possível. Diante de meus olhos, surgiram linhas, centelhas e espirais luminosas [...] seguidas de uma visão caleidoscópica de acontecimentos triviais recentes.

O leitor lamentará comigo o fato de, por motivos de discrição, não podermos saber o objeto de suas preocupações e seu temor. Teria sido muito importante sermos informados sobre isso para o que se segue. Essa lacuna em nosso conhecimento é tanto mais lamentável porque, desde a primeira poesia (1898), terem-se passado quatro anos inteiros até a fantasia a ser discutida aqui. Sobre esse intervalo, durante o qual o grande problema não dormiu no inconsciente, faltam quaisquer notícias. Mas talvez essa falta também tenha seu lado positivo, pois, assim, nenhuma empatia com o destino pessoal da autora desviará nosso interesse pela validade geral da fantasia agora parida. Com isso somos poupados de algo que, muitas vezes, impede o analista em seu trabalho diário de elevar o olhar do fatigante trabalho com as minúcias para as amplas interconexões existentes entre todo conflito neurótico e o todo do destino humano.

O estado que a autora nos descreve aqui corresponde àquele que costuma preceder um sonambulismo intencional[217], como o frequentemente narrado, por exemplo,

217. Cf. também as pesquisas interessantes de Silberer (1909, p. 513s.).

por médiuns espíritas. Deve-se admitir certa predisposição para ficar à escuta das leves vozes noturnas, caso contrário, tais vivências interiores tênues e quase imperceptíveis passariam desapercebidas. Reconhecemos nessa escuta uma corrente da libido que conduz para o interior, que começa a escoar para um destino misterioso, ainda não visível. É como se, de repente, a libido tivesse descoberto nas profundezas do inconsciente um objeto que a atrai poderosamente. A vida do homem, que, por natureza, está voltada para fora, geralmente não permite tais introversões; deve-se pressupor para isso um certo estado excepcional, ou seja, uma falta de objetos externos que obriga o indivíduo a procurar um substituto para eles no interior da própria alma. No entanto, é difícil conceber que esse mundo tão rico seja demasiado pobre para poder oferecer um objeto ao amor de um átomo humano. E isso não pode ser exigido do mundo e de suas coisas. O mundo oferece espaço infinito para todos. É, antes, *a incapacidade de amar* que priva o ser humano de suas possibilidades. Este mundo é vazio somente para aquele que não sabe direcionar sua libido para coisas e torná-las vivas e belas para si (pois a beleza não está nas coisas, mas no sentimento que atribuímos a elas). O que nos obriga, portanto, a criar um substituto a partir de nós mesmos não é a falta externa de objetos, e sim nossa incapacidade de envolver afetivamente alguma coisa externa a nós mesmos. Certamente, as dificuldades da vida e as adversidades da luta pela existência nos oprimem, mas também situações externas graves não impedem o dispêndio da libido, ao contrário, podem incentivar-nos para os maiores sacrifícios e para trazer toda a nossa libido para a realidade. Dificuldades reais nunca reprimirão a libido a ponto de, por exemplo, produzir uma neurose. Para isso falta o *conflito*, que é a *condição de toda neurose*. Só a *resistência* que opõe seu não querer ao querer pode causar aquela introversão patógena que é o ponto de partida de todo distúrbio psicogênico. A resistência contra o amar causa a incapacidade para o amor. Assim como a libido se assemelha a uma correnteza constante que despeja suas águas amplamente pelo mundo da realidade, a resistência, vista de forma dinâmica, não se assemelha a uma rocha que se ergue no leito do rio e é circundada ou encoberta pelas águas, mas a uma corrente em retrocesso, de volta à nascente ao invés de ir para a foz. Uma parte da alma quer o objeto externo, a outra, porém, quer voltar ao mundo subjetivo, de onde acenam os palácios aéreos e frágeis da fantasia. Poderíamos considerar essa ambiguidade do querer humano, para a qual Bleuler, partindo de pontos de vista psiquiátricos, cunhou o conceito da *ambitendência* (Bleuler, 1910), como um fato sempre e constantemente presente e lembrar que já o mais primitivo impulso motor é um ato contraditório, visto que, por exemplo, no ato da fala, são inervados também os músculos flexores; mas essa ambitendência normal nunca dificulta ou impede o ato intencionado, antes é requisito indispensável para sua perfeição e coordenação. Para que a harmonia de contradições sutilmente afinadas resulte uma resistência prejudicial à ação, é necessário um plus ou um minus anormal de um ou de outro lado. Desse terceiro fator adicional surge a resistência[218]. Isso

218. Cf. meu tratado sobre Bleuler (OC 3, § 425).

vale também para a ambivalência da vontade, que causa tantas dificuldades ao ser humano. Só o terceiro fator anormal dissolve os pares opostos, intimamente unidos em condições normais, e os traz à tona como tendências separadas; só assim se transformam realmente no querer e não querer, que obstruem o caminho um ao outro. A harmonia transforma-se assim em desarmonia. Não é minha função verificar aqui de onde vem o terceiro fator desconhecido e o que quer que ele seja. Agarrando nossos doentes pela raiz, o "complexo central" (Freud: "*Kernkomplex*") se revela como o *problema do incesto*. Como tendência incestual apresenta-se a nós a libido sexual que regride para os pais. A facilidade de percorrer essa via parece provir do fato de que a libido possui também uma enorme indolência, que não quer entregar nenhum objeto ao passado, antes deseja se agarrar a ele para sempre. O "passo sacrílego para trás" de que fala Nietzsche, despojado de seu invólucro incestuoso, revela-se como uma retenção passiva da libido nos primeiros objetos da infância. Mas essa indolência também é uma paixão, como o explica La Rochefoucauld de forma brilhante:

> De toutes les *passions, celle qui est la plus inconnue à nous-mêmes, c'est la paresse; elle est la plus ardente et la plus maligne de toutes*, quoique as violence soit insensible, et que les dommages qu'elle cause soient très-cachés: si nous considérons attentivement son pouvoir, nous verrons qu'elle se rend en toutes rencontres maîtresse de nos sentiments, de nos intérêts et de nos plaisirs: c'est la rémore qui a la force d'arretêr les plus grands vaisseaux, c'est une bonace plus dangereuse aux plus importantes affaires que les écueils et que les plus grandes tempêtes. Le repos

> de *la paresse est un charme secret de l'âme* qui suspend soudainement les plus ardentes poursuites et les plus opiniâtres résolutions. Pour donner enfin la véritable idée de cette passion, il faut dire que *la paresse est comme une béatitude de l'âme*, que la console de toutes ses pertes et qui lui tient lieu des tous ses biens.
>
> [De todas as paixões, a mais desconhecida de nós mesmos é a preguiça; é a mais ardente e a mais maligna de todas, embora sua violência seja insensível e os danos que ela causa fiquem bem escondidos. Se considerarmos atentamente seu poder, veremos que em todos os encontros ela se torna dona de nossos sentimentos, interesses e prazeres: é a rêmora que tem a força de deter as maiores embarcações; é uma bonança mais perigosa para os assuntos importantes que os escolhos e as mais violentas tempestades. O repouso da preguiça é um encanto secreto da alma que susta repentinamente as mais ardentes diligências e as mais obstinadas resoluções; para dar, enfim, a verdadeira ideia desta paixão, é preciso dizer que a preguiça é como uma beatitude da alma que a consola de todas as suas perdas e que substitui todos os seus bens] (La Rochefoucauld, 1868, vol. 1, p. 264).

Essa paixão perigosa, que pertence ao ser humano primitivo antes de qualquer outra, é que aparece sob a duvidosa máscara do incesto, da qual o medo do incesto tem a função de nos afastar e que, antes de todas as outras, deve ser superada sob a imagem da mãe terrível (conforme os capítulos seguintes). É a mãe de tantos e incontáveis males, não por último os distúrbios neuróticos. Pois é sobretudo da névoa de obscuros resíduos estacionários da libido que se desenvolvem aquelas fantasias nebulosas que encobrem a realidade de modo a tornarem a adaptação quase impossível. Aqui, porém, não queremos seguir os rastros dos fundamentos das fantasias incestuosas; por ora a alusão à minha interpretação *puramente psicológica do problema do incesto* é suficiente. Aqui nós nos ocuparemos apenas com a pergunta se a resistência que em nossa autora leva à regressão significa uma dificuldade externa consciente ou não. Se se tratasse de uma dificuldade externa, mesmo que a libido fosse fortemente represada, ela produziria um dilúvio de fantasias que melhor chamaríamos de *planos*, ou seja, de planos para superar o obstáculo. Seriam ideias muito concretas da realidade para engendrar soluções. Seria um refletir esforçado que levaria a tudo, menos a um drama hipnagógico. O estado passivo anteriormente mencionado também não condiz com um obstáculo externo real, antes e justamente por sua resignação, indica uma tendência que rejeita soluções reais e prefere um substituto fantástico. Deve tratar-se, em última análise e em essência, apenas de um conflito interno semelhante às impressões anteriores que levaram às duas primeiras criações inconscientes. Somos, portanto, forçados a concluir que o objeto externo não *pode* ser amado porque uma parte predominante da libido prefere um objeto fantástico que deve ser resgatado das profundezas do inconsciente para substituir a realidade ausente.

Os fenômenos visionários que resultam das primeiras etapas da introversão se inserem entre os conhecidos fenômenos (Müller, 1826; OC 1) das visões hipnagógicas (os chamados "fenômenos de luz própria" dos olhos). Eles constituem, como demonstrei num trabalho anterior, a base das visões propriamente ditas, das autopercepções simbólicas da libido, como podemos dizer agora.

Miss Miller continua:

> Tive então a impressão de que alguma comunicação estava prestes a ser feita. Pareciam repetir-se em mim as palavras: 'Fala, Senhor, pois tua serva ouve, abre tu mesmo meus ouvidos!'

Esse trecho descreve claramente a intenção; a expressão "*communiqué*" [comunicação] é até um termo corriqueiro em círculos espíritas. As palavras bíblicas contêm uma invocação ou uma "oração" clara, ou seja, um *desejo* (= libido) dirigido à divindade (ao complexo inconsciente). A oração se refere a 1Samuel (3,1s.), em que, à noite, Samuel é chamado três vezes por Deus, mas acredita que é Eli quem o chama, até que este lhe explica que é Deus que o chama e que, se ele voltar a chamar seu nome, deverá responder: "Fala, que teu servo ouve". Na verdade, a sonhadora usa essas palavras em sentido contrário, ou seja, para assim gerar o Deus; com isso ela dirige seus desejos, sua libido, para as profundezas do inconsciente.

Sabemos que os indivíduos, por mais que se separem uns dos outros pela diferença de seus conteúdos conscientes, tanto mais se assemelham sob o ponto de vista da psicologia inconsciente. Para todos que trabalham psicanaliticamente de forma prática, é uma impressão significativa quando se dão conta quão uniformes são os típicos complexos inconscientes. A diversificação só ocorre com a individuação. Esse fato dá uma profunda validade psicológica a uma parte essencial da filosofia de Schopenhauer e Hartmann[219]. A evidente uniformidade do inconsciente serve de fundamento psicológico para

219. Também ao ensino relacionado dos Upanixades.

esses conceitos filosóficos. O inconsciente contém os resíduos menos superados pela diferenciação individual da função psicológica prévia. As reações e os produtos da psique animal são de uma uniformidade e solidez gerais, dos quais, aparentemente, só conseguimos encontrar traços no ser humano. Esse nos parece como algo infinitamente mais individual em comparação com o animal.

No entanto, isso também pode ser uma grande ilusão, pois temos a tendência conveniente de reconhecer sempre apenas a diversidade das coisas. Isso é necessário para a adaptação psicológica, que não seria possível sem a mais minuciosa diferenciação das impressões. Em relação a essa tendência, temos até a maior dificuldade de reconhecer as coisas com que nos ocupamos diariamente em seu contexto geral. Esse reconhecimento se torna muito mais fácil em relação às coisas que estão mais distantes de nós. Assim, por exemplo, para um europeu, é quase impossível diferenciar de início rostos numa população chinesa, embora os chineses tenham feições tão individuais quanto os europeus, mas o que há de comum em suas feições características é muito mais evidente ao estrangeiro do que a diversidade individual. No entanto, se vivermos entre chineses, desaparece cada vez mais a impressão da uniformidade e, afinal de contas, os chineses também são indivíduos. A individualidade faz parte daquelas realidades condicionais que, devido à sua importância prática, são muito superestimadas pela teoria; não pertence àqueles fatos gerais extremamente claros nos quais uma ciência deve se basear. Por isso, o conteúdo do consciente individual é o pior objeto imaginável para uma psicologia, justamente porque encobriu aquilo que possui validade geral até o irreconhecível. A natureza do processo do consciente é justamente o processo de adaptação que se realiza em detalhes minuciosos. O inconsciente, por sua vez, é o geral que une não só os indivíduos entre si num povo, mas também regressivamente com os seres humanos do passado e sua psicologia. Desse modo, em sua generalidade que vai além do individual, é em primeiro lugar o objeto de uma psicologia real que não tem a pretensão de ser uma *psicofísica*.

O ser humano como indivíduo é um fenômeno suspeito, cujo direito à existência poderia ser questionado sob o ponto de vista biológico natural, segundo o qual o indivíduo só é átomo de raça e só tem sentido como elemento da massa. Mas o ponto de vista cultural lhe confere uma tendência individual que o separa da massa e que, no decorrer dos milênios, levou à formação da personalidade, com a qual se desenvolveu simultaneamente o culto ao herói e que foi absorvida pelo culto individualista à personalidade. A tentativa da teologia racionalista de preservar o Jesus pessoal como último e mais valioso resto da divindade desaparecida no imaginável corresponde a essa tendência. Nesse sentido, a Igreja Católica foi significativamente mais prática, quando atendeu à necessidade geral do herói visível ou, pelo menos, historicamente atestado por meio do reconhecimento de um substituto sacerdotal sobre a terra, isto é, ao colocar no trono da adoração o papa romano, o *pater patrum* e, ao mesmo tempo, *pontifex maximus* do Deus invisível superior ou interior. A percepção sensorial do Deus apoia naturalmente o processo religioso de introversão, pois a figura humana facilita de modo essencial a transferência, uma vez que não é fácil imaginar um ser espiritual como algo amável ou digno de adoração. Essa tendência universalmente presente se conservou secretamente na teologia racionalista com seu Jesus historicamente desejado. Não que os homens amassem o Deus visível; não o amam tal como é, como ser humano, e se os devotos quisessem amar seres humanos, poderiam ir a seu vizinho ou inimigo e amá-lo. As pessoas só querem amar suas ideias no Deus, ou seja, as ideias que projetam sobre o Deus. Querem assim amar seu inconsciente, aqueles resíduos de remota humanidade comuns a todos os seres humanos, aquele patrimônio geral que sobreviveu a todo desenvolvimento, que é dado a todos os seres humanos como a luz do Sol e como o ar. No entanto, ao amarem esse legado, amam aquilo que é comum a todos; voltam assim à mãe dos seres humanos, ao espírito da raça e, portanto, readquirem algo dessa coesão e dessa força secreta e irresistível que a pertença ao rebanho costuma conceder. É o problema de Anteu, que só conserva sua força gigantesca pelo contato com a mãe-terra. Esse recuo-para-dentro-de-si-mesmo temporário, que, como já vimos, é um retorno para uma relação infantil com as imagens dos pais, parece, dentro de certos limites, ter efeito benéfico sobre o estado psíquico do indivíduo. É de se esperar que os dois mecanismos básicos da psique, a extroversão e a introversão, sejam também em grande medida duas formas de reação normais e adequadas aos complexos: a transferência como meio de fugir do complexo para a realidade; a introversão como meio de se libertar com o complexo da realidade exterior.

Depois de nos ter instruído sobre os intuitos gerais da oração, estamos equipados para ouvir mais sobre as visões de nossa sonhadora: depois da oração aparece "a cabeça de uma esfinge com enfeite de cabelo egípcio", para então desaparecer rapidamente. Aqui a sonhadora foi interrompida, de modo que acordou por um momento. Essa visão lembra a fantasia da estátua egípcia, mencionada no início, cujo gesto enrijecido aqui é perfeitamente apropriado como um fenômeno da *categoria funcional*. Tecnicamente, os estados leves de hipnose também são chamados de "*engourdissement*" (entorpecimento). A palavra "esfinge" aponta em todo o mundo civilizado para um "enigma"; uma criatura enigmática que faz perguntas enigmáticas, como a esfinge de Édipo, que está à porta de seu destino como um prenúncio simbólico do inevitável. A esfinge é uma representação semiteriomorfa daquela imago materna que pode ser designada como a mãe terrível e da qual existem numerosos vestígios na mitologia. Essa interpretação é correta no caso de Édipo. Aqui, a pergunta permanece em aberto. Poderíamos objetar que nada além da palavra "esfinge" justifica a alusão à esfinge de Édipo. Diante da falta completa de material subjetivo nos textos de Miller, uma interpretação individual realmente seria impossível. A alusão a uma fantasia "egípcia" (parte I, capítulo 3), é insuficiente para ser usada aqui. Por isso, somos obrigados – se é que ousamos uma interpretação dessa visão – a voltar-nos de modo talvez excessivamente ousado para o material da história dos povos, sob a condição de que o inconsciente do ser humano moderno ainda hoje cunha os seus símbolos como no passado mais longínquo. Em sua forma tradicional, a esfinge é um híbrido humano-animal, à qual devemos aplicar a mesma interpretação válida para esse tipo de produto da fantasia. Com relação à Esfinge, remeto o leitor à parte I, em que falávamos sobre a representação teriomorfa da libido. O analista conhece bem essa forma de representação por meio dos sonhos e fantasias dos neuróticos (e dos pacientes normais). O instinto frequentemente é apresentado como touro, cavalo, cão etc. Um de meus pacientes, que mantinha relações embaraçosas com mulheres e que iniciou o tratamento temendo que eu lhe proibisse suas aventuras sexuais, sonhou que eu, seu médico, espetava com grande habilidade contra a parede um animal estranho, meio porco, meio crocodilo. Os sonhos estão repletos de tais representações teriomorfas da libido. Também seres híbridos, como nesse sonho, não são raros. Bertschinger (1912) nos deu uma série de belos exemplos, em que sobretudo a metade inferior animal é representada de modo teriomorfo. A libido representada de forma teriomorfa é a sexualidade "animal", que se encontra em estado reprimido. Como sabemos, a história da repressão remete ao problema do incesto, onde encontramos as primeiras razões para a resistência moral à sexualidade. Os objetos da libido reprimida são, principalmente, as *imagines* de pai e mãe, daí os símbolos teriomorfos, contanto que não representem apenas de modo geral a libido, costumam representar pai e mãe (o pai, por exemplo, por meio de um touro; a mãe, por meio de uma vaca). Conforme mostramos anteriormente, é provável que os atributos teriomorfos da divindade provenham dessa raiz. Quando, sob certas condições, a libido reprimida volta a se manifestar como ansiedade, a natureza desses animais costuma ser terrível. No consciente, o homem se apega à mãe com piedade total; no sonho, ela o persegue na forma de um animal terrível.

Sob o ponto de vista mitológico, a esfinge realmente é um animal angustiante, que revela traços nítidos de um derivado materno: na saga de Édipo, a esfinge é *enviada por Hera*, que odiava Tebas por causa do nascimento de Baco. Quando Édipo vence a esfinge, ele é obrigado a se casar com Jocasta, a rainha de Tebas, pois o trono e a mão da rainha viúva de Tebas pertenceriam àquele que libertasse o país da praga da esfinge. A genealogia da esfinge é rica em referências ao problema aqui levantado: ela é filha de Equidna, um ser híbrido, na parte superior, uma linda virgem, na parte inferior, uma serpente acinzentada. Esse ser duplo corresponde à imagem da mãe: na parte superior, a metade humana amável e atraente; na parte inferior, a metade animal e terrível, transformada pela proibição do incesto em um animal do medo. A Equidna descende da *mãe universal*, da Mãe-Terra, Gaia, que a gerou com Tártaro, o submundo personificado (o lugar do medo). Equidna é a mãe de todos os terrores, de Quimera, de Cila, de Górgona, do horrível Cérbero, do leão de Nemeia e da águia que devorava o fígado de Prometeu, além disso ela gerou também uma série de dragões. Um de seus filhos é Ortros, o cão do monstruoso Gerião, morto por Héracles. Com esse cão, seu filho, Equidna gerou a esfinge por meio do *incesto*. Esse material deve bastar para caracterizar aquele montante da libido que ocasionou o símbolo da esfinge. Se, diante da falta de material subjetivo, pudéssemos ousar estabelecer uma relação entre o símbolo da esfinge e nossa autora, teríamos que dizer que a esfinge representa um montante da libido original e incestuosamente separado da relação com a mãe. Talvez, porém, devamos adiar essa conclusão até ouvirmos as visões seguintes.

Quando Miss Miller voltou a concentrar-se, as visões continuaram:

> De repente aparece um asteca, perfeitamente claro em todos os detalhes: a mão aberta com dedos grandes, a cabeça de perfil, armadura, ornato da cabeça semelhante ao adorno de penas dos índios americanos. Tudo isso lembra um pouco as esculturas mexicanas.

Aqui os elementos egípcios antigos da esfinge são substituídos pela pré-história americana, os astecas. O essencial não está ligado nem ao Egito nem ao México – pois os dois não podem ser substituídos um pelo outro –, mas se encontra no elemento subjetivo que a sonhadora produz a partir de sua própria pré-história. Devo comentar que, em análises de norte-americanos, observei frequentemente que certos complexos inconscientes (isto é, a sexualidade reprimida) eram representados pelo símbolo de um negro ou índio, quer dizer, onde um europeu em seu sonho diria: "[...] então veio um indivíduo sujo e esfarrapado [...]", o norte-americano e aqueles que vivem nos trópicos diriam um negro. Assim como o nosso vagabundo, criminoso etc., o negro ou índio também designa a *personalidade sexual* reprimida, primitiva e inferior. Vale a pena analisar os detalhes da visão, pois vários aspectos são notáveis. O adorno de penas, que naturalmente deve consistir em penas de águia, é um tipo de feitiço. Desse modo, o herói adota algo da natureza solar dessa ave ao se adornar com suas penas, da mesma forma como nos apossamos da coragem e da força do inimigo quando devoramos seu coração ou levamos seu escalpe. Ao mesmo tempo, a coroa de penas é uma coroa, o que equivale à coroa de raios do Sol. Vimos na primeira parte como é historicamente importante a identificação com o Sol[220].

A mão "aberta" exige um interesse especial, seus dedos são descritos como "*large*" [grandes] (*à large doigts*). Chama atenção o fato de ser justamente a mão que receba destaque nítido. Talvez tivéssemos esperado uma descrição da expressão facial. Sabemos que o gesto da mão é significativo; infelizmente, nada sabemos dele aqui. Pelo menos, podemos mencionar aqui uma fantasia paralela, que também ressalta a mão: no estado hipnagógico o paciente viu sua mãe pintada na parede como uma pintura

220. Como são importantes, a coroação e a identificação com o Sol se evidenciam não só em inúmeros costumes antigos, mas também nas figuras retóricas antigas na linguagem religiosa. Sabedoria de Salomão (5,16): "Por isso, receberão das mãos do Senhor uma gloriosa coroa real"; 1Pe (5,2.4): "Apascentai o rebanho [...] assim, quando aparecer o pastor supremo, recebereis a coroa imperecível da glória". Num hino de Allendorf, ele diz sobre a alma: "Agora ela está isenta de toda necessidade, / Sua dor e seus suspiros terminaram; / Ela recebeu a coroa da alegria / Como noiva e rainha / Ela se cerca com o ouro das glórias eternas / Ao lado do grande Rei". Num cântico de Laurentius Laurentii, lemos (também sobre a alma): "[...] à noiva / por ter vencido / é concedida a *coroa*". Num cântico de Sacer, encontramos a passagem: "Adornai meu caixão com guirlandas / como se costuma dar aos vencedores. / Das primaveras celestiais / minh'alma conquistou / a *coroa eternamente verde*; / o valioso adorno da vitória / provém do Filho de Deus. / Foi ela que a deu para mim". Devemos acrescentar aqui outro trecho do hino de Allendorf acima mencionado, para que o antigo psicologema da transformação em Sol do ser humano, que encontramos no cântico de triunfo egípcio da alma ascendente, se complete: "Ela vê sua face clara (Sol); / Sua natureza alegre e amável / A cura completamente; / Ela é uma luz *na luz dele*. / Agora a criança pode ver o *Pai*. / Ela sente o suave impulso do amor, / Agora entende a Palavra de Jesus: / O próprio, o Pai, te ama. / Um mar insondável do bem, / Um abismo de águas eternas da alma / Revela-se ao espírito transfigurado; / Vê o semblante de Deus / E sabe o que significa *herdeiro de Deus na luz* / e *co-herdeiro de Cristo*. / O corpo cansado descansa na Terra; / Dorme até Jesus o acordar. / *Então o pó se transformará em Sol* / Agora encoberto pelo túmulo escuro; / Então, com todos os devotos / nós nos reuniremos em breve / e estaremos com o Senhor por todo o sempre". Grifei os respectivos trechos; eles falam por si só, razão pela qual não acrescentei nada.

sacra bizantina; estava com uma das mãos levantadas, os dedos muito abertos. *Os dedos eram muito grandes*, inchados nas extremidades em forma de clava, e cada um deles estava envolto por uma pequena coroa radiada. A ideia seguinte associada a essa imagem é a dos dedos de um sapo com ventosas nas extremidades, depois a semelhança com um pênis. O aspecto antigo dessa imagem da mãe também é significativo. Evidentemente, nessa fantasia, a mão tem um significado fálico. Essa interpretação é apoiada por outra fantasia interessante do mesmo paciente: Ele vê subir da mão de sua mãe alguma coisa semelhante a um rojão que, diante de uma observação mais minuciosa, é uma ave reluzente com asas de ouro, um faisão dourado, como lembra então. Já vimos que realmente cabe à mão um significado fálico e gerador e que, no preparo do fogo, esse significado exerce um papel importante. Sobre essa fantasia, só se pode observar: com a mão se cava o fogo, da mão, portanto, ele provém. Agni, o fogo, é glorificado como uma ave de asas douradas[221]. O fato de se tratar da mão da mãe é altamente significativo. No entanto, não posso entrar em maiores detalhes aqui. Basta ter apontado para o possível significado da mão do asteca por meio das fantasias paralelas. Quando falamos da esfinge, mencionamos também a mãe. O asteca que substitui a esfinge aponta com sua mão suspeita para fantasias paralelas, em que a mão fálica realmente pertence à mãe. Também nos deparamos nas fantasias paralelas com o aspecto antigo. Que o aspecto antigo, que, com base em outras experiências, interpretamos

221. Para evitar equívocos, devo acrescentar que o paciente ignorava isso completamente.

como um símbolo de "infantil", tem também aqui esse valor, é confirmado por Miller nos comentários sobre suas fantasias. Ela diz: "*Dans mon enfance*, je m'intéressais tout particulièrement aux fragments aztèques et à l'histoire du Pérou et des Incas" [Em minha infância, eu me interessava sobretudo pelos fragmentos astecas e pela história do Peru e dos incas]. As duas análises infantis publicadas nesse anuário nos permitiram vislumbrar o pequeno mundo da criança, e vimos que interesses e perguntas urgentes cercam secretamente os pais e que são os pais que, durante muito tempo, são o objeto de todos os interesses[222]. Por isso, podemos supor que o aspecto antigo se dirige aos "velhos", ou seja, aos pais; que, por isso, esse asteca tem algo do pai ou da mãe. Até agora, referências indiretas apontam apenas para a mãe, o que não surpreende numa americana, visto que a América, devido ao forte descolamento do pai, é caracterizada por um enorme complexo materno; o que, por sua vez, está vinculado à posição social especial da mulher nos Estados Unidos. Essa posição exige das mulheres vigorosas uma masculinidade especial, o que facilita a simbolização numa figura masculina.

Depois dessa visão, Miss Miller sentiu um nome formar-se em sua mente, "parte por parte", que parece pertencer a esse asteca, "o filho de um inca do Peru". O nome é Chi-wan-to-pel. Como a autora dá a entender, isso faz parte de suas reminiscências infantis. O ato de dar um nome, como o batismo, é algo imensamente importante para a

222. Isso confirma também a análise de uma menina de 11 anos, sobre a qual falei no primeiro Congrès International de Pédologie, em 1911, em Bruxelas (Sobre a psicanálise na criança, cf.: OC 4).

formação da personalidade, pois desde tempos remotos atribui-se um poder mágico ao nome, com o qual se pode, por exemplo, conjurar o espírito de falecidos. Saber o nome de alguém significa, mitologicamente, ter poder sobre ele. Como exemplo amplamente conhecido, lembro o conto de fadas de Rumpelstiltskin. Num mito egípcio, Ísis tira o poder do deus solar Rê ao obrigá-lo a revelar-lhe seu verdadeiro nome etc. Portanto, dar um nome significa dar poder, conferir certa personalidade[223]. Sobre o nome, a autora observa que este a lembrava muito do nome Popocatepetl que, evidentemente, faz parte das lembranças inesquecíveis dos tempos de escola e, para a indignação dos pacientes, ocasionalmente reaparece num sonho ou pensamento, trazendo a mesma piada velha, que eles ouviram na escola, que eles mesmos fizeram e então esqueceram[224]. Mesmo não hesitando em levar em consideração *psicologicamente e sem preconceitos* essa brincadeira irreverente, perguntar-se-á se isso se justifica. Mas deve-se fazer também a contrapergunta: por que sempre é Popocatepetl e não o vizinho Iztaccihuatl ou o Orizaba, também vizinho e ainda mais alto? Este último tem até um nome mais bonito e mais fácil de pronunciar. Popocatepetl impressiona por seu nome onomatopaico. No inglês, seria a palavra *to pop* = estalar (*popgun* = espingarda de ar comprimido etc.) que pode ser contemplada como onomatopeia; no alemão e no francês são as palavras *Hinterpommern, Pumpernickel, Bombe, pétarde* (*le pet* = flatus). O "Popo" alemão não existe em inglês,

223. Por isso, o ato de dar o nome é importante nas assim chamadas manifestações espiritistas. Cf.: OC 1.

224. A primeira parte do nome, "Popo", corresponde, em alemão, a "bumbum" em português [N.T.].

mas o *flatus* é chamado "*to poop*", na linguagem infantil "to poopy" (inglês americano). Na linguagem infantil, o ato de defecar frequentemente é chamado "*to pop*". Um nome jocoso para o traseiro é "*the bum*". (*Poop* é também a popa do navio). Em francês, "*pouf!*" serve como onomatopeia, *pouffer* = estourar, *la poupe* – a popa, *le poupard* = o nenê, *la poupée* = a boneca. *Poupon* é usado carinhosamente para uma criança bochechuda. Em holandês, *pop* = boneca; em latim, *puppis* = popa, mas Plauto usa a palavra jocosamente para o traseiro. *Pupus* é criança, *pupula* = menina, bonequinha. O grego *poppvzo* designa um ruído de estalar ou soprar. Diz-se do beijo, mas também dos sons secundários ao se tocar flauta (em Teócrito). Os paralelos revelam um parentesco notável da parte do corpo em questão com a *criança*. Destacamos essa relação aqui apenas para, por ora, esquecê-la. Essa questão nos ocupará mais adiante.

Quando menino, um de meus pacientes ligava o ato de defecar à fantasia: seu traseiro era um vulcão, havia uma forte erupção, explosões de gases e efusões de lava. Originalmente, as denominações para os fenômenos elementares da natureza são pouco poéticas; basta lembrar, por exemplo, a bonita aparição de uma estrela cadente, à qual a língua alemã dá o nome deselegante de "Sternschnuppe" (secreção nasal das estrelas) (certos índios sul-americanos a chamam de "urina das estrelas"). Segundo o princípio do menor esforço, as designações são emprestadas da fonte mais próxima (por exemplo, a transferência da designação já metonímica do urinar como "*schiffen*" para a chuva).

A princípio, parece muito obscuro que a figura de Chiwantopel, esperada com ansiedade quase mística e que, numa observação, Miss Miller compara ao espírito de controle dos espíritas[225], venha a se inserir numa vizinhança tão pouco respeitosa que sua essência (nome) até chega a ser relacionada a essas regiões afastadas do corpo. Para compreender essas possibilidades, é preciso dizer a si mesmo: quando algo é produzido a partir do inconsciente, é trazido à tona primeiramente o material da infância que a memória perdeu. Devemos, portanto, assumir o ponto de vista daquela época, em que esse material ainda estava na superfície. Se, portanto, um objeto muito venerado é aproximado da região anal pelo inconsciente, devemos concluir que isso expressa algo muito semelhante, ou seja, um grande respeito. No entanto, a pergunta é se isso também corresponde à psicologia da criança. Antes de voltarmos nossa atenção para essa pergunta, devemos constatar que o aspecto anal está intimamente vinculado à veneração: lembremo-nos das fezes do imperador mogol; uma lenda oriental relata o mesmo dos cavaleiros cristãos que se ungiam com as fezes do papa e dos cardeais para se tornarem temíveis. Uma paciente, cuja característica era uma veneração muito grande pelo pai, viu em uma fantasia seu pai sentado majestosamente num vaso sanitário, enquanto as pessoas que passavam o saudavam com respeito[226]. Por fim, a linguagem mais vulgar preserva a figura certeira: "submisso a ponto de

---

225. Os antigos conheciam esse demônio como o *synopados*, o companheiro e seguidor.

226. Um paralelo dessas fantasias são as conhecidas interpretações da *Stella Petri* do papa.

lamber o c...". A vizinhança do aspecto anal não exclui, de forma alguma, a veneração nem o respeito, conforme mostram os exemplos e como se evidencia na relação íntima entre *fezes* e *ouro*[227]; o extremamente inútil se une aqui ao extremamente valioso. Isso vale também para as valorizações religiosas. Descobri (para a minha grande surpresa na época) que uma jovem paciente, de educação muito religiosa, viu num sonho o crucifixo representado no fundo de um urinol decorado com flores azuis, ou seja, na forma de um excremento. O contraste é tão grande que chegamos a supor que os valores da infância sejam muito diferentes dos nossos. E realmente o são. As crianças dedicam ao ato de defecar e seus produtos um interesse[228] que, mais tarde, só um hipocondríaco lhes daria. Compreendemos um pouco esse interesse quando vemos que, já cedo, a criança relaciona a defecação com uma teoria de propagação (Freud, 1909; OC 17). Esse acréscimo de libido deve explicar o interesse enorme por esse ato. A criança reconhece: esse é o caminho através do qual se produz, através do qual "sai" alguma coisa.

A mesma criança da qual falei em meu trabalho *Über Konflikte der kindlichen Seele*, e que também tinha uma teoria formada do nascimento anal, como o pequeno

227. Quando Freud, com base em experiências analíticas, chamou a atenção para a relação entre fezes e ouro, muitos ignorantes se viram impelidos a rir nobremente dessa relação. A opinião dos mitólogos é diferente: De Gubernatis diz que excrementos e ouro sempre andam juntos. Grimm relata a seguinte fórmula mágica: quem quiser ter *dinheiro* em casa durante o ano inteiro, precisa comer *lentilhas* no Ano Novo. Essa estranha relação explica-se simplesmente pelo fato fisiológico da digestão difícil das lentilhas, que reaparecem em forma de moedas. O indivíduo transformou-se assim num "cag..." de dinheiro.

228. Um pai de língua francesa, que quis negar (naturalmente) esse interesse por parte de *seu* filho, mencionou, contudo, que quando a criança falava de "cacao" sempre acrescentava "lit"; ela queria dizer "caca-au-lit".

Hans sobre o qual escreveu Freud, adquiriu mais tarde o hábito de demorar-se no banheiro. Certo dia o pai perdeu a paciência e exclamou: "Saia daí, por favor; afinal, o que é que você está fazendo?" Ao que veio a resposta lá de dentro: "Um carrinho e dois pôneis!" A pequena, portanto, "faz" um carrinho e dois pôneis, coisas que, na época, ela desejava muito. Desse modo se pode fazer o que se deseja, e o que é feito é o desejado. A criança deseja ardentemente uma boneca ou (no fundo) uma criança de verdade (isto é, a criança se exercita para sua tarefa biológica futura) e, pela via pela qual qualquer coisa é produzida, ela faz para si a boneca[229] como representante da criança ou da coisa desejada em geral (Bleuler, 1911, p. 467s.). Outra paciente me informou uma fantasia paralela de sua infância: no banheiro havia uma fresta na parede. Ela fantasiou que dessa fresta saía uma fada que lhe dava tudo o que ela desejava. O "trono" sabidamente é o lugar dos sonhos, onde muita coisa é criada em que, mais tarde, não mais se reconheceria esse lugar de origem.

Lombroso relata uma fantasia patológica de dois artistas loucos:

> Cada um deles se considerava como Deus em pessoa e Dominador do mundo. Eles criavam ou geravam o mundo, fazendo-o sair do reto, como os ovos das aves saem do oviduto (isto é, da cloaca). Um dos dois artistas era dotado de verdadeiro talento artístico. Ele pintou um quadro [...] no qual ele se encontra no ato da criação: o mundo sai de seu ânus, o membro masculino está em plena ereção; ele está nu, cercado de mulheres e de todas as insígnias de seu poder (Lombroso, 1887).

---

229. Remeto ao contexto etimológico acima.

Em certo sentido, o excremento é, portanto, o desejado e, por isso, ele recebe o respectivo respeito. Só depois de ter percebido essas relações, pude entender uma observação que fizera há anos, mas não conseguira compreender, e com a qual, por isso, sempre me ocupava. A paciente era uma senhora culta, que, sob circunstâncias trágicas, teve que se separar de seu marido e filho e ser internada num manicômio. Ela apresentava uma ausência de afeto e uma "impertinência" típicas, consideradas como "embotamento afetivo". Como eu duvidava desse embotamento e tendia a ver nisso uma atitude secundária, esforcei-me particularmente para descobrir nesse caso a existência do afeto. Finalmente, depois de tentar por mais de três horas, descobri um raciocínio que levou a paciente repentinamente a um afeto perfeitamente adequado e, por isso, devastador. Nesse momento, o relacionamento afetivo com ela estava completamente estabelecido. Isso aconteceu pela manhã. Quando voltei ao setor no fim da tarde na hora combinada, ela me recebeu lambuzada de fezes da cabeça aos pés, e exclamou rindo: "Eu te agrado desta forma?" Ela nunca havia feito isso antes; obviamente era um gesto destinado a mim. A impressão que tive foi tão pessoalmente ofensiva que me convenci do embotamento afetivo de tais casos durante muitos anos. Agora entendemos esse ato como uma cerimônia de saudação e declaração de amor infantil.

A origem de Chiwantopel, isto é, de uma personalidade inconsciente, a partir do Popocatepetl, ou seja, no sentido da explicação acima, quer dizer: "eu o faço, produzo, invento". Trata-se, portanto, de uma espécie de criação do homem ou nascimento pela via anal. Os primeiros homens eram feitos de fezes, barro ou argila. A palavra latina *lutum*, que significa "terra amolecida", também tem o sentido figurado de sujeira. Em Plauto é até usado como insulto, como "seu sujo!" O nascimento por trás lembra também o motivo de *jogar coisas atrás de si*. Um exemplo conhecido é o oráculo que Deucalião e Pirra, os únicos sobreviventes do dilúvio, haviam recebido: deviam *jogar* a ossada da mãe grande *atrás de si*. Jogaram então atrás de si as pedras das quais *surgiram seres humanos*. De forma semelhante, segundo uma lenda, os dáctilos se originaram do pó que a ninfa Anquiale *jogou atrás de si*. Devemos lembrar ainda uma observação jocosa do produto anal: no espírito popular, o excremento costuma ser considerado como monumento ou lembrança (o que exerce um papel importante para o criminoso na forma do *grumus merdae*). Lembro apenas os contos humorísticos sobre aquele que, levado por um fantasma por meio de tortuoso labirinto até um tesouro oculto, depois de ter-se livrado de todas as roupas, para marcar o caminho, ainda planta um excremento. Na Antiguidade remota, tal sinal tinha a mesma importância que o esterco dos animais, como sinal de presença ou de assinalar a direção tomada. Simples *marcos de pedras* ("homenzinhos de pedra") substituíram depois o esterco perecível.

É curioso que Miss Miller menciona, como paralelo à conscientização de Chiwantopel, outro caso em que um nome lhe veio subitamente, A-há-ma-ra-ma, com a sensação de se tratar de algo assírio[230]. Como possível fonte, ela lembrou "*Asurabama – que fabrique des briques cuneifor-*

---

230. Portanto, também aqui a referência ao antigo, à pré-história infantil.

mes" [Asurabama – que fabricou tijolos cuneiformes][231], ou seja, aqueles documentos e monumentos imperecíveis feitos de argila da história mais antiga. Devemos destacar que os "briques" não são "cuneiformes", caso contrário, ela diria "tijolos cuneiformes", o que corresponderia mais à nossa suposição do que ao que a autoria pretende dizer. É doloroso não poder seguir esses rastros e alusões. Para isso, meus conhecimentos são insuficientes. Por isso, sou obrigado a abandonar essa linha de raciocínio.

Miss Miller observa que, além do nome "Asurabama", ainda lhe ocorreu "Ahazuerus". Essa ideia leva a um lado totalmente diferente do problema da personalidade inconsciente. Se o material à nossa disposição nos revelou alguma coisa da teoria infantil sobre a criação do homem, essa última ideia nos abre uma visão sobre o *dinamismo* da criação inconsciente da personalidade. Como sabemos, Ahasverus é o judeu eterno. Sua característica é a peregrinação infinita e inquieta até o fim do mundo. O fato de Miss Miller ter lembrado justamente desse nome nos dá o direito de seguir essa trilha.

A lenda de Ahasverus, cujos primeiros traços literários datam do século XIII, parece ser de origem ocidental e pertence àquelas figurações que têm uma força vi-

---

231. Esse fato me é desconhecido. Seria possível que, em algum lugar, estivesse preservado o nome de um homem lendário que inventou a escrita cuneiforme (por exemplo, Sinlikiunnini como poeta da poesia épica de Gilgamesh). No entanto, não consegui encontrar nada nesse sentido. Aschschurbanaplu ou Assurbanípal nos deixou aquela maravilhosa biblioteca cuneiforme, que foi desenterrada em Kujundschik. Talvez Asurubama tenha alguma relação com esse nome. Outra possível referência é o nome de Aholi-bamah, que conhecemos na primeira parte. A palavra "Ahamarama" revela também relações com Anah e Aholibamah, justamente aquelas filhas de Caim com a paixão pecaminosa pelos filhos de Deus. Essa possibilidade aponta para Chiwantopel como filho de Deus ansiado. Será que Byron pensou nas duas irmãs prostitutas Oolá e Oolibá (Ez 23,4s.)?

tal indestrutível. A figura do judeu eterno recebeu mais versões literárias do que a figura de Fausto, e essas versões pertencem em sua maioria ao século passado. Se essa figura não se chamasse Ahasverus, ela existiria da mesma forma sob outro nome, talvez como o Comte de Saint-Germain, o misterioso rosa-cruz, cuja imortalidade é afirmada e cuja morada atual (o país) até seria conhecida[232]. Embora as notícias sobre Ahasverus não possam ser comprovadas antes do século XIII, a tradição oral pode ter sua origem num passado muito mais remoto e não seria impossível que existisse uma ponte para o Oriente. Ali a figura paralela Chidr ou al Chadir, o Chidher poetizado por Rückert, é o "judeu eterno". A lenda é puramente islâmica. O estranho, porém, é que Chidr não é só considerado santo, mas em círculos sufistas[233] se eleva até a um significado divino. Diante do rigoroso monoteísmo islâmico, tendemos a pensar em Chidr como divindade árabe pré-islâmica, embora não reconhecida oficialmente pela nova religião, teria sido tolerada por razões políticas. Mas nada disso pode ser comprovado. Os primeiros vestígios de Chidr aparecem nos comentaristas do Alcorão Buchâri († 870 d.C.) e Tabari († 923 d.C.) no comentário sobre uma estranha passagem da 18ª sura do Alcorão. Essa sura é intitulada de "A Caverna" e se refere à caverna dos sete adormecidos que, segundo a lenda, dormiram nela por 309 anos e assim escaparam da perseguição e despertaram numa nova era. Sua lenda é narrada na 18ª

232. O povo não entrega seu herói solar vagante. Dizia-se também que, certa vez, Cagliostro saiu de uma cidade ao mesmo tempo com quatro cavalos brancos de todos os portões da cidade (Helios!).

233. Místicos.

sura, e várias observações são feitas sobre ela. A ideia cumpridora de desejos é muito clara. O material mítico é o trajeto imutável do Sol: o Sol se põe temporariamente, mas não morre. Ele se esconde no "ventre" do mar ou numa caverna subterrânea[234] e, de manhã, "renasce" são. A simbólica linguagem com que se reveste esse evento astronômico é clara: o Sol retorna para o ventre materno e, após algum tempo, dele renasce. Naturalmente, essa ocorrência é, na verdade, um ato incestuoso, do qual permanecem também mitologicamente vestígios nítidos, também no fato de que os deuses que morrem e renascem são os amantes da própria mãe ou se geraram por meio da própria mãe. Christos como o Deus encarnado gerou a si mesmo por meio de Maria; Mitra fez o mesmo. Esses deuses são deuses solares inconfundíveis, visto que o Sol faz o mesmo para se renovar. Naturalmente, não se deve supor que a astronomia veio primeiro e, só então, as representações dos deuses; o caminho foi, como sempre, o inverso, e provavelmente o que ocorreu foi que um *feitiço primitivo de renascimento* (batismo, vários costumes supersticiosos do atravessar dos doentes etc.) foi projetado sobre o céu. Como o deus solar, esses jovens nasceram, portanto, da caverna (o corpo da Mãe-Terra) para uma nova era e assim sobreviveram à morte. Nesse sentido, eram imortais. É interessante observar como o Alcorão, depois de longas considerações éticas, no decorrer da mesma sura, chega à seguinte passagem, que é particularmente importante para a origem do mito de Chidr; por isso cito o Alcorão textualmente:

234. Também Agni, o fogo, esconde-se por vezes numa caverna e, por isso, precisa ser buscado ou, por meio da geração ser retirado da caverna da madeira feminina (Kuhn, 1886).

> Certa vez Moisés disse a seu servo (Josué, filho de Nûn): *Não quero parar de caminhar, ainda que viaje durante 80 anos*, até alcançar a confluência dos dois mares. Quando alcançaram essa confluência dos dois mares, eles esqueceram seu peixe (que haviam levado para se alimentar), o qual então, *através de um canal, seguiu seu caminho até o mar*. Depois de terem passado por aquele local, Moisés disse a seu servo: Traze-nos o almoço, pois esta viagem nos fatigou. Mas este respondeu: Eis o que me aconteceu! Quando descansávamos ali junto ao rochedo, esqueci o peixe. Só satanás pode ser a causa de eu tê-lo esquecido e não mais ter-me lembrado dele, e de maneira milagrosa seguiu seu caminho até o mar. Disse então Moisés: Ali, portanto, é o lugar que procuramos. E voltaram pelo caminho através do qual tinham vindo. *E encontraram um de nossos servos, que nós*[235] *havíamos dotado com nossa graça e sabedoria*. Então Moisés lhe disse: Devo seguir-te para que, como meu guia, me ensines uma parte da sabedoria que aprendeste? Ele, porém, respondeu: Não aguentarás ficar comigo; pois como poderias persistir pacientemente junto a coisas que não podes compreender?

Moisés acompanha então o misterioso servo de Deus, que faz muitas coisas que Moisés não consegue compreender. Finalmente o desconhecido se despede de Moisés e lhe diz o seguinte:

> Os judeus te perguntarão sobre Dhulkarnain[236]. Responde: Quero contar-vos uma história sobre

235. Nós = Alá.

236. O "Bicorne". Segundo os comentaristas, trata-se de Alexandre o Grande, que, na saga árabe, exerce papel semelhante a Dietrich von Bern, rei dos godos orientais. Os dois cornos se referem à força do touro solar. Em moedas, Alexandre aparece com os cornos de Júpiter Amon. Trata-se de identificações

> ele. Consolidamos seu reino sobre a terra e lhe demos os meios para realizar todos os seus desejos. Um dia caminhou até chegar *ao lugar onde o Sol se põe*, e pareceu-lhe que o Sol se punha *num poço de lama preta*. Ali ele encontrou um povo...

Segue uma reflexão moral e então a história continua:

> Continuou então seu caminho até chegar ao lugar onde o Sol nasce...

Se quisermos saber quem é o servo anônimo de Deus, encontramos a explicação neste trecho seguinte: *Ele é o Dhulqarnein, Alexandre, o Sol, ele vai ao lugar do poente e ao lugar da nascente*. O trecho sobre o servo anônimo de Deus é explicado pelos comentaristas com uma lenda muito específica. O servo é Chidr, "o verdejante", "o peregrino incansável, que, por séculos e milênios, vaga pelas terras e pelos mares, o instrutor e conselheiro de homens devotos, o sábio em coisas divinas – o imortal" (Vollers, 1909, p. 235s.)[237]. A autoridade de Tabari relaciona Chidr com o Dhulqarnein: no cortejo de Alexandre, Chidr teria alcançado a "correnteza da vida", e ambos, sem saber, dela teriam bebido e assim se tornaram imortais. Além disso, os comentaristas antigos identificam Chidr com Elias, que também *não morreu*, mas subiu ao céu numa *carruagem de fogo*. Elias é um Hélio[238]. Deve-

---

do legendário soberano com o Sol da primavera no signo de Touro e de Áries. A humanidade tem a evidente necessidade de apagar o lado pessoal e humano de seus heróis para torná-los semelhantes ao Sol, para transformá-los inteiramente em Sol, isto é, em símbolos da libido por meio de uma *metastasis*. Se pensássemos com Schopenhauer, diríamos: símbolo da libido. Mas se pensarmos com Goethe, diremos: Sol; pois existimos, porque o Sol nos vê.

237. Empresto desse trabalho as opiniões dos comentários sobre o Alcorão.

238. A isso correspondem a ascensão de Mitra e do Christos. Cf. a primeira parte deste livro.

mos observar que se supõe também em relação a Ahasverus que ele deve sua existência a uma passagem obscura da Sagrada Escritura. Essa passagem se encontra em Mateus (16,28). Ela é precedida pela cena em que Cristo institui Pedro como rocha de sua Igreja e o nomeia representante de seu poder[239]; segue-se então a profecia de sua morte e depois vem o trecho:

> Em verdade vos digo: alguns dos que aqui se encontram não morrerão antes de terem visto o Filho do homem vir em seu reino.

Segue aqui também a cena da transfiguração:

> E se transfigurou diante deles; o rosto brilhou como o Sol e as roupas se tornaram brancas como a luz. E apareceram Moisés e Elias conversando com Ele. Tomando a palavra, Pedro disse a Jesus: "Senhor, como aqui é bom. Se quiseres, farei aqui três tendas, uma para ti, outra para Moisés e outra para Elias"[240].

Essas passagens apresentam Cristo no mesmo nível de Elias, mas não como é idêntico a ele[241], embora o povo acredite que Ele é Elias. Mas a ascensão identifica Cristo com Elias. A profecia de Cristo revela que, além de sua própria pessoa, existem mais um ou alguns imortais que não morrerão até a parúsia. Segundo João (21,21s.), o

---

239. Paralelo no mistério de Mitra! Cf. abaixo.

240. Paralelos são as conversas de Maomé com Elias, em que também ocorre o gesto sem gosto de servirem um "manjar dos céus" nessa ocasião. No Novo Testamento, esse basbaque se limita à sugestão de Pedro. Tais traços certamente se devem ao caráter infantil dessas cenas, assim como a figura gigantesca de Elias no Alcorão, além das narrativas dos comentaristas, segundo as quais Elias e Chidher se reúnem uma vez a cada ano em Meca, conversam e raspam a cabeça um do outro.

241. Segundo Mateus (17,11), porém, João Batista deve ser visto como Elias.

discípulo João também era visto como esse imortal, e, segundo a lenda, ele realmente não está morto, mas apenas dorme na terra até a parúsia e respira de modo a levantar o pó sobre sua sepultura (cf. a saga de Kyffhäuser). Como vemos, existem pontes viáveis que, passando por Elias, levam de Cristo a Chidhr e Ahasverus. Diz um relato (Vollers, 1909, p. 258) que Dhulqarnein teria levado seu "amigo" Chidr até a fonte da vida para fazê-lo beber imortalidade[242] (Alexandre também se banhou na torrente da vida e executou as lavagens rituais). Conforme mencionei acima na nota de rodapé, segundo Mateus (17,11s.), João Batista é Elias, ou seja, idêntico a Chidr. No entanto, devemos observar que, na lenda árabe, Chidr gosta de se apresentar como o acompanhante ou aparece como acompanhado (Chidr com Dhulqarnein ou com Elias é "igual a" ou idêntico a eles)[243]. São, portanto, duas figuras semelhantes, mas diferentes uma da outra. Encontramos a situação análoga no cristianismo na cena do Jordão, em que São João "leva Jesus à fonte da vida". A princípio, Cristo é o subordinado, João é o superior, semelhantemente a Dhulqarnein e Chidr ou Chidr e Moisés, também Elias. Essa relação é tal que Vollers (1909, p. 274) compara Chidr e Elias de um lado com Gilgamesh e seu irmão mortal Eabani ou Erikidu, de outro lado, com os Dióscuros, um dos quais também é mortal enquanto o outro é imortal. A mesma relação

242. Outro relato diz que Alexandre teria escalado o Monte Adão, na Índia, com seu "ministro" Chidhr.

243. Essas equações mitológicas seguem as regras do sonho, em que o sonhador pode se ver dividido em várias figuras análogas.

existe entre Jesus e João Batista[244] de um lado, e Cristo e Pedro de outro. No entanto, esse último paralelo só pode ser explicado por meio da comparação com o mistério de Mitra, em que ao menos o conteúdo esotérico nos é revelado pelos monumentos. No relevo de mármore de Klagenfurt (Cumont, 1896, p. 172s.), vê-se como Mitra coroa Hélio com a coroa radiada ou o conduz para cima (?). Hélio está ajoelhado diante de Mitra ou flutua em sua direção. No monumento de Osterburken, vê-se Mitra segurando com a mão direita a mística espádua do bezerro sobre a cabeça de Hélio, curvado diante dele, enquanto a mão esquerda segura o punho da espada. Uma coroa está no chão entre os dois. Cumont (1896, p. 173) observa que essa cena provavelmente representa o protótipo divino da cerimônia da iniciação no grau de *miles*, quando o iniciado recebia uma espada e uma coroa. Hélio, portanto, é nomeado *miles* de Mitra. Mitra parece assumir um papel de protetor de Hélio, o que lembra a ousadia de Hércules diante de Hélio: em sua marcha contra Gerião, Hélio arde demais; enfurecido, Hércules o ameaça com suas flechas infalíveis. Isso obriga Hélio a ceder e emprestar ao herói sua nave solar com a qual costuma atravessar o mar. Assim Hércules chega à Erítia, às manadas de Gerião[245].

---

244. "É preciso que ele cresça e eu diminua" (Jo 3,30).

245. O paralelo entre Hércules e Mitra vai mais longe. Como Hércules, Mitra é um excelente arqueiro. A julgar por certos monumentos, não só a juventude de Hércules parece estar ameaçada por uma serpente, mas também a de Mitra. O sentido do *athlos* (do trabalho) de Hércules coincide com o mistério mitríaco da vitória sobre o touro e seu sacrifício (Cumont, 1903).

No monumento de Klagenfurt, Mitra também é representado apertando a mão de Hélio, como que para se despedir ou como acordo. Em outra cena, Mitra entra no carro de Hélio para a ascensão ou, respectivamente, para a "viagem pelo mar"[246]. Cumont acredita que Mitra dá a Hélio (ou Sol) uma investidura solene e consagra seu poder divino ao coroá-lo com suas próprias mãos (Cumont, 1909, p. 173; *Ausführliches Lexikon*, vol. 2, col. 3048, 42s.). Essa relação corresponde à de Cristo com Pedro. Por seu atributo, que é o galo, Pedro tem caráter solar. Depois da ascensão (viagem pelo mar) de Cristo, Pedro é o guardião visível da figura divina e, por isso, sofre a mesma morte de Cristo (crucificação), torna-se o principal deus do Império Romano (o Sol invictus) e a cabeça da *ecclesia "militans et triumphans"*. Já na cena de Malco, ele se revela como o *miles Christi*, ao qual é entregue a espada e a rocha sobre a qual se ergue a Igreja; e como aquele que possui o poder de ligar e desligar, ele recebe também a coroa[247]. Assim, como Sol, ele é o deus visível; o papa, porém, como herdeiro do César romano, é o "*solis invicti comes*". O Sol que se vai nomeia um sucessor que entrega a força solar[248]. Dhulqarnein dá a Chidr a vida eterna, Chidr comunica a sabedoria a Moisés[249]; existe até um relato segundo o qual o distraído servo Josué ingenuamente bebe da fonte da

246. No monumento de Klagenfurt, essas três cenas são representadas lado a lado, de modo que podemos supor uma relação dramática entre elas. Ilustração em Cumont (1909, painel II, fig. 6).

247. Até a tríplice coroa.

248. A sequência cristã é: João – Cristo, Pedro – papa.

249. A imortalidade de Moisés é comprovada pelo paralelo com Elias na transfiguração.

vida, assim se torna imortal; como castigo, Chidr e Moisés o colocam num navio e o mandam para o mar – novamente um fragmento de um mito solar, o motivo da "viagem pelo mar" (cf. Frobenius, 1904).

O símbolo muito antigo que representa a parte do Zodíaco em que o Sol reinicia seu curso anual com o solstício de inverno é o Capricórnio, o *aigokeros*; como uma *cabra*, o Sol escala as montanhas mais altas e, como um *peixe*, entra mais tarde na água. O peixe é o símbolo da criança[250], pois antes de nascer, a criança vive na água, como um peixe; e o Sol, ao mergulhar no mar, torna-se criança e peixe ao mesmo tempo. O peixe, porém, é também um símbolo fálico (Riklin, 1908), igualmente um símbolo para a mulher (Inman, 1894), ou seja: o peixe é um símbolo da libido e, como parece, principalmente para a *renovação da libido*.

A viagem de Moisés com seu servo Josué é a viagem de uma vida (80 anos). Eles envelhecem e perdem a força vital (libido), isto é, o peixe "que, de maneira milagrosa, toma seu caminho até o mar"; quer dizer, o Sol se põe. Quando os dois percebem a perda, eles encontram Chidr junto à fonte da vida (onde o peixe morto foi ressuscitado e pulou na água); Chidr está sentado no chão envolto por seu manto[251]; segundo outra versão, ele está numa ilha no meio do mar ou "no lugar mais úmido da terra", ou seja, *recém-nascido das profundezas maternais da água*. Onde o peixe desapareceu, nasce Chidr, "o verdejante",

250. Daí o "Filho" de Deus tem o símbolo do peixe, ao mesmo tempo, a era vindoura é a de Peixes.

251. Envoltório amniótico?

como um “filho das profundezas da água”, de cabeça coberta, um Kabir, um pregador da sabedoria divina, como o antigo Oannes-Ea babilônico, que era representado em forma de peixe e diariamente saía do mar para ensinar a sabedoria ao povo[252].

Seu nome é associado ao de João. Com o nascer do Sol renovado, aquilo que era animal da água, peixe, e vivia no escuro, cercado de todos os terrores da noite e da morte[253], transforma-se em estrela diurna luminosa e ardente. Assim as palavras de João Batista adquirem um sentido especial:

> Eu vos batizo com água em sinal de conversão. Depois de mim, porém, outro virá *mais forte do que eu*. É Ele que vos batizará no Espírito Santo e no *fogo* (Mt 3,11).

Como Vollers, também podemos comparar Chidr e Elias (Moisés e seu servo Josué), com Gilgamesh e seu irmão-servo Eabani. Gilgamesh vagueia mundo afora, levado pelo medo e pelo anseio, à procura da imortalidade. O seu caminho o conduz através do mar até o sábio Utnapishtim (Noé), que conhecia o meio de transpor as águas da morte. Ali Gilgamesh deve descer até o fundo do mar para colher a planta mágica que o levará de volta

---

252. O Tages etrusco, o “menino recém-desenterrado na lavoura”, que emerge da vala recém-traçada na terra, também é um mestre de sabedoria. O mito litaolano dos basutos (Frobenius, 1904, p. 105) conta que um monstro devorou todos os homens, escapando apenas uma mulher que, num *estábulo* (em vez de caverna, cf. abaixo a etimologia desse mito) deu à luz um *filho*, o *herói*. Antes que ela pudesse preparar um berço de palha para o recém-nascido, ele já tinha crescido e falava “palavras sábias”. O rápido crescimento do herói, um tema recorrente, parece indicar que o nascimento e aparente infância do herói são tão estranhos porque seu nascimento significa a rigor um renascimento, razão pela qual, mais tarde, ele se adapta tão depressa a seu papel de herói. Cf. abaixo.

253. Luta de Rê contra a serpente da noite.

à terra dos homens. Ao retornar à pátria, *uma serpente lhe rouba a erva mágica* (o peixe retorna ao mar). Mas no caminho de volta da terra dos bem-aventurados, ele é acompanhado por um navegador imortal que, banido pela maldição de Utnapishtim, não pode retornar ao país dos bem-aventurados. Por causa do desaparecimento da erva mágica, a viagem de Gilgamesh perdeu seu sentido; no entanto, ele é acompanhado por um imortal, sobre cujo destino nada mais encontramos nos fragmentos da epopeia. Como observa Jensen corretamente, esse imortal banido seria o modelo para Ahasverus (Jensen, 1906, p. 50).

Encontramos também aqui o tema dos Dióscuros: mortal e imortal, o pôr e o nascer do Sol. *Esse motivo também é representado como projetado a partir do heros*. O *sacrificium mithriacum* [o sacrifício mitríaco] em sua representação cultual costuma estar flanqueado pelos dois Dadóforos, Cautes e Cautópates, um com a tocha erguida, o outro com a tocha abaixada. Eles representam um tipo de par de irmãos que revelam seu caráter pela simbólica posição da tocha. Não é à toa que Cumont os aproxima dos Érotes sepulcrais, que têm significado tradicional como gênios com a tocha invertida. Um deles, portanto, seria a morte; o outro, a vida. Não posso deixar de estabelecer um paralelo entre o *sacrificium mithriacum* (em que o sacrifício do touro é flanqueado pelos Dadóforos em ambos os lados) e o sacrifício cristão do Cordeiro (carneiro). Tradicionalmente, o crucificado também é ladeado de dois ladrões, um dos quais deverá subir ao paraíso, o outro, descer para o inferno[254]. A ideia

254. A diferença em relação ao sacrifício no culto de Mitra é muito significativa. Os Dadóforos são deuses de luz inofensivos que não participam do sacri-

do mortal e do imortal parece ter se inserido também no culto cristão.

Muitas vezes, os deuses semitas são representados como flanqueados por dois *paredroi*, por exemplo, o Baal de Edessa é acompanhado por Aziz e Monimos (Baal como Sol acompanhado em seu trajeto através de Marte e Mercúrio, segundo a interpretação astronômica). De acordo com o conceito caldeu, os deuses estão agrupados em tríades. A esse campo interpretativo pertence também a Trindade, a ideia do Deus trino, como o qual também Christos deve ser visto em sua união com o Pai e o Espírito Santo. Assim os dois ladrões também fazem internamente parte de Cristo. Os dois Dadóforos são, como demonstra Cumont, nada além de partes dissociadas[255] da figura principal de Mitra, ao qual é atribuído um caráter triádico secreto. Segundo uma informação em Dionísio Areopagita, os magos celebravam a festa "tou triplasiou Mithrou" (do "Mitra tríplice") (Cumont, 1896, vol. 1, p. 208). Plutarco faz uma observação semelhante referente à trindade sobre Ormuzd: "tris heauton auxesas apestese tou heliou" [multiplicando-se a si mesmo três vezes,

---

fício. No sacrifício de Cristo falta o *animal*. Em vez disso, são dois *criminosos* que sofrem a mesma morte. A relação interior entre os Dadóforos e Mitra, sobre a qual falo mais adiante, faz supor alguma coisa semelhante no caso de Cristo e dos ladrões. A cena com Barrabás revela que Cristo é o deus do ano que sai de cena e representado por um criminoso, enquanto o povo libera o deus do ano seguinte.

255. Um monumento, por exemplo, apresenta a seguinte dedicatória: "D(eo) Invicto M(ithrae) Cautopati". Encontramos ora "Deo Mithrae Caute" ou "Deo Mithrae Cautopati", assim como a variação "Deo Invicto Mithrae" ou apenas "Deo Invicto", ou só "Invicto". Os Dadóforos também são representados com punhal e arco, os atributos de Mitra. Disso podemos concluir que as três figuras representam quase que três estados diferentes de uma mesma pessoa. Cf. Cumont (1896, vol. 1, p. 208s.).

ele se afastou do Sol] (Cumont, 1896, vol. 1, p. 209). A Trindade como três estados diferentes do Uno é também um pensamento cristão. Acima de tudo, deve-se procurar nisso um mito solar. Uma observação em Macróbio (1,18) apoia essa interpretação: "Hae autem aetatum diversitates ad solem referentur, ut parvulus videatur hiemali solstitio, qualem Aegyptii proferunt ex adyto die certa, [...] aequinoctio vernali figura iuvenis ornatur. Postea statuitur aetas ejus pleníssima effigie barbae solstitio aestivo [...] exunde per diminutiones veluti senescente quarta forma deus figuratur" (Cumont, 1896, vol. 1, p. 209).

Como narra Cumont (1896, vol. 1, p. 210), Cautes e Cautópates trazem, por vezes, nas mãos respectivamente uma cabeça de touro e um escorpião[256]. O Touro e o Escorpião são signos equinociais, o que indica claramente que a cena do sacrifício se referia inicialmente à trajetória do Sol: o Sol nascente, que se autoimola no apogeu do verão e se põe. Na cena do sacrifício, o símbolo do Sol, não era fácil ilustrar o nascer e o pôr do Sol, razão pela qual essa ideia foi transferida para fora da cena de sacrifício.

Mencionamos acima que os Dióscuros representam uma ideia semelhante, embora sob forma um pouco diferente: um dos Sóis é sempre mortal, o outro imortal. Como toda essa mitologia solar é psicologia projetada para o céu, a proposição básica provavelmente é: assim como o ser humano consiste em um elemento mortal e outro imortal, o Sol também é um par de irmãos[257], dos

---

256. Touro e Escorpião são signos equinociais para o período de 4300-2150 a.C. Esses signos há muito ultrapassados foram, portanto, preservados de forma conservadora até a era pós-cristã.

257. Podem ser também Sol e Lua.

quais um é mortal, o outro imortal. Essa ideia subjaz à teologia em si: o homem realmente é mortal, mas existem alguns que são imortais (ou existe em nós algo que é imortal). Assim os deuses ou um Chidr ou um Comte de Saint-Germain são aquela parte nossa imortal que, em algum lugar inatingível, reside entre nós. A comparação com o Sol sempre de novo nos mostra que os deuses são libido; ela é nossa parte imortal, representando aquele elo por meio do qual nós nos percebemos como aquilo que nunca se apaga na raça[258]. É vida da vida da humanidade. Suas fontes, que jorram das profundezas do inconsciente, provêm do tronco de toda a humanidade, pois somos apenas um galho cortado e transplantado da mãe.

Visto que o "divino" em nós é a libido[259], não surpreende o fato de termos trazido em nossa teologia imagens primitivas de tempos remotos que dão a Deus a *figura tríplice*. Adotamos esse *triplasion theon* da *simbólica fálica*, cuja originalidade deve ser incontestada[260]. O órgão genital masculino é a base dessa tríade. É um fato

258. Para caracterizar a alma individual e a alma universal, o Âtman pessoal e sobrepessoal, um verso da *Çvetâçvatara-Upanishad*, IV, 6, 7, 9 (Deussen), usa a seguinte comparação: "Dois íntimos amigos, belamente alados, / Uma mesma árvore abraçam; / Um deles come o doce fruto, / O outro apenas observa, sem comer. // A tal árvore rebaixada a alma / Em sua impotência sofre, presa no devaneio; / Mas ao contemplar e venerar do outro a onipotência / E majestade, dela sua mágoa se esvai / [...] / De quem provêm os hinos, ofertas, juramentos / De preceitos da Veda passados e futuros, / Como mago este criou o mundo, / No qual outro se aprisionou por ilusão".

259. Entre os elementos que compõem o ser humano, a liturgia de Mitra dá destaque especial ao fogo como o aspecto divino e o designa como "*to eis emen krasin theodoreton*" [aquilo que foi dado por Deus para minha composição] (Dieterich, 1910, p. 58).

260. Basta mencionar o interesse amoroso que as pessoas e até o Deus do Antigo Testamento demonstram pela constituição do pênis e o quanto ali depende dele.

anatômico que a posição de um dos testículos sempre é um pouco mais elevada do que a do outro, além disso, é uma superstição antiquíssima ainda viva que um dos testículos gera os meninos; e o outro, as meninas[261]. Uma gema da Babilônia tardia, da coleção de Lajard, parece ecoar essa interpretação: no centro do quadro está um deus andrógino (rosto masculino e feminino) (Lajard, 1837 apud Inman, 1894, p. 4). No lado direito masculino, encontra-se uma serpente com um halo solar em torno da cabeça; no lado esquerdo feminino, vê-se também uma serpente com a Lua sobre a cabeça. Sobre a cabeça do deus, encontram-se três estrelas. Esse emblema deve garantir a Trindade[262] da representação. A serpente solar à direita é masculina; a serpente à esquerda, feminina (por causa da Lua). Essa imagem apresenta ainda um sufixo sexual simbólico, que evidencia o significado sexual do todo: no lado masculino vê-se um losango, um símbolo popular do órgão genital feminino; no lado feminino encontra-se uma roda sem aro. Uma roda sempre aponta para o Sol, mas os raios engrossam como clavas nas extremidades, o que aponta para a simbólica fálica. Parece tratar-se de uma roda fálica, que não era desconhecida na Antiguidade. Existem gemas obscenas em que Amor gira uma roda feita de falos[263]. Quanto ao significado fálico do Sol, não é só a serpente que aponta para isso; cito da abundância de exemplos apenas um caso especialmente

261. Os testículos costumam ser vistos como gêmeos. Por isso, na linguagem vulgar, os testículos são chamados de *es Siamois* (Stekel, 1911, p. 169).

262. Stekel (1911) apontou frequentemente a tríade como símbolo fálico.

263. Raios do Sol = falos.

evidente: na coleção de antiguidades de Verona, descobri uma inscrição mística romana tardia em que se encontra a seguinte representação[264]:

A leitura dessa simbólica é muito simples: Sol = falo, Lua = vagina (útero). Essa interpretação é confirmada por outro monumento da mesma coleção. Ali encontramos o mesmo desenho, apenas o recipiente[265] foi substituído pela figura de uma *mulher*.

De forma semelhante devem ser interpretadas também as representações em moedas, em que, no centro, uma palmeira é abraçada por uma serpente, flanqueada de duas pedras (testículos) ou em que, no centro, uma pedra é abraçada por uma serpente, à direita uma palmeira e à esquerda uma concha (= órgão genital feminino) (Inman, 1894, p. 10, ilustração IX). Em Lajard (1837, p. 48s.; e imagem em Lajard, 1849, painel I, fig. 13) encontramos uma moeda de Perga, onde Ártemis é representada por uma pedra cônica (fálica), flanqueada por

264. A ilustração não provém de uma fotografia, mas de um esboço feito a lápis pelo autor.

265. Num mito bacairi aparece uma mulher que surgiu num pilão de milho. Um mito zulu diz: uma mulher deve recolher uma gota de sangue num *jarro*, fechar o jarro, deixá-lo de lado durante oito meses e reabri-lo no nono mês. Ela segue o conselho, abre o jarro no nono mês e encontra nele uma *criança* (Frobenius, 1904, p. 237).

um homem (supostamente Men) e uma figura feminina (supostamente Ártemis). Num baixo-relevo ático, vemos Men (o assim chamado Lunus) com uma lança (um cetro de significado básico fálico), ladeado por Pã com uma clava (falo) e uma figura feminina (*Ausführliches Lexikon*, col. 2733/2734, verbete: "Men"). A representação tradicional do crucificado flanqueado por João e Maria é intimamente conectado a essa ideia, como também o crucificado com os ladrões. Isso nos mostra como, além do Sol, surge também sempre de novo a comparação muito mais antiga da libido com o fálico. Um rastro especial ainda merece ser mencionado aqui. O Dadóforo Cautópates, que substitui Mitra, é representado também com o galo[266] e a pinha. Mas esses são os atributos do deus frígio Men, cujo culto era muito difundido. Men era representado com o barrete frígio[267], com a pinha e o galo, bem como sob a forma de menino, assim como os Dadóforos são figuras pueris (essa qualidade os aproxima, juntamente com Men, dos Cabiros). Mas Men tem relação muito próxima com Átis, filho e amante de Cibele. No tempo dos imperadores romanos, Men e Átis se fundiram completamente. Como já foi dito acima, Átis também usa o píleo, assim como Men, Mitra e os Dadóforos. Como filho e amante de sua mãe, ele nos reconduz à fonte dessa libido formadora de religiões, ao incesto materno. Logicamente, o incesto leva à castração sacral no culto de Átis-Cibele, quando o *heros*, enlouquecido

266. Um conhecido animal solar, frequente como símbolo fálico.

267. Como Mitra e os Dadóforos.

pela mãe, se automutila[268]. Não posso aprofundar-me aqui, pois pretendo discutir o problema do incesto só no fim. Basta mencionar que a análise dessa simbólica da libido sempre conduz a partir de diferentes lados ao incesto materno. Por isso podemos supor que o anseio da libido elevada ao Deus (reprimida para o inconsciente) é um anseio originalmente incestuoso voltado para a mãe. Devido à desistência da masculinidade em relação à primeira amante, o elemento feminino se manifesta poderosamente, daí aquele caráter andrógino dos salvadores divinos que morrem e ressuscitam. Frequentemente, os heróis são peregrinos[269], e isso é um simbolismo psicologicamente claro: a peregrinação é uma imagem do anseio (Wagner, 1911), do desejo que nunca descansa, que em parte alguma encontra seu objeto, pois sem saber procura a mãe perdida. A comparação com o Sol também sob esse aspecto é facilmente compreendida, por isso os heróis sempre são semelhantes ao Sol peregrino. Desse modo nos julgamos autorizados a concluir que o mito do herói é um mito solar. Contudo nos parece que o mito do herói é antes o mito do nosso próprio inconsciente sofredor, que tem aquele anseio insaciado e raramente saciável por todas as fontes mais profundas do nosso ser, pelo corpo da mãe e pela comunhão com a vida infinita nas inúmeras formas da existência. Deixo a palavra aqui ao Mestre que pressentiu as raízes do mais profundo anseio faustiano:

268. A castração a serviço da mãe é destacada de forma especial em Êxodo (4,25): "Séfora, então, pegou uma faca de pedra, cortou o prepúcio do filho, tocou-o nas virilhas de Moisés e disse: 'Tu és para mim um marido de sangue'". Essa passagem mostra o que significa a circuncisão.

269. Gilgamesh, Dionísio, Hércules, Cristo, Mitra etc.

Mefistófeles:
Reluto em revelar segredo elevado. –
Deusas tronam aqui em solidão.
Lugar não há, menos ainda tempo, onde estão;
Delas falar é hesitação.
Elas são as mães.
[...] Deusas, ignoradas
Por vós mortais, por nós mal mencionadas.
Vai procurá-las pois em sua morada funda,
Se delas precisamos, a culpa é tua.

Fausto:
Qual o caminho?

Mefistófeles:
Nenhum caminho! É o não trilhado,
O não trilhável! Um rumo ao não rogado,
Não rogável. Estás disposto?
Trincos nem cadeados há, a serem removidos,
Por solidões serás a esmo impelido:
Tens tu noção de ermo e solidão?...

E se o oceano a nado transpusesses,
Vendo ali a ilimitada vastidão,
Verias ainda que onda após onda segue,
Mesmo com o pavor da morte a te espreitar.
Algo verias! Talvez no imenso verde
De mares acalmados, a dança de delfins;
Verias o passar das nuvens, o Sol, a Lua e as estrelas –
Nada verás no eterno e longínquo vácuo,
Não ouvirás o som de teu próprio passo,
Não sentirás firmeza em teus pés.
[...]
Toma esta chave aqui.
[...]

A chave há de farejar o lugar certo.
Segue-a até embaixo: às mães vai te levar.
[...]
Submerge, pois! Eu poderia dizer: sobe!
Tanto faz. Foge do que já teve origem,
Nos reinos soltos das criações!
Encanta-te com o que há muito não existe!
Névoas ali volteiam incessantes,
Agita a chave, mantém-nas distantes
[...]
Dir-te-á uma trípode ardente[270],
Que ao fundo dos fundos chegaste finalmente.
As mães verás em seu clarão:
Umas sentadas, outras vêm e vão.
Ao bel-prazer. Formação, transformação,
Do eterno espírito, eterna ocupação.
Envoltas por visões de infinitas criaturas,
Elas não te veem, veem apenas esquemáticas figuras.
Coragem então, o perigo é iminente,
Vai à trípode diretamente,
E com a chave a toca!
(Goethe, *Fausto*, Parte II, 1º Ato, Palatinado).

270. Acima, por ocasião da visão de Zósimo, mencionei que o altar significa o útero, assim como o tanque de batismo.

Símbolos da mãe e do renascimento

Miss Miller descreve a visão que se segue à do nascimento do *heros* como “um formigueiro de gente”. Conhecemos essa imagem a princípio como o símbolo do segredo (Freud, 1900). Aparentemente, o respeito à representabilidade (Freud) determina a escolha desse símbolo: o portador do segredo é contraposto à multidão dos não iniciados. *A posse do segredo separa da comunidade das outras pessoas*. Visto que, para a economia da libido, a relação completa e, na medida do possível, livre de atritos com o ambiente é de grande importância, o efeito da posse de *segredos subjetivamente importantes costuma incomodar muito*. Pode-se dizer que toda a arte da vida se resume ao problema de se livrar da libido da forma mais inofensiva. Por isso o neurótico se sente enormemente aliviado quando, durante o tratamento, pode finalmente se desfazer de seus segredos. O símbolo da massa popular, de preferência da massa que flui e se move, conforme tenho visto frequentemente, também representa o grande movimento do inconsciente, de preferência em pessoas que, por fora, são águas calmas.

A visão do formigueiro se amplia: *cavalos* aparecem, trava-se uma batalha.

Inicialmente, quero – com Silberer – considerar o significado dessas visões como pertencente à "categoria funcional", pois a ideia básica do formigueiro desordenado, bem como a batalha e, eventualmente, os cavalos, é nada mais do que um símbolo que representa movimento. Veremos o significado mais profundo do aparecimento de *cavalos* apenas mais tarde, no decorrer de nossas considerações sobre os símbolos maternos. A visão seguinte tem caráter mais determinado e é mais significativa quanto ao conteúdo: Miss Miller vê uma "*cité de rêve*", uma cidade de sonho. A imagem é igual àquela vista pouco antes na capa de uma revista. Infelizmente nada mais sabemos a respeito. Certamente podemos imaginar essa "*cité de rêve*" como uma coisa muito bonita e desejada, uma espécie de Jerusalém celestial, como sonhada pelo autor de Apocalipse.

A cidade é um *símbolo materno*, uma mulher, que abriga em si os habitantes como filhos. Compreende-se assim por que as duas deusas-mães, Reia e Cibele, ostentam coroas em forma de muro. O Antigo Testamento trata as cidades de Jerusalém, Babel etc. como se fossem mulheres. Isaías (47,1s.) exclama:

> Desce, assenta-te no pó, virgem, filha de Babilônia! Assenta-te no chão, destronada, filha dos caldeus! Pois já não te chamarão de grã-fina e amimada. Pega o moinho e mói a farinha, tira o véu! Levanta a saia, descobre as coxas, atravessa os rios. Seja descoberta tua nudez, apareça também tua vergonha! Tomarei vingança e não pouparei a ninguém. Fala nosso fiador, cujo nome é Senhor Todo-poderoso, Santo de Israel: Assenta-te bem quieta e vai para as trevas, filha dos caldeus! Já não voltarás a ser chamada 'Soberana dos Reinos'.

Jeremias (50,12) diz sobre Babel:

> [...] vossa mãe está profundamente envergonhada, aquela que vos gerou enrubesce!

Encontramos uma simbólica semelhante no mito de Ógiges, o antigo rei da Tebas egípcia, e cuja mulher se chamava Teba. A Tebas beócia fundada por Cadmo recebeu por isso o cognome "ogígica". Esse cognome também foi dado ao grande dilúvio, chamado o "ogígico", porque ocorreu durante o reinado de Ógiges. Veremos abaixo que essa coincidência não ocorreu por acaso. O fato de a cidade e a mulher de Ógiges terem o mesmo nome indica que alguma relação deve existir entre a cidade e a mulher, o que é fácil de compreender, visto que a cidade simplesmente é idêntica à mulher. Encontramos uma ideia semelhante na Índia, onde Indra é tido como esposo de Urvarâ. Mas Urvarâ quer dizer a "terra fértil". Igualmente, a tomada de um país pelo rei é considerada como casamento com a terra de lavoura. Ideias semelhantes devem ter existido também na Europa. Ao assumirem seu reinado, os príncipes precisavam garantir uma boa colheita. O rei sueco Domaldi chegou a ser morto por causa de uma safra malsucedida (saga de Ynglinga 18). Na saga de Rama, o herói Rama se casa com Sîtâ, o sulco na terra lavrada[271]. Ao mesmo grupo de ideias pertence o hábito chinês segundo o qual o imperador precisa arar a terra ao assumir o poder. Essa ideia de que a terra é feminina abarca também o pensamento da companhia constante da mulher, de um convívio físico, de um viver no outro. O deus Shiva, o deus fálico, na qualidade

---

271. Devo ao Dr. Abegg, em Zurique, as referências a Indra e Urvarâ, Domaldi e Ramâ.

de Mahadeva e Parvati, é masculino e feminino. Ele até cedeu uma metade de seu corpo como moradia para sua esposa Parvati[272]. Inman (1894, painel VII) nos traz o desenho de um pandita de Ardhanari-Iswara: uma metade do deus é masculina; a outra, feminina, e os órgãos genitais se encontram em *constante coabitação*. O tema da *coabitação constante* aparece também no conhecido símbolo do lingam, encontrado em muitos templos indianos: a base é um símbolo feminino, e dentro dele está o falo[273]. Esse símbolo se aproxima muito dos cestos e das caixas fálicas gregas (cf. abaixo os mistérios de Elêusis). Aqui a caixa ou arca é um símbolo feminino, isto é, o ventre materno, que era um conceito familiar aos mitologistas antigos[274]. Muitas vezes, a caixa, pipa ou cesta com o precioso conteúdo é imaginada flutuando sobre a água, numa inversão notável do fato natural de que a criança nada no líquido amniótico e este se encontra no útero. Por meio dessa inversão, alcança-se uma grande vantagem de sublimação, pois isso cria uma incrível possibilidade de aplicação para a fantasia criadora de mitos, ou seja, uma analogia à *trajetória do Sol*. O Sol transpõe o mar como o deus imortal, que toda noite submerge no mar materno para renascer renovado pela manhã.

---

272. Também a Idade Média cristã imaginava a Trindade como habitando no corpo da Santa Virgem.

273. Outra forma do mesmo motivo é o conceito persa da árvore da vida, que se encontra no lago pluvial Vourukasha. As sementes dessa árvore são misturadas com a água, e isso garante a fertilidade da terra. A Vendidâd (5, 57s.) diz: "As águas correm para o Lago Vourukasha, para a árvore Hvâpa. Ali crescem minhas árvores todas, de todas as espécies. Estas eu faço chover ali como alimento para o homem puro, como pasto para a vaca bem-criada" (fertilidade expressada em estágio pré-sexual!). Outra árvore da vida é o branco Haoma, que cresce na fonte Ardîçura, a água da vida (Spiegel, 1871, vol. 1, p. 465s.).

274. Rank (1909) traz belos exemplos disso.

Frobenius diz:

> Se, para o sangrento nascer do Sol surge a interpretação de estar ocorrendo ali um parto, o nascimento do jovem Sol, segue-se imediatamente a pergunta sobre a paternidade, como essa mulher teria engravidado. E como essa mulher simboliza o mesmo que o peixe, ou seja, o mar (se partirmos aqui da suposição de que o Sol tanto submerge no mar como dele emerge), a primordialmente estranha resposta é que esse mar antes engolira o Sol velho. Forma-se assim o mito da consequência, onde a mulher 'mar' primeiro engoliu o Sol e agora dá à luz um Sol novo; assim evidentemente ela engravidou (Frobenius, 1904, p. 30).

Todos esses deuses que viajam pelo mar são símbolos solares. Para "a viagem noturna pelo mar" (Frobenius, 1904), eles estão encerrados numa caixa ou arca, frequentemente com uma mulher (novamente invertendo a situação real, mas de acordo com o tema da coabitação constante, como vimos acima). Durante a viagem noturna pelo mar, o deus solar está encerrado no ventre materno, frequentemente ameaçado por diversos perigos.

Em vez de citar muitos exemplos, contento-me aqui com a reprodução do esquema construído por Frobenius (1904, p. 421) para inúmeros mitos desse tipo:

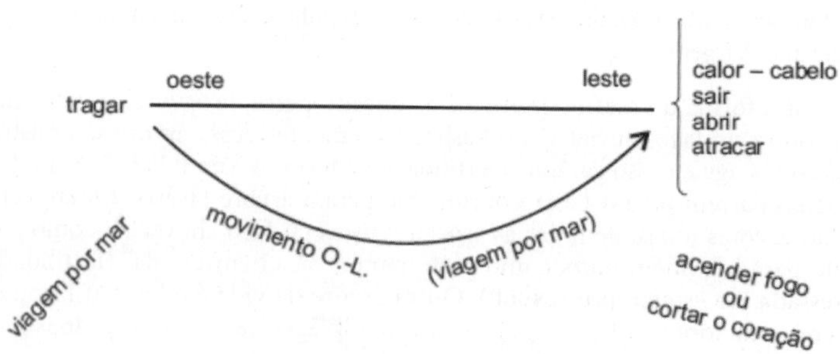

Frobenius apresenta a seguinte lenda:

> Um herói é tragado (tragar) por um monstro marinho no Oeste. O animal viaja com ele para o Leste (viagem pelo mar). Enquanto isso, ele acende um fogo na barriga do monstro (acender fogo) e, como sente fome, corta um pedaço do coração do animal (cortar o coração). Pouco depois, percebe que o peixe desliza para terra firme (atracar) e começa imediatamente a cortar o animal por dentro (abrir); depois sai (sair). No ventre do animal estava tão quente que todos os seus cabelos caíram (calor, cabelo). Muitas vezes, o herói ainda liberta todos os que haviam sido tragados anteriormente (tragar geral), e que agora também saem (saída geral).

Um paralelo muito próximo é a viagem de Noé no dilúvio, em quc todos os seres vivos morrem; só ele e a vida por ele preservada são levados para um novo nascimento da criação. Uma saga melapolinésica (Frobenius, 1904, p. 60s.) conta que o herói, na barriga do kombili (peixe real), toma sua obsidiana e corta a barriga do peixe. "Ele se esgueirou para fora e viu um *esplendor*. E sentou-se então e ponderou: 'Pergunto-me onde estou', disse. Então o Sol ergueu-se num impulso e atirou-se de um lado para outro". O Sol tornou a sair. Frobenius (1904, p. 173s.) menciona o mito do Ramayana sobre o macaco Hanumant, que representa o herói solar: "O Sol, no qual Hanumant voa pelos ares, lança uma sombra sobre o mar; um monstro marinho a percebe e, por meio dela, atrai Hanumant. Quando este vê que o monstro pretende engoli-lo, *ele cresce desmesuradamente*. O monstro assume as mesmas proporções gigantescas. Quando ele faz isso, Hanumant torna-se tão pequeno como um *polegar*, se esgueira para dentro do enorme ventre do monstro e sai pelo outro lado". Em outro trecho do poema lê-se que ele saiu pela *orelha direita* do monstro (como o Gargântua de Rabelais, que também nasceu da orelha da mãe). "Hanumant retoma seu voo e encontra novo obstáculo na *mãe* de Rahu (do demônio devorador do Sol). Ela também atrai a sombra[275] de Hanumant, que recorre ao mesmo ardil: diminui e entra no corpo dela, mas assim que entra, ele se transforma numa massa enorme, intumesce, arrebenta a mãe e a mata, e depois vai embora".

Compreendemos assim por que Mâtariçvan, o preparador de fogo indiano, se chama "o que intumesce na mãe". A arca (caixa, baú, pipa, barco etc., cf. fig. 55) é um símbolo do ventre materno, assim como o mar, no qual o Sol mergulha para renascer.

A partir desse grupo de ideias compreendemos as referências mitológicas a Ógiges: ele é aquele que possui a mãe, a cidade, que, portanto, está unido à mãe. Por isso ocorreu em seu reinado o grande dilúvio, pois é um elemento típico do mito solar que o herói, quando unido à mulher quase inatingível, é lançado ao mar dentro de uma pipa ou coisa semelhante e depois desembarca numa praia distante para nova vida. A parte central, a "viagem noturna pelo mar" dentro de uma arca, falta na tradição sobre Ógiges[276]. Mas é na mitologia que os elementos tí-

---

275. "Sombra" = provavelmente alma, cuja natureza é igual à libido. Cf. a primeira parte.

276. Devo, porém, mencionar que Nork (*Real-Wörterbuch,* verbetes: "Tebas" e "navio"), por razões em parte muito contestáveis, defende que Tebas seria a "cidade-navio". Pelas razões dele, destaco uma passagem de Diodoro (1, 57), segundo a qual Sesóstris (que Nork relaciona a Ziusudra) dedicou ao deus supremo em Tebas um navio de 280 varas de comprimento. No diálogo de Lúciu (Apuleio, 1778, Livro 2, p. 28), a viagem noturna pelo mar é usada como figura *erótica*: "Hac enim sitarchia navigium Veneris indiget sola, ut in nocte pervigili et óleo lucerna et vino cálix abundet" [Com vigor, o barquinho de Vênus viaja

picos individuais de um mito podem ser encadeados uns aos outros nas sequências mais variadas, o que dificulta muito a interpretação de um mito isolado sem o conhecimento de todos os outros. O sentido dos mitos aqui evocados está claro: é o anseio de *obter o renascimento por meio do retorno ao ventre materno, ou seja, de se tornar imortal como o Sol.*

Esse anseio pela mãe aparece frequentemente em nossas Escrituras Sagradas[277]. Lembro primeiramente a passagem da Epístola aos Gálatas (Gl 4,26-5,1):

> Ora, a Jerusalém do alto é livre (não é escrava), essa é nossa mãe. Pois está escrito:
> *Alegra-te, estéril, que não dás à luz,*
> *prorrompe em gritos,*
> *tu que não conheces as dores do parto,*
> *porque mais numerosos serão*
> *os filhos da abandonada*
> *do que os da que tem marido.*
> Como Isaac, irmãos, vós sois filhos da promessa. Como naquele tempo o filho segundo a carne perseguia o filho segundo o Espírito, o mesmo acontece hoje. Mas o que diz a Escritura? *Expulsa a escrava com seu filho, pois o filho*

---

durante toda a noite, quando a lâmpada está abastecida de óleo; e a taça, de vinho]. A união do motivo do coito com o motivo da gravidez se encontra no motivo da "viagem noturna pelo mar" de Osíris, que, no ventre materno, engravida sua irmã.

277. Psicologicamente muito significativo é a maneira de Jesus tratar sua mãe, como Ele a recusa duramente: mais forte se tornará o anseio pela *imago* dela no inconsciente dele. Não é por acaso que o nome Maria o acompanha por toda a sua vida. Veja o versículo em Mateus (10,35s.): "Vim separar o filho de seu pai, a filha de sua mãe [...]. Quem ama o pai ou a mãe mais do que a mim, não é digno de mim". Essa intenção claramente hostil, que lembra o papel lendário de Bertran de Born, volta-se contra os vínculos incestuosos e obriga as pessoas a *transferirem* sua libido para o Salvador moribundo, que entra na mãe e ressuscita para o *heros* Christos.

> *da escrava não será herdeiro juntamente com o filho da livre*. Portanto, irmãos, nós não somos filhos da escrava, mas da livre. É para gozarmos da liberdade que Cristo nos libertou.

Os cristãos são os filhos da cidade superior, um símbolo da mãe, não filhos da cidade-mãe terrena, que devem ser expulsos, pois aquele que foi gerado pela carne é oposto ao que foi gerado pelo espírito, que não nasceu da mãe carnal, mas de um símbolo da mãe. Relembramos os índios, para os quais o primeiro ser humano surgiu do punho de uma espada ou de uma naveta de tecelão. O pensamento religioso está ligado à coerção de deixar de chamar a mãe de mãe, mas de idade, fonte, mar etc. Essa coerção só pode ter sua origem na necessidade de ativar um montante da libido ligado à mãe, mas de tal modo que a mãe seja representada ou *ocultada* por um símbolo.

Encontramos a simbólica da cidade bem desenvolvida no Apocalipse de João, em que duas cidades exercem um papel importante, uma delas por ele repudiada e amaldiçoada, a outra almejada. Lemos Apocalipse (17,1s.):

> Vem e te mostrarei o juízo da grande prostituta sentada entre as grandes águas. Com ela se prostituíram os reis da terra, e os habitantes da terra se embriagaram com o vinho de sua prostituição. E me levou em espírito para o deserto. Vi uma mulher sentada numa fera cor de escarlate, cheia de nomes de blasfêmia, com sete cabeças e dez chifres. A mulher se vestia de púrpura e escarlate, estava adornada de ouro e pedras preciosas e pérolas, e tinha na mão uma taça de ouro[278] cheia de abominação e imundície de sua prostituição. Na fronte trazia escrito um nome – mistério –: 'Babilônia, a grande, a mãe das pros-

278. Órgãos genitais.

titutas e das abominações da terra'. Vi que a mulher estava embriagada com o sangue dos santos e com o sangue dos mártires de Jesus. Seu aspecto me encheu de grande assombro.

Segue no texto uma interpretação incompreensível para nós, da qual destacamos apenas que as sete cabeças do dragão[279] significam sete montanhas sobre as quais a mulher está sentada. Poderia tratar-se aqui de uma clara referência a Roma, a cidade cujo poder mundano oprimia o mundo na época do autor do Apocalipse. As águas sobre as quais está sentada a mulher, a "mãe", "são os povos, as nações e as línguas", e também isso parece se referir a Roma, pois ela é a mãe dos povos e dona de todos os países. Assim como na linguagem as colônias são chamadas de "filiais", os povos subjugados por Roma são como membros de uma família subjugada pela mãe. Em outra versão da imagem, os reis dos povos, portanto os "filhos", prostituem-se com essa mãe. O Apocalipse continua (18,2s.):

Caiu, caiu a grande Babilônia. Tornou-se morada de demônios, guarita de todo espírito impuro e abrigo de toda ave impura e abominável. Pois

---

279. Os chifres do dragão têm os seguintes atributos: "Eles se alimentarão da carne da mulher e a queimarão com fogo". No *unicórnio*, o chifre, um emblema fálico, é o símbolo do Espírito Santo (*logos*). O unicórnio é caçado pelo Arcanjo Gabriel e conduzido ao ventre da virgem, uma alusão à *conceptio immaculata*. Mas os chifres são também raios do Sol, razão pela qual, muitas vezes, os deuses solares possuem chifres. O falo solar é o modelo para o Hornes (aro solar ou aro fálico), razão pela qual o chifre é símbolo de poder. Aqui, os chifres "queimam com fogo" e devoram a carne; reconhecemos nisso uma imagem do tormento infernal, em que as almas são "devoradas" ou "queimadas" pelo fogo da libido (desejo insaciado). Portanto, a prostituta deve ser "devorada" ou "queimada" pelo desejo insaciado (libido). Prometeu sofre destino semelhante, quando a ave solar (libido) devora suas entranhas; poderíamos também dizer que ele é traspassado pelo "chifre". Viso ao significado fálico da lança.

> com vinho do furor de sua prostituição se embriagaram todas as nações.

Assim essa mãe se torna não só a mãe de todas as abominações, mas também o receptáculo de todo mal e de toda impureza. As aves são imagens da alma[280], portanto, uma referência a todas as almas dos condenados e aos espíritos malignos. Assim a mãe se transforma em Hécate, no submundo, na própria cidade dos condenados. Reconhecemos na antiga imagem da mulher montada no dragão[281] facilmente a já mencionada Equidna, mãe de todos os tormentos infernais. A Babilônia é a figura da mãe "terrível", que, com tentação diabólica, seduz todos os povos à prostituição e os embebeda com seu vinho. A bebida embriagante aqui se encontra em relação direta com a lascívia, pois ela também é um símbolo da libido, como já vimos no paralelo entre fogo e Sol.

Depois da queda e maldição da Babilônia, encontramos em Apocalipse (19,6s.) o hino que faz a transição da metade inferior para a metade superior da mãe, em que deverá tornar-se possível tudo o que seria impossível sem a repressão do incesto:

> Aleluia! Porque estabeleceu seu reino o Senhor, Deus todo-poderoso. Alegremo-nos, exultemos e demos glória, porque se aproximam as núpcias do Cordeiro[282]. A Esposa está preparada. Foi-lhe

---

280. No submundo babilônico, por exemplo, as almas vestem uma roupa alada, como as aves. Cf. a Epopeia de Gilgamesh.

281. Num evangeliário de Bruges, do século XIV, encontra-se uma miniatura em que a "mulher", suave como a mãe de Deus, está *a meio corpo* dentro de um dragão.

282. Em grego *to arnion*, o cabrito. Diminutivo do raro *aren* = bode. (Em Teofrasto, aparece com o significado de "pimpolhos"). O termo semelhante *arnis*

> dado vestir linho brilhante e puro, pois o linho são as obras justas dos santos. E ele me disse: 'Escreve: felizes os convidados para o banquete nupcial do Cordeiro'.

O Cordeiro é o Filho do Homem que festeja suas bodas com sua "esposa". A princípio, não sabemos quem é a "esposa". Mas Apocalipse (Ap 21,9s.) nos mostra que a mulher é a noiva do Cordeiro:

> Vem que te mostrarei *a noiva, a esposa do Cordeiro*[283]. Levou-me em espírito a um grande mon-

---

designa uma festa celebrada anualmente em Argos, em memória de Linos, quando era cantada a lamentação chamada *linos*, para lamentar a sorte de Linos, filho recém-nascido de Psamata e Apolo, dilacerado pelos cães. A mãe havia rejeitado a criança por medo de seu pai Crótopos. Mas, por vingança, Apolo enviou o dragão Poine ao país de Crótopos. O oráculo de Delfos ordenou uma lamentação anual das mulheres e donzelas pela morte de Linos. Também Psamata recebia uma parte das honrarias. A lamentação por Linos, conforme mostra Heródoto (II, 79, p. 215s.), é análoga ao costume fenício, cipriota e egípcio da lamentação por Adônis (Tammuz). No Egito, Linos chama-se Maneros, como observa Heródoto. Brugsch (1891, p. 13) demonstra que Maneros provinha do lamento egípcio "maa-n-chru" "atende ao chamado". Poine tem a particularidade de arrancar os filhos do ventre de todas as mães. Reencontramos esse conjunto de temas em Apocalipse 12, em que se fala da mulher coroada de estrelas que está para dar à luz e cujo filho é ameaçado pelo dragão, mas é arrebatado para o céu. O infanticídio decretado por Herodes é uma humanização dessa imagem primitiva. O cordeiro significa o filho (cf. Brugsch, 1852). Dieterich (1891, p. 117s.) refere, para explicar essa passagem, ao mito de Apolo e Pitão, que ele reproduz deste modo (seg. Higino): "A Pitão, filho da Terra, grande dragão [...], havia sido profetizado que o filho de Leto o mataria. Leto estava grávida de Zeus. Mas Hera fez com que ela só pudesse dar à luz num lugar onde não houvesse Sol. Quando Pitão percebeu que Leto ia dar à luz, começou a persegui-la, para a matar. Mas Bóreas levou Leto a Posídon. Este a levou para Ortígia e cobriu a ilha com as vagas do mar. Não encontrando Leto, Pitão voltou ao Parnaso. Leto deu à luz na Ilha Ortígia erguida por Posídon. No quarto dia depois do nascimento, Apolo se vingou. Correu ao Parnaso e matou Pitão". O nascimento da ilha oculta pertence ao tema da "viagem noturna pelo mar" (cf. Frobenius, 1904). Riklin foi o primeiro a perceber o aspecto típico da "fantasia da ilha" (1910, p. 246s.). Um belo paralelo se encontra, juntamente com o material de fantasia incestuosa, em Stacpoole (1908) – um paralelo a "Paul et Virginie".

283. Apocalipse (21,2): "Vi a cidade santa, a nova Jerusalém que descia do céu do lado de Deus, ornada como uma esposa se enfeita para seu esposo".

> te bem alto e mostrou a cidade santa, Jerusalém, que descia do céu, da parte de Deus. Tinha a glória de Deus.

Dessa passagem, diante de tudo que a precedeu, poderíamos concluir que a cidade, a noiva celestial que aqui é prometida ao Filho, é a mãe[284]. Na Babilônia, para usar a linguagem da Epístola aos Gálatas (Gl 4,21s.), a serva impura é expulsa, para receber a mãe-noiva com tanto maior segurança na Jerusalém celestial. O fato de os Santos Padres terem incluído essa peça de interpretação simbólica do mistério de Cristo entre os livros canônicos é prova de finíssima intuição psicológica. Ele é um baú de tesouros precioso para as fantasias e os mitos que subjazem ao cristianismo primitivo[285]. Os demais atributos conferi-

---

284. A saga de Shaktideva da Somadeva Bhatta conta que o herói, depois de galhardamente escapar de ser tragado por um peixe monstruoso (a terrível mãe), vê finalmente a cidade dourada e se casa com sua amada princesa (Frobenius, 1904, p. 175).

285. No livro apócrifo Atos de Tomé (século XI), a Igreja é considerada como a mãe-esposa virgem de Cristo. Numa invocação do apóstolo lemos: "Vem, nome sagrado de Cristo, que estás acima de todos os nomes. / Vem, poder do supremo e máxima graça. / Vem, doador da bênção do supremo. / Vem, mãe, misericordiosa. / Vem, economia do masculino. / Vem, mulher que descortinas os mistérios ocultos [...]" etc. Outra invocação diz: "Vem, graça máxima. / Vem, esposa (literalmente: comunidade) do masculino. / Vem, mulher que conheces o mistério do eleito [...] / Vem, mulher que mostras as coisas ocultas / E revelas as coisas indizíveis, pomba sagrada, que produzes as aves gêmeas. / Vem, mãe secreta" (Conybeare, 1906, p. 77). A relação com a mãe está fora de dúvida, bem como a interpretação da mãe como esposa. A virgem é representada necessariamente em posição intermediária para ocultar o incesto. A "economia do masculino" aponta para o motivo da coabitação contínua. "As aves gêmeas" apontam para a antiga lenda segundo a qual Jesus e Tomé teriam sido gêmeos. Trata-se, evidentemente, do motivo dos Dióscuros, é por isso que o Tomé que duvida precisa colocar o dedo na ferida, cujo significado Zinzendorf intui corretamente como um símbolo que alude à natureza andrógina do ser primordial (a libido). Cf. a lenda pérsica da árvore gêmea Meschia e Mechiane, bem como o motivo dos Dióscuros e o motivo da coabitação.

dos à Jerusalém celestial tornam seu significado de mãe indubitável:

> E mostrou-me então um *rio de água da vida*, pura como cristal. Saía do trono de Deus e do Cordeiro. No meio da rua da cidade, de um lado e de outro do rio, havia uma *árvore da vida*, que dava doze frutos, cada fruto em seu mês. As folhas da árvore eram saudáveis para as nações. *Já não haverá maldição alguma* (Ap 22,1s.).

Nessa passagem, encontramos o símbolo da *água*, que vimos na menção de Ógiges e sua relação com a cidade. O significado maternal da água é um dos simbolismos mais claros na esfera da mitologia (cf. Freud, 1900; também Abraham, 1909, p. 22s.), o que permitia que os antigos dissessem: "*hc thalassu – tes genereos symbolon*" [o mar – símbolo do nascimento]. A vida vem da água[286], daí também os dois deuses que aqui mais nos interessam, Cristo e Mitra; segundo as representações, este último nasceu às margens de um rio, Cristo "renasce" no Rio Jordão. Além disso, nasceu da *pege* [πηγή] (Wirth, 1894), a "*sempiterni fons amoris*" [constante fonte de amor], da Mãe de Deus, que a lenda pagão-cristã transformou em ninfa da fonte. A "fonte" também existe no mitraísmo: uma dedicatória panônica diz "*fonti perenni*" [fonte perene]. Uma inscrição de Apulum leva a dedicatória: "fons aeternus" [fonte eterna] (Cumont, 1896, p. 106s.). Em persa, *ardvîçûra* é a fonte com a água da vida. Ardvîçûra-Anâhita é uma deusa da água e do amor (assim como Afrodite é a "nascida da espuma"). Os no-

---

286. Isaías (48,1): "Ouvi o que segue, casa de Jacó, que vos dais o nome de Israel e sois descendentes de Judá...".

vos persas usam o nome Nâhîd para designar o planeta Vênus e uma virgem em idade de casamento (Spiegel, 1871, vol. 2, p. 54s.).

Nos templos de Anaitis, havia hieródulos (prostitutos). Entre os saqueus (em homenagem a Anaitis) existiam *pancadarias rituais* (Estrabão XI), assim também na festa do Ares egípcio e de sua mãe. Nos Vedas, as águas chamavam-se *mâtritamâh* = as *mais maternais*. Tudo o que é vivo emerge da água, como o Sol, e no fim do dia volta a submergir nela. Nascido das fontes, dos rios e dos mares, na morte, o homem chega às águas do Estige para iniciar a "viagem noturna pelo mar": essas águas negras da morte pretendem ser águas da vida, a morte com seu frio abraço pretende ser o seio materno, assim como o mar de fato traga o Sol, mas o faz renascer do seio materno (tema de Jonas)[287]. A vida não acredita na morte:

> Em correntes de vida, na tormenta da ação
> Ondeio sem cessar,
> Volteio indo e vindo!
> Nascimento e morte,
> Um eterno mar,
> Um menear constante,
> Um ardente viver... (*Fausto*, Parte I, Noite).

O fato de que *xylon zoes*, o madeiro da vida ou a árvore da vida, é um símbolo materno e deveria estar claro a partir das explicações acima. A conexão etimológica de *hyo, hyle, hyios* (grego) e o radical indo-germânico *su* alude à fusão semântica no simbolismo subjacente da mãe e da procriação. A árvore da vida é, a princípio, uma

287. Em grego, *koimema* significa coabitação; *koimeterion*, aposento, daí *coemeterium* = cemitério.

árvore genealógica frutífera, ou seja, uma imagem materna. Numerosos mitos confirmam que o homem descende da árvore, muitos mostram o herói preso dentro da árvore materna, por exemplo, o Osíris morto na erice, Adonis na murta etc. Numerosas divindades femininas eram veneradas como árvores, daí o culto das florestas e árvores sagradas. Compreende-se assim por que Átis se castrou debaixo de um pinheiro, isto é, ele o faz por causa da mãe. Juno de Téspias era um galho de árvore; a de Samos, uma tábua; a de Argos, uma coluna, a Diana de Caria era um pedaço de madeira não esculpido; Atenas de Lindos, uma coluna alisada. Tertuliano chama a Ceres de Faros de "*rudis palus et informe lignum sine effigie*" [uma tora rude e um informe pedaço de madeira sem efígie]. Ateneu afirma que Latona de Delos era um *xylion amorphon*, um pedaço de madeira sem forma. Tertuliano chama uma Palas ática de *crucis stipes*, a haste da cruz (ou mastro). A estaca de madeira desguarnecida é fálica[288], como já indica o nome (Pfahl, palus, palus). O *phallos* é uma estaca, como lingam cúltico geralmente feito de madeira de figueira, como as estátuas romanas de Priapo. *Phalos* é o nome de uma saliência ou ornamento no elmo, mais tarde chamada de *konos*. Como indicam *ana-phal-antiasis*: calvície na parte dianteira do crânio, e *phalakros*: calvo em conexão com o *phalos-konos* do elmo, a parte superior da cabeça também tem um significado quase fálico[289]. *Phallenos*, passando por *phallos*, tem o significado

---

288. Em vez de colunas, também coni, como no culto de Cípride, de Astarte etc.

289. Num mito de Celebes, uma virgem-pomba, capturada ao modo do mito da virgem-cisne, chama-se Utahagi, de acordo com um *cabelinho branco* na risca e que possuía *poderes mágicos* (Frobenius, 1904, p. 307).

de “lenhoso”; *phal-aggoma* = rolo (de aplanar); *phalagx*: uma trave redonda; assim se chama também a formação de combate macedônica por sua vigorosa força de choque. Além disso, a falange dos dedos[290] também se chama *phalagx*; *phallaina* ou *phalaina* é a baleia, cuja natureza fálica já mencionei na primeira parte. Acrescenta-se ainda *phalos* com o significado de *brilhante, refulgente*. A raiz indo-germânica é *bhale* = vicejar, intumescer[291]. Quem não pensaria em Fausto:

> Ela cresce em minha mão,
> Ela brilha, reluz!

Isso é simbólica “primordial” da libido, que mostra a relação direta entre libido fálica e luz. As mesmas relações se encontram nas invocações de Rudra no *Rigveda*:

> 3. Que obtenhamos tua graça, ó Rudra, dominador dos homens, *urinador*.

Remeto aqui à simbólica fálica de Rudra nos Upanixades, mencionada acima.

> 4. O *chamejante* Rudra, o executor do sacrifício, o circulante (o que caminha em arco no céu), o vidente, invocamos por auxílio na terra...
>
> 5. [...] que aquele que revela coisas doces, o que não se faz de rogado, o *castanho-avermelhado, o provido de belo elmo*, não nos deixe à mercê do ciúme.

---

290. Sobre a simbólica da falange remeto o leitor ao que foi dito sobre os dáctilos (capítulo 1 da parte II deste volume). Lembro ainda o seguinte trecho de um mito dos Bakairis: “Nimagakaniro engoliu duas falanges de Bakairis, das quais havia muitas na casa porque Oka as usava como pontas de flechas e matava muitos Bakairis, cuja carne comia. Das falanges, e só delas, não de Oka, a mulher engravidou” (Frobenius, 1904, p. 236).

291. Outras ocorrências em Prellwitz (1905).

> 6. Alegrou-me o touro unido a Marut, com vigorosa força vital o suplicante...
>
> 8. Ao *touro castanho-avermelhado*, ao *branco refulgente*, faço ecoar um forte hino de louvor; que se venere o Ser chamejante com grandes honras. Nós cantamos o Ser brilhante de Rudra.
>
> 14. Que a seta de Rudra passe ao longe, que a grande ira do *reluzente* se aplaque; que se afrouxem os retesados arcos (ou as duras setas?) para os nobres. Tu, *abençoador (com urina)* (vigoroso gerador), sê clemente para com nossos filhos e netos (Siecke, 1898, p. 237s.).

Dessa forma, passamos imperceptivelmente da região da simbólica materna para a região de uma simbólica masculina e fálica. Também esse elemento está na árvore, até na árvore genealógica, como mostram nitidamente árvores genealógicas medievais: do ancestral inferior deitado nasce do lugar do *membrum virile* o tronco da grande árvore. O caráter simbólico bissexual da árvore é indicado pelo fato de que, em latim, as árvores têm uma terminação masculina e gênero feminino[292]. Sabe-se que, nos sonhos, a floresta tem significado feminino (especialmente materno) e que as árvores têm significado fálico.

Cito um exemplo: uma mulher jovem, nervosa desde sempre, adoeceu após um casamento de vários anos diante da limitação do número de filhos devido à libido represada. Quando conheceu um jovem muito atraente com intenções promissoras, ela teve o seguinte sonho: *Ela se encontrava num jardim em que havia uma estranha árvo-*

---

292. A *figueira* é a árvore fálica. É digno de nota que Dioniso plantou um "*ficus*" na entrada do Hades, assim como se colocavam falos sobre as sepulturas. O *cipreste* dedicado à deusa Afrodite transformou-se em sinal de morte ao ser colocada na porta da casa mortuária.

re exótica com flores ou frutos singulares avermelhados, carnosos; ela colheu alguns e os comeu. Assustou-se muito, pois sentiu-se envenenada. Com a ajuda da simbólica antiga ou poética, essa imagem onírica pode ser interpretada facilmente, portanto, acredito poder poupar-me de informar os recursos analíticos[293].

O significado duplo da árvore pode facilmente ser explicado pelo fato de que tais símbolos não devem ser compreendidos "anatômica", mas psicologicamente como alegorias à libido, portanto, não cabe interpretar a árvore simplesmente como fálica, por exemplo, por causa de uma forma semelhante, ela pode ser chamada também de mulher, de útero ou de mãe. A unidade do significado só se encontra na alegoria à libido[294].

Sairíamos de um beco sem saída só para entrar em outro se disséssemos que esse símbolo se refere à mãe; e aquele, ao pênis. O significado fixo das coisas termina nesse reino. Nele, a única realidade é a libido; para ela "tudo que é passageiro é apenas alegoria". Não é, por-

293. Há uma espécie de pensamento científico caracterizado pela postura do pesquisador em que, artificialmente, ele se finge de bobo e finge não entender determinadas coisas que, normalmente, entenderia muito bem. As tolices artificialmente inventadas servem supostamente ao aprofundamento da discussão de argumentos. Isso é o método escolástico.

294. Por isso, a árvore é também às vezes uma imagem do Sol. Uma charada russa, que me foi narrada pelo Dr. van Ophuijsen, diz: Há uma árvore no centro do vilarejo e pode ser vista em cada casa? – O Sol e sua luz. Uma charada norueguesa diz: "No Monte Billins está uma árvore, / Que goteja sobre um mar, / Seus galhos *brilham como ouro*; / Isso você não vai decifrar". A filha do Sol recolhe à noite os ramos dourados quebrados do carvalho maravilhoso: "Amargamente chora o pequeno Sol, / No jardim das maçãs / Da macieira caiu / A maçã de ouro. / Não chores, pequeno Sol, / Deus faz outra / De ouro, de bronze, / De pratinha". A colheita da maçã no paraíso pode ser comparada ao rapto do fogo, a recuperação da libido que estava com a mãe (Cf. as explicações abaixo sobre o ato específico do herói).

tanto, a verdadeira mãe, mas a libido do filho, cujo objeto a mãe fora outrora. Interpretamos os símbolos mitológicos de modo excessivamente concreto e estranhamos a cada passo as infindáveis contradições. As contradições só existem porque sempre esquecemos que, no reino da fantasia, "a emoção é tudo". Portanto, quando ouvimos, por exemplo: "sua mãe era uma feiticeira má", a tradução é: o filho está apaixonado por ela, ou seja, ele não consegue separar a libido da imagem materna, por isso sofre resistências incestuosas etc.

As simbólicas da água e da árvore, conferidas como atributos adicionais ao símbolo da cidade, também apontam para aquele montante da libido que está inconscientemente arraigado na imago materna. Em certas passagens importantes, o Apocalipse deixa transparecer o *anseio pela mãe*[295]. Também a esperança do autor do Apocalipse (22,3) termina na mãe: *kai pan katathema ouk estai eti*, "não haverá ali jamais maldição". Não haverá mais pecado, nem repressão, nem desarmonia consigo mesmo, nem culpa nem medo da morte, nem dor de separação.

Assim o Apocalipse termina com esse mesmo acorde místico reluzente, que a sensibilidade poética voltou a ouvir 2 mil anos mais tarde; é a última oração do "Doutor Marianus":

---

295. A relação do filho com a mãe constituiu a base psicológica de muitos cultos. Para a lenda cristã, a relação do filho com a mãe é dogmaticamente muito clara. Também Robertson observou a relação de Cristo com as Marias, e ele supõe que, provavelmente, essa relação faz alusão a um mito antigo "onde aparece um deus palestino, talvez de nome Josué, com relações alternadas de amante e filho com uma Maria mítica – uma flutuação natural na teosofia antiga e que ocorre, com variações, nos mitos de Mitra, Adônis, Átis, Osíris e Dioniso, todos eles relacionados com uma mãe-deusa e uma esposa ou uma sósia feminina; a mãe e esposa ocasionalmente são identificadas" (Robertson, 1910, p. 36).

Implorai o olhar divino,
Frágeis penitentes,
Em grato, redentor, destino,
A vos transformar!
Seja a ti oferecido,
Todo nobre sentimento!
Virgem, Mãe, Rainha,
Deusa, sê clemente![296]

Diante dessa beleza e grandeza de sentimentos surge uma questão de princípio: se a tendência primária compensada pela religiosidade não seria definida de forma excessivamente restrita. Por isso já manifestei acima que considero a resistência à libido como coincidindo com a proibição do incesto apenas num sentido geral. Ainda devo deixar em aberto a definição do conceito psicológico do incesto. Quero, porém, salientar aqui que sobretudo a totalidade do mito solar mostra como a base do desejo "incestuoso" não visa à coabitação, mas à ideia peculiar de voltar a ser criança, retornar ao refúgio dos pais, penetrar na mãe para novamente dela nascer. Nesse caminho, porém, existe um obstáculo, o incesto, a necessidade de tornar a penetrar o corpo ventre materno de uma forma qualquer. Uma das maneiras mais simples seria fecundar a mãe, e assim, tornar a gerar a si próprio. Aqui entra o obstáculo da proibição do incesto. É por isso que os mitos solares ou de renascimento oferecem uma abundância de sugestões para *circundar* o incesto. Um desses meios é transformar a mãe em um ser diferente ou torná-la mais jovem[297], para, depois do nascimento, fazê-la desaparecer

296. *Fausto*, Parte II, 5º Ato.

297. Rank ilustrou isso com belos exemplos no mito da virgem-cisne (Die Lohengrinsage, 1911).

de novo, ou melhor, fazer com que ela volte a ser quem era. O que se procura não é a coabitação incestuosa, mas o renascimento, embora a coabitação seja o caminho mais fácil. No entanto, esse não é o único caminho, embora fosse talvez o original. O obstáculo da proibição do incesto torna a fantasia criativa: tenta-se, por exemplo, engravidar a mãe por meio de fórmulas mágicas de fecundação. Evidentemente, essas tentativas não ultrapassam a fase das fantasias míticas. Mas elas têm um efeito, que é o exercício da fantasia, que pouco a pouco, justamente pela criação de possibilidades, abre caminhos através dos quais a libido pode escorrer por meio de sua atividade. *Assim, imperceptivelmente, a libido se torna espiritual.* A força "que sempre quer o mal" produz assim vida espiritual, razão pela qual as religiões elevam esse processo à categoria de sistema. Por isso é muito interessante observar como a religião se esforça em incentivar essa tradução simbólica[298]. Um exemplo excelente nesse sentido nos é dado pelo Novo Testamento: na conversa sobre o renascimento, Nicodemos não consegue deixar de considerar a coisa de forma muito real:

> Como o homem pode nascer, se já é velho? Acaso pode entrar de novo no seio da mãe e tornar a renascer? (Jo 3,3s.).

---

298. Muther (1909, p. 355) diz no capítulo "Die ersten spanischen Klassiker" [Os primeiros clássicos espanhóis]: "Tieck escreveu: 'A volúpia é o grande segredo de nosso ser, a sensualidade, a primeira roda motriz em nossa máquina. Ela tira nossa existência da inércia e a torna alegre e cheia de vida. Tudo o que imaginamos de belo e nobre pertence a essa esfera. Sensualidade e volúpia são a alma da música, da pintura e de todas as artes. Todos os desejos do homem esvoaçam em torno desse polo, como insetos em torno da luz. O gosto da beleza e a sensibilidade artística são apenas outros dialetos e pronúncias. Nada mais indicam do que o instinto do homem para a volúpia. Eu mesmo cultivo uma propensão que vem da sensualidade'. Aí está expresso o que nunca podemos esquecer na avaliação da antiga arte sacra: o desejo de apagar os limites entre o amor mundano e o amor divino, fazer um penetrar imperceptivelmente no outro, sempre foi a ideia básica, o maior meio de agitação da Igreja Católica".

Mas Jesus procura elevar e purificar o conceito sensual do espírito de Nicodemos adormecido em gravidade materialista e lhe proclama no fundo a mesma coisa – mas não a mesma coisa:

> Em verdade, em verdade, te digo: quem não nascer da água e do Espírito Santo, não pode entrar no Reino de Deus. O que nasce da carne é carne, mas quem nasce do Espírito é espírito. Não te admires de ter dito: é preciso nascer do alto. O vento sopra onde quer e lhe ouves a voz, mas não sabes de onde vem nem para onde vai. Assim é todo aquele que nasceu do Espírito.

Nascer da água sempre significa apenas: nascer do ventre materno. Nascer do espírito significa ser gerado pelo sopro fecundado do vento. Isso nos ensina também o texto grego, em que espírito e vento são indicados pela mesma palavra *pneuma*.

Essa simbólica se apoia na mesma necessidade expressa pela lenda egípcia do abutre, o símbolo materno, que é só feminino e *fecundado pelo vento*. Como base dessas afirmações mitológicas reconhecemos claramente a exigência ética: *não deves dizer que a mãe é fecundada por um homem, de maneira comum, e sim por um ser etéreo, de modo incomum*. Essa exigência contrasta de modo flagrante com a verdade empírica; por isso o mito é uma saída apropriada: diz-se que foi um herói que morreu e renasceu de forma estranha e assim alcançou a imortalidade. A necessidade que estabelece essa exigência é, evidentemente, uma proibição contra uma determinada fantasia sobre a mãe: um filho naturalmente pode pensar que seu pai o gerou de modo carnal, *mas não que ele mesmo fecunde a mãe e assim, semelhante a si mesmo, se faça parir para uma nova juventude*. Essa fantasia incestuosa que, por alguma razão, possui força enorme[299] e por isso se apresenta como desejo imperativo, é reprimida e, na consciência, substituída pela exigência mencionada acima de se expressar simbolicamente por meio do problema do nascimento, sempre que isso diz respeito a seu renascimento a partir da mãe. Na exortação de Jesus a Nicodemos encontramos essa tendência: não penses de modo carnal, pois então serás carne, mas penses simbolicamente e então serás espírito. É evidente o quanto essa coação ao simbólico pode ser educadora e incentivadora: Nicodemos permaneceria preso no quotidiano banal se não conseguisse elevar-se simbolicamente acima de seu desejo incestuoso reprimido. Como verdadeiro filisteu da cultura, provavelmente, nem sente um grande desejo de fazer esse esforço, pois as pessoas parecem contentar-se essencialmente em reprimir a libido incestuosa e, no melhor dos casos, praticar alguns modestos exercícios religiosos. Por outro lado, porém, parece importante que o ser humano não simplesmente desista e reprima e assim permaneça preso na relação incestuosa, mas que recupere aquelas forças instintivas presas no incestuoso e faça o melhor com elas; pois o ser humano precisa de toda a sua libido para preencher os limites de sua personalidade e então tornar-se capaz de fazer seu melhor. O caminho para como trazer para a atividade a sua libido incestuosamente presa parece ter sido apontado pelos símbolos religioso-mitológicos. Por isso Jesus instrui Nicodemos:

299. Não discutiremos aqui as razões da força dessa fantasia. No entanto, não me parece difícil perceber os poderes que se escondem por trás dessa fórmula.

"Deves pensar em teu desejo incestuoso do renascimento, deves, porém, pensar que és gerado e que renasces da água, pelo sopro do vento[300], para assim ter parte na vida eterna". Dessa forma a libido, inativa e presa no desejo incestuoso, pode ser reprimida e, temendo a lei e o Deus Pai vingativo, conduzida, por meio do símbolo do derramamento do Espírito Santo, para a sublimação. Assim, o ser humano volta a ser criança[301], mas sua mãe é a "Comunidade dos Santos", a *Igreja*; e seu círculo de irmãos é a *humanidade*, com a qual torna a unir-se na herança comum de antigos símbolos. Ao que parece, esse processo foi particularmente necessário na época em que se originou o cristianismo, pois faltava completamente o sentimento de solidariedade entre os homens devido aos enormes contrastes entre a escravidão e a liberdade do burguês e senhor. Uma das razões mais essenciais para a enérgica regressão infantil no cristianismo, que vem acompanhada pelo reavivamento do problema do incesto, deve ser identificada na desvalorização extensa da mulher. Naquele tempo, o acesso à sexualidade era tão fácil que a consequência disso só pôde ser uma desvalorização extraordinária do objeto sexual. Os valores de personalidade só puderam ser descobertos justamente por meio do cristianismo, e muitas pessoas nem hoje os descobriram. A desvalorização do objeto sexual, porém, impede o escoamento daquela libido que não pode ser satisfeita por meio da atividade sexual, pois ela já pertence a uma

---

300. Lactâncio diz: "Se todos sabem que certos animais têm o costume de conceber por meio do vento e do sopro do ar, por que alguém se admiraria quando se afirma que uma virgem tenha engravidado por meio do Espírito de Deus?" (Robertson, 1910, p. 31).

301. Daí a forte ênfase na filiação no Novo Testamento.

ordem superior dessexualizada (se assim não fosse, um Don Juan jamais poderia ser neurótico, mas o que ocorre é o contrário). Pois como tais valorizações superiores poderiam ser dadas a um objeto desprezado e despido de valor? Por isso a libido parte em busca de metas veneradas, que só podem ser alcançadas com dificuldades ou que talvez sejam inalcançáveis, depois de ter reconhecido "Helena naquela mulher" por tempo demais, e, ao inconsciente, essa meta se apresenta como a *mãe*. Por isso se levantam ali novamente em medida maior, baseadas em resistências ao incesto, necessidades simbólicas, que logo transformam o belo e o pecaminoso mundo dos deuses do Olimpo em mistérios oniricamente sombrios e inteligíveis, que, com seus acúmulos de símbolos e ditados ocultos distanciam tanto de nós o sentimento religioso daquele mundo helênico-romano.

Vendo o quanto Jesus se esforça para fazer com que Nicodemos aceite o conceito simbólico das coisas, isto é, na verdade, uma repressão e um velamento dos fatos reais, e como era importante para a história da civilização que se pensasse, e ainda se pense desse modo, compreendemos bem por que o escândalo causado por toda parte pelos esforços da psicologia moderna de revelar os fatos por trás da simbólica neurótica ou normal. Sempre e por toda parte deparamo-nos com o odioso capítulo da sexualidade, que se apresenta como algo maculado a todas as pessoas íntegras de hoje. No entanto, não se passaram nem 2 mil anos desde que o culto religioso da sexualidade vivenciou seu auge de forma mais ou menos aberta – eles eram pagãos que não conheciam outra coisa. Mas a natureza das forças religiosas não muda de século em século;

uma vez que obtemos uma boa impressão do conteúdo sexual de cultos antigos e quando imaginamos que a vivência religiosa, ou seja, a união com o Deus[302] da Antiguidade era interpretada como um coito mais ou menos concreto, não podemos mais acreditar que as forças impulsionadoras da religião *post Christum natum* de repente teriam se transformado em algo completamente diferente; ocorreu aqui exatamente o mesmo que acontece com a histeria, que, a princípio, cultivava alguma atividade sexual infantil não muito vistosa e então desenvolveu uma rejeição hiperestética, de modo que todos se convenceram de sua pureza especial. *O cristianismo com sua repressão da sexualidade manifesta é o negativo do antigo culto sexual.* O culto original mudou o sinal[303]. Basta reconhecer o quanto do paganismo alegre, também até alguns deuses indecoros, foram transferidos para a Igreja cristã: o velho Príapo indecente, por exemplo, celebra uma alegre festa de ressurreição em São Tição (Usener, 1907), também em parte nos médicos Cosme e Damião, que consagram *membra virilia* em cera em sua festa (Knight, 1894). E também São Falo reemerge para ser adorado em capelas rurais; sem falar do paganismo restante! Quem ainda não aprendeu a reconhecer a sexualidade como uma função igualitária à fome e, por isso, acredita ser uma degradação quando certas instituições de tabu, tidas como refúgios assexuais, são reconhecidas como transbordantes de simbólica sexual, terá que experimentar a dor de re-

302. A percepção mística da proximidade de Deus, a chamada vivência interior pessoal.

303. A doçura sexual, porém, ainda se manifesta por toda parte na simbólica do Cordeiro e nos hinos de amor a Jesus, o noivo da alma.

conhecer que essa é a realidade, a despeito de todo o escândalo. Precisamos aprender a entender que o pensamento psicanalítico agora relembra, em direção contrária aos existentes hábitos de pensamento, aquelas formações de símbolos que se tornaram cada vez mais complexas devido a inúmeras revisões. Assim ocorre uma redução que, se seu objeto fosse outro, provocaria alegria intelectual, porém aqui provoca incômodo não só estético, mas, aparentemente, também ético, visto que as repressões que aqui devem ser superadas foram criadas com as melhores das intenções. Devemos começar a superar nossas virtudes, com o temor seguro de cair na ignomínia do outro lado. Isso certamente é o que ocorre, pois a grande virtude sempre é internamente compensada por uma forte tendência à ignomínia, e quantos viciosos existem que preservam internamente uma doce virtude e uma megalomania moral? Ambas as categorias de pessoas se revelam esnobes quando entram em contato com a psicologia analítica, pois a pessoa moral fez um juízo objetivo e legítimo sobre a sexualidade e a pessoa amoral se esqueceu completamente de reconhecer a baixeza com que se comporta com sua sexualidade e quão incapaz ela é de amar de forma altruísta. Esquecemos completamente que podemos nos render de modo miserável não só a um vício, mas também a uma virtude. Existe uma virtude frenética, orgiástica tão miserável quanto o vício e que causa as mesmas injustiças e crueldades.

Numa época em que grande parte da humanidade começa a abandonar o cristianismo, vale a pena verificar por que, afinal, ele foi adotado. Adotou-se o cristianismo para escapar da brutalidade dos antigos. Se o abandonarmos, está à nossa espera a exuberância, da qual a vida nas grandes cidades modernas nos dá uma prova. O passo nessa direção não é um progresso, mas um retrocesso. É como o indivíduo que abandona uma forma de transferência e não tem outra nova; ele infalivelmente regredirá a um velho caminho em seu próprio prejuízo, pois o mundo mudou de forma essencial desde então. Aquele que se sente repugnado pela falta de fundamentos históricos e filosóficos da teologia dogmática cristã e pelo vazio religioso de um Jesus histórico, sobre o qual nada sabemos e cujo conteúdo religioso é uma mistura de sabedoria talmúdica e helenística, que abandona o cristianismo e a moral cristã, vê-se diante do velho problema da exuberância. Hoje em dia, o indivíduo ainda se sente inibido pela opinião pública e hipócrita e, por isso, prefere levar uma vida secreta separada, representando publicamente a moral; mas o resultado poderia ser diferente se ele se cansasse da máscara moral e as pessoas se conscientizassem de como suas bestas estão à espreita umas das outras, então, um êxtase da desmoralização poderia se apoderar da humanidade – esse é o sonho do moralmente limitado de hoje: ele esquece o sofrimento que paralisa as pessoas e que interromperia qualquer vacilo com punho forte. Não devo ser acusado de que, por meio da redução analítica da libido, eu queira voltar para fases primitivas, quase superadas e me esqueça da terrível miséria que sobreviria à humanidade – certamente alguns deixarão se levar pelo frenesi antigo de uma sexualidade liberta da culpa, para seu próprio prejuízo. Trata-se, porém, daqueles que, sob outras circunstâncias, teriam ruído precocemente de outra forma – conheço, contudo, o regulador mais eficaz e implacável da sexualidade humana: o sofrimento. Com esse peso, o prazer humano jamais voará muito alto.

Há hoje em dia inúmeros neuróticos que o são simplesmente porque não sabem por qual razão não podem ser felizes à sua maneira; nem ao menos sabem que lhes falta essa felicidade. E além desses neuróticos há ainda muito mais indivíduos normais – e pessoas de bom nível – que se sentem angustiados e insatisfeitos. Para todos eles a redução a elementos sexuais deve ser feita, para que possam tomar posse de sua personalidade primitiva, para que aprendam a respeitá-la e saibam como e onde devem levá-la em conta. Só assim é possível que determinadas exigências sejam preenchidas enquanto outras sejam reconhecidas como indesejáveis, por serem infantis, e, portanto, recusadas. Desse modo, o indivíduo deve aprender a entender que certas coisas devem ser sacrificadas de tal forma que elas sejam feitas, *mas* em outra área. Pensamos que há muito desistimos de nossos desejos incestuosos, que os sacrificamos, cortamos e que nada disso mais existe: mas nada disso ocorreu, não entendemos que cometemos o incesto inconscientemente em outras áreas. Nos símbolos religiosos, por exemplo, ocorre o incesto[304]. Acreditávamos que os desejos incestuosos tinham desaparecido e se perdido e os descobrimos na religião em plena atividade. Esse processo de mutação ocorreu *inconscientemente* no desenvolvimento secular. Observei acima (na primeira parte) que tal mutação inconsciente da libido é uma *farsa sem valor* ético à qual se opunha

304. Ou nas formações que substituem a religião.

o cristianismo da primitiva época romana, contra cujos poderes da amoralidade e brutalidade ele se opôs. Então eu deveria dizer aqui: no que diz respeito à sublimação da libido incestuosa, também a fé no símbolo religioso já não é mais um ideal ético, pois é uma mutação inconsciente do desejo incestuoso para atos e representações simbólicas, que, por assim dizer, enganam o homem, para que lhe apareçam o céu como um pai e a terra como uma mãe, e os seres humanos como filhos e irmãos. Assim, o ser humano pode sempre ser criança, satisfazer seus desejos incestuosos, sem que saiba disso. Sem dúvida, esse estado seria ideal[305], se não fosse infantil e, por causa disso, um desejo meramente unilateral, que preserva a infantilidade. *O reverso é o medo*. Embora sempre se fale da pessoa piedosa, cuja confiança em Deus nunca se abala e que sempre caminha pelo mundo com muito ânimo – eu nunca vi esse Chidr. Creio que seja uma figura da fantasia. A regra é a grande insegurança dos fiéis que a abafam com gritaria fanática em si mesmos e nos outros, além disso, a dúvida religiosa, o questionamento da própria personalidade, o sentimento de culpa e, no nível mais inferior, o grande medo do lado da realidade totalmente diferente, contra a qual também pessoas altamente inteligentes se defendem. Esse outro lado é o diabo, o adversário ou – em termos mais modernos – a correção da realidade por meio da imagem infantil do mundo, que seduz através do predominante princípio do prazer (Freud, 1911). O mundo, porém, não é um jardim de

305. Sem dúvida, o estado seria ideal para tempos passados, quando todo o ser humano era mais infantil e o é ainda hoje para aquela parte da humanidade que é infantil; qual é o tamanho dessa parte?

Deus, do Pai, mas também um lugar do terror. O céu não só não é um pai e a terra não só não é uma mãe, as pessoas não são irmãs, mas representam igualmente poderes inimigos e destrutivos, aos quais nos rendemos na medida em que nos entregamos com confiança e sem pensar à chamada mão paterna de Deus. Jamais devemos nos esquecer da dura palavra do primeiro Napoleão, segundo a qual Deus sempre está do lado da artilharia melhor.

Deparamo-nos aqui com o mito religioso como uma das maiores e mais importantes instituições humanas, que, com símbolos ilusórios, dão ao ser humano a segurança e a força para não ser esmagado pelos monstros do mundo. O símbolo, contemplado a partir do ponto de vista do realmente verdadeiro, é ilusório, mas é *psicologicamente* verdadeiro[306], pois ele era e é a ponte para todas as grandes conquistas da humanidade.

---

306. Não devemos nos esquecer de que, aqui, nós nos movimentamos inteiramente no campo da psicologia, que, como sabemos, não possui nenhum significado transcendente nem no sentido negativo nem no sentido positivo. Trata-se aqui de uma aplicação implacável do ponto de vista epistemológico definido por Kant não só para a teoria, mas sobretudo para a prática. Também se deve deixar de fazer esse tipo de coisa e de querer brincar com uma imagem infantil do mundo, pois isso só serve para alienar o ser humano de seus objetivos éticos mais elevados, da *autonomia* ética. O símbolo religioso deve, após a remoção inevitável de certas peças antiquadas, ser mantido como postulado ou *teoria transcendente* também como objeto de ensino, mas também deve ser preenchido com conteúdo novo, na medida em que o estado atual da ambição cultural o exige. Essa teoria, porém, para o ser humano "adulto", não pode se transformar em fé positiva, em ilusão, que lhe apresente a realidade em brilhos ilusórios. Assim como o ser humano é um ser duplo, isto é, um ser cultural e um ser animal, ele parece também necessitar de duas verdades, da verdade cultural, ou seja, da teoria simbolística e transcendente; e da teoria natural, que corresponde ao nosso conceito do "verdadeiro real". Na mesma medida em que a verdade real é meramente uma interpretação figurativa das apercepções da realidade, a teoria simbólico-religiosa também é apenas uma interpretação figurativa de certas apercepções endopsíquicas. Uma diferença essencial, porém, é que a realidade transubjetiva tem as melhores garantias de uma base transcendental independente de duração e permanência, enquanto os fenô-

No entanto, isso não significa que esse caminho inconsciente da transformação do desejo incestuoso em exercício religioso seja o único possível. Há também um reconhecimento e uma percepção conscientes, com os quais podemos nos apoderar daquela libido transformada em exercício religioso, de modo que não necessitamos mais da fase da simbólica religiosa para essa finalidade. É concebível que façamos o bem ao próximo não mais "em nome de Cristo", mas a partir da percepção de que a humanidade – portanto, nós – não pode persistir se, na manada, um não se sacrifica pelo outro. Esse seria o caminho da *autonomia ética, da liberdade completa, em que o ser humano seria capaz de querer aquilo que deve fazer,* e isso a partir do reconhecimento, sem a ilusão da crença nos símbolos religiosos. Aquilo que, dentro de uma fé positiva em um mito religioso, nos mantém na infantilidade e na ética inferior, é essa ilusão que, embora seja de máxima importância em termos histórico-culturais e possua uma beleza estética imperecível, não pode mais satisfazer ao ser humano que busca uma autonomia ética.

A ameaça infantil e ética é a *fé* no símbolo, pois ela conduz a libido para uma realidade ilusória. A simples negação do símbolo não muda nada, pois toda a disposição do espírito permanece a mesma, somente afastamos

---

menos psicológicos possuem uma base transcendental de limitação e transitoriedade subjetiva devido a dados empíricos impositivos. Por isso, a verdade real é o válido relativamente universal; a verdade psicológica, no entanto, é um fenômeno meramente funcional dentro de uma época cultural humana. É assim que se apresenta hoje ao ponto de vista mais modesto do homem empírico. Se, porém, conseguíssemos, por uma via desconhecida e inesperada, despir o aspecto psicológico de seu epifenômeno biológico e atribuir-lhe a posição de uma entidade física, a verdade psicológica seria absorvida pela verdade real ou vice-versa, já que a verdade psicológica possuiria um valor maior em relação à teoria definitiva, visto que ela não é mediada.

o objeto perigoso. Mas o objeto não é perigoso, perigosa é a nossa disposição infantil, em prol da qual perdemos pela simples negação do símbolo religioso algo muito belo e sensual. Acredito que *a fé deveria ser substituída pelo entendimento*, assim preservamos a beleza do símbolo, mas nos libertamos das consequências esmagadoras da submissão na fé. Essa seria a cura psicanalítica da fé e da incredulidade.

À visão da cidade segue-se aquela de "uma estranha árvore conífera com galhos nodosos".

Essa imagem não nos parece mais estranha depois de tudo aquilo que já vimos sobre a árvore da vida e sua associação com a cidade e a água da vida. Essa árvore especial parece simplesmente continuar a categoria dos símbolos maternos. O atributo "estranho", como nos sonhos, deve expressar um destaque especial, ou seja, um material especial do complexo subjacente. Infelizmente a autora não oferece material individual para essa visão. Como no desenvolvimento das visões de Miller, a árvore mencionada na simbólica da cidade é realçada aqui com destaque especial, vejo-me obrigado a apresentar mais uma parte da história do símbolo da árvore.

Sabe-se que no culto e no mito as árvores sempre exerceram papel importante. A árvore-mito típica é a árvore do paraíso ou da vida, para o qual temos ricos testemunhos babilônicos, também judeus – e, da era pré-cristã, o pinheiro de Átis –, além da árvore ou das árvores de Mitra, o Yggdrasill germânico etc. O pendurar da imagem de Átis num pinheiro, a suspensão de Mársias, que se tornou um conhecido tema nas artes, a suspensão de Odin, os sacrifícios germânicos por enforcamento, toda a série dos deuses suspensos nos ensinam que a suspensão de Cristo no madeiro da cruz não é um fato singular na mitologia religiosa, mas pertence ao mesmo grupo de ideias como as outras. Nesse mundo de ideias, a cruz de Cristo é a árvore da vida e ao mesmo tempo o lenho da morte. Essa oposição não surpreende. Assim como se afirmava miticamente que o homem descendia de árvores, existiam também rituais de sepultamento em árvores ocas, razão pela qual se preservou até hoje a expressão "árvore dos mortos" [*Totenbaum*] para "caixão" na língua alemã. Se levarmos em consideração que a árvore é, acima de tudo, um símbolo materno, o sentido desse sepultamento se torna compreensível: o morto é entregue à mãe para o renascimento. Encontramos esse símbolo no mito de Osíris transmitido por Plutarco (1850), que serve como exemplo em vários aspectos. Reia está grávida de Osíris e ao mesmo tempo de Ísis; Osíris e Ísis já copulam no ventre materno (tema da "viagem noturna pelo mar" com incesto). Seu filho é Aruéris, mais tarde chamado Hórus. Diz-se que Ísis nasceu no "totalmente úmido"; sobre Osíris se conta que um certo Pamiles, em Tebas, *ao tirar água*, ouvira uma voz do templo de Zeus ordenando-lhe que anunciasse o nascimento de *megas basileus euergetes Osiris* (o grande deus Osíris benfeitor). Em homenagem a esse Pamiles eram celebradas as pamílias, que seriam semelhantes às *falofórias*. Assim como Dioniso, Pamiles parece ter sido originalmente um demônio fálico; portanto, o mito pode ser reduzido a: Osíris e Ísis são concebidos por falo a partir da água = ventre materno, ou seja, de forma bastante comum (Cronos engravidou Reia, a relação era secreta, e Reia era sua irmã. Helios, porém, os observou e amaldiçoou sua união). O deus do submundo Tifão prende Osíris numa arca e assim o mata; a arca é jogada no Nilo e enviada para o mar. Osíris, porém, copula no submundo com sua segunda irmã Néftis (tema da "viagem noturna no mar" com incesto). Vemos aqui como a simbólica se desenvolveu: no ventre materno, antes da existência extrauterina, Osíris comete o incesto; na morte, na segunda existência intrauterina, Osíris volta a cometer o incesto. Ambas as vezes com uma irmã, que simplesmente ocupa o lugar da mãe como um símbolo legítimo não censurado, visto que o casamento com a irmã no início da Antiguidade não era somente tolerado, mas visto como nobre. Zaratustra até recomendava o casamento com parentes. Essa forma de mito seria impossível nos dias de hoje, pois a coabitação com a irmã seria submetida como incestuosa à repressão.

Por meio de um ardil, o maldoso Tifão faz Osíris entrar na arca ou caixote. Essa inversão dos fatos reais é transparente: o "mal" que existe no homem quer voltar para dentro da mãe, isto é, o anseio incestuoso pela mãe condenado pela lei é, supostamente, o ardil inventado por Tifão. É característico que seja um ardil: por meio do qual, de alguma forma, o homem pretende alcançar o renascimento de forma fraudulenta, voltar a ser criança. Um hino egípcio (Erman, 1885, p. 360s.) até chega a acusar a mãe Ísis de ter traído o rei solar Rê: interpreta-se como má vontade da mãe ter repudiado e denunciado o filho. O hino conta como Ísis formou uma cobra e a colocou no caminho de Rê, e como esta feriu o deus solar com sua picada venenosa. Desse ferimento ele nunca mais sarou e finalmente teve que se retirar para o lombo da vaca celeste. Mas a vaca é a deusa-mãe com cabeça de vaca, como Osíris de Ápis. A mãe é acusada como se fosse responsável pelo fato de ser necessário refugiar-se nela para sarar da ferida que ela mesma nos infligiu quando o incesto foi proibido[307] e nós fomos separados da esperançosa segurança da infância e da juventude, de todo o acontecer instintivo inconsciente que faz a criança viver como um anexo dos pais, inconsciente de si mesma. Deve estar contida nisso muita recordação intuitiva da era animal, quando ainda não se falava em "você deve" e "você pode", mas tudo era apenas simples acontecer. Ainda parece persistir no ser humano uma profunda mágoa para com a lei que outrora o separou brutalmente da entrega aos instintos e da grande beleza da natureza animal, que era harmoniosa em si mesma. Essa separação se manifestou, entre outros, na proibição do incesto e seus correlatos (leis matrimoniais etc.), razão pela qual a dor e a ira se voltam contra a mãe, como se ela fosse culpada pela domesticação do filho do homem. Para não se conscientizar de seu desejo incestuoso (de seu desejo de voltar para a natureza animal), o filho lança sua pior culpa sobre a mãe, e disso surge a imagem da "mãe terrível" (Frobenius, 1904). A mãe se transforma em seu fantasma temível, em seu pesadelo.

Terminada a viagem noturna pelo mar, a arca de Osíris é lançada à terra em Biblos, caindo entre os ramos de uma erica que cresce em torno do caixão e se desenvolve em

307. Devo lembrar aqui que à palavra incesto associo ainda outro significado além do significado que cabe ao termo. Assim como a libido é aquilo que busca progredir, o incesto é aquilo que busca regredir para a infância. Para a criança ainda não se trata de incesto; só para o adulto, que possui uma sexualidade plenamente desenvolvida, esse retorno se torna incesto, pois ele não é mais criança, mas dispõe de uma sexualidade que já não suporta qualquer aplicação regressiva.

árvore majestosa. O rei do país mandou colocar a árvore como coluna debaixo de seu teto[308]. Nesse período em que Osíris estava perdido (solstício de inverno), cai a lamentação milenar pelo deus morto, e seu *heuresis* é uma festa de júbilo. Devo destacar uma passagem da busca de Ísis: como andorinha, ela voa em torno da coluna, que abarca o deus adormecido na morte (o mesmo tema retorna na lenda de Kyffhäuser).

Mais tarde, Tifão esquarteja o cadáver e espalha as partes. Encontramos o *tema do esquartejamento* em muitos mitos solares[309], uma inversão da composição da criança no ventre materno[310]. De fato, a mãe Ísis procura as partes do cadáver com a ajuda de *Anúbis, que tem cabeça de chacal* (ela também encontrou o cadáver com a ajuda de *cachorros*). Aqui os devoradores noturnos de cadáveres, os cães e chacais, tornaram-se ajudantes da composição, da recriação[311]. Também o *abutre* egípcio deve seu significado simbólico de *mãe* a essa função de devorar cadáveres. Na Antiguidade persa, jogavam-se os cadáveres como alimento aos cães, como ainda hoje

---

308. O que lembra muito as colunas fálicas dos templos de Astarte. Segundo uma versão, a mulher do rei teria se chamado Astarte. Esse símbolo lembra as cruzes que encerram uma relíquia, adequadamente chamadas: *enkolpia*.

309. Spielrein (1912, p. 359s.) detecta numa paciente demente numerosos indícios do tema do esquartejamento. Fragmentos de diversas coisas e tecidos são "cozidos" ou "queimados". "As cinzas podem transformar-se em gente". A paciente viu crianças serem retalhadas em caixões de vidro. O "lavar, limpar, cozinhar, queimar" ali mencionado apresenta, além do significado do coito, significado de gravidez, provavelmente em medida predominante.

310. Os últimos descendentes dessa antiga teoria do desenvolvimento da criança foram preservados na teoria do carma, e a imagem dos *genes* da teoria de Mendel não se distancia muito. Basta visualizar a determinação subjetiva de todo processo epistemológico.

311. Deméter recolheu as partes do corpo retalhado de Dioniso e o recompôs.

nas torres mortuárias da Índia a remoção dos mortos é deixada aos cuidados dos abutres. Na Pérsia, porém, era costume conduzir um cão junto ao leito do moribundo, que lhe devia dar um pouco de alimento (cf. Diodoro, III, 62). Provavelmente, o costume pretende dizer que o alimento deve ser dado ao cão para que este poupe o corpo do moribundo, assim como Cérbero foi apaziguado pelo bolo de mel que Hércules lhe deu na viagem ao inferno. Mas se levarmos em consideração que Anúbis, com sua cabeça de chacal, presta bons serviços à reconstituição de Osíris e nos lembrarmos do significado materno do abutre, impõe-se a pergunta se essa cerimônia não simboliza algo mais profundo. Creuzer (1810, vol. 2, p. 212) também se ocupou com essa ideia e chegou à conclusão de que a forma astral da cerimônia do cão, do aparecimento da *estrela Canícula* na época do apogeu do Sol, tenha relação com a cerimônia; quer dizer: a introdução do cão no quarto do moribundo teria um significado compensatório, pois assim a morte seria transformada no apogeu do Sol. É um pensamento psicológico, como se depreende também do fato de se considerar a morte como penetração no ventre materno (para o renascimento). Provavelmente, essa interpretação também é apoiada pela função do cão no *sacrificium Mithriacum*, que de outra forma seria enigmática. Os monumentos mostram que, sobre o touro morto por Mitra, frequentemente aparece um cão saltando. Mas tanto na lenda persa quanto nos monumentos, esse sacrifício é apresentado como o momento da *fertilidade máxima*. Isso se expressa de maneira extraordinariamente bela no relevo mitraico de Heddernheim; num lado da grande laje (outrora provavelmente giratória) aparecem a subjugação e o sacrifício estereotipado do touro, do outro lado estão o Sol com um cacho de uvas na mão, Mitra com a cornucópia, os Dadóforos com frutas, correspondendo à lenda de que do touro morto provém toda fertilidade: dos cornos vêm os frutos; do sangue, o vinho; da cauda, os cereais; do sêmen, as gerações de bovinos; de seu focinho, o alho etc. Sobre essa cena se ergue Silvano, com os animais da floresta que dele se originam. Nesse contexto, é bem possível que o cão tenha o significado apontado por Creuzer[312].

Voltemos ao mito de Osíris! Apesar da reconstituição do cadáver empreendida por Ísis, a reanimação só é incompleta porque o falo de Osíris não é mais encontrado, pois foi comido por *peixes*; falta a força vital[313]. É verda-

312. Devo acrescentar que Anúbis, o cinocéfalo (ao mesmo tempo, Canícula), possui um significado compensatório como recriador do cadáver de Osíris. Ele aparece em muitos sarcófagos com esse significado. O cão é também um acompanhante constante do curador Esculápio. A seguinte passagem de Petrônio serve como melhor apoio à hipótese de Creuzer: "Valde te rogo, ut secundum pedes statuae meae catellam pingas [...] ut mihi contingat tuo beneficio *post mortem vivere*" [Peço-te com insistência que pintes um cãozinho aos pés da minha estátua [...] para que, graças a ti, eu possa viver após a morte] (*Satyricon*, cap. 71). Cf. tb. Nork, verbete: "cão". Além disso, o significado materno de renascimento do cão aponta para sua relação com a Hécate cinocéfala, a deusa do submundo. Como Canícula, ela recebia sacrifícios caninos para afastar a peste. Sua relação próxima com Ártemis como deusa da Lua deixa transparecer seu oposto à fertilidade. Hécate é também a primeira que informa Deméter sobre a criança roubada (Papel de Anúbis!). Também a *deusa do nascimento* Ilítia recebia sacrifícios caninos, e a própria Hécate é, por vezes, deusa do casamento e do nascimento.

313. Frobenius (1904, p. 393s.) observa que frequentemente *falta um membro* aos deuses do fogo (aos heróis solares). Ele oferece o seguinte paralelo: "Assim como o deus, girando, arranca um braço de Ogren (do gigante), Ulisses, girando, arranca um olho do nobre Polifemo, após o que o Sol sobe misteriosamente no céu. Haveria uma relação entre este acender do fogo e o arrancar o braço girando-o?" Essa pergunta se esclarece claramente quando levamos em consideração que, de acordo com o raciocínio dos antigos, o arrancar do braço com

de que Osíris, como sombra, fecunda Ísis mais uma vez, mas o fruto é Harpócrates, que era fraco *tois katothen gyiois*, "nos membros inferiores", isto é, de acordo com o significado de *gyion*, nos pés (aqui, "pé" evidentemente com significado fálico). A essa incurabilidade do Sol que se vai corresponde à incurabilidade de Rê no hino ao Sol egípcio acima mencionado. Osíris, embora como sombra, arma o Sol novo, seu filho Hórus, para a luta com Tifão. Osíris e Hórus correspondem ao já mencionado simbolismo de pai-filho, que, de acordo com aquela ordenação, mostra Osíris ladeado pela figura bem-formada e pela figura feia, isto é, Hórus e Harpócrates, que geralmente aparece como aleijado, muitas vezes grotescamente deformado[314].

Na tradição, Osíris se funde completamente com Hórus, com o qual compartilha o nome. Hor-pi-chrud, que é seu nome verdadeiro (Brugsch, 1891, p. 354), compõe-se de *chrud* = criança e *Hor* (do adjetivo *hri* = sobre, por sobre) e significa a "criança que surge em cima", como o Sol em ascensão, contrariamente a Osíris, que personifica o Sol em declínio, o Sol "no Ocidente". Assim, Osíris e Horpi-chrud, ou Hórus, constituem um ser, ora esposo, ora filho da mesma mãe Hator-Ísis. Chnum-Rê, o deus

---

um movimento giratório é uma castração (símbolo do roubo da força vital). Trata-se de um ato correspondente à castração de Átis por causa da mãe. Dessa desistência, que, na verdade, é um incesto materno simbólico, surge a invenção do fogo, como suspeitamos acima. Falta mencionar que, a princípio, o arrancar do braço é apenas uma "subjugação" e, por isso, pode acontecer tanto ao herói como a seu adversário (Frobenius, 1904, p. 112 e 395).

314. Prof. Freud teve a generosidade de me informar que outro fator determinante para o *tema dos irmãos desiguais* pode ser encontrado na observação elementar do *nascimento* e da *expulsão da placenta*. É um costume exótico tratar a placenta igual a um recém-nascido!

solar do Baixo Egito, representado como carneiro, tem ao seu lado Hatmehit como deusa feminina local, e esta tem o peixe sobre a cabeça. Ela é mãe e esposa de Bi-neb-did (carneiro, nome local de Chnum-Rê). No hino de Híbis (Brugsch, 1891, p. 310), Amon-Rê é invocado:

> Teu carneiro (Chnum) se encontra em Mendes, reunido em Tmuis como deus quadriforme. Ele é o falo, o senhor dos deuses. Regozija o touro de sua mãe na vaca (*ahet*, da mãe), e o homem fecunda por seu sêmen.

Em outras inscrições (Brugsch, 1891, p. 310), Hatmehit é designada diretamente como "mãe de Mendes" (Mendes é a forma grega de Bib-neb-did: carneiro). Ela também é invocada como a "bondosa", no sentido secundário de *ta-nofert*, de "mulher jovem". A vaca como símbolo materno é encontrada nas mais diversas formas e variações da Hator-Ísis e, sobretudo, no Nun feminino (paralelamente a este a deusa original Nit ou Nêith), a matéria úmida primitiva, semelhante ao Âtman indiano[315], que é, ao mesmo tempo, de natureza masculina e feminina. Por isso Nun é invocado (Brugsch, 1891, p. 112s.): "Amon, *as águas primitivas*[316], o existente no começo". É chamado também o pai dos pais, a mãe das mães. A isso corresponde a invocação do lado feminino de Nun-Amon, a Nit ou Nêith:

315. Na imagem, também Âtman possui qualidade líquida, contanto que possa ser identificado com o Purusha do *Rigveda*. "O Purusha encobre a Terra por toda parte, para fluir sobre ela a uma altura de dez dedos".

316. Na Tebaida, onde o deus principal é Chnum, este, com seu componente cosmogônico, substitui o sopro do vento, a partir do que se desenvolveu mais tarde o "espírito (*pneuma*) de Deus que paira sobre as águas"; é a imagem primitiva dos pais cósmicos, deitados um sobre o outro até que o filho os separe (cf. acima a simbólica de Âtman).

> Nit, a velha, a mãe de deus, a senhora de Esne, o pai dos pais, a mãe das mães, é o escaravelho e o abutre, o existente como começo.
> Nit, a velha, a mãe, que pariu o deus luz Rã, que pariu primeiro quando nada havia que parisse.
> A vaca, a velha, que pariu o Sol e deitou os germens dos deuses e dos homens.

A palavra *nun* indica os conceitos de *jovem, recente, novo,* e também *a água recém-chegada da enchente do Nilo.* Num sentido figurado, *nun* também é usado para as caóticas águas primitivas, para a matéria geradora primordial (Brugsch, 1891, p. 128s.), personificada pela deusa Nunet. Dela se originou Nut, a deusa celeste, representada com corpo estrelado ou como *vaca celeste,* esta também com corpo estrelado.

Quando o deus solar aos poucos se retira sobre o dorso da vaca celeste, como o pobre Lázaro para o "colo de Abraão", isso significa ambas as vezes: eles voltam para a mãe para renascer como Hórus. Assim podemos dizer que, pela manhã, a deusa é mãe; à tarde, é irmã-esposa e; à noite, volta a ser mãe, que recebe o morto em seu colo, lembrando a *Pietà* de Michelangelo.

Assim se explica o destino de Osíris: ele entra no ventre materno, na arca, no mar, na árvore, na coluna de Astarte, ele é esquartejado, reconstituído e reaparece em seu filho, o Horpi-chrud.

Antes de falar dos mistérios que esse belo mito nos revela, é preciso dizer mais alguma coisa a respeito do símbolo da árvore. Osíris está deitado sobre os ramos da árvore, que crescem à sua volta. O *tema de ser envolto* ou coberto por vegetação é encontrado com frequência no mito solar e no *mito do renascimento.* Um bom exemplo é a história da bela adormecida, outro a saga da jovem[317] presa entre o córtice e a madeira, mas um jovem a liberta com seu corno. O corno é dourado e prateado, o que aponta para o raio do Sol em seu significado fálico (Cf. o que foi dito acima sobre o corno). Uma saga exótica conta do herói solar que precisa ser libertado de plantas trepadeiras (Frobenius, 1904, p. 271s.). Uma jovem sonha que seu amado caiu na água, ela tenta salvá-lo, mas antes precisa retirar da água algas e plantas marinhas, e depois consegue alcançá-lo. Num mito africano, o herói, depois de seu feito, precisa ser desvencilhado das algas. Num mito polinésio, o navio do herói é envolto pelos tentáculos de um pólipo gigante. Durante sua viagem noturna pelo mar, a embarcação de Rê é envolta pela serpente da noite. Na adaptação poética da história do nascimento de Buda, feita por Edwin Arnold, também se encontra o tema do envolvimento:

> Queen Maya stood at noon, her days fulfilled,
> Under a Palso in the Palace-grounds,
> A stately trunk, straight as a temple shaft,
> With drown of glossy leaves and a fragrant blooms
> And knowing the time come – for all things knew
> The conscious tree bent down its bows to make
> A bower about Queen Maya's Majesty;
> And Earth put forth a thousand sudden flowers
> To spread a couch; while ready for the bath
> The rock hard by gave out a limpid stream
> Of crystal flow. So brought she forth the child.

317. Canção sérvia, a que se refere Grimm (1876-1877, vol. 2, p. 544).

> [Completos os seus dias, a Rainha Maia estava sob um palco,
> Ao meio-dia em áreas do palácio.
> Um tronco majestoso, ereto qual coluna de templo,
> Coroado de esplêndida folhagem e fragrantes flores;
> E – sabendo chegada a hora – pois de tudo sabedora –
> A cônscia árvore sua copa inclina,
> Reverenciando da rainha a majestade.
> E súbito a terra faz brotar mil flores
> Para formar um leito; enquanto, pronto para o banho,
> Da rocha contígua nasce límpido riacho,
> De águas cristalinas. Assim ela deu à luz seu filho]
> (Arnold, 1895, p. 23s.).

Encontramos um tema muito semelhante na lenda cúltica da Hera de Samos. Todos os anos, a imagem desaparecida (supostamente) do templo era fixada num tronco de lygos em qualquer parte à beira-mar, e envolta pelos ramos da árvore. Ali era "achada" e lhe era servido o bolo nupcial. Essa festa é sobretudo e sem dúvida um *hieros gamos* (casamento cúltico), pois em Samos corria a lenda de que Zeus tivera primeiro um longo e secreto caso amoroso com Hera. Em Plateias e Argos, representava-se até um cortejo nupcial com damas de honra, banquete etc. A festa era celebrada no mês dos casamentos *Gamelion* (início de fevereiro). Mas também em Plateias a imagem era antes levada até um lugar solitário da *floresta*, como na lenda de Plutarco, segundo a qual Zeus teria raptado Hera e a escondido numa caverna de Kithairon. No entanto, de acordo com o que vimos até agora, tudo isso nos leva ainda a outro raciocínio, isto é, ao feitiço do rejuvenescimento, que se funde com o hierógamo. O desaparecimento e esconderijo na floresta, na caverna, à beira-mar, envolta pelo lygos[318], indica morte solar e renascimento. A época que precede a primavera (a época dos casamentos) em Gamelion era bem adequada para isso. Pausânias (II, 38, 2) relata que, todos os anos, a Hera de Argos *readquiria sua virgindade pelo banho na fonte Kanathos*[319]. O significado desse banho é ressaltado ainda pela notícia de que, no culto plateico de Hera Teleia, apareciam ninfas tritônicas como carregadoras de água. Na *Ilíada*, em que se descreve o leito conjugal de Zeus sobre o Ida[320], lemos:

> Assim, Zeus abraçou ardorosamente sua esposa.
> Embaixo, a santa terra produziu ervas verdejantes,
> Lótus com orvalhadas flores, crocos e jacintos,
> Densa e frouxamente intumescidos, que do solo os elevaram;
> Então repousaram ambos, envoltos em manto de nuvens,
> Belo e rebrilhante de ouro; e orvalhou com perfume de luz.
> Assim dormia tranquilo, nas alturas de Gárgaro, o pai,
> Ébrio de sono e amor, e cingia a esposa com seus braços (14, 294-296).

---

318. Lygos é um salgueiro, e de modo geral qualquer ramo flexível e trançável (lygos também é um parafuso de aperto, usado para fixar madeira). Lygos significa trançar.

319. Eufemismo grego para *thanatos*?

320. Curiosamente, encontramos justamente nessa passagem (verso 288) a descrição do sono no alto do pinheiro: "Ali estava sentado, envolto de galhos espinhosos / Igual ao pássaro toante que, de noite, esvoaça pelas montanhas". Parece que esse tema pertence ao hierógamo. Cf. também a rede mágica com que Hefasto envolve Ares e Afrodite *in flagrante* e os expõe à zombaria dos deuses.

Drexler (*Ausführliches Lexikon*, vol. 1, col. 2102, 52s.) reconhece nessa descrição uma alusão ao *jardim dos deuses no extremo Oeste, à beira do oceano*, ideia essa que seria originária de um hino de hierógamo pré-homérico. Esse país ocidental é o país do poente; para lá se dirigem Héracles, Gilgamesh e outros com o Sol para encontrar imortalidade, onde o Sol e o mar materno se unem em bodas eternamente rejuvenescedoras. Nossa suspeita de uma ligação entre o hierógamo e um mito de renascimento parece, portanto, confirmar-se. Pausânias (3, 16, 11, p. 231) menciona um fragmento de mito semelhante, no qual a imagem da Ártemis Órtia também se chamaria Ligodesma (envolta por salgueiros), porque foi encontrada entre os ramos de um salgueiro. Esse relato parece conter uma referência à celebração do hierógamo grego com seus costumes acima descritos[321].

O tema da "devoração", que Frobenius demonstrou como um dos elementos mais regulares dos mitos solares, não está distante aqui (também em sentido figurado). O "dragão-baleia" sempre "devora" o herói. A devoração também pode ser parcial. Uma menina de 6 anos que não gosta de ir à escola sonha que sua perna é envolvida por um grande verme vermelho. Ao contrário do que se esperaria, ela demonstra um interesse carinhoso pelo animal. Uma paciente adulta, devido a uma transferência materna muito forte em uma amiga mais velha, não consegue se separar dela e sonha: Ela deve atravessar um corpo d'água profundo com sua amiga (imagem típica!), sua amiga cai na água (transferência materna), ela tenta

321. O rito do agrilhoamento das imagens de Héracles e Melcarte de Tiro é relacionado a isso. Os cabiros também eram envoltos em capas (Creuzer, 1810-1812, vol. 2, p. 350).

tirá-la, ela quase consegue, quando um grande caranguejo agarra seu pé e tenta puxá-la para a água.

Também etimologicamente existe essa imagem: há um radical indo-germânico *vélu-*, *vel-*, com o significado de cercar, envolver, girar, virar. Daí derivam-se os termos sânscritos: *val, valate* = cobrir, envolver, *cercar, encaracolar* (símbolo da cobra), *vallî* = *planta trepadeira, ulûta* = *boa constrictor* = latim *volutus*, lituano *velù, velti* = enrolar, eslavo eclesiástico *vlina* = antigo alto-alemão *wella* = onda. Ao radical *vélu* pertence também o radical *vlvo* com o significado de *envólucro, cório, útero* (vemos: por causa de sua muda de pele, a cobra é um excelente símbolo de renascimento). Sânscrito *ulva, ulba* com o mesmo significado. Latim *volva, volvula, vulva*. A *vélu* também pertence ao radical *ulvorâ* como significado de *pomar,* casca de plantas. Sânscrito *urvárâ* = seara. Zenda *urvara* = planta. O mesmo radical *vel* também tem o sentido de ondear. Sânscrito *ulmuka* = incêndio. Grego *Falea, Fela*, o gótico = ondear e também o antigo-alemão e médio alto-alemão *walm* = calor, brasa (Fick, 1890-1909, vol. 1, p. 132) (é típico que no estado da "involução" os cabelos do herói solar sempre caem em consequência do calor). Encontramos o radical *vel* ainda com o sentido de *soar*[322] e *querer, desejar* (libido!).

O tema do envolvimento é uma simbólica materna[323]. Isso se confirma também pelo fato de que as árvores, por

322. Cf. o "Sol retumbante".

323. Do tema de devorar faz parte também o dos "rochedos que se dobram" (Frobenius, 1904, p. 405). O herói precisa passar com seu navio entre dois rochedos que se dobram (semelhante à porta que morde, o tronco de árvore que se dobra). Ao passar, geralmente a cauda da ave é prensada (ou a parte traseira da embarcação etc.): reconhecemos aqui novamente o tema da castração ("arrancar o braço, girando-o"), pois a castração ocupa o lugar do

exemplo, parem novamente (como o "dragão-baleia" no mito de Jonas). Elas o fazem em geral, assim, na lenda grega, os *meliai nymphai* são os freixos, as mães da humanidade do bronze (ao mesmo tempo, existe aqui também o componente fálico, pois é do freixo que se faz a lança). Na mitologia nórdica, Askr, o freixo, é o pai primordial. Embla, sua esposa, é a "diligente" e não, como se acreditava anteriormente, a Terra. Askr representa, provavelmente, sobretudo a lança de freixo fálica (Cf. o costume sabínico de separar o cabelo da noiva com a lança). O *Bundehesh* simboliza os primeiros seres humanos, Meshia e Meshiane, como a árvore reivas, uma parte da qual coloca um galho num buraco da outra. A matéria que, segundo o mito nórdico, foi animada por Deus

---

incesto materno. A castração ocorre nas formas de um coito. Scheffel usa essa imagem em sua conhecida canção *Ein Harung liebt' eine Auster* [Um arenque amava uma ostra]. O fim da canção é que a ostra, ao beijá-lo, separa-lhe a cabeça. As pombas que trazem Ambrósia a Zeus também precisam passar pelos rochedos que se dobram. Por meio do incesto (ingresso na mãe), as "pombas" trazem para Zeus o alimento da imortalidade, comparável às maçãs (seios) de Freya. Como menciona também Frobenius, as montanhas ou cavernas que só se abrem com uma fórmula mágica estão intimamente ligadas ao tema dos rochedos que se dobram. O melhor exemplo disso se encontra num mito sul-africano (Frobenius, 1904, p. 407): "É preciso então chamar a rocha pelo nome e gritar: 'Rocha Untunjambili, abre-te, para que eu possa entrar'. Mas o rochedo, se não quiser abrir-se para o homem que o chama, pode responder: '*A rocha não é aberta por crianças; ela só é aberta pelas andorinhas que voam pelos ares*'". O interessante é que nenhuma força humana pode abrir a rocha, só uma fórmula ou um pássaro podem fazê-lo. Esse enunciado já diz que a abertura da rocha é uma tarefa que não pode ser realizada de fato, mas que apenas se deseja realizar ("desejar" ["*wünschen*"] no médio alto-alemão já é o "poder de criar coisas extraordinárias"). Quando morre uma pessoa, só resta o desejo de continuar vivendo, um desejo insatisfeito, um desejo "flutuante", razão pela qual as almas são *pássaros*. A alma é totalmente apenas libido, como muitos trechos dessa análise pretendem elucidar, ela é "desejar". Assim, o pássaro que ajuda o herói na barriga da baleia a retornar à luz, que abre os rochedos – é o desejo de renascer (os pássaros como desejos, cf. a bela imagem de Thoma, onde o jovem cheio de anseio estende os braços em direção aos pássaros, que voam sobre sua cabeça).

quando este criou o homem, é designada[324] por *trê* = madeira, árvore (Grimm, 1876-1877, vol. 1, p. 474). Lembro também *hyle* = madeira, que, em latim, se chama *materia*. No tronco do freixo universal Yggdrasil se esconde um casal humano na hora do fim do mundo, e dele se originam as gerações do mundo renovado (Hermann, 1903, p. 589). Nessa imagem, reconhecemos facilmente mais uma vez o tema de Noé ("viagem noturna pelo mar"), ao mesmo tempo, podemos reconhecer no símbolo de Yggdrasil mais uma vez uma imagem materna. Na hora do fim do mundo, o freixo se transforma na mãe protetora, na árvore da morte e da vida, em grego *ein enkolpion*[325]. Essa função de renascimento atribuída ao freixo universal explica também a imagem que encontramos no capítulo intitulado "A porta do conhecimento das almas do Oriente", no *Livro dos Mortos do Egito*:

> Eu sou o piloto na quilha sagrada. Eu sou o timoneiro que não descansa no barco de Râ[326]. Eu conheço aquela árvore de cor verde-esmeralda, de cujo seio Râ sobe às alturas das nuvens (Brugsch, 1891, p. 177).

Barco e árvore (barco dos mortos e árvore dos mortos) estão aqui muito próximos. A imagem diz que Râ

---

324. Em Atenas existia uma raça dos Aigerotomoi, os talhados do choupo.

325. Tribos javanesas costumam colocar a imagem de sua divindade numa escavação artificial de uma árvore. A isso remete a fantasia da "caverninha" de Zinzendorf e de sua seita. Cf. Pfister (1910). No mito persa o branco Haoma é uma árvore celestial que cresce no Lago Ourukasha; o peixe Kharmâhî nada à sua volta e a protege contra o sapo Ahrimans. Ela dá vida eterna, filhos às mulheres, maridos às moças e cavalos aos homens. No Mînôkhired a árvore chama-se a "preparadora do cadáver" (Spiegel, 1871-1878, vol. 2, p. 114).

326. O barco solar, que conduz o Sol e a alma através do mar da morte até o nascimento.

emerge nascido da árvore (Osíris na erica). Da mesma forma certamente deve ser interpretada a representação do deus solar Mitra, que, no relevo de Heddernheim, sobressai a meio corpo do cume de uma árvore (em outros monumentos ele está a meio corpo dentro de um rochedo, indicando o nascimento na rocha, semelhante a Men). Muitas vezes, encontra-se um rio junto ao local de nascimento de Mitra. A esse conglomerado de símbolos corresponde o nascimento de Aschanes, o primeiro rei dos saxões, que nasce das rochas betuminosas no meio da floresta[327], junto a uma fonte (Grimm, 1876-1877, vol. 1, p. 474). Aqui estão reunidos todos os símbolos maternos: terra, árvore e água, três formas de matéria sólida. Portanto, não devemos nos surpreender diante do fato de que, na Idade Média, dirigia-se à árvore poeticamente com o título de honra de “senhora”. Tampouco surpreende que a lenda cristã tenha transformado a árvore da morte, a cruz, em árvore da vida, de modo que, muitas vezes, Cristo era representado numa árvore frondosa com folhas e frutos. Essa referência do símbolo da cruz à árvore da vida, que já é encontrada na Babilônia como símbolo cúltico, também é considerado como muito provável por Zöckler, um estudioso da história da cruz (Zöckler, 1875, p. 51s.). O significado pré-cristão do símbolo (universalmente difundido) não contradiz essa interpretação, muito pelo contrário, pois seu sentido é *vida*. Também a ocorrência da cruz no culto solar (a cruz de braços iguais e a suástica como representação da roda solar), assim como no culto das deusas do amor (Ísis

327. Semelhantemente Isaías (51,1): “Olhai para a rocha da qual fostes talhado e da pedreira da qual fostes extraídos”. Outros exemplos em von Löwis of Menar (1910, p. 509s.).

com a *crux anstata, o speculum veneris* etc.) de forma alguma contradiz o significado (histórico) acima. A lenda cristã fez amplo uso desse símbolo. O conhecedor da história da arte da Idade Média conhece o quadro em que a cruz nasce do túmulo de Adão. A lenda dizia que Adão estava enterrado no Monte Gólgota. Set plantou sobre sua sepultura um ramo da árvore do paraíso, que se tornou a cruz e a árvore da morte de Cristo (Jubinal apud Zöckler, 1875, p. 241). Como se sabe, o pecado e a morte vieram ao mundo por culpa de Adão, e Cristo, por meio da própria morte, redimiu-nos da culpa. À pergunta sobre qual, afinal, teria sido a culpa de Adão, podemos responder que seu pecado imperdoável, punido com a morte, foi ter-se atrevido a comer da árvore da vida[328]. As consequências disso são narradas por uma lenda oriental: alguém, a quem foi dado lançar mais um rápido olhar sobre o paraíso depois do pecado original, viu ali a árvore e os quatro rios. Mas a árvore estava seca e entre seus ramos estava uma criança. *A mãe havia engravidado*[329].

A essa saga notável corresponde a tradição talmúdica segundo a qual Adão, antes de Eva, teria tido uma

---

328. Nesses mitos, sempre que possível, a culpa é atribuída à mãe. As árvores sagradas germânicas também estavam sob a lei de um tabu absoluto: nenhuma folha podia ser arrancada delas e, no chão, nada podia ser colhido dentro do alcance de sua sombra.

329. Segundo a lenda alemã (Grimm, 1876-1877, vol. 2, p. 809), o herói redentor nascerá quando estiver crescido a árvore que agora brota num muro, como frágil rebento, e quando de sua madeira tiver sido feito o berço em que o herói será ninado. A fórmula diz: "Plantar-se-á uma tília da qual brotarão dois galhos, e da madeira destes será feito um berço. A criança que primeiro o ocupar estará fadada a passar da vida para a morte pela espada, e então haverá redenção". Também nas sagas germânicas o início do acontecimento futuro está ligado a uma árvore em crescimento. Cristo também é designado como "rebento" ou "verga".

mulher demoníaca de nome Lilit, com a qual *lutou pelo poder*. Lilit, porém, subiu aos ares pela magia do nome de Deus e escondeu-se no mar. Mas Adão a obrigou a voltar com a ajuda de *três anjos*[330]. Lilit transformou-se numa *mahr*, numa lâmia, que ameaçava as mulheres grávidas e raptava crianças recém-nascidas. O mito paralelo é o das lâmias, dos fantasmas noturnos que assustavam as crianças. A saga original era que Lâmia seduziu Zeus, mas, ciumenta, Hera fez com que Lâmia *só desse à luz crianças mortas*. Desde então a furiosa Lâmia é a *perseguidora das crianças*, as quais mata sempre que pode. Esse tema volta com frequência nos contos de fadas, em que, muitas vezes, a mãe aparece como assassina (Frobenius, 1904, p. 110s.) ou antropófaga. Um paradigma alemão é a conhecida história de Joãozinho e Maria. Em grego, *lamia* também é um grande peixe voraz de água salgada[331], o que constitui uma ponte para o mito do dragão-baleia tão lindamente descrito por Frobenius, em que o animal marinho *devora* o herói solar para seu renascimento e o herói é obrigado a usar toda a sua sagacidade para *derrotar* o monstro. Reencontramos aqui a imagem da terrível mãe sob a forma do peixe voraz da morte[332]. Em Frobenius encontram-se numerosos exemplos, em que o monstro não

330. Reconhecemos aqui o tema do "auxílio de pássaros". Anjos, a bem dizer, são pássaros. Cf. a plumagem com que se vestem as almas do submundo, as "almas-pássaros". No *sacrificium Mithriacum* o arauto dos deuses (dos "anjos") é um corvo; o Hermes alado etc. O número três tem significado fálico.

331. Grego *lamos* = garganta, caverna, *ta lamia* = desfiladeiros.

332. A relação próxima entre *delphis* = delfim e delphys = útero deve ser destacada. Em Delfos encontram-se o *desfiladeiro* e o *tripé* (*delphinis* = mesa délfica com três pés em forma de delfins). Cf. Melicertes sobre o delfim e o sacrifício de Melkarth no fogo no último capítulo.

só devora seres humanos, mas também animais, plantas e até um país inteiro, tudo sendo salvo pelo herói num glorioso renascimento.

As lâmias são fantasmas noturnos típicos [*Nachtmare*], cuja natureza feminina é abundantemente documentada (cf. o rico material reunido em Jones, 1910). Sua contraparte são os cavalos fantasmagóricos, que carregam o cavalheiro em galope selvagem. Seus equivalentes são os corcéis fantásticos que raptam seus cavaleiros em cavalgadas loucas. Reconhecemos nessas formas simbólicas facilmente o tipo de pesadelo que, como mostra Riklin (1908), se tornou significativo para a explicação dos contos de fadas segundo as experiências de Laistner (1889). O típico ato de *cavalgar* adquire um aspecto particular pelos resultados das pesquisas sobre a psicologia infantil: dois trabalhos, o de Freud (1909) e o meu (OC 17), demonstraram, de um lado, o significado do medo inerente aos cavalos e, de outro, o caráter aparentemente sexual da fantasia de cavalgar. Se levarmos em consideração essas experiências, não é de admirar que o freixo universal Yggdrasill se chame Corcel Assustador (em alemão "*Schreckross*"). Cannegieter diz sobre os fantasmas noturnos: "*Abigunt eas nymphas* (*matres deas, mairas*) *hodie rustici osse capitis equini tectis injecto, cujusmodi ossa per has terras in rusticorum vilis crebra est animadvertere. Nocte autem ad concubia equitare creduntur et équos fatigare ad longinqua itinera*" [Os camponeses espantam estes fantasmas femininos (mães, mairas) com um osso de uma cabeça de cavalo que jogam sobre o telhado, e em nossas terras frequentemente vemos tais ossos sobre as casas dos camponeses. Mas à noite cavalgariam à hora de dormir e fatigaríamos cavalos em longas viagens] (Grimm, 1876-1877, vol. 2, p. 25). À primeira vista parece haver também uma relação etimológica entre fantasma noturno [*Mahr*] e cavalo – *nightmare e mare* (inglês). Mas o radical indo-germânico para *Mähre* (égua) é *mark*. *Mähre* é o cavalo, inglês *mare*, antigo alto-alemão *marah* (cavalo macho) e *meriha* (cavalo fêmea), nórdico antigo *merr* (*mara* = pesadelo), anglo-saxão *myre* (*maira*). A palavra francesa *cauche-mar* vem de *calcare* = pisar (de significado iterativo, daí o pisar as uvas); também se diz do galo, que "pisa" a galinha (galadura). Esse movimento também é típico para o "*Mahr*", por isso se diz do Rei Vanlandi: "*Mara tradt hann*", Mara o pisoteou até matar durante o sono (Grimm, 1876-1877, vol. 2, p. 1.041). Um sinônimo de pesadelo ou *Mahr* é *Troll* ou "Pisador"[333]. Esse movimento "*calcare*" é documentado também pela experiência de Freud e minha própria em crianças, em que o pisar ou "espernear" tem certo significado sexual, embora o ritmo seja o elemento primário. (Como Mara, pisoteia também o "Stempe" [cavalo noturno que aterrorizava as crianças segundo Grimm]) (Grimm, 1876-1877, p. 1.041).

A raiz ariana comum *mar* significa morrer, por isso "*mara*" significa o "morto", a "morta", ou a morte. Daí resulta *mors*, grego *moros* = destino (também *moira*?) (Herrmann, 1903, p. 64; Fick, 1890-1909, vol. 1, p. 284s.). Sabe-se que as nornas sentadas sob o freixo do mundo representam o destino, como Cloto, Láquesis e Átropos. Também entre os celtas o conceito de *fatae* passa para o de *matres* e *matronae* (Grimm, 1876-1877, vol. 1, p. 345s.),

333. Cf. os cavalos pisadores de fontes.

que, entre os alemães, tinham significado divino. Um conhecido episódio de Júlio César fala desse significado das mães: *ut matres famílias eorum sortibus et vaticinationibus*[334] *declarent, utrum proelium committi ex usu esset, nec ne* [para que suas mães de família esclareçam, através da sorte e de oráculos, se seria proveitoso iniciar uma batalha, ou não] (Caesar, *De bello Gallico*, 1, 50).

Sobre a etimologia de *mar* devemos acrescentar ainda que, na língua francesa há grande semelhança fonética entre mãe e *mar*, o que, porém, nada prova etimologicamente. No eslavo, *mara* significa bruxa; no polonês, *mora* = pesadelo. *Mor* ou *more* (alemão suíço) significa porca que já deu cria (também palavra insultuosa). Em boêmio, *mura* quer dizer fantasma noturno e também borboleta noturna, esfinge. Essa estranha associação explica-se pelo fato constatado repetidamente pela análise de animais com cascos dobráveis (*veneridae*) ou asas e que são usados como símbolos do órgão genital feminino (exemplos em Bertschinger, 1912). Os esfingídeos são as mariposas do crepúsculo; aparecem no escuro, como as maras. Finalmente é preciso mencionar que a oliveira sagrada de Atená se chamava *moria* (nome derivado de *moros*). Halirrhotios quis derrubar a árvore, mas, ao tentar fazê-lo, matou-se com o machado.

A relação sonora acidental entre *mar*, *mère* e o latim *mare* é estranha. Seria uma referência à "grande, primitiva imagem" da mãe, que a princípio era nosso único universo e depois se tornou símbolo de todo o universo?

---

334. Em paralelo, o significado mântico do desfiladeiro de Delfos, o poço de Mimir etc. "Desfiladeiros da sabedoria", cf. o último capítulo. Hipólito, pelo qual sua madrasta era apaixonada, após a morte, é transferido para ninfa sábia Egéria.

Goethe diz que as mães estão "envoltas por representações de todas as criaturas". Os cristãos também não puderam deixar de reunir sua Mãe de Deus com a água: "*Ave maris Stella*" é o início de um hino mariano. Também são os *cavalos* de Netuno que simbolizam as ondas do mar. Não será por acaso que a palavra infantil *ma-ma* (seio materno) se repete nos mais diversos idiomas e que as mães de dois heróis religiosos se chamam Maria e Maia. A mãe é o cavalo da criança, o que se depreende mais claramente do hábito primitivo de carregar o filho nas costas ou no quadril. Odin estava suspenso no freixo universal, sua mãe, seu "Corcel Assustador". O deus solar egípcio está sentado nas costas de sua mãe, a vaca celestial.

Já vimos que, no imaginário egípcio, Ísis, a mãe de Deus, traiu o deus solar com a serpente venenosa; também em Plutarco Ísis trai seu filho Hórus: Hórus domina o malvado Tifão, que assassinou Osíris (mãe terrível = Tifão) traiçoeiramente. Mas Ísis *torna a libertá-lo*. Furioso, Hórus *agride a mãe e lhe arranca da cabeça o adorno real* (Plutarco, *De Ísis e Osíris*, 19, 6, p. 31s.), razão pela qual Hermes lhe deu uma cabeça de vaca. Então Hórus domina Tifão pela segunda vez. Na saga grega, Tifão é um dragão monstruoso. Mesmo sem essa constatação, está claro que a luta de Hórus é a luta típica do herói solar com o "dragão-baleia". Sobre este último sabemos, porém, que ele é um *símbolo da terrível mãe*, da voraz garganta da morte, onde os homens são moídos e dilacerados[335]. Quem vence esse monstro adquire nova ou eterna juventude. Mas para isso e apesar de todos os perigos,

335. Cf. os mitos exóticos narrados em Frobenius (1904), em que o ventre da baleia é simplesmente o país dos mortos.

geralmente é preciso entrar no ventre do monstro[336] (viagem ao inferno) e permanecer ali durante algum tempo (prisão no mar noturno) (Frobenius, 1904, p. 264s.).

A luta com a *serpente noturna* significa assim a *subjugação da mãe*, a quem é atribuído um crime infame, a traição do filho. Uma confirmação plena desses vínculos nos é dada pelos fragmentos do poema épico babilônico sobre a criação do mundo, encontrados por George Smith, em sua maioria provenientes da biblioteca de Assurbanípal. O texto talvez seja da época de Hamurabi (2000 a.C.). Nessa narrativa da criação (segundo Gressmann, 1909, vol. 1, p. 4s.), vemos que o já conhecido filho-deus Ea, filho das profundezas da água e deus da sabedoria[337], dominou Apsû. Apsû é o gerador dos grandes deuses (no início, ele existia como um tipo de Trindade com Tiâmat, mãe dos deuses, e Mummu, seu vizir). Ea, portanto, subjugou o pai. Mas Tiâmat jurou vingança. Ela se armou para a guerra contra os deuses:

> Mãe Hubur, que tudo formava,
> Forneceu armas irresistíveis, pariu cobras gigantes
> Com dentes afiados, em tudo impiedosas (?);
> Com veneno encheu seus corpos, ao invés de sangue.
> Salamandras gigantes (?) revestiu de terror;
> Exuberantes, com feroz brilho, as fez se erguerem altas (?)
> Quem as visse, morreria de horror (?).
> Seus corpos se retorceriam, sem que pudessem fugir.

---

336. Uma das particularidades constantes de *Mar* é que só se *pode tornar a sair pelo mesmo buraco pelo qual entrou*. Evidentemente, esse tema pertence ao *mito do renascimento*.

337. Desfiladeiro da sabedoria, poço da sabedoria, fonte da fantasia. Cf. abaixo.

Ela ergueu salamandras (?), dragões e lahamas,
Furacões, cachorros loucos, homens-escorpiões.
Violentas tempestades, homens-peixes e bodes (?)
Com armas impiedosas, sem medo de lutar.
Veementes são suas ordens (de Tiâmat), irresistíveis.
[...]
Quando Tiâmat concluiu sua poderosa obra,
Planejou (?) ela o (mal) contra os deuses, seus descendentes;
Para vingar Apsû, Tiâmat agiu com maldade.
[...]
Quando Ea ouviu isto,
Ficou muito inquieto e aflito, e sentou-se acabrunhado
[...]
Dirigiu-se ao pai, seu progenitor Ansar,
Para comunicar-lhe o que Tiâmat tramara:
Tiâmat, nossa mãe, encheu-se de aversão por nós,
Preparou uma revolta, irada, furiosa.

Contra o terrível exército de Tiâmat, os deuses finalmente destacam o deus da primavera Marduk, o Sol vencedor; Marduk se prepara para a luta. Sobre a arma mortal que criou para si, lemos:

Ele criou o vento mau Imhullu, a tempestade do sul e o furacão;
O quatro-ventos, o sete-ventos, o turbilhão (?) e o vento da
desgraça (?).
Soltou então os ventos que criara, sete no total.
Para devastar as entranhas de Tiâmat, eles o seguiram.
Tomou o Senhor então o ciclone (?), sua grande arma,
E como carro usou a borrasca, incomparável, terrível.

Suas armas principais são o vento e uma rede, com a qual pretende apanhar Tiâmat. Aproxima-se de Tiâmat e a desafia para a luta[338].

> Aproximaram-se então Tiâmat e o sábio (?) entre os deuses, Marduk,
> Erguendo-se (?) para a luta, para o combate:
> Estendeu o Senhor então a sua rede, e a apanhou;
> Soltou o Imhullu de seu séquito, contra a face dela,
> Quando Tiâmat abriu sua boca, tanto quanto pôde (?),
> Fez com que o Imhullu nela penetrasse, para que seus lábios não mais pudessem fechar-se.
> Com os ventos furiosos encheu o seu corpo;
> Tomadas (?) estavam as suas entranhas, e ela abriu muito a boca.
> Tomou a lança (?) e despedaçou seu corpo,
> Retalhou suas entranhas, cortou (seu) coração,
> Dominou-a e pôs fim à sua vida;
> *Jogou ao chão* o seu cadáver e o *pisou*.

Tendo matado a mãe, Marduk planejou a criação do mundo:

> Descansou então o Senhor, observando o seu cadáver,
> Dividiu então o colosso (?), planejando coisas sábias;
> Dividiu-a em duas partes[339], como um peixe chato (?),
> Tomou uma metade e com ela cobriu o céu.

Destarte Marduk criou *o universo a partir da mãe*. É evidente que a morte do dragão materno ocorre aqui sob

---

338. "Então se aproximou o Senhor, espiando para o centro (?) de Tiâmat...".

339. Divisão da mãe, cf. Kaineus, e fenda, divisão da terra etc.

o aspecto de uma *fecundação pelo vento* com antecedentes negativos.

O mundo é criado a partir da mãe, isto é, com a libido tirada da mãe (por meio do sacrifício). Teremos que analisar essa fórmula significativa mais de perto no último capítulo. Também na literatura do Antigo Testamento encontram-se interessantes paralelos desse mito antigo, conforme demonstrou Gunkel de forma brilhante (Gunkel, 1895, p. 30s.). Vale a pena analisar a psicologia desses paralelos:

> Desperta, desperta, reveste-te de força, braço do Senhor! Desperta como nos dias de outrora, no tempo das gerações antigas! Acaso não foste tu que massacraste Raabe, varando de lado a lado o dragão? Não foste tu que secaste o mar, as águas do vasto Oceano, transformando em estrada as profundezas do mar, para abrir passagem aos resgatados? (Is 51,9s.).

No Antigo Testamento, o nome Raabe é frequentemente usado para o Egito, assim como dragão (Isaías (30,7) chama o Egito de "a Raabe silenciada"); ele significa, portanto, algo de mau e inimigo. *Mas Raabe é também a famosa meretriz de Jericó*, que, como esposa do Príncipe Salma, tornou-se *mãe genealógica de Cristo*. Aqui Raabe aparece como o velho dragão, como Tiâmat, contra cujo poder malfazejo Marduk ou Javé se levantam. A expressão "os resgatados" se refere aos judeus libertados do cativeiro, mas também é mitológica, no sentido de que o herói liberta aqueles que haviam sido tragados pelo dragão-baleia.

> Trituraste o cadáver de Raab... (Sl 89,11).
> Com seu poder agitou o mar,
> com sua destreza aniquilou Raabe.
> O seu sopro clareou os céus,

e sua mão traspassou a Serpente fugitiva
(Jó 26,12s.).

Gunkel considera Raab como idêntico a Caos, isto é, Tiâmat. Gunkel também traduz o "triturar" como "estupro" (Gunkel, 1895, p. 30s.). Tiâmat ou Raabe é, como mãe, também a meretriz. Assim também Gilgamesh tratou Ishtar, que ele acusa de prostituição. Conhecemos essa acusação contra a mãe também da análise de sonhos. O dragão Raabe também aparece como Leviatã, como monstro aquático (mar materno):

Fendeste o mar com tua força
e esmagaste as cabeças dos dragões marinhos,
esmigalhaste as cabeças do Leviatã
e o deixaste como presa aos monstros marinhos.
Abriste mananciais e torrentes,
secaste rios inesgotáveis (Sm 74,13s.).

Na primeira parte deste trabalho, ressaltamos apenas o significado fálico do Leviatã. Agora, descobrimos também seu significado como mãe. Outro paralelo nítico é Isaías (27,1s.):

Naquele dia o Senhor castigará, com sua espada afiada, grande e forte, o Leviatã, serpente fugidia, o Leviatã, serpente tortuosa, e matará o Dragão que está no mar.

Em Jó (40,25s.) encontramos um tema especial:

Poderás pescar com anzol o crocodilo
e atar-lhe a língua com uma corda?
Serás capaz de passar-lhe um junco pelas narinas,
ou perfurar suas mandíbulas com um gancho?

Em Frobenius encontramos numerosos paralelos a esse tema em mitos exóticos, em que o monstro marítimo materno também é pescado com o anzol. As comparações da libido materno com as forças elementares do mar e os monstros poderosos, que carrega o mundo, mostram quão insuperável é o poder daquela libido, que chamamos de materna.

Já vimos que a proibição do incesto impede o filho de se gerar a si mesmo mais uma vez através da mãe. Isso deve ser feito pelo *deus*, como nos mostra a admirável clareza e franqueza da piedosa mitologia egípcia, que preservou para nós ideias muito primitivas e simples: assim Chnum "o formador, o oleiro, o arquiteto" forma seu ovo sobre seu torno, pois ele é "o crescimento imorredouro, a própria autogeração e o próprio nascimento espontâneo, o criador do ovo que saiu das águas primitivas". No *Livro dos Mortos* está escrito: "Eu sou o falcão sublime[340], que saiu de seu ovo". Outra passagem no *Livro dos Mortos* diz: "Eu sou o criador de Nun, que estabeleceu sua sede no submundo. Meu ninho não é visto e meu ovo não é quebrado"[341]. Outra passagem diz: "Aquele grande e magnífico deus em seu ovo, que é seu próprio autor, autor daquilo que dele se originou" (Brugsch, 1891, p. 161s.).

Por isso o deus Nagaga-uer é chamado de o "grande cacarejador" (*Livro dos Mortos*, 81,2 e 98,2: "Eu grasno [nagaga] como o ganso e pio como o falcão"). A proibição do incesto é atribuída à mãe como uma arbitrariedade maldosa, com a intenção de excluir o filho da imortalidade. Por isso, pelo menos um deus deve se escandalizar

---

340. O deus sol.

341. Para os conhecedores, posso mencionar que um de meus filhos, uma filhinha, recebeu massa de modelar colorida como presente de Natal e, de forma espontânea, formou um ninho com um ovo, ao lado dele, um sol feito de raios, que ilumina o ovo para chocá-lo.

com isso, subjugar a mãe e disciplina-la (cf. acima Adão e Lilit). A subjugação significa estupro incestuoso[342].

Heródoto preservou para nós um exemplo precioso dessa fantasia religiosa:

> Eu já havia percebido como comemoram a festa de Ísis na cidade de Busíris. Depois do sacrifício, todos se batem, homens e mulheres, milhares de pessoas. Mas seria um pecado de minha parte mencionar aquele pelo qual se batem [...]. Em Paprêmis, porém, eles festejam sacrifícios com atos sagrados, como nos demais lugares. Mas na hora em que o Sol se põe, alguns poucos sacerdotes se ocupam em torno da imagem; a maioria deles fica na entrada munidos de cacetes de madeira; e outros, que querem cumprir uma promessa, mais de mil homens, estão à sua frente, também munidos de paus, em grupo. Na véspera, transportam a imagem para um outro santuário, levando-a num pequeno templo de madeira dourada. Os poucos que ficam junto à imagem puxam um carro de quatro rodas sobre o qual está o templo com a imagem que encerra. Mas os demais, que estão nas antessalas, não os dei xam entrar. No entanto os que têm promessas a cumprir, os atacam. Começa então uma violenta briga, um quebrando a cabeça do outro; penso que muitos vêm a falecer em consequência dos ferimentos; apesar de os egípcios afirmarem que ninguém morre. Os nativos afirmam ter introduzido esta comemoração pelo seguinte: neste santuário morava a mãe de Ares[343]. Ares teria sido educado fora de casa, e depois de adulto voltara

342. No texto de uma pirâmide, que descreve a luta do faraó morto pelo predomínio no céu, lê-se: "Chora o céu, tremulam as estrelas, trememos guardas dos deuses e fogem seus servos, ao verem o rei erguer-se como espírito, como um deus que vive de seus pais e se apodera de suas mães".

343. Por Ares certamente entende-se o Tifão egípcio.

> para ter relações com a mãe. Mas os servos da mãe, que nunca o haviam visto, não o deixaram entrar tranquilamente e lhe impediram a passagem; ele trouxe então gente de outra cidade, maltratou muito os servos e foi ter com sua mãe. Por isso afirmam ter introduzido esta briga na festa dedicada a Ares (Heródoto, *Histórias*, Livro 2, 61s., p. 208).

É evidente que, aqui, os fiéis se batem e talvez até se matem para participar do mistério do estupro da mãe[344]; essa é a parte que cabe a *eles*, enquanto o ato heroico pertence ao deus[345]. Como sugerem boas razões, esse Ares se refere ao Tifão egípcio. *Tifão representa assim o mau anseio pela mãe*, mas pelo qual outras formas de mitos culpam a mãe, segundo os padrões conhecidos. A morte de Bálder análoga à morte de Osíris (adoecimento de Rê) pelo ferimento com um ramo de visco parece exigir explicação semelhante. O mito relata como todas as criaturas foram obrigadas a comprometer-se a não fazer mal a Bálder, só o visco foi esquecido, aparentemente por ser ainda muito *jovem*. Este abateu Bálder. O visco é um parasita. Da madeira de uma planta parasitária ou trepadeira obtinha-se o pedaço de madeira feminina no ritual de perfuração do fogo (Kuhn, 1886, p. 37), portanto, a mãe do

---

344. Na saga polinésia de Mauí o feito do herói também é bastante evidente: ele rouba o *cinto* da mãe. O rapto do véu no mito da donzela transformada em cisne tem o mesmo sentido numa saga africana dos lombas, o herói simplesmente violenta a mãe (Frobenius, 1904, p. 308).

345. O mito de Halirrhotios mencionado acima, que se matou ao tentar derrubar a árvore sagrada de Atena, a moria, contém a mesma psicologia, assim como a castração dos sacerdotes (castração de Átis) a serviço da Grande Mãe. A autotortura asceta no cristianismo provém naturalmente dessas fontes, pois a forma do símbolo cristão significa uma regressão intensa ao incesto materno. O arrancar da árvore da vida é justamente esse pecado.

fogo. Mare repousou sobre "macrentakken", que Grimm entende como sendo um visco (Grimm, 1876-1877, vol. 2, p. 1.041). O visco era um medicamento contra a infertilidade. Só com cerimônias solenes e depois da oferenda sacrificial, o druida da Gália podia subir no carvalho sagrado para ali cortar o visco ritual (Nork, 1843-1845, verbete: "Mistel"). Esse ato é um incesto culturalmente delimitado e organizado. Aquilo que cresce na árvore é a criança[346] que se quer receber da mãe, que seria a própria pessoa sob forma nova e rejuvenescida, e é justamente isso o que não se pode alcançar porque a proibição do incesto o impede. Como mostra o costume celta, esse ato só é permitido ao sacerdote sob a condição de certas cerimônias; o deus-herói e redentor do mundo, porém, faz o que não é permitido, o sobre-humano e, assim, adquire imortalidade. O dragão que precisa ser superado é, como o leitor já deve ter percebido, a *resistência* contra o incesto. Dragão e serpente, especialmente com seu acúmulo de atributos de medo, são os representantes simbólicos do medo, que corresponde ao desejo incestuoso reprimido. Por isso é compreensível que sempre tornamos a encontrar a árvore com a serpente (no paraíso, a serpente até convence ao pecado); à serpente ou ao dragão cabe especialmente o papel de guardião e defensor do tesouro. O significado tanto fálico quanto feminino do *dragão*[347] mostra que se trata no-

346. Razão pela qual, provavelmente, na Inglaterra, se penduram ramos de visco no Natal. Cf. Aigremont (1909, vol. 2, p. 36).

347. Assim como a árvore possui também uma natureza fálica – além de seu significado materno – nos mitos, a velha demoníaca (seja ela favorável ou nefasta) muitas vezes também possui atributos fálicos, por exemplo, um dedo longo, um dente longo, um lábio longo, seios longos, mãos grandes, um pé grande etc. Essa mistura de temas masculinos e femininos indica que a "ve-

vamente de um símbolo da libido sexualmente neutra (ou bissexual), ou seja, de *um símbolo da libido na resistência*. Com esse significado, aparece no cântico de *Tishtriya* da Pérsia antiga também *o cavalo preto* Apaosha (o demônio da resistência) ao ocupar as fontes do lago da chuva. O cavalo branco Tishtriya ataca duas vezes sem sucesso, na terceira vez, ele consegue vencer Apaosha com a ajuda de Ahuramazda[348]. Então se abrem as comportas do céu, e uma chuva fértil cai sobre a terra (Bertholet & Lehmann, 1925, vol. 2, p. 227s.). Nesse cântico, a escolha dos símbolos mostra belamente como libido se contrapõe à libido, querer a querer, a desunião do ser humano primitivo consigo mesmo, que ele reconhecia em todas as adversidades e contradições da natureza externa.

A árvore envolta pela serpente deve ser compreendida, assim, também como mãe protegida pela resistência contra o incesto. Esse símbolo não é raro em monumentos

---

lha" é um símbolo da libido como a árvore, no entanto, predominantemente maternal. A bissexualidade da libido se expressa mais nitidamente na imagem das três greias, que, juntas, só possuem *um olho e um dente*. Essa imagem é um paralelo direto ao sonho de uma paciente, que representou sua libido como gêmeos: um deles é uma *caixa*; o outro, um objeto *semelhante a uma garrafa*, pois olho e dente são órgãos genitais feminino e masculino. (Referente ao olho com esse significado conferir especialmente o mito egípcio; referente ao dente, devemos observar que Adonis, a fertilidade, morre por meio do dente do porco, assim como Siegfried é morto pela lança de Hagen, conferir abaixo o Príapo de Verona, cujo falo é arrancado pela cobra. O dente é, nesse contexto, o falo "negativo" como a serpente).

348. Cf. Grimm (1876-1877, vol. 2, p. 802). O mesmo tema sob outra aplicação se encontra numa lenda da Baixa Saxônia: crescerá um freixo do qual ainda nada se viu, mas surge um broto do chão sem ser percebido. A cada Ano-Novo, à noite, aparece um *cavaleiro branco num cavalo branco* para cortar o broto. Ao mesmo tempo, porém, aparece também um cavaleiro preto e luta contra ele. Após longa luta, o cavaleiro branco consegue expulsar o preto, e o branco corta o broto. Em algum momento, porém, o branco não conseguirá mais, e então o freixo crescerá e, quando estiver tão grande que um cavalo possa ser amarrado nele, virá um rei poderoso, e haverá uma batalha enorme (fim do mundo).

mitraicos. Da mesma forma deve ser interpretado o rochedo envolto pela serpente, pois Mitra (Men) nasceu da rocha. A ameaça ao recém-nascido pela serpente (Mitra, Hércules) explica-se pela lenda de Lilit e Lâmia. Pitão, o dragão de Leto, e Poine, que devasta o país de Crótopos, foram enviados pelo pai do recém-nascido: esse fato nos permite reconhecer a *localização do medo do incesto no pai*, que conhecemos da psicanálise. O pai representa a defesa ativa contra os desejos incestuosos do filho, ou seja, o crime que o filho deseja inconscientemente é atribuído ao pai, na forma de uma intenção supostamente assassina do pai como *causa do medo de morte do pai*, esse sintoma frequentemente neurótico. Em situação análoga, o monstro a ser vencido pelo herói muitas vezes é um *gigante* que guarda o tesouro ou a mulher. Um bom exemplo é o gigante Chumbaba na epopeia de Gilgamesh, que guarda o jardim de Ishtar[349]: ele é subjugado por Gilgamesh e assim Ishtar é conquistada. Esta então faz apelos sexuais a Gilgamesh (Jensen, 1906, p. 17s.). Esses dados são suficientes para compreender o papel de Hórus em Plutarco, sobretudo o tratamento brutal de Ísis. Por meio da subjugação da mãe, o herói torna-se igual ao Sol e gera a si mesmo de novo. Ele ganha a força do Sol invicto, a força do eterno rejuvenescimento. Assim compreendemos agora também uma série de imagens do mito de Mitra no relevo de Heddernheim. Ali aparece primeiro o nascimento de Mitra da copa de uma árvore; o quadro seguinte mostra Mitra carregando o touro vencido, em que o touro tem o significado do monstro (comparável ao touro vencido por Gilgamesh), do pai, que, como gigante e

349. Mais exemplos em Frobenius (1904).

animal perigoso personifica a proibição do incesto, e da libido do próprio filho-herói, que ele derrota num ato de autossacrifício. O terceiro quadro *mostra Mitra pegando o adorno da cabeça de Sol, a coroa radiada*. Esse gesto lembra primeiro o ato violento de Hórus para com Ísis e, então, a ideia cristã de que *aqueles que venceram alcançam a coroa da vida eterna*. No quarto quadro o Sol está ajoelhado diante de Mitra. Esses dois últimos quadros mostram nitidamente que Mitra tomou para si a força solar, de modo que também se torna senhor do Sol. Ele venceu sua "natureza animal" (o touro). O animal não conhece a proibição de incesto, o ser humano é humano porque vence o desejo incestuoso, ou seja, a natureza animal. Assim, Mitra sacrifica sua natureza animal e vence o desejo incestuoso e, com ele, a mãe, ou seja, a mãe que traz a morte (uma solução já prenunciada na epopeia de Gilgamesh pela renúncia formal do herói à horrível Ishtar). A superação da mãe já não ocorre mais no *sacrificium Mithraicum* já um tanto ascético na subjugação arcaica, mas por meio da renúncia, no sacrifício do desejo. A ideia primitiva da re-geração incestuosa pela penetração no ventre materno aqui já se deslocou tanto que o ser humano, já tão adiantado na domesticação, acredita alcançar a vida solar eterna não por meio do ato do incesto, mas por meio do sacrifício do desejo incestuoso. Essa importante transformação expressada no mistério de Mitra só vem a se completar plenamente no símbolo do Deus crucificado. Pelo pecado de Adão pendura-se na árvore da vida o sacrifício sangrento de um homem[350]. O

350. Num texto da Silésia do século XV, Cristo morre na mesma madeira na qual Adão outrora pecou (Zöckler, 1875, p. 241).

primogênito sacrifica sua vida para a mãe ao, pendurado entre os galhos, sofrer uma morte vergonhosa e cruel, um tipo de morte que era uma das formas de execução mais vergonhosas, que a Antiguidade romana reservava somente para os piores criminosos. O herói morre como se tivesse cometido o pior dos crimes; ele o comete ao tornar a se deitar nos galhos geradores da árvore da vida, ao mesmo tempo, porém, ele paga a culpa com a angústia da morte. Por esse ato de coragem máxima e máxima renúncia, a natureza animal é reprimida ao extremo, razão pela qual se pode esperar como resultado uma graça máxima para a humanidade; pois apenas um ato dessa natureza parece ser capaz de redimir a culpa de Adão.

Como já foi dito, era um costume comum pendurar em árvores as vítimas para o sacrifício. Encontramos numerosos exemplos principalmente entre os povos germânicos[351]. Fazia parte do rito atravessar as vítimas com uma lança. Sobre Odin consta (Edda, Havamal):

> Sei que estive suspenso na árvore sacudida pelo vento
> durante nove noites,
> ferido pela lança, consagrado a Odin,
> eu mesmo a mim mesmo... (Hermann, 1903, p. 308).

Pendurar as vítimas em cruzes era um costume também americano (antes da descoberta). Müller (1867, p. 498) menciona o manuscrito fejervárico (um códice hieroglífico mexicano); no fim dele se encontra uma cruz colossal em cujo centro se vê suspensa uma divindade en-

351. Penduravam-se, por exemplo, peles de animais nas árvores de sacrifício e atiravam-se lanças contra elas.

sanguentada. Igualmente interessante é a cruz de Palenque (Stephens apud Müller, 1867, p. 498): em cima da cruz vê-se um pássaro, e de cada lado uma figura humana, que olha para a cruz e na direção desta seguram uma criança (para o sacrifício ou para o batismo?). Os mexicanos antigos, ao que tudo indica, todas as primaveras invocavam o favor de Centeotl, "a filha do céu e a deusa dos grãos", pregando um jovem ou uma jovem numa cruz e atirando flechas contra a vítima (Zöckler, 1875, p. 34). O nome da cruz mexicana significava: "Árvore de nossa vida ou carne" (Bancroft apud Robertson, 1910, p. 139).

Uma ilustração da Ilha Philae também parece mostrar Osíris em forma de crucifixo, lamentado por Ísis e Néftis, as irmãs-esposas (Rossellini apud Robertson, 1910, p. 142).

O significado da cruz certamente não se esgota com o de árvore da vida, como já dissemos. Assim como a árvore da vida tem também um significado secundário fálico (como símbolo da libido), a cruz também possui outro significado além do da vida e da imortalidade (Zöckler, 1875, p. 7s.)[352]. Müller a usa como sinal da chuva e da fertilidade, visto que, na Índia, aparece decididamente como feitiço de fertilidade. É, portanto, quase natural que exerça um papel no culto solar. Vale ressaltar que é também um sinal importante para afastar toda desgraça (benzer-se), semelhante ao antigo gesto da *manofica*. A esse mesmo fim serviam também os amuletos fálicos.

352. Na representação do nascimento de um rei em Lúxor, vê-se o seguinte: o logos e mensageiro divino, o Thot com cabeça de ave, anuncia à rainha virgem Mautmes que ela dará à luz um filho. Na cena seguinte, Kneph e Athor encostam uma *crux ansata em seus lábios e assim a fecundam espiritualmente (simbolicamente)* (Sharp apud Robertson, 1910, p. 43).

Por mais minucioso que Zöckler costume ser, ele ignorou completamente que a *crux anstata fálica* é a cruz que o solo da Antiguidade revela em numerosos exemplares. Representações dessas *cruces anstatae* são encontradas em muitos lugares, e quase todas as coleções de antiguidades possuem um ou vários exemplares[353].

Por fim, vale mencionar que a cruz reproduz a forma do corpo humano com os braços estendidos. É curioso que as ilustrações do cristianismo primitivo mostram Cristo não pregado na cruz, mas postado diante dela, com os braços estendidos[354]. Maurice dá a essa interpretação uma base excelente; ele diz o seguinte:

> [...] it is a fact not less remarkable, than well attested, that the Druids in their groves were accustomed to select the most stately and beautiful tree as an emblem of the deity they adored, and having cut off the side branches, they affixed two of the largest of them to the highest part of the trunk, in such manner that those branches extended on each side like the arms of a man, and together with the body, presented the appearance of a huge cross; and in the bark in several places was also inscribed the letter 'Thau'.
>
> [é fato tão notável quanto bem documentado, que os druidas escolhiam a mais imponente e bela árvore de seus bosques como emblema da divindade que adoravam. E, tendo cortado os ramos laterais, afixavam dois dos maiores entre eles à parte mais alta do tronco, de tal modo que

353. Os antigos marcos de fronteira fálicos muitas vezes apresentavam a forma de uma cruz com uma cabeça (Knight, 1894, p. 30). Em inglês antigo, a cruz era chamada de *rod* = vara.

354. Robertson (1910, p. 140) menciona o fato de que o sacerdote e imolador mexicano se envolve com a pele de uma mulher recém-sacrificada e se coloca diante do deus da guerra *com os braços estendidos*.

> os ramos estendidos de cada lado, *como os braços de um homem*, juntamente com o corpo, davam a impressão de uma grande cruz; e na casca, em vários lugares, inscreviam a letra 'tau'[355]] (Maurice, 1796, vol. 6, p. 49).

Também a "árvore da ciência" da seita indiana dos jainas toma forma humana; ela é representada como um tronco muito grosso em forma de cabeça humana, de cujo vértice saem dois ramos mais longos que caem para os lados e um ramo ereto mais curto, coroado por um espessamento semelhante a um botão ou a uma flor (Zöckler, 1875, p. 19)[356]. Robertson (1910, p. 133) menciona que, também no sistema assírio, existe a divindade representada em forma de cruz, em que a trave vertical corresponde a uma figura humana e a trave horizontal a um par de asas convencionadas. Ídolos da Grécia Antiga, como foram abundantemente encontrados por exemplo na ilha de Egina, têm caráter semelhante: cabeça exageradamente longa, braços afastados e erguidos como asas (?), e seios evidentes na parte anterior[357].

Preciso deixar em aberto se, como se afirma com frequência, o símbolo da cruz apresenta ou não alguma relação com os dois paus da produção ritual do fogo. Parece, porém, que também o sentido de "união" é inerente ao símbolo da cruz, pois a ideia de renovação faz parte do feitiço da fertilidade, e essa ideia está intimamente associada à cruz. Encontramos a ideia de "união" represen-

355. Referência à cruz egípcia primitiva: T.

356. O botão é claramente fálico. Cf. o sonho da jovem relatado acima.

357. Devo ao Prof. Fiechter em Stuttgart a comunicação desses achados.

tada pelo símbolo da cruz no *Timeu* de Platão, em que a alma universal é imaginada como estendida em forma de X (chi) entre o céu e a terra, ou seja, na forma da cruz de Santo André. E quando descobrimos que a alma universal *contém em si o mundo como corpo*, essa imagem nos lembra infalivelmente da mãe:

> Ele [o demiurgo] colocou a alma no centro do corpo do universo e a estendeu através de todo o mundo, *e ainda com ela envolveu o corpo do universo por fora*. Assim produziu o mundo como um círculo a girar no círculo e que, único e só, devido à sua boa constituição, *tem condições de relacionar-se consigo mesmo e não precisa de outro, sendo suficientemente íntimo e amigo de si mesmo*. Através de todas estas providências ele criou *o mundo como um Deus bem-aventurado* (Platão, 1909, p. 27).

Esse grau máximo de inatividade e ausência de necessidade simbolizado pelo fato de estar encerrado em si mesmo significa bem-aventurança divina. Único modelo humano para essa ideia é a criança no ventre materno, melhor, o ser humano adulto constantemente abraçado e entrelaçado com sua origem, a mãe. De acordo com essa ideia mitológico-filosófica, Diógenes habitava num tonel, para assim expressar mitologicamente a bem-aventurança e semelhança divina de sua ausência de carência (fantasia do ventre materno).

Sobre a relação da alma do universo com o corpo do universo, Platão diz o seguinte:

> Se começarmos a falar agora da alma, também o deus não a criou só depois do corpo: pois ele não teria permitido que *o mais velho fosse dominado pelo mais jovem*; nós, em grande parte

> dependentes do acaso e do imprevisto, também falamos assim, mas ele criou a alma de modo a preceder o corpo quanto à sua origem e boa constituição, *e ser mais venerável do que este; ele a fez senhora e futura soberana do corpo* (Platão, 1909, p. 27).

Também por meio de outras alusões, a imagem da "alma" parece, de algum modo, ser um derivado da imago materna, isto é, uma designação simbólica para o montante da libido presa na imagem materna (cf. a ideia cristã da alma como uma noiva do Senhor). O desenvolvimento ulterior da alma do universo no *Timeu* se faz de modo numerológico-místico sombrio. Quando a fusão estava terminada, aconteceu o seguinte:

> Uma vez montado assim todo este conjunto, ele o fendeu em duas partes, no sentido do comprimento, e *uniu as partes ao meio em forma de cruz, de modo a formarem um x.*

Essa passagem se aproxima claramente da cisão e da união de Âtman, que, depois da separação, é comparado com um homem e uma mulher que se abraçam. Outro trecho merece ser mencionado:

> Depois de concluído todo o conjunto da alma de acordo com a vontade do Mestre, ele criou tudo o que é corporal *no interior dela* e o juntou de tal modo *que a interpenetrasse no meio* (Platão, 1909, p. 30).

De resto, remeto às minhas elaborações sobre o significado materno da alma universal em Plotino, no capítulo 2. Um descolamento semelhante do símbolo da cruz da figuração concreta e entre os índios Muysca: eles estendem duas cordas em forma de cruz sobre um *espelho d'água* (lago ou rio) e, no ponto de intersecção, lançam frutas, óleo e pedras preciosas na água (Zöckler, 1875, p. 33). Aqui a divindade é evidentemente a água e não a cruz, cuja intersecção apenas demarca o local das oferendas. A oferenda no "ponto de união"[358] revela por que esse símbolo costumava ser um feitiço de fertilidade[359], por que o encontramos (na era pré-cristã) tão frequentemente nas deusas do amor (= mãe), no Egito principalmente em Ísis e no deus solar. Já discutimos a união constante dessas duas divindades. Visto que a cruz (Tau, *crux ansata*) sempre retorna na mão de Tum, supremo deus egípcio, hegemon da enéade, creio ser necessário ressaltar mais alguns aspectos das determinações de Tum. O Tum de On-Heliópolis chama-se "o Pai de sua Mãe"; o que isso significa não precisa ser explicado. A deusa a ele ligada, Jusas ou Nebit-Hotpet, é chamada *ora de mãe, ora de filha, ora de esposa do deus*. O primeiro dia de outono nas inscrições heliopolitanas é designado como "o dia de festa da deusa Jusasit", como a chegada da "*irmã*, que se prepara para unir-se com seu *pai*". É o dia em que "a deusa Mehnit termina seu trabalho para deixar o deus Osíris penetrar no olho esquerdo"[360]. Esse dia se chama também "suprimento do olho sagrado com o que lhe é necessário". A vaca celestial com o olho lunar, Ísis com cabeça de vaca, no equinócio de outono recebe em si o sêmen gerador de Hórus (a Lua como guardiã do sêmen) (Brugsch, 1891, p. 286). O "olho" substitui

358. A oferenda no "ponto de intersecção" poderia estar relacionada com o simbolismo linguístico de "cruzar", "intersecção" etc.

359. A oferenda é lançada na água, ou seja, na mãe.

360. O que se refere à Lua. Cf. mais adiante: a Lua como local de reunião das almas (a mãe envolvedora).

evidentemente o órgão genital, como no mito de Indra, o qual, por um sacrilégio contra Bate-Seba, teve que usar as imagens de Yoni (vulva) espalhadas pelo corpo todo, mas, por clemência dos deuses, as degradantes figuras de Yoni são transformadas em olhos (semelhança de forma). No olho, a "*pupilla*" é uma *criança*. O grande deus volta a ser criança, ele penetra no ventre materno para se renovar[361]. Diz um certo hino: "Tua mãe, o céu, te estende seus braços".

Outra passagem diz:

> Resplandeces, ó pai dos deuses, sobre o dorso de tua mãe, diariamente tua mãe te recebe em seus braços. Quando reluzes na morada da noite, tu te unes com tua mãe, o céu (Schultze, 1900, p. 338).

O Tum de Pitum-Heroópolis não traz somente a *crux ansata* como símbolo, mas até tem esse sinal como cognome mais frequente, isto é, *anch* ou *anchi*, que significa vida ou o vivo. Ele é venerado principalmente como a serpente Agatodemo, da qual se diz: "A sagrada serpente Agatodemo surge da cidade de Nezi". A serpente (por causa de sua troca de pele) é símbolo da renovação, como o escaravelho (um símbolo do Sol) do qual se diz que, sendo apenas do sexo masculino, torna a criar-se a si mesmo.

O nome Chnum (outro nome para Tum, sempre se referindo ao deus Sol) vem do verbo *chnum*, que significa *ligar-se, unir-se* (Brugsch, 1891, p. 290s.). Chnum aparece preferencialmente como o oleiro e escultor de seu próprio ovo. A cruz parece, portanto, ser um símbolo

---

361. Retirada de Rê para a vaca celeste. Num rito de purificação hindu o penitente precisa rastejar através de uma vaca artificial para renascer.

extraordinariamente denso; seu significado principal é o de "árvore da vida" e, portanto, é símbolo da mãe. A simbolização como figura humana é, assim, compreensível. As formas fálicas da *crux ansata* pertencem ao sentido abstrato de "vida" e "fertilidade", como também ao sentido de "união", que, agora, podemos muito bem chamar de *coabitação com a mãe para o fim da renovação*[362]. Por isso não é somente um simbolismo comovente, mas em sua ingenuidade também muito profundo quando, num lamento mariano em inglês antigo Maria acusa a cruz de ser uma árvore falsa, injusta e infundadamente ela teria destruído "o fruto puro de seu ventre, sua doce avezinha" com poção venenosa (o ardil de Ísis, a poção de amor mortal), com a poção da morte que só devem beber os descendentes pecaminosos de Adão, portadores de uma culpa. Seu filho não seria culpado disso. Ela lamenta: "*Cruz, tu és a malvada madrasta de meu filho,* tão alto o penduraste que sequer consigo beijar seus pés! Cruz, tu és minha inimiga mortal! Abateste minha avezinha azul!" E Sancta Cruz responde: "Mulher, a ti devo minha honra; *teu fruto glorioso, que agora ostento, resplandece em flor vermelha*[363]. Não só para ti, não, para salvar o mundo inteiro, floresce esta preciosa flor em ti"[364].

---

362. Não se deve estranhar essa fórmula, pois é o ser animal em nós cujas forças primordiais aparecem na religião. As palavras de Dieterich (1910, p. 108) assumem nesse contexto um aspecto significativo: "*Vindo de baixo*, as ideias antigas adquirem nova força na história das religiões: a revolução que vem *de baixo* traz nova vida à religião sob formas antiquíssimas, indestrutíveis".

363. Uma imagem linda para o sol vermelho que desaparece no mar.

364. Jesus aparece aqui como galho e flor na árvore da vida. Cf. os interessantes exemplos em Robertson (1910, p. 51s.) para "Jesus, o Nazareno", que ele vincula a *nasar* ou *netzer* = galho.

Sobre a relação entre as duas mães (Ísis de manhã e Ísis de noite), Sancta Cruz declara: "Fostes coroada como rainha celestial, por causa da criança que pariste. Eu porém, aparecerei ao mundo inteiro como relíquia reluzente, no dia do juízo; então *entoarei meu lamento por teu filho sagrado, injustamente executado em mim*".

Assim a mãe da morte assassina se une com a mãe da vida parideira em seu lamento pelo Deus agonizante, e como sinal externo de sua união, Maria beija a cruz e se reconcilia com ela[365]. A ingênua antiguidade egípcia conservou a união das tendências contrastantes na imagem materna de Ísis. Evidentemente, essa *imago* é apenas um símbolo da libido do filho em relação à mãe e descreve o conflito entre amor e resistência ao incesto. A intenção criminosa e incestuosa do filho se apresenta como ardil criminoso projetado sobre a imagem da mãe. A separação do filho de sua mãe representa a despedida do ser humano da inconsciência do animal. Só pela violência da "proibição do incesto" pôde surgir o indivíduo cônscio de si mesmo, que, antes, se identificava de modo irreflexo com a parentela como uma só coisa, e só assim pôde nascer a ideia da morte individual e definitiva. Desse modo, a morte entrou no mundo pelo pecado de Adão (isso, como se vê, expresso de forma contraditória). A rejeição do incesto pela mãe significa assim para o filho uma maldade que o entrega ao medo da morte (deparamo-nos com esse conflito em seu frescor e paixão originais na epopeia de Gilgamesh; também aqui o desejo incestuoso é projetado

365. Na Grécia, o pelourinho em que os criminosos eram executados ou castigados chamava-se *hekate* (Hécate, mãe da morte subterrânea).

sobre a mãe). O neurótico que não consegue se separar da mãe tem boas razões: *afinal é o medo da morte que o mantém ali*. Ao que parece, nenhum conceito ou palavra é suficientemente forte para expressar a importância desse conflito. Religiões inteiras foram construídas para dar voz à grandeza desse conflito. Essa luta milenar por uma expressão certamente não pode ter como fonte de sua força o conceito vulgar do incesto demasiadamente restrito. Provavelmente, deve-se considerar a lei, que em última análise e originalmente se exprime como "proibição do incesto", como *coerção à domesticação*. Igualmente há de se designar o sistema religioso como uma instituição que absorve e organiza os instintos de natureza animal inadequados para os fins culturais, para, aos poucos, tornar possível sua aplicação sublimada.

As visões seguintes de Miss Miller não necessitam mais de explicações detalhadas. A seguinte visão é a imagem de uma "baía purpúrea". A simbólica do mar se insere perfeitamente no que dissemos acima. Poderíamos lembrar aqui as reminiscências do Golfo de Nápoles, que vimos na primeira parte. Mas não podemos menosprezar o significado da "baía" dentro do contexto geral. Em francês, chama-se "*une baie*", o que provavelmente corresponde a uma *bay* no texto original inglês. Creio valer a pena examinar aqui a etimologia. *Baie* é usado de modo geral para algo aberto, assim como a palavra catalã *badia* (*bai*) vem de *badar* = abrir. Na língua francesa, *bayer* significa ficar de boca aberta. Outra palavra para o mesmo é a palavra alemã *Meerbusen*, *sinus* em latim, e uma terceira palavra é *golfo*, o que, no francês, está diretamente relacionado a *gouffre* = precipício. Golfo provém de *kolpos* (Diez, 1861, p. 90s.), que significa ao mesmo tempo seio e colo, *colo materno*. Também pode significar prega de vestido e bolso (em alemão suíço, *buese* também é usado como bolso de paletó). *Kolpos* também pode ser um *vale profundo entre montanhas altas*. Essas denominações mostram claramente quais são as ideias primitivas subjacentes. Elas tornam compreensíveis as palavras escolhidas por Goethe na passagem em que Fausto deseja acompanhar o Sol com nostalgia alada, para "beber sua luz eterna" no dia eterno:

> Não impediu então o divinal trajeto
> O agreste monte com seus passos mil;
> Já o mar se abre com *cálidas baías*
> Diante do assombrado olhar (Goethe, *Fausto*, Parte I, Diante do portão).

O anseio de Fausto, como o dos heróis, almeja o mistério do renascimento, da imortalidade, razão pela qual seu caminho o conduz ao mar e o arrasta para a garganta da morte, cujo medo e estreiteza significam ao mesmo tempo o novo dia.

> Sou impelido pelo alto-mar afora,
> O fluido espelho brilha a meus pés,
> Para novas margens chama novo dia.
> Ígnea carruagem, sobre leves asas,
> De mim se aproxima! Prestes me sinto
> A penetrar no éter em curso renovado,
> A novas esferas de atividade pura.
> Esta vida sublime, este êxtase sem par!
> [...]
> Atreve-te a romper estes portais,
> Perante os quais todos temerosos passam!
> É tempo de provares com atos,
> Que o brio do homem não cede
> À altura dos imortais.

> Não tremer diante da sinistra gruta
> Onde a fantasia seu próprio tormento cria;
> Caminhar até a fatal passagem
> Em cuja boca estreita todo o inferno arde;
> Dar este passo com serenidade,
> Com risco até de resvalar no Nada (Goethe, *Fausto*, Parte I, Noite).

Soa como uma confirmação quando a visão seguinte de Miss Miller é "*une falaise à pic*", um penhasco escarpado (cf. *gouffre*). O fim de toda a série de visões isoladas, como diz a autora, é uma confusão de sons, como *wa-ma, wa-ma*. Esse som parece muito primitivo. Como a autora nada esclarece sobre as raízes subjetivas desses sons, só nos resta uma hipótese: dentro do contexto geral poderíamos ponderar se esse som não seria uma leve distorção desse clamor comum que é *ma-ma* (cf. abaixo).

Então segue uma pausa na produção de visões, para então o inconsciente retomar a atividade energicamente.

A luta pela libertação da mãe

Aparece uma floresta com árvores e arbustos. Depois das considerações do capítulo anterior, basta acrescentarmos aqui que o símbolo da floresta coincide no essencial com o significado da árvore sagrada. Geralmente, a árvore sagrada se encontra numa floresta ou no jardim do paraíso. Muitas vezes, o bosque sagrado substitui a árvore-tabu e assume todos os atributos desta (cf. também o que foi dito acima sobre *hyle*). A simbólica erótica do jardim é conhecida. Mitologicamente, a floresta tem significado materno, como a árvore. Na visão que agora se segue a floresta constitui o cenário em que se dá o espetáculo dramático do fim de Chiwantopel. Esse ato ocorre, portanto, na mãe.

Coloco aqui o início do drama no texto original, isto é, a descrição da primeira tentativa de sacrifício. No início do capítulo seguinte, o leitor encontrará a continuação, o monólogo e a cena do sacrifício. Sugiro ter em vista já aqui a continuação do drama.

> Le personnage Chiwantopel surgit du midi, à cheval avec autour de lui une couverture aux vives couleurs, rouge, bleue et blanche. Un Indien dans un costume de peau de daim à perles, et orné de plumes s'avance en se blotissant et se

prépare à tirer une flèche contre Chiwantopel. Celui-ci présente à tirer une flèche de de défi, e l'Indien fasciné à cette vue, s'esquive et disparaît dans la forêt.

[O personagem Chiwantopel surge do **S**ul, a cavalo, envolto em manto de cores vivas, vermelho, azul e branco. Um índio, em traje de camurça bordado de pérolas e ornado de plumas, avança agachado e se prepara para atirar uma flecha contra Chiwantopel. Este apresenta seu peito, numa atitude de desafio, e o índio, fascinado diante dessa visão, esquiva-se e desaparece na floresta].

O herói Chiwantopel surge a *cavalo*. Esse fato é importante pois, como mostra o drama logo em seguida (cf. o capítulo 7), o cavalo não exerce um papel indiferente, mas tem a mesma morte que o herói, que chega a chamá-lo de "caro irmão". Essas informações indicam uma grande semelhança entre cavalo e cavaleiro. Parece existir entre ambos uma relação íntima, que os conduz ao mesmo destino. Já vimos que a simbolização da "libido na resistência" pela mãe anda em paralelo com o cavalo em alguns trechos[366]. Na verdade, seria incorreto dizer que o cavalo é ou significa a mãe. A imagem materna é um símbolo da libido; o cavalo também é um símbolo da libido, e em alguns pontos, quando os conceitos se cruzam, os dois símbolos se encontram. O fator comum às duas imagens, porém, está na libido, especialmente na libido reprimida para fora do incesto. Sob esse aspecto,

366. Bruxas frequentemente se transformam em cavalos, razão pela qual em suas mãos podem se ver sinais de cravos de ferradura. O diabo cavalga as bruxas-cavalos; cozinheiras de padres depois de mortas viram éguas (Negelein, 1901, p. 406s.).

o herói e seu cavalo surgem como representação artística da ideia do ser humano com sua libido reprimida, cabendo ao cavalo o significado do inconsciente animal, que aparece como domado e subjugado à vontade do "ser humano". (Imagens paralelas seriam Agni sobre o bode, Wotan sobre o Sleipnir, Ahura-Mazda sobre Angromainyu[367], Cristo sobre o jumento[368], Dionísio sobre o jumento, Mitra sobre o touro, acompanhado por leão e serpente, seus animais simbólicos, Men sobre o cavalo com pés humanos, Freir sobre o javali de cerdas douradas etc.). Os animais mitológicos cavalgados sempre têm grande importância, aparecendo frequentemente de forma antropomorfizada: assim, o cavalo de Men tem pernas anteriores humanas, a burra de Balaão é dotada de fala humana, o touro sobre o qual Mitra pula para apunhalá-lo (taurocatapsia[369]) é, segundo a lenda persa, o próprio deus. A caricatura do crucifixo do Palatino apresenta o crucificado com cabeça de asno (talvez com referência à antiga lenda de que, no Templo de Jerusalém, era venerada a figura de um asno). Na qualidade de "Drosselbart" (= barba de corcel), Wotan é semi-humano, semicavalo[370]. Uma antiga charada alemã também mostra lin-

367. Também o lendário rei primitivo Tahmuraht cavalga Ahriman, o diabo.

368. A jumenta e seu filhote provavelmente pertencem ao mito solar cristão. O signo de Câncer (solstício de verão) na Antiguidade era chamado de asno e seu filhote (Robertson, 1910, p. 19).

369. Provavelmente, a ideia foi tirada do circo. Ainda hoje o matador espanhol tem significado heroico. Suetônio (*Claud.*, 21, 1912, p. 341): "...*feros tauros per spatia circi agunt insiliuntque defessos et ad terram cornibus detrahunt*" [... perseguem touros ferozes que correm pelo circo, saltam sobre a nuca dos esgotados animais e pelos chifres os deitam ao chão].

370. Isto é, centauro.

damente essa unidade entre cavalo e cavaleiro (Jähns, 1872): "Quem são os dois que viajam para o Thing? Juntos eles têm três olhos, dez pés[371] e uma cauda, e assim viajam pelos campos". As sagas atribuem ao cavalo propriedades que, psicologicamente, pertencem ao *inconsciente do ser humano*: cavalos são clarividentes e clariouvintes, mostram o caminho ao desorientado e perdido, têm propriedades mânticas. Na *Ilíada* (XIX), o cavalo prenuncia desgraça; cavalos ouvem palavras pronunciadas pelo morto ao ser levado à sepultura, o que os homens não ouvem; César é informado por seu corcel de pés humanos (provavelmente devido à identificação de César com o Men frígio) que ele conquistará o mundo. Um asno profetiza a Augusto a vitória de Áctio. O cavalo também vê fantasmas. Todas essas coisas correspondem a manifestações típicas do inconsciente. Por isso é também compreensível que o cavalo, como imagem do componente animal do homem, tenha amplas relações com satanás. O diabo tem casco de cavalo, em determinadas circunstâncias também aspecto de cavalo. Em momentos críticos, ele de repente mostra seu pé de cavalo (figuradamente), assim como no rapto de Hadding repentinamente Sleipnir aparece por detrás do manto de Wotan (Negelein, 1901, p. 415). Assim como Mahr monta no adormecido, o diabo o faz também, por isso se diz que aquele que tem pesadelos está sendo montado pelo diabo (daí o ditado popular alemão). Na versão persa (cf. acima), o diabo é a cavalgadura de Deus. O diabo, como todo mal, também representa a sexualidade;

371. Sleipnir tem oito pés.

por isso as bruxas têm relações com ele, sendo que ele aparece em forma de bode ou cavalo. A natureza inconfundivelmente fálica do diabo se transmite também ao cavalo, razão pela qual esse símbolo ocorre em contextos em que só esse significado faz sentido. Lembramos que Loki procria em forma de corcel, assim como o diabo, que faz a mesma coisa em forma de cavalo, como velho deus do fogo. Também o *relâmpago* é representado como cavalo de forma teriomorfa (Negelein, 1901, p. 419). Uma paciente histérica inculta contou-me que, quando criança, tinha pavor de tempestades, porque onde caía um raio ela via em seguida um enorme cavalo preto que chegava até o céu[372]. Assim conta também a saga germânica que o diabo, como divindade do relâmpago, lançaria o *casco de cavalo* (relâmpago) sobre os telhados. De acordo com o antiquíssimo significado da tempestade como fertilização da terra, o relâmpago e o casco de cavalo têm significado fálico. Outra paciente inculta, que inicialmente fora forçada brutalmente ao coito pelo marido, sonhava com frequência (após a separação!) que um cavalo selvagem saltava sobre ela e lhe dava um coice no ventre. Plutarco reproduz as seguintes palavras de uma oração das orgias de Dioniso: "Vinde, ó Dionísio, a vosso templo, junto a Élis, vinde com as graças a vosso templo sagrado, vinde furioso [na fúria da orgia], com o casco de touro" (Preller, 1854, vol. 1, p. 432). Pégaso, com um pontapé, faz brotar a fonte Hipocrene. Numa estátua de Belerofonte, em Corinto, que era ao mesmo tempo um repuxo, a água saía do

372. Tenho tido notícias de outro caso muito semelhante.

casco do cavalo. O corcel de Bálder abre uma fonte por meio de um coice. Assim o casco do cavalo é o doador da umidade fecunda (Aigremont, 1909). Uma saga na Baixa-Áustria em Jähns (1872, vol. 1, p. 277) menciona que, às vezes, se vê um homem enorme sobre um cavalo branco cavalgando pelas montanhas, o que anunciaria a chegada das chuvas. Na saga alemã, Frau Holle, a deusa dos nascimentos, chega a cavalo. Mulheres grávidas próximas ao parto ofereciam aveia a um cavalo branco em seus aventais, para lhe pedir que zelasse por um parto próximo; o costume original era o cavalo tocar as partes genitais da mulher. De modo geral, o cavalo (como o asno) tinha o significado de animal priápico (Aigremont, 1909, p. 17). Marcas das patas de cavalo são ídolos que trazem bênçãos e frutos. Garantiam a propriedade e demarcavam limites, como os priapos da Antiguidade latina. Como os dáctilos fálicos, um cavalo descobriu com seu casco a riqueza mineral das montanhas do Harz. A *ferradura*, uma figura para o casco do cavalo (Negelein, 1901, p. 386s.), é sinal de sorte e proteção contra o mal. Nos Países Baixos, uma pata inteira de cavalo é dependurada na estrebaria para afastar feitiços. O efeito análogo do falo é conhecido, daí os falos nos portões. A perna de cavalo era um excelente para-raios, segundo o princípio do *similia similibus*.

Os cavalos representam também o *vento*, isto é, novamente o *tertium comparationis* é o símbolo da libido. Na saga alemã, o vento é o caçador ávido por donzelas. Lugares tempestuosos frequentemente têm nomes derivados de cavalos (Hingstbarge), como os montes Schimmel [= cavalo branco] da Lüneburger Heide. Os centauros são típicos deuses do vento, representados assim também pela intuição artística de Böcklin[373].

Cavalos significam também *fogo e luz*. Exemplos são os fogosos cavalos de Hélio. Os corcéis de Heitor chamam-se Xantos (amarelo-claro), Podargos (de pés velozes), Lampos (lampejante) e Aithon (ardente). A quadriga mencionada em Dio Chrysostomus representa uma nítida simbólica do fogo (*Or*. 36, § 39s. apud Cumont, 1903, p. 87): o deus supremo sempre conduz seu carro em círculos. O carro é puxado por quatro cavalos. O cavalo que está na periferia anda muito depressa. Tem pelo brilhante, sobre o qual estão os signos dos planetas e das constelações[374]. O segundo cavalo é um pouco mais lento e está iluminado só de um lado. O terceiro cavalo anda ainda mais devagar e o quarto gira em torno de si mesmo. Uma vez, porém, o cavalo externo incendeia a crina do segundo com um hálito fogoso, e o terceiro cobre o quarto com uma torrente de suor. Então os cavalos se desfazem e são absorvidos pela substância do mais forte e mais fogoso, que passa a dirigir o carro. Os cavalos também representam os quatro elementos. A catástrofe é o mundo em chamas e o dilúvio. Depois disso cessa a fragmentação do deus num múltiplo e a unidade divina é restabelecida[375].

373. Provas detalhadas de centauros como deuses do vento podem ser encontradas em Meyer (1883-1887, p. 447s.).

374. Esse é um tema especial, que deve encerrar alguma coisa típica. Minha paciente ("A psicologia da dementia praecox" [OC 3, § 290]) afirmou que seus cavalos tinham "meias-luas" debaixo da pele "como pequenos cachos de cabelos". Os cânticos de Rudra do *Rigveda* contam que Eber Rudra amarrava seu cabelo em forma de conchas.

375. Essa modificação ocorre por causa de uma catástrofe global. Na mitologia, o verdejar e o secar da árvore da vida também representam o ponto de virada na sucessão dos séculos.

Indubitavelmente, a quadriga deve ser compreendida astronomicamente como um *símbolo do tempo*. Já vimos na primeira parte que a concepção estoica do destino é um símbolo do fogo. Por isso é um raciocínio coerente que o *tempo*, tão ligado ao conceito do destino, também apresente a mesma simbólica de libido.

A Brihadâranyaka-Upanishad (1, 1) diz:

> 'O rubor da aurora, deveras, é a cabeça do corcel sacrifical; o Sol é seu olho; o vento seu hálito; sua goela é o fogo universal; *o ano é o corpo do corcel sacrifical*. O céu é seu dorso; a atmosfera sua cavidade abdominal; a terra a saliência de seu ventre; os polos são seus flancos; os entrepolos suas costelas; as estações do ano, seus membros; os *meses e quinquênios suas juntas*; dias e noites são seus pés; as constelações, sua ossatura; as nuvens, sua carne. O alimento que ele digere são os desertos de areia; os rios, suas artérias; o fígado e os pulmões são as montanhas; as ervas e árvores, seus cabelos; o Sol nascente é sua dianteira, o poente sua traseira.' – 'O oceano é seu parente, o oceano, seu berço'.

Aqui encontramos o cavalo inequivocamente como símbolo do tempo, também como o universo todo. Da mesma forma na religião mitraica, encontramos um estranho deus do tempo, o Aion, também chamado Crono ou *deus leontocephalus*, porque sua representação estereotipada é uma figura humana com cabeça de leão, em postura rígida, e envolto por uma serpente, cuja cabeça, passando por detrás, se projeta para a frente sobre a cabeça de leão. A figura tem uma chave em cada mão, sobre o peito a belemnite, nas costas estão as quatro asas dos ventos, e ainda pode trazer o zodíaco no corpo. Acréscimos são um galo e ferramentas. No *Saltério de Utrecht* carolíngio, que se serviu de modelos antigos, Saeculum-Aion é representado como homem nu com uma serpente na mão (Cumont, 1896, vol. 1, p. 76).

Como já diz o nome da divindade, ele é um símbolo do tempo que, notavelmente, é composto de imagens da libido. O leão, o signo zodiacal para o maior calor de verão[376], é o símbolo do desejo poderoso ("Minha alma urra com a voz de um leão faminto", diz Mechthild von Magdeburg). No mistério de Mitra, a serpente aparece frequentemente como antagônica ao leão, o que corresponde àquele mito universal da luta do Sol com o dragão. No *Livro dos Mortos do Egito*, Tum é designado como *gato*, pois, como tal, luta contra a serpente Apófis. O envolvimento pela serpente é, como vimos, a *deglutição*, a penetração no ventre materno. Assim o tempo é definido pelo ocaso e pelo nascer do Sol, isto é, pela morte e pela renovação da libido. O acréscimo do galo, por sua vez, aponta para o tempo; e o das ferramentas, para o *elemento criativo* do tempo ("*durée créatrice*", em Bergson). Oromazdes (Ahura-Mazda) e Ahriman são criados por Zrwanakarana, "a duração infinitamente longa". O tempo, essa coisa vazia e puramente formal, no mistério, portanto, é expresso pelas transformações da força criadora, da libido. Macróbio diz: "*Ergo Leonis capite monstratur praesens tempus, quia conditio eius* [...] *valida fervensque est*" [A cabeça do leão designa o momento presente, pois sua condição é igualmente forte e ardente] (*Saturnalia*, I, 20, § 15, p. 271s.). Fílon de Alexandria sabe melhor: "*Tempus ab hominibus*

376. Por isso o leão é abatido por Sansão; mais tarde, Sansão colhe o mel do corpo do animal. O fim do verão é a fertilidade do outono. É um paralelo exato do *sacrificium Mithriacum*. Sobre Sansão cf. Steinthal (1862).

pessimis putatur deus volentibus Ens essentiale abscondere [...] *Pravis hominibus tempus putatur causa rerum mundi, sapientibus vero et optimis non tempus sed Deus*" [As pessoas más consideram o tempo como deus, porque querem esconder o Ser essencial de Deus [...] Os homens com ideias erradas consideram o tempo como causa do cosmos, os sábios e bons contudo veem a Deus e não o tempo (como causa)] (Fílon, *In Genesim*, 1, 100, apud Cumont, 1896, vol. 1, p. 82).

Em Firdosi[377], o tempo frequentemente é símbolo de destino, cuja natureza libidinosa já conhecemos. O texto indiano, mencionado acima, porém, vai mais longe; seu cavalo-símbolo encerra todo o universo, seu parente e seu berço é o mar; a mãe é idêntica à alma universal, cujo significado materno vimos acima. Assim como Aion representa a libido no "envolvimento", portanto, no estado de morte e renascimento, aqui o berço do cavalo também é o mar, isto é, a libido está na mãe, no inconsciente, morrendo e renascendo, igual ao símbolo do Cristo, que, como fruto maduro que pende da árvore da vida, morre e renasce.

Já vimos que o cavalo está relacionado à simbólica da árvore por meio do Yggdrasil. O cavalo também é uma "árvore dos mortos". Na Idade Média, o esquife chamava-se "cavalo de São Miguel" e, em neopersa, a palavra usada para caixão mortuário significa "cavalo de pau"[378]. O ca-

377. Spiegel (1871-1878, vol. 2, p. 193). No trabalho atribuído a Zoroastro "Peri Physeos", Ananke, a necessidade do destino, é representada pelo ar (Cumont, 1896, vol. 1, p. 87).

378. A paciente de Spielrein fala de cavalos que comem gente, até cadáveres desenterrados (Spielrein, 1912, p. 394).

valo também faz o papel de *psychopompos*: é o animal usado para cavalgar para o outro mundo; *mulheres-cavalos* vêm buscar as almas (Valquírias). Canções neogregas representam Caronte a cavalo. Como podemos ver, essas determinações conduzem à simbólica da mãe. O cavalo de Troia era o único meio de conquistar a cidade, pois somente aquele é um herói invencível que entrou na mãe e renasceu. O cavalo de Troia é um ato mágico, como o fogo de necessidade, que também serve para vencer uma necessidade. *Aparentemente, a fórmula é: para vencer esta dificuldade, você precisa cometer o incesto e ser parido mais uma vez por sua mãe*. Parece que martelar um prego na árvore sagrada significava algo semelhante. O "Stock im Eisen" (pau no ferro), em Viena, parece ter sido um paládio desse tipo.

Mais uma forma de símbolo deve ser lembrada: ocasionalmente, o diabo monta *um cavalo de três pernas*. Em tempos de peste, a deusa da morte Hel também anda sobre um cavalo de três pernas (Negelein, 1901, p. 416). Três pernas têm também o asno gigante no celestial lago pluvial Vourukasha, cuja urina purifica a água do lago e cujos relinchos fazem com que todos os animais úteis se tornem prenhes e todos os animais nocivos abortem. O número três, por sua vez, remete ao fálico. A simbólica contrastante em Hel fundiu-se numa só imagem no asno do Vourukasha. A libido é tanto fecundadora quanto destruidora.

Em sua totalidade, essas determinações revelam claramente os traços fundamentais: o cavalo é um símbolo da libido de significado em parte fálico em parte materno; como a árvore, ele representa a libido nessa aplicação, ou seja, a libido reprimida pela proibição do incesto.

Um índio se aproxima do herói do drama de Miss Miller, pronto para atingi-lo com uma flecha. Mas Chiwantopel expõe o peito ao inimigo, num gesto de orgulho. Essa imagem lembra a autora da cena entre Cassius e Brutus no *Júlio César* de Shakespeare (4º ato, cena 2). Surgiu um mal-entendido entre os dois amigos, Brutus acusando Cassius de negar-lhe o dinheiro para as legiões. Cassius, sensível e irritado, lamenta:

> Vem, Marco Antônio, vem, jovem Otávio.
> Vingai-vos em Cassius só,
> Pois Cassius está *cansado desta vida*;
> Odiado por alguém que ele ama; desafiado
> Por seu irmão; repreendido como um escravo.
> Todos os meus erros observados,
> Anotados num diário, decorados,
> Para jogar entre meus dentes. – Oh! eu poderia
> Chorar meu espírito através de meus olhos. –
> Aqui está meu punhal, e aqui meu peito nu;
> Dentro dele um coração, mais caro que a mina de Plutus,
> Mais valioso do que ouro: se fores um romano,
> Arranca-o. Eu que ouro te neguei
> Meu coração ofereço: ataca-me, como atacaste outrora a
> César; pois eu sei que quando mais o odiavas,
> O amavas mais do que jamais amaste a Cassius.

Este material ficaria incompleto se não mencionássemos que esse discurso de Cassius tem várias analogias com o delírio agonal de Cyrano (cf. a primeira parte). Cassius, porém, é muito mais teatral e exagerado. Há até alguma coisa de infantil e histérico em sua atitude. Brutus não pensa em matá-lo, mas lhe dá uma ducha fria no seguinte diálogo:

Brutus:
Guardai vosso punhal:
Sede rancoroso, se quiserdes; tendes carta branca;
Fazei o que quiserdes; a afronta seja considerada um capricho.
Ó Cassius, sois semelhante a um cordeiro
Que nutre ódio assim como o seixo, o fogo,
Que, muito forçado, mostra fugaz fagulha
E logo esfria.

Cassius:
Vivi
Para ser apenas escárnio e riso de meu Brutus,
Enquanto mágoa e mau humor me afligem?

Brutus:
Quando assim falei, também estava de mau humor.

Cassius:
Reconheceis tanto? Dai-me vossa mão.

Brutus:
E meu coração também.

Cassius:
Ó Brutus!

Brutus:
O que pedis?

Cassius:
Não me amais bastante para serdes paciente,

Quando aquele humor arrebatado, que da mãe herdei,
Faz esquecer-me?

Brutus:
Sim, Cassius; e doravante,
Quando fordes por demais severo com vosso Brutus,
Que ele pense que é vossa mãe quem ralha, e vos deixará em paz.

O esclarecimento analítico da sensibilidade de Cassius mostra que, nesses momentos, ele se identifica com a mãe e, por isso, age de modo bastante feminino, como o mostra claramente o seu discurso. Pois sua submissão feminina, carente de amor e desesperada, à vontade masculina e obstinada de Brutus, faz este observar amigavelmente que Cassius é semelhante a um cordeiro, isto é, sua personalidade ainda apresenta um traço de grande inaptidão proveniente da mãe. Sem dificuldade reconhecemos aqui uma disposição infantil caracterizada, como sempre, por uma prevalência da *imago* dos pais, nesse caso a *imago* materna. Um indivíduo infantil é infantil porque se libertou insuficientemente ou não se libertou do ambiente da infância, isto é, da adaptação aos pais, razão pela qual ele reage perante o mundo como uma criança reage perante os pais, sempre exigindo amor e recompensa afetiva imediata. Por outro lado, identificado com os pais devido à forte ligação aos mesmos, o indivíduo infantil se comporta como o pai e como a mãe. Ele não é capaz de viver como ele mesmo e encontrar o tipo que lhe pertence. Por isso Brutus supõe, com razão, que "a mãe falava" por meio de Cassius, e não ele mesmo. O fato psicologicamente precioso que percebemos aqui é a prova de que Cassius é *infantil e identificado com a mãe*. O comportamento histérico se deve ao fato de Cassius ser *ainda em parte um cordeiro*, portanto uma criança inocente e totalmente inofensiva. No que se refere à sua vida afetiva, ele ficou para trás de si mesmo, o que observamos com frequência em pessoas que, aparentemente poderosas, dominam a vida de seus semelhantes: em relação às exigências de seus sentimentos amorosos, permaneceram crianças.

Evidentemente, as figuras do drama de Miss Miller, como filhos da fantasia de sua criadora, descrevem este ou aquele traço da personalidade da autora. O mais provável é que o herói Chiwantopel represente a figura desejada, pois o herói sempre reúne em si todos os ideais desejados. O gesto de Cyrano (cf. a primeira parte) certamente é bonito e impressionante, o de Cassius tem efeito teatral. Ambos os heróis desejam morrer de forma impressionante, o que Cyrano consegue. Esse gesto descreve um desejo de morte no inconsciente de nossa autora, cujo significado já discutimos em detalhe por ocasião de seu poema da mariposa. A vontade de morrer das jovens muitas vezes só é uma expressão indireta, a pose permanece, mesmo se a morte ocorrer realmente, pois até a morte pode ser pose. Um tal desfecho só aumenta a beleza e o valor da pose – às vezes. É fato conhecido que o ponto culminante da vida é representado pela simbólica da morte, pois o criar para além de si mesmo significa uma morte. A geração vindoura é o fim da anterior. A linguagem erótica também conhece essa simbólica. Um dos exemplos mais claros é a conversa lasciva entre Lúcio e a serva cortejadora em Apuleio:

> Proeliare, inquit, et fortiter proeliare: nec enim tibi cedam, nec terga vortam. Cominus in aspectum, si vir es, dirige; et grassare naviter, et occide moriturus. Hodierna pugna non habet missionem [...]. Simul ambo corruiumus inter mútuos amplexos animas anhelantes.
>
> [À luta! E à luta valente! Eu não cederei a ti e não darei de costas para ti; mira em mim, se és um homem, ataca com bravura, golpeia e mata morrendo! Aqui não há misericórdia! [...] Ambos ao mesmo tempo desfalecemos em abraço mútuo, expirando nossa alma] (Apuleio, *Metamorphoseos*, 1778, Livro 2, p. 32).

Essa simbólica é muito significativa, pois mostra a facilidade com que ocorre uma expressão contrastante e, ao mesmo tempo, como tal expressão é compreensível e típica. O gesto orgulhoso com o qual o herói se oferece à morte pode muito bem também ser uma expressão indireta que clama pela misericórdia ou excitação do outro e assim se renderia à redução analítica fria de Brutus. Também o gesto de Chiwantopel é suspeito, pois a cena de Cassius, que lhe serve de modelo, revela indiscretamente que toda a cena é infantil e deve sua existência a uma imago materna demasiadamente ativa. Se compararmos essa peça com o conjunto de símbolos maternos descobertos no capítulo anterior, devemos concluir que a cena de Cassius somente confirma mais uma vez aquilo de que há muito suspeitávamos, ou seja, que a força motriz dessas visões simbólicas provém de uma transferência materna infantil, isto é, de uma ligação incestuosa não dissolvida com a mãe.

Ao contrário da natureza inativa dos símbolos precedentes, no drama agora a libido assume uma atividade ameaçadora, pois revela-se um conflito em que uma parte ameaça a outra com a morte. O herói, como imagem ideal da sonhadora, está pronto para morrer, ele não teme a morte. Pela personalidade infantil desse herói, estaria realmente na hora de sair de cena (em linguagem infantil, estaria na hora de "morrer"). A morte deve atingi-lo em forma de uma flechada. Em vista do fato de, muitas vezes, os heróis serem eles mesmos grandes arqueiros ou sucumbirem a tiros de flecha, vale a pena perguntar o que significa *a morte por flechadas*.

Na biografia da freira histérica e estigmatizada Catarina Emmerich (Wegener, 1891, p. 63), lemos a seguinte descrição de seu sofrimento:

> Já no noviciado, como presente de Natal de Cristo, ela contraiu uma doença cardíaca que muito a atormentou todo o tempo de sua vida religiosa. Deus lhe mostrou no íntimo o motivo: seria pela decadência do espírito da Ordem, sobretudo pelos pecados de suas coirmãs. Mas o que tornava este sofrimento mais doloroso era o dom, que possuía desde a juventude, de ver a natureza íntima das pessoas, a sua verdade. Sentia este sofrimento no corpo, *como se seu coração fosse* continuamente atravessado por flechas[379]. Essas flechas – e esse era o sofrimento espiritual ainda maior – ela reconhecia como sendo os pensamentos, planos, conversas secretas sobre interpretações erradas, calúnias, desamores, totalmente infundados e inescrupulosos de suas coirmãs contra ela e sua transformação causada por seu temor de Deus.

É difícil ser uma santa, pois tal abuso é mal suportado, mesmo por uma natureza mansa e indulgente, que se defende como pode. O oposto da santidade são as ten-

379. O coração da Mãe de Deus é atravessado por uma espada.

tações, sem as quais nenhum santo verdadeiro pode viver. Sabemos da experiência analítica que essas tentações também podem acontecer inconscientemente, de maneira que apenas seus equivalentes em forma de sintomas chegam ao consciente. Já é proverbial que "amor" rima com "dor". Sabe-se há muito que a histeria coloca uma dor física no lugar de uma dor anímica. O biógrafo de Catarina Emmerich reconheceu isso corretamente. Só que a interpretação de Catarina, como sempre, baseia-se numa projeção: são sempre os outros que falam mal dela, e é isso que, supostamente, lhe causa as dores[380]. Na verdade, a situação não é bem essa: a renúncia completa a todas as alegrias da vida, essa morte antes do desabrochar, é o aspecto doloroso em geral, e são em particular os desejos não satisfeitos e as tentativas da natureza de romper o cerco da repressão. Naturalmente, as fofocas e bisbilhotices das coirmãs sempre insinuam carinhosamente esses pontos sensíveis, dando à santa a impressão de ser essa a causa de seu sofrimento. Ela não poderia saber que o boato frequentemente assume o papel do inconsciente que, como um hábil adversário, sempre visa as lacunas reais de nossa armadura desconhecidas por nós mesmos.

Nesse sentido expressa-se uma passagem dos discursos em verso de Gotamo Buddho:

> Um desejo, de novo desejado seriamente,
> Na vontade gerado, alimentado,
> E deve, pouco a pouco, ser negado:
> Machuca e fere a carne como um dardo
> (Reden Gotamo Buddho's, 1911, p. 252).

---

380. De acordo com a imagem em Salmos (11,2): "Eis que os ímpios já retesam o arco, ajustam sua flecha à corda para disparar, na penumbra, contra os retos de coração".

As flechas que ferem e doem não vêm de fora por meio de boatos, que sempre só atacam de fora, mas elas vêm "pelas costas", do próprio inconsciente. É isso que gera o sofrimento indefeso, não aquilo que nos ataca vindo de fora. *São nossos próprios desejos reprimidos e não reconhecidos que se encravam em nossa carne como flechas*[381]. Num outro contexto isso se torna claro também para nossa freira, bem ao pé da letra. É fato conhecido, que para os conhecedores dispensa qualquer prova, que as cenas místicas de união com Cristo geralmente contêm um enorme montante de libido sexual[382]. Não surpreende, portanto, que a cena de estigmatização nada mais é do que uma incubação feita pelo Salvador, metaforicamente apenas pouco diferente do antigo conceito da *unio mystica* como uma coabitação com o deus. A freira conta o seguinte sobre sua estigmatização:

> Eu tive uma visão dos sofrimentos de Cristo e lhe supliquei que me deixasse participar de seu padecimento e rezei cinco pai-nossos em homenagem às cinco chagas sagradas. Deitada na cama com os braços estendidos, penetrou-me uma grande doçura e uma sede infinita pelas dores de Jesus. Então vi uma luz descer até mim, vindo obliquamente do alto. Era um corpo crucificado, vivo e translúcido, com os braços abertos, mas sem cruz. As chagas brilhavam mais do que o corpo,

381. No mesmo sentido de uma dor exógena, Teócrito (27,28) chama as dores do parto de "projéteis de Ilitíia". No sentido de um desejo, encontra-se a mesma alegoria no Livro do Eclesiástico (19,12): "Como a flecha cravada no músculo da coxa, assim o segredo, nas entranhas do insensato". Quer dizer, não lhe dá sossego enquanto não sair.

382. Somos tentados a dizer que se trata apenas de cenas de coito expressas indiretamente. Mas essa seria uma ênfase exagerada e injustificada do material de partida. Não devemos esquecer que os santos ensinaram de modo exemplar a dolorosa domesticação da besta. O resultado disso, o progresso da civilização, também deve ser reconhecido como motivação dessa ação.

> eram cinco círculos de glória sobressaindo da glória total. Eu me maravilhava e meu coração estava cheio de dor e ao mesmo tempo de doce desejo de participar das dores de meu Senhor. E enquanto meu desejo pelo padecimento de meu Senhor crescia à vista de suas chagas, e como de meu peito, minhas mãos, ilhargas e pés emanava o anseio por suas chagas sagradas, triplos raios rubros saíram primeiro das mãos, depois do flanco, depois dos pés da imagem, terminando numa flecha, em direção a minhas mãos, flanco e pés (Wegener, 1891, p. 77s.).

Os raios são, de acordo com sua ideia básica fálica, *triplos*, terminando na parte inferior em *ponta de seta*[383]. Como Amor, também o Sol tem sua aljava cheia de setas destruidoras ou fecundadoras[384], raios de sol com significado fálico. Sobre esse significado baseia-se o costume oriental de chamar os filhos valentes de flechas e dardos de seus pais. "Fazer setas afiadas", em árabe, significa "gerar filhos valentes". Para anunciar o nascimento de um filho, os chineses dependuram arco e flecha na frente de sua casa. Assim se explica também a passagem em Salmos (127,4): "Como flechas na mão do guerreiro, assim são os filhos da juventude" (cf. o que a introdução diz sobre o "jovem"). Graças a esse significado da flecha, compreende-se por que Ariantas, o rei dos citas, quando quis realizar um recenseamento, exigiu uma ponta de seta de cada cidadão (Heródoto, 4, 77, p. 353). A

383. Apuleio (*Metamorphoseos*, 1778, Livro 2, p. 31) usa a simbólica do arco e flecha de modo muito drástico: "Ubi primam sagittam saevi Cupidinis in ima praecordia mea delapsam excepi, arcum meum em! Ipse vigor attendit et oppido formido, ne nervus vigoris nimietate rumpatur" [Assim que senti a primeira seta do impetuoso Amor em meu íntimo profundo, logo estendi vigorosamente meu arco, até se romperem quase os cornos e nervos].

384. Assim também Apolo, portador da peste. Em antigo alto-alemão flecha é "*strala*" [raio].

lança também tem sentido semelhante: da lança descendem os homens, pois o freixo é a mãe das lanças, razão pela qual o gênero humano do "bronze" dele provém. Já mencionamos o costume nupcial ao qual alude Ovídio[385] ("*Comat virgineas hasta recurva comas*"). Kaineus (*Ausführliches Lexikon*, 1884-1890, vol. 2, col. 894s., verbete: "Kaineus") ordenou que se venerasse sua lança. Píndaro relata a lenda deste Kaineus, segundo a qual, "fendendo a terra com o pé", desceu para as profundezas[386]. Originalmente ele teria sido uma donzela, Kainis, que, por sua complacência, foi transformada por Posídon num homem invulnerável. Ovídio descreve a luta dos lápitas com o Kaineus invulnerável e como, por fim, o cobriram inteiramente com árvores porque não podiam competir com ele de outra forma. Ovídio diz aqui:

> Exitus in dubio est: alii sub inania corpus
> Tartara detrusum silvarum mole ferebant,
> Abnuit Ampycides: medioque ex aggere fulvis
> Vidit avem pennis liquidas exire sub auras.
>
> [Sua morte é dúbia, pois alguns dizem que seu corpo afundara
> até o silencioso Tártaro sob o peso das árvores;

385. Ovídio, *Fastorum*, Livro 2, p. 560.

386. A paciente de Spielrein tem a ideia da *fissura da terra num* contexto semelhante: "Precisa-se do ferro para perfurar a terra [...]. Com o ferro se pode [...] fazer homens [...] a terra é fendida, explodida, o homem é dividido [...]. O homem é esquartejado e recomposto [...] e para pôr fim ao estado de enterrado vivo, Jesus Cristo ordenou a seus apóstolos que perfurassem a terra". O tema de "fender" tem significado geral. O herói persa Tishtriya, que aparece também como cavalo branco, abre o lago das chuvas e assim fecunda a terra. Ele também se chama *Tîr* = flecha. Ele também é representado como figura feminina com arco e flecha (Cumont, 1896, vol. 1, p. 136). Mitra, com sua flecha, faz água brotar da rocha para encerrar a seca. Em monumentos mitraicos ocasionalmente encontra-se a faca enfiada na terra, em outras ocasiões ela é o instrumento de imolação do touro (Cumont, 1896, p. 115 e 165).

isto Mopsus nega; ele viu do centro do monte um pássaro
de cor tirante a castanho voar para as alturas].
(Ovídio, *Metamorphoses* XII, p. 196).

Segundo Roscher (*Göttinger gelehrte Anzeiger*, 1884, p. 155), esse pássaro é o "Charadrius pluvialis" [*Goldregenpfeifer*], que deriva seu nome do fato de habitar na *caravdra*, a *fenda da terra*. Com seu canto ele anuncia a vinda da chuva. Kaineus é transformado nesse pássaro.

Reconhecemos nesse mito os elementos típicos do mito da libido: bissexualidade inicial, imortalidade (invulnerabilidade) pela penetração na mãe (fender a mãe com o pé, ser coberto) e ressurreição como pássaro-alma e portador de fecundidade (sol que esvoaça). Se o herói faz com que seja venerada sua *lança*, é de se pensar que ela seja uma expressão válida e equivalente.

Sob esse ponto de vista, compreendemos a passagem de Jó, que mencionei na primeira parte (capítulo 4), sob um novo prisma:

> Deus entrega-me à custódia dos ímpios, arroja-me em mãos criminosas. Vivia eu tranquilo, quando me esmagou, agarrou-me pela nuca e me triturou. Fez de mim seu alvo. Suas flechas zuniam em torno dc mim, atravessou-me os rins sem piedade e derramou por terra meu fel. Abriu-me com mil brechas e assaltou-me como um guerreiro (Jó 16,11s.).

Entendemos agora essa simbólica como uma expressão do sofrimento espiritual causado pelo ímpeto de desejos inconscientes; a libido fere sua carne, um deus cruel apoderou-se de Jó e o transpassou com seus dardos dolorosos, com pensamentos que o assaltam irresistivelmente (como me disse uma paciente reconvalescente de *dementia praecox*: “Hoje um pensamento me ‘atravessou’”).

Essa mesma imagem encontra-se também em Nietzsche:

> Estendido, enregelado,
> Qual semimorto a quem se aquecem os pés –
> Sacudido, oh! por ignoradas febres,
> Trêmulo diante de agudas flechas geladas,
> Por ti caçado, pensamento!
> Inenarrável, oculto, horroroso!
> Tu, caçador por entre nuvens!
> Fulminado por ti,
> Olho sarcástico, que me olhas do escuro:
> Assim me retorço, contorço, atormentado
> Por todos os eternos martírios,
> Atingido
> Por ti, cruel caçador,
> Tu, estranho – Deus!
>
> Fere mais fundo!
> Fere ainda uma vez!
> Rasga, dilacera este coração!
> Por que este torturar
> Com flechas embotadas?
> Por que tornas a olhar
> Incansável de sofrimento humano,
> Com teus olhos relampejantes de malícia?
> Matar tu não queres,
> Só torturar, torturar?
> (Nietzsche, 1899-1911, vol. 4, p. 367s.).

Não são necessárias explicações exaustivas para reconhecer nessa alegoria a imagem do mártir sacrificado a Deus, como já vimos nas crucificações mexicanas e no sacrifício de Odin[387]. A mesma imagem nos aparece no martírio de São Sebastião, repetida centenas de vezes, em que a delicada carne do jovem deus revela toda a dor da renúncia que a sensibilidade do artista nela projetou. Pois o artista sempre insere um pouco do mistério de sua época em sua obra. O mesmo vale, em grau maior, para o mais nobre dos símbolos cristãos, o crucificado atravessado pela lança, a imagem do ser humano da era cristã torturado por seus desejos e crucificado em Cristo.

Outra poesia de Nietzsche nos mostra que não se trata de uma tortura vinda de fora que aflige o ser humano, mas que ele mesmo é seu próprio caçador, imolador e faca imoladora; nela o aparente dualismo se dissolve no conflito da alma empregando a mesma simbólica:

> Ó Zaratustra,
> Nemrod mais cruel!
> Há pouco ainda, caçador de Deus,
> rede colhedora de todas as virtudes,
> seta do mal!
> Agora –
> por ti mesmo caçado,
> tua própria presa,
> em ti mesmo encravado
> [...]
> Agora –
> solitário contigo,
> bipartido no próprio saber,
> entre centenas de espelhos,

387. A paciente de Spielrein afirma também que Deus a *atravessou com tiros* (três tiros), "então veio uma ressurreição – do espírito". Isso é simbólica de introversão.

falso diante de ti mesmo,
entre centenas de lembranças,
incerto,
em cada ferida cansado,
em cada geada gelado,
estrangulado em tuas próprias cordas,
Autoconhecedor!
Autoimolador!

Por que te amarraste
com a corda de teu saber?
Por que te atraíste
ao paraíso da velha serpente?
Por que te insinuaste
em *ti* – em *ti*? (Nietzsche, 1899-1911, vol. 8, p. 414s.).

As flechas mortais não atingem o herói de fora, mas é ele próprio que caça; que, em conflito consigo mesmo, combate e tortura a si próprio. Nele mesmo, querer se voltou contra querer, libido contra libido – razão pela qual o poeta diz: "encravado em ti mesmo", isto é, ferido pela própria flecha. Uma vez que reconhecemos a flecha como símbolo da libido, compreendemos também a imagem de "encravar": é um ato fálico de união consigo mesmo, uma espécie de autofecundação (introversão), também uma autoviolação, um suicídio; por isso Zaratustra pode chamar-se de "carrasco de si mesmo" (autoimolador), como Odin, que se sacrifica a Odin.

O ferimento pela própria flecha significa, portanto, primeiramente um *estado de introversão*. Já sabemos o que este significa: a libido submerge em "seu próprio fundo" (uma conhecida alegoria de Nietzsche) e encontra ali, nas sombras do inconsciente, o substitutivo para o mundo superior, que ela abandonou, ou seja, o mundo das recordações ("entre centenas de recordações"), entre as quais as mais fortes e mais influentes são as recordações infantis precoces. É o mundo da criança, aquele estado paradisíaco da primeira infância, do qual uma severa lei outrora nos separou. Nesse reino subterrâneo dormitam doces sentimentos pátrios e as esperanças infinitas de todo o devir. Como Henrique em *Die versunkene Glocke*, de Gerhart Hauptmann, diz sobre sua obra milagrosa:

> Canta uma canção, perdida e esquecida,
> uma cantiga pátria, uma infantil cantiga de amor,
> do fundo do poço dos contos emergida,
> conhecida por todos e, no entanto, inaudita.
> (Hauptmann, 1904, p. 104).

Mas "o perigo é grande" (Goethe, *Fausto*, Parte II, Cena das mães), como diz Mefistófeles. Essa profundeza é atraente, ela é a mãe – e a morte. Quando a libido abandona a claridade do mundo, seja por sua própria decisão, seja pela decisão do ser humano ou pela diminuição da força vital, ela volta para sua própria profundeza, para a fonte da qual um dia jorrou, e retorna àquela brecha, ao umbigo, pela qual um dia penetrou nesse corpo. *Essa brecha se chama mãe*, pois é dela que nos veio a fonte da libido. Por isso, quando se trata de realizar alguma grande obra diante da qual o ser humano fraco recua, duvidando de sua força, sua libido regressa para aquele ponto da fonte – e é este o momento perigoso em que se faz a decisão entre destruição e vida nova. Se a libido fica presa no reino maravilhoso do mundo interior[388], o ser humano se transforma em sombra para o mundo exterior, ele está como morto ou gravemente doente[389]. Mas se a libido consegue desprender-se e voltar para o mundo superior, um milagre se revela: a viagem ao submundo é uma fonte de juventude para ela, e de sua morte aparente desperta nova fertilidade. Esse raciocínio é lindamente representado por um mito indiano: certa vez Vishnu entrou em êxtase (introversão) e nesse estado de sono gerou Brahma, que saiu do umbigo de Vishnu sentado numa flor de lótus como que num trono, e trazendo os Vedas, os quais lia avidamente (nascimento da ideia criativa a partir da introversão). Mas pelo êxtase de Vishnu um terrível dilúvio cobriu a terra (deglutição pela introversão, como símbolo da penetração da mãe da morte). Um demônio, aproveitando-se do perigo, roubou os Vedas de Brahma e os ocultou nas profundezas (deglutição da libido). Brahma acordou Vishnu, que, transformando-se em *peixe*, *mergulhou* nas águas, lutou contra o demônio (luta contra o dragão), venceu-o e reconquistou os Vedas.

A esse raciocínio primitivo correspondem o autoaprofundamento no espírito e o fortalecimento que disso resulta. Da mesma forma explicam-se numerosos ritos de sacrifício e magia, vários dos quais já men-

388. Na mitologia, isso é representado na saga de Teseu e Pirítoo, que queriam raptar Prosérpina no submundo. Para isso penetraram na *fenda da terra* no bosque de Colonos, para chegar ao submundo; ao alcançarem o fundo, quiseram descansar um pouco, mas por um feitiço ficaram suspensos nas rochas, presos à mãe e, por isso, perdidos para o mundo exterior. Mais tarde, Teseu foi libertado por Hércules (vingança de Hórus por Osíris), com o que assumiu o papel do redentor que vence a morte.

389. Essa fórmula se aplica em primeira linha à *dementia praecox*.

cionamos. A Troia inconquistável é tomada quando os sitiadores entram na barriga do cavalo de madeira, pois somente aquele é o herói que renasce da mãe, como o Sol. Mas o tamanho do perigo dessa aventura se evidencia no destino de Filoctete, o único que conhecia o santuário oculto de Criseide, onde já os argonautas haviam feito seus sacrifícios para garantir um final feliz para sua viagem. Criseide era uma ninfa na ilha de Crisa; segundo o relato dos escolásticos sobre o "Filoctete" de Sófocles, essa ninfa amava Filoctete e o amaldiçoou por recusar seu amor. Essa projeção característica, que encontramos também na epopeia de Gilgamesh, deve, como já mencionamos acima, ser retraduzida para o desejo incestuoso reprimido do filho, que, por meio da projeção, é representado de modo como se a mãe tivesse o desejo maligno de que, devido à sua rejeição, o filho fosse entregue à morte. Na realidade, porém, o fato é que o filho se torna mortal ao se separar da mãe. Seu medo da morte corresponde então ao desejo reprimido de retornar para a mãe e o leva a crer que a mãe o ameaça ou o persegue. O significado teleológico desse *medo de perseguição* é claro: *ele pretende manter filho e mãe separados*.

A maldição de Criseide se realiza no sentido de que Filoctete, aproximando-se do altar dela, segundo uma versão, fere-se no pé com sua própria flecha envenenada ou, segundo outra versão (melhor e mais amplamente documentada) (cf. *Ausführliches Lexikon*, col. 2318, 15s., verbete: "Philoktetes"), *é mordido no pé por uma cobra venenosa*[390]. A partir de então ele, como se sabe, começa a fenecer[391].

390. Quando Oleg, o herói solar russo, aproxima-se do crânio do cavalo abatido, uma cobra sai de dentro dele e o pica no pé. Em consequência disso, o herói adoece e morre. Quando Indra, na forma de Çyena, o falcão, rouba o soma, o guarda Kriçânu o fere no pé com a flecha (*Rigveda*, I, 155, IV, 322).

391. Comparável ao rei do Graal, que guarda o cálice, símbolo materno. O mito de Filoctete foi tirado de um contexto maior do mito de Hércules. Hércules tem duas mães, a solícita Alcmena e a perseguidora Hera (Lâmia), de cujo seio ele bebeu a imortalidade (anseio pela mãe). Hércules vence as serpentes de Hera já no berço, isto é, ele vence a mãe terrível, a Lâmia. Mas de vez em quando, Hera lhe manda ataques de loucura, durante um dos quais ele *mata seus filhos* (Lâmia). Segundo uma tradição interessante, o ato acontece no momento em que Hércules se recusa a realizar o grande trabalho a serviço de Euristeu. Em consequência do recuo, a libido destinada ao trabalho regride de modo típico para a imago materna inconsciente, acarretando a loucura (como acontece ainda hoje). Nesse estado, Hércules se identifica com a Lâmia (Hera) e mata os próprios filhos. O oráculo de Delfos comunica-lhe que ele "se chama Hércules" porque deve a Hera sua fama imortal, pois a perseguição dela o obriga a grandes feitos. Vê-se que o grande feito em verdade significa: conquistar a mãe e, com ela, a imortalidade. Sua arma característica, a clava, ele talhou da oliveira maternal. Como Sol, ele possuía as flechas de Apolo. Ele derrota o leão de Nemeia em sua caverna, cujo significado é "sepultura no ventre materno" (cf. fim deste capítulo); seguem-se então a luta com a hidra, a típica luta com o dragão solar, a superação total da mãe (cf. abaixo). Segue a captura da corça de Cerineia, que ele fere na *pata com a flecha*, fazendo aquilo que costuma acontecer com o herói. Ele mostra a Euristeu o javali capturado de Erimanto e, apavorado, Euristeu se esconde *num barril*, isto é, ele morre. As aves do Lago Estínfalo, o touro de Creta e os corcéis antropófagos de Diomedes são símbolos de terríveis poderes da morte, entre os quais principalmente o último evidencia uma relação com a mãe. A conquista do precioso cinto de Hipólita, rainha das amazonas, torna a destacar a mãe: Hipólita está disposta a abrir mão do adorno, mas Hera, *assumindo a aparência de Hipólita*, convoca as amazonas para a luta contra Hércules. (Cf. Hórus, que se apodera do adorno de Ísis; cf. também abaixo, no capítulo 7.) Hércules liberta Hesíone entrando na barriga do monstro com um barco, e, ao longo de três dias, mata o monstro por dentro (tema de Jonas, Cristo no túmulo ou inferno, superação da morte pela penetração no ventre da mãe e o assassinato da morte em forma da mãe. A libido é reconquistada na figura da bela donzela). A viagem para Erítia é um paralelo a Gilgamesh, ao Moisés do Alcorão, que busca a união dos dois mares; é a viagem solar para o mar ocidental, durante a qual Hércules abre a passagem de Gibraltar ("após aquela passagem", Fausto) e viaja com o navio de Hélios para Erítia. Lá, ele abate o gigantesco guardião Euritão (Chumbaba, na epopeia de Gilgamesh, o símbolo paterno), depois o triplo Gerião (um monstro de simbólica fálica da libido) e nisso *fere* com uma flechada Hera que vem ao socorro de Gerião. Segue-se então o roubo do gado. A

Esse ferimento típico (veja abaixo!), que também destrói Rê, é descrito da seguinte forma num hino egípcio:

A idade do deus lhe movia a boca,
jogou-lhe saliva sobre a terra,
e o que ele cuspiu caiu no chão.
Ísis amassou-a com sua mão
juntamente com a terra que lhe aderia;
ela moldou um venerável *verme*,
transformando-o numa *lança*.
Não o enrolou vivo em torno de seu rosto,
mas o jogou enrolado (?) no caminho
pelo qual caminhava o grande deus
à vontade, através de seus dois reinos.
O venerável deus apareceu esplêndido,
os deuses que serviam o faraó o acompanhavam
e ele passeava como todos os dias.
Então o verme venerável o picou [...]
O divino deus abriu a boca
e a voz de sua majestade chegou até o céu.

---

preciosidade conquistada com tanta dificuldade está aqui num ambiente que torna tudo inequívoco. Hércules entra na morte como o Sol, entra na mãe (mar ocidental), mas supera a libido e retorna com o gado maravilhoso, ou seja, ele recuperou sua libido, sua vida, a enorme riqueza. Encontramos a mesma ideia no roubo das maçãs douradas das Hespérides, vigiadas pelo dragão de cem cabeças. A vitória sobre Cérbero também pode facilmente ser compreendida como a vitória sobre a morte por meio da penetração na mãe (submundo). Para poder chegar à sua mulher Dejanira, ele precisa sobreviver a uma terrível luta com Aqueloo, *deus da água* (com a mãe). O *barqueiro* Nesso (um centauro), porém, estupra Dejanira. Com suas flechas solares, Hércules abate esse adversário. Mas Nesso aconselha Dejanira a guardar seu sangue venenoso como feitiço de amor. Quando, após o assassinato louco de Ífito, Delfos lhe recusa o oráculo, ele *se apodera até do tripé sagrado*. O oráculo de Delfos o obriga então a se tornar *escravo de Ônfale*, que o transforma em criança. Então Hércules retorna para Dejanira, que lhe envia a veste venenosa de Nesso (serpente de Ísis), que logo se funde com sua pele, de modo que ele tenta em vão arrancá-la do corpo (troca de pele do deus solar que envelhece, serpente como símbolo do rejuvenescimento). Então Hércules sobe na fogueira para queimar-se como Fênix, isto é, parir-se a partir de seu próprio ovo. Somente o jovem Filoctete ousa sacrificar o Deus. Por isso Filoctete recebeu as flechas solares, e o mito da libido se renova com esse Hórus.

> E os deuses exclamaram 'vê!'
> Ele não pôde responder,
> seu queixo batia,
> todos os seus membros tremiam
> e o veneno inundou sua carne
> como o Nilo inunda suas terras (?).
> (Erman, 1885, p. 360s.).

Nesse hino, o Egito mais uma vez nos preservou uma versão primitiva do tema da picada da serpente. O envelhecimento do Sol no outono, como imagem da velhice humana, é atribuído simbolicamente a um envenenamento pela serpente. A mãe é acusada de causar a morte do deus Sol por sua perfídia. A serpente, o antiquíssimo símbolo do medo[392], ilustra a tendência reprimida de retornar para a mãe, pois a mãe possui a única possibilidade de se proteger da morte, já que ela é a fonte da vida. Assim, só a mãe pode curar o mortalmente doente, razão pela qual o hino segue relatando como os deuses foram convocados para deliberar:

> E Ísis também veio, com sua sabedoria,
> cuja boca está cheia de sopro de vida,
> cuja fala afugenta o mal
> e cuja palavra anima aquele que não mais respira.
> Disse ela: 'O que é isto? o que é isto, divino pai?
> Vê, um verme te fez mal [...]
> Dize-me teu nome, divino pai,
> pois viverá o homem que é chamado por seu nome'.

Rê responde:

> 'Eu sou aquele que criou o céu e a terra e ergueu as montanhas,

392. Também os símios temem instintivamente a serpente.

e fez todos os seres que os habitam.
Eu sou aquele que fez a água e *criou o grande mar*,
que fez o touro de sua mãe,
que é o procriador...' [...]
O veneno não cedeu, continuou,
o grande deus não estava são.
Então Ísis falou a Rê:
'O que me dizes não é teu nome,
dize-o para mim, para que o veneno saia,
pois o homem cujo nome é pronunciado viverá'.

Enfim, Rê decide revelar seu verdadeiro nome. Mas sua cura foi incompleta (reconstituição incompleta de Osíris) e ele tinha perdido seu poder, retirando-se finalmente sobre o dorso da vaca celeste.

O verme venenoso é, se assim podemos dizer, um falo "negativo", uma forma de libido que mata ao invés de animar. O "nome verdadeiro" é alma e força mágica, ou seja, um símbolo da libido. O que Ísis exige é a transferência da libido para a deusa-mãe. E esse desejo se realiza literalmente quando o velho deus retorna para a vaca celestial, o símbolo da mãe[393]. As considerações acima explicam essa simbólica: a libido progressiva, que domina o consciente do filho, exige separação da mãe; mas a isso se opõe o anseio da criança pela mãe sob a forma de uma resistência psicológica, que, como nos diz a experiência, se expressa na neurose por meio de inúmeros temores, isto é, o medo da vida. Quanto mais o indivíduo foge da adaptação à realidade tanto mais aumenta seu medo,

393. O quadro de Segantini mostra quão vivas são tais associações antiquíssimas: as duas mães; vaca e bezerro, mãe e criança, no mesmo estábulo. Essa simbólica explica também o ambiente do local de nascimento do Redentor.

que então o acomete a cada passo em seu caminho, impedindo-o. Destarte, a mãe parece transformar-se em perseguidora ardilosa. Evidentemente, não é a mãe real, embora também esta com seu carinho doentio, com o qual pode perseguir a criança até a idade adulta, possa prejudicá-la muito, mantendo-a no estado infantil; é a imago materna que se transforma em Lâmia. Mas a imago materna extrai sua força exclusivamente da propensão do filho de não só olhar para frente e trabalhar, mas também de olhar para trás para os doces mimadores da infância, com os quais o cuidado protetor da mãe costumava nos cercar.

O anseio voltado para trás age como um veneno paralisante sobre a capacidade e vontade de agir, razão pela qual ele pode ser comparado com uma serpente venenosa que encontramos em nosso caminho. Aparentemente, é um inimigo demoníaco que rouba a capacidade de agir, na verdade, porém, é o próprio inconsciente, cuja tendência de recorrer ao passado começa a subjugar o progresso consciente. A causa desse processo pode ser o envelhecimento natural, que enfraquece a capacidade de agir ou podem ser grandes dificuldades externas às quais o ser humano se rende e volta a ser criança; ou, e isso ocorre com frequência, pode ser a mulher que toma cativo o homem e da qual ele não consegue se libertar, tornando-se criança novamente[394]. Acredito ser significativo também que Ísis, como irmã-esposa do deus solar cria o animal venenoso a partir da saliva do deus, que pode ser um substituto para o esperma e, portanto, é um símbolo da libido. Ela cria o

394. Cf. Hércules e Ônfale.

animal a partir da libido do deus, ou seja, ela recebe a força dele, tornando-o fraco e dependente, de modo que, assim, ela assume o papel dominante da mãe (transferência da mãe para a esposa). Esse elemento se preserva ainda (no mito de Sansão) no papel de Dalila, que corta os cabelos de Sansão, os raios do Sol e o priva de sua força[395]. Cada enfraquecimento do ser humano adulto fortalece os desejos do inconsciente, por isso a diminuição da força se apresenta como desejo de voltar para a mãe.

Devemos lembrar mais uma fonte da reanimação da imago materna. Já nos deparamos com ela quando discutimos a cena das mães em *Fausto*: a introversão intencional de um espírito criativo, que, recuando diante de seus próprios problemas e reunindo internamente suas forças, desce, mesmo que apenas por alguns momentos, para a fonte da vida e lá retira da mãe a força suficiente para completar sua obra. É uma brincadeira de mãe e filho consigo mesmo, no qual há muita autoadmiração e autoespelhamento ("entre cem espelhos", conforme Nietzsche), um *estado narcisista*, para olhos profanos talvez um espetáculo curioso. A separação da imago materna, o nascimento a partir de si mesmo, compensa por meio de suas torturas todo o nojo. Certamente foi o que quiseram dizer os versos de Nietzsche:

> Por que te atraíste
> ao paraíso da velha serpente?
> Por que te insinuaste
> em ti – em ti?
> [...]
> Um enfermo agora,

395. Cf. também as acusações de Gilgamesh contra Ishtar.

por veneno de serpente[396];
um prisioneiro agora,
da mais dura das sortes:
trabalhando encurvado
em tua própria mina,
encovado em ti mesmo,
cavando a ti mesmo,
desajeitado
rígido,
um cadáver –,
soterrado por mil cargas,
sobrecarregado por ti,
um Sabedor!
um Autorreconhecedor!
o *sábio* Zaratustra!
[...]
Tu procuraste o fardo mais pesado:
e encontraste a ti –
(Nietzsche, 1899-1911, vol. 8, p. 425).

A simbólica dessa peça apresenta grande riqueza. Aquele que se aprofundou em si mesmo *está como que encovado na terra*; um morto, na verdade, que retornou à mãe-terra[397]; um Caineu "sob o peso de mil cargas" e empurrado para a morte; um homem que, arquejante, carrega a pesada carga de sua libido, aquela libido que o atrai de volta para a mãe. Quem não pensa na tauroforia de Mitra, que põe nas costas seu touro (como diz o hino egípcio: o "touro de sua mãe"), isto é, o amor à mãe como

396. Também a paciente de Spielrein adoeceu pelo "veneno da cobra" (1912, p. 385).

397. A paciente totalmente introvertida de Spielrein (1912, p. 336) usa imagens semelhantes; ela fala de uma "rigidez da alma na cruz", de "figuras de pedra" que precisam ser "soltas". Lembro aqui também que os simbolismos discutidos acima são exemplos excelentes para a "categoria funcional" de Silberer, eles descrevem o estado de introversão.

a mais pesada das cargas, e assim inicia a marcha dolorosa, o chamado "*transitus*"?[398] Essa via-sacra leva à *caverna*, onde o touro é sacrificado. Assim também Cristo teve que carregar o símbolo do amor à mãe, a cruz[399], e a levou até o lugar do sacrifício, onde foi imolado o cordeiro na forma de Deus, do ser humano infantil, do "carrasco de si mesmo", para depois ser depositado na cova subterrânea[400].

---

398. Gurlitt diz: "O ato de carregar o touro é um dos *athla* pesados que Mitra realiza a serviço da humanidade a ser redimida, correspondendo talvez, se nos é permitido comparar coisas pequenas com grandes, à via crucis de Cristo" (apud Cumont, vol. 1, p. 172). Certamente é permitido comparar as duas coisas uma com a outra. Deveríamos ter superado há muito aqueles tempos em que, presunçosos e a modo dos bárbaros, menosprezávamos deuses estrangeiros, *die dii minorum gentium*. Mas ainda falta muito para superarmos isso.

399. Robertson (1910, p. 130s.) faz uma contribuição interessante à questão do símbolo de carregar a cruz: Sansão carregou os pilares dos portões de Gaza e morreu entre as colunas do salão dos filisteus. Também Hércules carregou suas colunas até o lugar (Gades) onde, segundo a versão síria, morreu. (As colunas de Hércules indicam o ponto no Ocidente onde o Sol mergulha no mar). "A arte antiga de fato o representa carregando as duas colunas sob os braços de modo a formarem uma cruz; aqui talvez tenhamos a origem do mito de Jesus, que carrega sua própria cruz até o lugar da execução. – Estranhamente, os três sinóticos substituem Jesus por um homem de nome Simão de Cirene como carregador da cruz. Cirene está localizada no Líbano, a legendária sede do trabalho de Hércules carregando as colunas, e Simão é a forma grega mais próxima de Sansão – que em grego, seguindo o hebraico, pode ter sido lido como Simson [Sansão]. Mas na Palestina, Simão, Semo ou Sem, era o nome de um deus que representava o antigo deus solar Semesh, que, por sua vez, era identificado com Baal, de cujo mito sem dúvida alguma se originou o mito de Sansão. E o deus Simão gozava de especial veneração na Samaria". A cruz de Hércules provavelmente é a roda solar, para a qual os gregos tinham o símbolo da cruz. A roda solar no relevo da pequena metrópole em Atenas contém uma cruz que é muito semelhante à cruz de Malta (Thiele, 1898, p. 59).

400. O mito grego de Íxion, que foi "crucificado" amarrado à roda solar, ao "grilhão de quatro raios" (Píndaro), o diz quase que explicitamente. Íxion assassinou primeiro seu sogro, mas depois foi remido por Zeus, que lhe concedeu sua graça. O ingrato, porém, tentou seduzir Hera, a mãe. Zeus o enganou, fazendo com que a deusa das nuvens, Nefele, imitasse a aparência de Hera (dessa combinação teriam surgidos os centauros). Íxion gabou-se de seu ato, mas por castigo Zeus o lançou no submundo, onde foi amarrado *à roda eternamente impelida pelo vento* (Cf. o castigo de Francesca da Rimini em Dante e as mulheres penitentes no *Segantini* de Abraham).

Aquilo que em Nietzsche parece ser uma figura de retórica poética, na verdade é um mito primordial. É como se ao poeta ainda fosse dada a capacidade de, por entre as palavras de nossa linguagem atual e nas imagens que se impõem à sua fantasia, pressentir ou perceber aquelas sombras eternas de mundos espirituais, há muito extintos, e tornar a reanimá-los. Gerhart Hauptmann diz também: "Poetar quer dizer fazer ressoar o verbo primitivo que está por trás das palavras" (apud Stekel, 1912, p. 365).

O sacrifício, cujo sentido secreto e múltiplo mais pressentimos do que compreendemos, no princípio, passa incompleto pelo consciente de nossa autora. A flecha não é atirada, o herói Chiwantopel ainda não está mortalmente envenenado nem pronto para a morte em autoimolação. Creio que, desde já, podemos dizer que, de acordo com o material à nossa disposição, esse sacrifício significa *o desvinculamento da mãe*, a renúncia a todos os laços e restrições do tempo da infância que a alma trouxe para a idade adulta. Diferentes alusões de Miss Miller dão a entender que, na época daquelas fantasias, ela ainda vivia no seio da família, aparentemente numa idade em que já teria tido a necessidade urgente de independência. Pois sem risco essencial à saúde mental, o ser humano não pode permanecer tempo demais no ambiente infantil, isto é, no seio da família. A vida chama para a independência, e quem ignorar esse duro chamado por acomodamento ou pusilanimidade infantil será ameaçado pela neurose. E quando a neurose irrompe, ela se torna cada vez mais uma razão plenamente válida para fugir da luta com a vida e permanecer para sempre na atmosfera infantil moralmente envenenada.

A fantasia da flechada pertence a essa luta pela independência pessoal. A ideia dessa decisão ainda não se concretizou em nossa sonhadora. Ela a recusa. Após tudo o que foi dito acima, é evidente que a simbólica da flechada deve ser articulada em interpretação direta como um símbolo do coito. O "*occide moriturus*" [mata morrendo tu mesmo] adquirira também aqui o sentido sexual que lhe cabe. Naturalmente, Chiwantopel representa a sonhadora. Mas essa redução ao aspecto puramente sexual nada ganhamos e nada entendemos, pois o fato de o inconsciente abrigar desejos de coito é um lugar comum cuja descoberta nada significa por si só. Pois sob esse aspecto, *o desejo de coito é um símbolo* para a própria atividade da libido separada dos pais, para a conquista da vida independente. Esse passo em direção à nova vida, porém, significa ao mesmo tempo também a morte da vida passada[401], daí Chiwantopel, o herói infantil[402] (o filho, a criança, o cordeiro, o peixe), que ainda está preso pelos laços da infância e que precisa morrer como símbolo da libido incestuosa para que cada vínculo regressivo seja rompido. Pois a luta da vida exige toda libido e nada dela pode ficar para trás. Essa decisão, que pretende romper todos os laços com o pai e a mãe, ainda não pode ser tomada pela sonhadora, mas deveria ser tomada para poder seguir o chamado do próprio destino.

---

401. A simbólica da morte, tão frequente nos sonhos, foi destacada por Stekel (1911, p. 317s.).

402. Cf. a cena de Cassius acima.

O sacrifício

Quando o agressor desaparece, Chiwantopel inicia o seguinte monólogo:

> Du bout de l'épine dorsale de ces continentes, de l'extrémité des basses terres, j'ai erré pendant une centaine de lunes, après avoir abandonné le palais de mon père toujours poursuivi par mon désir fou de trouver 'celle qui comprendra'. Avec des joyaux j'ai tenté beaucoup de belles, avec des Baisers j'ai essayé d'arracher le secret de leur coeur, avec des actes de prouesse j'ai conquis leur admiration. (Il passe en revue les femmes qu'il a connues): Chi-ta, la princesse de mar ace… c'est une bécasse, vaniteuse comme un paon, n'ayant autre chose en tête que bijoux et parfums. Ta-nan, la jeune paysanne… bah, une pure truie, rien de plus qu'un buste et un ventre, et ne songeant qu'au plaisir. Et puis Ki-ma, la prêtresse, une vraie perruche, répétant les phrases creuses apprises des prêtres; toute pour la montre, sans instruction réelle ni sincérité, méfiante, poseuse et hypocrite!… Hélas! Pas une qui me comprenne, pas une qui soit semblable à moi ou qui ait une âme soeur de mon âme. Il n'en est pas une, d'entre elles toutes, qui ait connue mon âme, pas une qui ait pu lire ma pensée, loin de là; pas une capable de chercher avec moi les sommets lumineux, ou d'épeler avec moi le mot surhumain d'Amour!

> [Da ponta da espinha dorsal destes continentes, da extremidade das terras baixas, eu errei por uma centena de Luas depois de ter abandonado o palácio de meu pai, sempre perseguido por um desejo louco de encontrar 'aquela que compreenderá'. Com joias tentei muitas mulheres, com beijos tentei arrancar o segredo de seus corações, com atos de bravura conquistei sua admiração. (Ele passa em revista as mulheres que conheceu): Chi-ta, a princesa de minha raça [...] era uma estúpida, vaidosa como um pavão, só tinha joias e perfumes na cabeça. Ta-nan, a jovem camponesa [...] bah, uma verdadeira porca, nada mais do que busto e ventre, só pensando no prazer. E depois Ki-ma, a sacerdotisa, um mero papagaio, que repetia as frases ocas aprendidas com os sacerdotes; tudo da boca para fora, sem instrução real nem sinceridade, desconfiada, posuda e hipócrita! [...] Ai de mim! Nenhuma que me compreendesse, nenhuma que fosse semelhante a mim ou que tivesse uma alma irmã de minha alma. Não há uma entre todas elas que tenha conhecido minha alma, nenhuma que tivesse lido meu pensamento, longe disso; nenhuma capaz de procurar comigo os píncaros luminosos ou de soletrar comigo a palavra sobre-humana de Amor!].

Aqui o próprio Chiwantopel diz que as andanças e perambulações são uma procura pelo outro e pelo sentido da vida que está na união com esse outro. Na primeira parte deste trabalho apenas aludimos a essa possibilidade. Não surpreende que o elemento que procura seja do sexo masculino e o procurado, do feminino, pois o principal objeto da transferência inconsciente é, como se depreende de tudo o que já vimos, a mãe. A filha assume uma postura masculina em relação à mãe: só podemos supor a gênese dessa postura em nosso caso, pois não temos dados objetivos. Por conseguinte, é melhor contentar-nos com o que pode ser desprendido. "*Celle qui comprendra*" ("aquela que compreenderá") significa a mãe na linguagem infantil. Ao mesmo tempo, porém, significa também o companheiro de vida. Como se sabe, a oposição de gêneros pouco importa à libido. Para as ocupações inconscientes, o gênero do objeto exerce, a princípio, um papel surpreendentemente insignificativo; e também o próprio objeto, compreendido como algo objetivamente real, pouco significa (de extrema importância é, porém, se ocorre uma transferência ou uma introversão). O significado concreto original de "compreender", "cingir" etc. revela claramente a metade inferior do desejo de encontrar uma pessoa compatível. A metade intelectual "superior", porém, também está contida nisso e exige ser levada em consideração. E até gostaríamos de acreditar nessa tendência se justamente a nossa cultura não a transformasse num disparate: pois a "mulher incompreendida" já é quase proverbial, o que só pode ser a consequência de valorizações totalmente distorcidas. De um lado, nossa cultura subestima extraordinariamente a importância da sexualidade; de outro, a sexualidade se manifesta, justamente devido à repressão que sobre ela pesa, em todos os lugares que não lhe cabem e recorre a um modo de expressão tão indireto que já esperamos encontrá-la repentinamente por toda parte. Assim, também a ideia de uma compreensão íntima de uma alma humana, que seria algo muito lindo e puro, é maculado pela infiltração do significado sexual *indireto*[403] e distorcido de forma repugnante. Esse significado secundário,

403. Uma expressão *direta* e não forçada da sexualidade é um evento natural e, como tal, jamais feio ou repugnante. A repressão "moral" torna a sexualidade suja e hipócrita de um lado e, de outro, ousada e importuna.

melhor, o abuso que a sexualidade reprimida e negada comete com as funções anímicas mais elevadas, permite, por exemplo, que alguns de nossos adversários suspeitem na psicanálise algum erotismo de confessionário. Trata-se de delírios subjetivos de desejos que não necessitam de nenhuma contra-argumentação. Esse abuso, porém, também torna altamente suspeito o desejo de ser "compreendido" quando as exigências naturais da vida ainda não foram cumpridas. A natureza tem direitos *primeiros* ao ser humano, só muito depois vem o luxo da razão. O ideal medieval de uma vida em prol da morte poderia ser substituído por um conceito mais natural da vida, no qual as exigências naturais do ser humano são plenamente respeitadas, de modo que os desejos da esfera animal não precisem mais colocar a seu serviço os bens elevados da esfera espiritual para encontrar alguma atividade. Por isso, a princípio, somos obrigados a entender o desejo da sonhadora de ser compreendida como uma busca reprimida pelo destino natural. Essa interpretação coincide também com a experiência psicanalítica segundo a qual existem inúmeras pessoas que, aparentemente, são impedidas de viver porque se sentem repugnadas inconscientemente e, muitas vezes, também conscientemente pelo destino sexual, que imaginam como algo feio, e forte é sua tendência de ceder a essa pressão da sexualidade inconsciente e vivenciar a sexualidade repugnante temida (inconscientemente esperada), para assim adquirir o direito de um terror justificado, que, portanto, as prende ainda mais à situação infantil. Essa é a razão pela qual tantas pessoas sofrem justamente aquele destino que mais as repugna.

Quão certeira é nossa hipótese de que, no inconsciente de Miss Miller, trava-se a luta pela independência, que se mostra em sua informação de que a despedida do herói da casa paterna lhe trazia à lembrança o destino do jovem Buda, que também renunciou a todo o conforto da pátria para andar pelo mundo e viver integralmente a sua vocação[404]. Ele deu o mesmo exemplo heroico que Cristo, cortando os laços familiares e usando até palavras amargas como (Lc 12,51s.): "Não penseis que vim trazer a paz à terra. Não vim trazer a paz, e sim a espada. Pois vim separar o filho de seu pai, a filha de sua mãe, a nora de sua sogra".

Hórus arranca o adorno da cabeça de sua mãe, que é seu poder. Como Adão lutou com Lilit, ele lutou pelo poder.

Nietzsche expressou o mesmo com belas palavras:

> Pode-se supor que um espírito, no qual o tipo de 'espírito livre' deverá um dia amadurecer e florescer por completo, teve sua experiência decisiva numa grande separação, e que antes ele fora um espírito *preso*, eternamente *amarrado a seu rincão*[405]. O que o amarra com mais força? Que laços são quase irrompíveis? Em indivíduos diferenciados, de alto nível, serão os deveres: *o respeito que é próprio aos jovens*, o temor e carinho por tudo o que de há muito é *venerado e digno*, *a gratidão pelo chão de onde nasceram, pela mão que os conduziu*, pelo santuário em que aprenderam a rezar; *seus momentos mais sublimes serão suas amarras mais fortes, seus mais duradouros compromissos*. A grande separação vem repentinamente para indivíduos presos assim [...].

---

404. Não fui capaz de encontrar outra fonte que Miss Miller cita aqui: Johnson (1759).

405. Cf. abaixo o temor do "amarrar".

> 'Antes morrer do que viver aqui' – assim fala a voz imperiosa e a tentação: e este 'aqui', este 'em casa' é tudo o que ela (a alma) amara até então! Um súbito temor e suspeita contra aquilo que amava, um ímpeto de desprezo contra o que lhe era 'dever', um anseio rebelde, voluntarioso, vulcânico de peregrinar por outras terras, de se alienar, esfriar, afrouxar, congelar, um ódio pelo amor, talvez um sacrílego ato e olhar para trás[406], para aquilo que até então ela venerava e amava, talvez uma onda de vergonha pelo que acabara de fazer e, ao mesmo tempo, um júbilo por tê-lo feito, um arrepio íntimo, ébrio e feliz, em que se revela uma vitória – uma vitória? sobre o quê? sobre quem? uma vitória enigmática, questionante e questionável, mas em todo caso a primeira vitória: – tal experiência amarga e dolorosa faz parte da história da grande separação. É ao mesmo tempo uma doença que pode destruir o homem, esta primeira erupção de força e vontade de autodeterminação [...] (Nietzsche, 1899-1911, vol. 2, p. 6s.)[407].

O perigo, como Nietzsche expõe de forma brilhante, é o isolamento dentro de si mesmo: "A solidão o envolve e o *circunda*, sempre mais *ameaçadora*, *estranguladora*, cortante, esta terrível *deusa e mater saeva cupidinum*". A libido recuperada da mãe, que só retorna com relutân-

406. Cf. o ato sacrílego de Hórus em Ísis, diante do qual Plutarco (*De Ísis e Osiris*, cap. 20, p. 32s.) se horroriza. Ele diz o seguinte a respeito: "Mas se alguém quiser acreditar e afirmar que tudo isso de fato aconteceu em relação à feliz e eterna juventude, à qual em geral se atribui o divino, então, como dizia Ésquilo, 'deve-se cuspir e limpar a boca'". Esse juízo nos transmite uma noção de como, na antiga sociedade, uma pessoa bem-intencionada possa ter desprezado as ideias cristãs, primeiramente o Deus enforcado, depois o tratamento da família, os "fundamentos" do Estado. O psicanalista não se admire, outrora, tudo já existiu.

407. Cf. acima o destino exemplar de Teseu e Pirítoo.

cia, torna-se ameaçadora como uma cobra, o símbolo da morte, pois a relação com a mãe deve cessar, deve *morrer*, quase provocando a *morte do próprio indivíduo*. Em "*mater saeva cupidinum*", a imagem alcança uma rara perfeição quase consciente. Não me cabe querer tentar descrever a psicológica da separação da infância com palavras melhores do que as de Nietzsche.

Miss Miller nos dá mais uma informação sobre um material que influenciou sua criação de um modo mais geral: é a grande epopeia indígena de Longfellow; *The song of Hiawatha*.

Meus leitores, caso tenham tido a paciência de ler e acompanhar meu raciocínio até aqui, devem ter estranhado que, muitas vezes, eu recorro a coisas tão distantes para estabelecer comparações e amplio a base sobre as quais se erguem as criações de Miss Miller. Por certo terão duvidado também da validade de tal empreendimento de tecer considerações sobre as bases míticas dessas fantasias a partir de tão parcos indícios; dirão que, por detrás das fantasias de Miss Miller, dificilmente existirão tais coisas. Não preciso frisar que também eu tenha duvidado frequentemente. Pois nunca tinha lido Hiawatha até me deparar com essa peça ao longo de meu trabalho, cuja leitura tinha adiado até ser obrigado a ela. Hiawatha, uma compilação poética de mitos indígenas, fornece-me, porém, uma justificativa para todas as considerações anteriores, pois encontramos disposta nessa epopeia uma rara riqueza de problemas mitológicos. Esse fato é de grande importância para a riqueza relacional das fantasias de Miss Miller. Por isso, somos obrigados a obter uma visão dessa epopeia.

Nawadaha canta as canções do herói Hiawatha, o amigo dos homens:

There he sang of Hiawatha,
sang the song of Hiawatha,
sang his wondrous birth and being,
How he prayed and how he fasted,
How he lived, and toiled, and suffered,
That the tribes of men might prosper,
That he might advance his people!

[Ali ele cantou sobre Hiawatha,
Cantou a canção de Hiawatha,
Cantou seu milagroso nascimento e seu ser,
Como orava e como jejuava,
Como vivia, labutava e sofria,
Para que as tribos dos homens prosperassem,
Para que ele pudesse adiantar seu povo!]

Aqui se antecipa o significado teleológico do herói como aquela figura simbólica que reúne em si a libido em forma de admiração e adoração para conduzi-la a esferas mais elevadas por meio das pontes dos símbolos. Assim, conhecemos Hiawatha como um *redentor*, e estamos dispostos a ouvir tudo o que precisa ser dito sobre isso: de seu nascimento milagroso, seus grandes feitos precoces e seu sacrifício por seus semelhantes.

A primeira canção começa com um evangelho: Gitche Manito, o "*master of life*", cansado das brigas entre os filhos dos homens, reúne seus povos e lhes anuncia uma boa mensagem:

I will send a Prophet to you,
A Deliverer of the nations,
Who shall guide you and shall teach you,
Who shall toil and suffer with you.

If you listen to his counsels,
You will multiply and prosper;
If his warnings pass unheeded,
You will fade away and perish!

[Eu vos enviarei um profeta,
Um Redentor das nações,
Que vos guiará e vos ensinará,
Que labutará e sofrerá convosco.
Se ouvirdes seus conselhos,
Vós vos multiplicareis e prosperareis;
Se suas advertências não forem atendidas,
Haveis de definhar e perecer!].

Gitche Manito, o poderoso, "the creator of the nations", é descrito de pé (*stood erect*) "on the great Red Pipestone Quarry":

From his footprints flowed a river,
Leaped into the light of morning,
O'er the precipice plunging downward
Gleamed like Ishkoodah, the comet.

[De suas pegadas brotou um rio,
Saltou para a luz da manhã,
Precipitando-se sobre o abismo,
Brilhou como Ishkoodah, o cometa].

A água que brota das pegadas comprova suficientemente a natureza fálica desse criador. Remeto às explicações anteriores sobre a natureza fálica e fértil da casca de cavalo (cf. os exemplos em Aigremont, 1909 e a primeira parte deste trabalho, o pé solar na oração armênia popular; também Gubernatis, 1874, p. 220s.), lembro especialmente Hipocrene e a pata de Pégaso. Encontramos a mesma imagem em Salmos (65,10s.): "Tu visitas a terra, irrigando-a e enriquecendo-a copiosamente; com *o ribeiro divino, cheio de água*, preparas os trigais. Assim a preparas: regas seus sulcos, nivelas suas glebas, com chuvas a amoleces, abençoas o crescimento. Coroas o ano com teus benefícios, e *de teus rastos emana a fartura*".

Onde pisa o deus fertilizador, há fertilidade. Já falamos do significado simbólico do *pisar* por ocasião dos fantasmas noturnos que "pisam". Kaineus também desce às profundezas "fendendo a terra com o pé reto". Anfiarau, outro herói ctônico, desaparece na terra que Zeus lhe abriu com um *raio de relâmpago*. (Cf. a visão citada acima da paciente histérica que, depois do relâmpago, costumava ver um cavalo preto). O relâmpago torna os heróis imortais (Rohde, 1907). Fausto alcança as mães *batendo o pé*: "Afunda, batendo os pés; batendo-os, ao alto voltas" (*Fausto*, Parte II, 1º Ato).

No mito do devoramento do Sol, frequentemente, os heróis batem ou fincam os pés na garganta do monstro. Thor fura o fundo do navio na luta com o monstro e *seu pé desce até o fundo do mar* (Kaineus) (sobre o "espernear" como fantasia infantil, veja acima). A regressão da libido para a fase pré-sexual faz com que esse ato preparativo do pisar se torne substituto da fantasia do coito (incesto materno), isto é, para o reingresso no ventre materno. A comparação da água que brota das pegadas com um cometa é simbólica da luz para o líquido fecundador (esperma). Segundo uma anotação de Alexander von Humboldt, certas tribos indígenas sul-americanas chamam os meteoros de "urina das estrelas" (Humboldt, 1889, vol. 1, p. 72). Conta-se ainda como Gitche Manito produz *fogo*: ele *sopra* sobre uma floresta, de maneira que as árvores, friccionadas umas contra as outras, incendeiam-se. Esse demônio, portanto, também é um símbolo excelente da libido: ele também gera o fogo.

Depois desse prólogo segue, na segunda canção, a história antecedente do herói: o grande guerreiro Mudjekeewis (o pai de Hiawatha) venceu astutamente o grande urso, "*the terror of the nations*", e lhe roubou o mágico "*belt of Wampum*", um cinto de conchas. Encontramos aqui o tema da "preciosidade alcançada com dificuldade", que o herói arranca do monstro. As comparações do poeta mostram quem é o urso: Mudjekeewis golpeia a cabeça do urso, depois de lhe ter roubado o ornato:

> With the heavy blow bewildered,
> Rose the great Bear of the mountains;
> But his knees beneath him trembled.
> And he whimpered like a woman.
>
> [Atordoado com o forte golpe,
> Empinou-se o Grande Urso das montanhas;
> Mas seus joelhos tremiam sob seu corpo,
> E ele choramingou como uma mulher].

Com escárnio, Mudjekeewis lhe diz:

> Else you would no cry and whimper
> Like a miserable woman!
> But you, Bear! sit here and whimper
> And disgrace your tribe by crying,
> Like a wretched Shaugodaya,
> Like a cowardly old woman!
>
> [Caso contrário não chorarias e gemerias
> Como uma miserável mulher!
> Mas tu, urso! sentas aí e gemes,
> E infelicitas a tua tribo com teu choro,

Como uma desprezível Shaugodaya,
Como uma velha covarde!].

Essas três comparações com uma mulher encontram-se juntas numa única página. Mais uma vez, como herói verdadeiro, Mudjekeewis arrancou a vida da goela da morte, da terrível mãe que tudo devora. Esse ato que, como vimos, também é apresentado como viagem ao inferno, como "viagem noturna pelo mar", a superação do monstro por dentro, significa ao mesmo tempo um renascimento como penetração do ventre materno, cujas consequências se tornam notáveis também para Mudjekeewis. Como na visão de Zósimo, também aqui aquele que entra se transforma no *pneuma*, no sopro do vento ou espírito: Mudjekeewis se transforma no *vento oeste*, esse sopro fecundo, no pai dos ventos[408]. Seus filhos transformaram-se nos demais ventos. Sobre eles e seus amores fala-nos um *intermezzo*, do qual quero citar apenas a corte de Wabun, o vento leste, porque aqui a carícia erótica do vento está particularmente bem descrita. Toda manhã, ele vê uma linda donzela num prado e a corteja:

Every morning, gazing earthward,
Still the first Thing he beheld there
Was her blue eyes looking at him,
Two blue lakes among the rushes.

[Toda manhã, olhando para a terra,
A primeira coisa ali a ver
Eram os olhos azuis dela a contemplá-lo,
Dois lagos azuis entre os juncos].

---

408. Porfírio (*De antro nympharum*, c. 24, apud Dieterich, 1910, p. 63) diz que, segundo a liturgia de Mitra, às almas que *saem do nascimento* estão destinados *ventos*, porque essas almas teriam absorvido sopro de vento (*pneuma*) e por isso teriam tal natureza.

A comparação com a água é significativa, pois "do vento e da água" o homem renascerá.

> And he wooed her with caresses,
> Wooed her with his smile of sunshine,
> With his flattering words he wooed her,
> With his sighing and his singing,
> Gentlest whispers in the branches,
> Softest music, sweetest odors...
>
> [E ele a cortejava com carícias,
> Com seu sorriso de raios de Sol,
> Com palavras lisonjeiras a cortejava,
> Com seus suspiros e seu cantar,
> Gentis sussurros na ramagem,
> Suave música, doce odor...].

Esses versos onomatopaicos expressam magnificamente o cortejar lisonjeador do vento[409].

A terceira canção traz a história das mães de Hiawatha. Quando jovem, sua avó vivia na Lua. Certo dia, balançava-se num cipó quando um namorado ciumento cortou o cipó e Nokomis, avó de Hiawatha, caiu sobre a terra. As pessoas que a viram cair pensaram que era uma *estrela cadente*. Essa maravilhosa origem de Nokomis é descrita mais detalhadamente em outra passagem dessa mesma canção: lá o pequeno Hiawatha pergunta à avó o que é a Lua. Nokomis o instrui da seguinte forma: a Lua seria *o corpo de uma avó*, que um neto belicoso jogara lá para cima num momento de raiva. Na crença antiga, a Lua é um lugar de reunião das almas que partiram deste mun-

409. Na liturgia de Mitra, o sopro do espírito gerador vem do Sol, presumivelmente do "tubo solar" (cf. parte 1). De acordo com essa ideia, o Sol no *Rigveda* chama-se o "*Unípede*". Cf. a oração armênia para que o Sol repouse seu pé sobre a face daquele que reza (Abeghian, 1899, p. 41).

do[410], um depósito de sêmen, portanto, também novamente um lugar de origem da vida de significado feminino. O estranho é que Nokomis, ao cair na terra, deu à luz uma filha, Wenonah, a futura mãe de Hiawatha. O ato de jogar a mãe para cima e a queda com nascimento parece ter algo de típico. Assim, por exemplo, uma história do século XVII conta que um touro bravo jogou uma mulher grávida para cima, até a altura da casa, rasgando-lhe o ventre, e a criança caiu no chão intacta. Em consequência desse nascimento milagroso, essa criança foi considerada um herói ou taumaturgo, mas ela morreu precocemente. Como se sabe, entre os povos primitivos acredita-se que o Sol seja feminino; e a Lua, masculina. Entre os Namaquas, uma tribo de Hotentotes, existe a crença de que o Sol consiste em *toucinho claro*: "[...] as pessoas que viajam em navios, todas as noites o puxam para baixo por meio de fórmulas mágicas, cortam-lhe um bom pedaço e *depois lhe dão um pontapé para que torne a subir ao céu*" (Waitz, 1859-1872, vol. 2, p. 342). O alimento infantil vem da mãe (cf. abaixo). Nas fantasias dos gnósticos, encontramos uma lenda sobre a origem do ser humano que talvez se enquadre nesse contexto: devido à rápida rotação do céu, os arcontes femininos amarrados à abóboda celeste não conseguem conservar seus frutos e os deixam cair sobre a terra. Dali se originam os seres humanos. Não podemos excluir a possibilidade de uma relação com hábitos obstétricos bár-

410. Firmicus Maternus (*Matheseos libri VIII*, I, 6, 10, p. 16): "Cui (animo) descensus per orbem solis tribuitur, per orbem vero lunae praeparatur ascensus" [Diz-se que o espírito desce pela via solar, mas pela via lunar é preparada sua ascensão]. Lydus (*De mensibus*, IV, 3) relata que o hierofante Praetextatus teria dito que Jano "envia as almas mais divinas para o bando lunar". Epifânio (*Adversus octoginta haereses*, LXVI, 52): "o disco lunar está repleto de almas". Mitos exóticos afirmam o mesmo sobre a Lua (Frobenius, 1904, p. 352s.).

baros (deixar cair a parturiente). A violação da mãe já foi introduzida com a aventura de Mudjekeewis e continua com o tratamento brutal da "avó", Nokomis, que parece ter engravidado de algum modo em consequência do corte do cipó e da queda. Já reconhecemos o ato de "cortar o galho", o colher, como alusão ao incesto materno (cf. acima). O conhecido verso do "País da Saxônia, onde as moças bonitas crescem nas árvores", e ditados populares como "colher cerejas no pomar do vizinho" têm sentido semelhante. A queda de Nokomis merece ser comparada com uma figura poética de Heine:

> Cai uma *estrela*
> De sua fulgurante altura!
> É a estrela do amor,
> Que vejo ali cair!
> Caem da *macieira*
> Flores e folhas mil.
> Vêm os jocosos *ares*
> Com elas se divertir (Heine, 1899, p. 23).

Mais tarde, Wenonah é cortejada pelo vento oeste, e ele a engravida. Wenonah, como jovem deusa da Lua, tem a beleza do luar. Nokomis a alerta contra a perigosa corte de Mudjekeewis, o vento oeste. Mas Wenonah se deixa seduzir e concebe um filho do sopro do vento, do *pneuma*, nosso herói:

> And the West-Wind came at evening, –
> Found the beautiful Wenonah,
> Lying there among the lilies,
> Wooed her with his words of sweetness,
> Wooed her with his soft caresses,
> Till she bore a son in sorrow,
> Bore a son of love and sorrow.

[E o vento oeste veio à noite,
Encontrou a linda Wenonah
Deitada ali entre os lírios,
Cortejou-a com doces palavras,
Com suas carícias cortejou-a
Até que um filho ela, em mágoa, deu à luz,
Deu à luz um filho de mágoa e amor].

A fecundação por meio do sopro do espírito é uma experiência que já conhecemos. A estrela ou cometa aparentemente também faz parte da cena do nascimento; também Nokomis vem à terra como uma estrela cadente. A adorável fantasia poética de Mörike criou uma origem divina semelhante:

E aquela que me carregou no ventre,
E me ninou no berço
Era uma morena alegre e bonita,
E com os homens nada queria.

Gracejava apenas e ria,
E deixava os pretendentes plantados:
'Prefiro ser a noiva do vento,
A me prender no casamento!'

Então veio o vento, e a tomou o vento
Como amásia em seu poder:
Deste um alegre filho
Ela veio a conceber (Mörike, s.d., vol. 2, p. 48).

A maravilhosa história do nascimento de Buda, contada por Sir Edwin Arnold, também fala disso:

Maya the queen…
Dreamed a strange dream; dreamed that a star from heaven –

Splendid, six-rayed, in color rosy-pearl,
Whereof the token was an Elephant
Six-tusked and *white as milk* of Kamadhuk
Shot through the void; and, *shining into her*,
Entered her womb upon the right.

[Maia a rainha...
Sonhou um sonho estranho;
Sonhou que uma estrela do céu –
Resplandecente, com seis raios, rosa-pérola,
De que era arauto um elefante
De seis presas, *branco como o leite* de Kamadhuk
Disparou pelo espaço; e, *iluminando-a*,
Em seu ventre pela direita entrou] (Arnold, 1887).

Durante a concepção, um vento sopra sobre a Terra: "*A wind blew / With unknown freshness over lands and seas*" [Um vento soprou com desconhecido frescor sobre terras e mares].

Depois do nascimento vêm os quatro gênios do Leste, Oeste, Sul e Norte, para oferecer seus serviços como carregadores de palanquim (a vinda dos reis magos no nascimento de Cristo). Encontramos, portanto, também aqui uma menção explícita aos "quatro ventos". Para completar a simbólica no mito de Buda, como na lenda do nascimento de Cristo, encontramos, além da fecundação pela estrela e pelo vento, ainda a fecundação por um animal, aqui o elefante, que, com sua trompa fálica, realiza a fecundação cristã pelo *ouvido* ou *cabeça*. Como se sabe, além da pomba, também o unicórnio é símbolo fecundador do *logos*.

Aqui poderíamos perguntar por que o nascimento de um herói sempre precisa ocorrer sob condições simbólicas tão curiosas. Seria também possível que ele nascesse em circunstâncias habituais e, pouco a pouco, se erguesse acima de seu ambiente inferior, talvez com muitos esforços e perigos (na verdade, esse tema não é completamente alheio ao mito do herói). Alguns dirão que a superstição exige as estranhas circunstâncias de nascimento ou fecundação; mas por que ela as exige?

A resposta a essa pergunta é: normalmente, o herói não nasce como um simples mortal, porque *seu nascimento ocorre sob as cerimônias misteriosas de um renascimento a partir da mãe-esposa*. Daí provém, em primeira linha, o tema das duas mães do herói. Como Rank (1909) mostrou em numerosos exemplos, muitas vezes, o herói é enjeitado e criado por pais adotivos. Desse modo, vem a ter duas mães. Um bom exemplo é a relação de Hércules com Hera (cf. acima). Na epopeia de Hiawatha, Wenonah morre depois do nascimento e Nokomis assume seu lugar. Maia morre depois do nascimento[411] e Buda recebe uma mãe adotiva. Muitas vezes, a mãe adotiva é um animal (a loba de Rômulo e Remo etc.). A dupla mãe também pode ser substituída *pelo tema do duplo nascimento*, que, especialmente na mitologia cristã, adquiriu grande importância. Assim o homem não nasce apenas de forma banal, mas torna a nascer de modo misterioso, dessa forma tendo parte do reino dos céus, ou seja, da imortalidade. Portanto, cada um se torna um herói, que gera a si mesmo novamente por meio da própria mãe,

411. A morte prematura da mãe ou a separação da mãe faz parte do mito do herói. No mito da jovem transformada em cisne, analisado lindamente por Rank, a ideia realizadora do desejo é que a mulher-cisne, depois de nascido seu filho, pode tornar a sair voando, pois sua missão está cumprida: a mãe só é necessária para a recriação.

pois somente assim ele tem parte na imortalidade. É, provavelmente, por isso que a morte redentora de Cristo na cruz é considerada um "batismo", isto é, um renascimento por meio da segunda mãe, a misteriosa árvore da morte. Cristo diz: "Tenho de receber um batismo, e como me angustio até que se cumpra" (Lc 12,50). Ele considera sua angústia da morte simbolicamente como tortura de nascimento.

O tema das duas mães aponta para a ideia do autorrejuvenescimento e pretende expressar a realização do desejo: que seja possível que minha mãe me dê à luz mais uma vez. Ao mesmo tempo, se aplicado ao herói, significa: herói é aquele cuja parideira já foi sua mãe; isto é, *herói é aquele que consegue renascer por meio de sua mãe*.

É a essa formulação que visam as numerosas alusões da história da concepção do herói. Primeiro o pai de Hiawatha vence a mãe sob o símbolo assustador do urso, depois ele, transformado em deus, concebe o herói. Por meio da lenda da origem da Lua, Nokomis indica a Hiawatha o que deve fazer como herói: jogar sua mãe lá para cima, pois em consequência desse ato violento ela engravidará e dará à luz uma filha. Segundo o rito egípcio, essa mãe rejuvenescida estaria destinada como filha-esposa ao deus Sol, ao "pai de sua mãe", para a autorreprocriação. Veremos abaixo o que Hiawatha fez em relação a isso. Já vimos como se comportam os deuses da Ásia Anterior semelhantes ao Cristo. No que diz respeito à preexistência de Cristo, como se sabe, o Evangelho de João está repleto desse pensamento: Assim diz João Batista: "Depois de mim virá alguém que é antes de mim, porque era primeiro do que eu" (Jo 1,30). Também o começo do evangelho é cheio de significado mitológico:

> No princípio era a *Palavra* e a Palavra estava com Deus, e a Palavra era Deus. No princípio ela estava com Deus. Todas as coisas foram feitas por meio dela e sem ela nada se fez do que foi feito. *Nela estava a vida, e a vida era a luz* dos seres humanos. A *luz brilha nas trevas* [...]. Houve um homem enviado por Deus, de nome João. Ele veio como testemunha, para dar testemunho da luz, a fim de que todos cresçam por meio dele. Ele não era a luz, mas veio para dar testemunho da luz. Era esta *a luz verdadeira* que, vindo ao mundo, ilumina todas as pessoas (Jo 1,1-18).

Essa é a anunciação da luz, do Sol renascido, que era antes e será depois. No Batistério de Pisa, Cristo é representado entregando aos seres humanos a árvore da vida. Em torno de sua cabeça está a roda solar. Sobre o relevo estão inscritas as palavras: “Introitus Solis”.

Como o nascido foi seu próprio gerador, a história de sua concepção é tão estranhamente velada por acontecimentos simbólicos, que pretendem encobrir e negar, daí também a tão extraordinária afirmação da concepção virginal. Seu objetivo é encobrir a fecundação incestuosa. Jamais nos esqueçamos, porém, de que essa afirmação ingênua é uma peça de importância extraordinária na ponte simbólica artificial, cuja função é libertar a libido do laço incestuoso e conduzi-la a aplicações mais elevadas e mais úteis, que significam um novo tipo de imortalidade, as obras imortais.

O ambiente da juventude de Hiawatha importa.

> By the shores of Gitche Gumee,
> By the shining Big-Sea-Water,
> Stood the wigwam of Nokomis,
> Daughter of the Moon, Nokomis.
> Dark behind it rose the forest,

Rose the black and gloomy pine-trees,
Rose the firs with cones upon them;
Bright before it beat the water,
Beat the clear and sunny water,
Beat the shining Big-Sea-Water.

[Nas praias do Gitche Gumee,
Junto à cintilante Água-do-Grande-Mar,
Ficava o wigwam de Nokomis,
Da filha da Lua, Nokomis.
Por detrás, escura, erguia-se a floresta,
Erguiam-se os negros e lúgubres pinheiros,
Erguiam-se os abetos com seus cones.
Clara, murmurava à sua frente a água,
Murmurava a clara e ensolarada água,
Murmurava a cintilante Água-do-Grande-Mar].

Nesse ambiente, Nokomis o criou. Aqui ela lhe ensinou as primeiras palavras e lhe contou as primeiras histórias, e os ruídos da água e da floresta se misturavam nisso, de modo que a criança aprendeu não só a linguagem dos humanos, mas também da natureza:

At the door on summer evenings
Sat the little Hiawatha;
Heard the whispering of the pine-trees,
Heard the lapping of the water,
Sounds of music, words of wonder;
'Minne-wawa!'[412] said the pine trees,
'Mudway-aushka!'[413] said the water.

[À porta, em noites de verão,
Sentava o pequeno Hiawatha;

412. Palavra indígena para o barulho do vento nas árvores.

413. Significa o som da maré.

Ouvia o sussurrar dos pinheiros,
O marulhar das águas ouvia,
Sons de música, palavras de magia;
'Minne-wawa!' diziam os pinheiros,
'Mudway-aushka!' a água dizia].

Hiawatha ouve linguagem humana nos ruídos da natureza; assim entende a linguagem da natureza. O vento diz "wawa". O grito do pato selvagem é "wawa". Wah-wah-taysee é o nome do pequeno vaga-lume, que o encanta. Assim o poeta narra lindamente a integração gradual da natureza externa no mundo do subjetivo[414] e a contaminação do objeto primário, ao qual se destinavam os sons balbuciantes e do qual vieram os primeiros sons, com o objeto secundário, a natureza, que imperceptivelmente vem ocupar o lugar da mãe recebendo aqueles sons pela primeira vez ouvidos da mãe e, mais ainda, aqueles sentimentos que mais tarde redescobrimos em nós no grande amor que sentimos pela *mãe natureza*. A posterior união panteístico-filosófica ou estética do homem civilizado e sensível com a natureza[415] é, em retrospectiva, uma reunião com a mãe, que foi nosso primeiro objeto e com a qual um dia de fato formamos um ser único. Não admira, pois, que na linguagem figurada de Karl Joël, um filósofo moderno, vemos reaparecer as antigas imagens que

414. Uma introjeção do objeto no sujeito no sentido de Ferenczi, o "contralance" [Gegenwurf] (Objektum) nos místicos Eckhart e Böhme.

415. Karl Joël (1912, p. 153s.) diz: "No artista e no profeta a vida não diminui, mas aumenta. Eles são os *guias para o paraíso perdido*, que só agora se transforma num *reencontro* do paraíso. Não é à velha, à abafada unidade vital a que o artista aspira e leva; é a *sentida re-união*, não a unidade vazia, mas a unidade plena, não a unidade da indiferença mas a unidade da diferença [...] Toda vida é quebra do equilíbrio e retorno ao equilíbrio. E um tal *regresso* encontramos na *religião* e na *arte*".

simbolizam a união com a mãe, mostrando a confluência de sujeito e objeto. Em seu livro mais recente, *Seele und Welt* [Alma e mundo], Joël escreve o seguinte no capítulo "A vivência primordial" (Joël, 1912, p. 147)[416]:

> Estou deitado na praia; cintila azul o mar rebrilhante nos olhos sonhadores; ao longe flutuam ares ofegantes [...] e avançando, espumando, excitando, adormentando, as ondas se quebram na praia [...] ou no ouvido? Não sei. Longe e perto se confundem; fora e dentro se interpenetram. Perto, cada vez mais perto, *mais íntimo e familiar* ressoa o bater das vagas; ora se quebram como pulso trovejante em minha testa, ora recobrem minha alma, *a envolvem, a tragam, e ao mesmo tempo ela nada para o largo, como correnteza azulada*. Sim, o mundo fora e o mundo dentro são uma coisa só. Cintilar e espumar, escorrer e flutuar e ribombar – toda a sinfonia de estímulos percebidos ressoa num só tom, todos os sentidos se unem num só sentido, que se torna uno com o sentimento; o mundo se dissipa na alma e a alma se dissolve no mundo [...] Nossa pequena vida está envolta por uma torrente de sono [...] *O sono de nosso berço, o sono de nossa sepultura* [...] *O sono de nossa pátria, da qual partimos pela manhã e à qual retornamos à noite*, nossa vida, a curta peregrinação, a tensão entre o *emergir* da unidade primitiva e o nela imergir! [...] Azul ondeia o mar, o infinito, em cuja imensidão ainda sonha a medusa daquela vida primeira até a qual nosso titubeante pressentir ainda se infiltra através de éons da recordação. Pois toda vivência contém

416. A vivência primordial se refere àquela primeira distinção humana entre sujeito e objeto, àquela primeira definição consciente de um objeto que, psicologicamente, não pode ser concebida sem uma divisão interna do animal "ser humano" consigo mesmo, separando-se assim da natureza una com ele.

> uma mudança e uma preservação da unidade da vida. No momento em que elas já não se fundem, quando aquele que as vivencia, *ainda cego e gotejante, ergue a cabeça do fundo da torrente do vivenciar, do estado de total impregnação* com o vivenciado, no momento em que a unidade vital, surpresa, esquiva, de si própria libera a mudança, a mantém diante de si como uma coisa estranha, neste instante de alheamento [...] as unidades de vivência já se substancializaram em sujeito e objeto, neste momento está presente o consciente.

Joël descreve aqui, numa simbólica inequívoca, a confluência de sujeito e objeto como a *re-união* de mãe e filho. Os símbolos até coincidem com a mitologia nos detalhes. O *tema do envolver e do tragar* ressoa sobretudo. O mar que traga o Sol e o faz renascer já um velho conhecido nosso. O momento da emergência de consciência, da separação entre sujeito e objeto, é um nascimento. É como se o pensamento filosófico pendesse inerte nas poucas grandes imagens primárias da linguagem humana, acima de cuja grandeza simples, que a tudo transcende, nenhum pensamento realmente se eleva! A imagem da medusa não surgiu por mero acaso. Certa vez, ao explicar a uma paciente o significado materno da água, ela experimentou uma sensação muito desagradável diante dessa abordagem do complexo materno: "*It makes me squirm*", disse ela, "*as if I touched a jellyfish*" [Eu me arrepio toda, como se eu tocasse uma medusa]. O bem-aventurado estado de sono antes do nascimento e depois da morte é, como também observa Joël, alguma coisa como a recordação vaga daquele estado ingênuo da primeira infância, quando nenhum obstáculo ainda impedia o tranquilo fluir de uma vida incipiente; para onde a nostalgia íntima sempre de novo nos atrai e de onde a vida ativa sempre de novo precisa se libertar com luta e medo para não ser destruída. Muito antes de Joël, um chefe indígena disse a mesma coisa, com as mesmas palavras, a um dos sempre inquietos homens sábios: "Ah meu irmão, jamais conhecerás a ventura de nada pensar e nada fazer; isso, depois do sono, é a maior felicidade. Assim éramos antes de nascer, assim seremos depois da morte" (Crèvecoeur, 1801, vol. 1, p. 362).

O destino futuro de Hiawatha nos mostrará como as impressões de sua primeira infância foram importantes para a escolha de sua esposa. O primeiro ato de Hiawatha foi abater um corço com sua flecha:

> Dead he lay there in the forest,
> By the ford across the river...
>
> [Morto jazia ele na floresta,
> Junto ao vau que cruza o rio...].

Isso é típico dos atos de Hiawatha: o que ele mata geralmente jaz *na água ou junto a ela*, mais frequentemente metade na água, metade em terra[417]. As aventuras futuras explicarão a razão disso. Também o corço não foi um animal comum e sim mágico, com um sentido secundário inconsciente. Hiawatha fez luvas e mocassinos (sapatos) do couro do animal: as luvas lhe davam tanta força nos braços que ele conseguia reduzir rochas a pó, e os mocassinos tinham o poder de botas de sete léguas. Pelo fato de cobrir-se com a pele do corço, ele se transformou numa espécie de *gigante*. Esse tema revela, jun-

---

417. "Morto jazia na floresta / junto ao vau, que atravessa o rio."

tamente com a morte do animal no vau[418], na água, que se trata dos pais, cujo tamanho gigantesco em relação à criança é de grande importância para o inconsciente (o "brinquedo gigantesco" é uma inversão do desejo da fantasia infantil. Sonho de uma menina de 11 anos: "Sou do tamanho da torre de uma igreja; um policial se aproxima; eu lhe digo: Se fizer mais um comentário, cortarei sua cabeça". Como mostrou a análise, o "policial" se referia ao pai, cujo aspecto gigantesco é compensado pela altura da torre da igreja). Nos sacrifícios humanos mexicanos, bandidos representavam os deuses; abatiam-se os bandidos, tiravam-se suas peles, e a seguir os sacerdotes se cobriam com essas capas sangrentas para simbolizar a ressurreição ou renovação dos deuses[419] (mude de pele das cobras como símbolo do rejuvenescimento).

Hiawatha, portanto, venceu os pais, em primeira linha, a mãe (embora na figura de um animal macho, cf. o urso de Mudjekeewis), daí provém sua força gigantesca. Ele vestiu a pele dos pais e, assim, tornou-se ele próprio um homem grande. Então partiu para a primeira grande luta, para a luta com – o pai Mudjekeewis, para vingar sua mãe morta Wenonah. Naturalmente, essa figura retórica esconde a ideia de que ele abate o pai para se apoderar da mãe (cf. a luta de Gilgamesh com o gigante Chumbaba e a conquista posterior de Ishtar). Sob o pon-

418. Onde se pode atravessar a água a pé; cf. acima os temas do envolvimento e da deglutição. A água como obstáculo em sonhos parece indicar a mãe, isto é, a regressão da libido. Atravessar a água é igual a vencer a resistência, isto é, a mãe como símbolo do anseio pelo estado de inatividade semelhante ao sono ou à morte.

419. Cf. também o costume ático de empalhar touros na primavera, os costumes das lupercais, saturnais etc. Dediquei a esse tema um trabalho separado. Por isso, não cito outros exemplos aqui.

to de vista psicológico, o pai é apenas a representação da proibição do incesto, ou seja, a resistência que defende a mãe: o pai pode ser substituído por qualquer animal assustador (o grande urso, a cobra, o dragão etc.), que precisa ser combatido e vencido. O herói é herói porque ele reconhece em cada adversidade da vida a resistência contra o bem proibido e combate essa resistência com todo aquele anseio que busca a preciosidade inalcançável ou dificilmente alcançável, que paralisa e mata o ser humano comum.

O pai de Hiawatha é Mudjekeewis, o *vento oeste*: a luta, portanto, é travada *no Oeste*. De lá veio a vida (fecundação de Wenonah); de lá veio também a morte (de Wenonah). Hiawatha, portanto, trava a luta típica do herói pelo renascimento no mar ocidental, a luta com a mãe terrível e devoradora, dessa vez na figura do pai. Mudjekeewis, que outrora também adquirira natureza divina vencendo o urso "materno", agora é vencido pelo próprio filho:

Back retreated Mudjekeewis,
Rushing westward o'er the mountains,
Stumbling westward down the mountains,
Three whole days retreated fighting
Still pursued by Hiawatha
To the doorways of the West-Wind,
To the portals of the Sunset
To the earth's remotest border,
Where into the empty spaces
Sinks the sun, as a flamingo
Drops into her nest at nightfall.

[Em retirada bateu Mudjekeewis,
Correndo pelas montanhas rumo ao oeste,
Tropeçando montanhas abaixo rumo ao oeste,

Por três dias se retirou lutando,
Sempre perseguido por Hiawatha.
Para as portas do vento oeste,
Para os portais do pôr do Sol,
Para as bordas mais remotas da terra,
Onde nos espaços vazios
O Sol desce, como um flamingo
Cai em seu ninho, ao romper da noite].

Os três dias são uma forma estereotipada da permanência na "prisão do mar noturno" (de 21 a 24 de dezembro); também Cristo permaneceu três dias no submundo. Nessa luta no ocidente, o herói costuma conquistar a preciosidade dificilmente alcançável: nesse caso, o pai precisa fazer uma grande concessão ao filho, ele lhe confere natureza divina[420], a mesma natureza de vento cuja imortalidade, e só ela, protegeu Mudjekeewis contra a morte. Diz ele ao filho:

I will share my kingdom with you,
Ruler shall you be thenceforward
Of the Northwest-Wind, Keewaydin,
Of the home-wind, the Keewaydin.

[Dividirei meu reino contigo;
Senhor serás doravante
Do vento noroeste, Keewaydin,
Do vento pátrio, o Keewaydin].

O fato de Hiawatha tornar-se senhor do vento pátrio tem seu paralelo exato na epopeia de Gilgamesh, quando Gilgamesh recebe do velho sábio Utnapishtim, que mora no Ocidente, a erva mágica que o conduz pelo mar são e

420. A epopeia de Gilgamesh o expressa de forma mais ingênua: aquilo que o herói procura é a imortalidade.

salvo de volta à pátria; mas chegando em casa, a erva lhe é novamente roubada por uma serpente.

Quando alguém abate o pai, ele pode se apoderar de sua esposa, e quando alguém vence a mãe, ele pode se casar.

Ao voltar para casa, Hiawatha para num hábil fazedor de flechas que possui uma linda filha:

> And he named her from the river,
> From the water-fall he named her,
> Minnehaha, Laughing Water.
>
> E deu-lhe o nome do rio,
> O nome da cachoeira lhe deu,
> Minnehaha, Água Sorridente.

Em sua primeira infância, quando Hiawatha sonhava sentindo os ruídos da água e do vento penetrarem em seus ouvidos e reconhecia a voz da mãe nos sons da natureza. "Minnewawa", diziam os sussurrantes pinheiros à beira do grande mar. E por meio do sussurro do vento e do murmúrio da água ele reencontra antigos sonhos de menino em sua esposa, em "Minnehaha", a água sorridente. Também o herói, e sobretudo ele, reencontra a mãe na mulher, para finalmente tornar a ser criança e assim solucionar o enigma da imortalidade.

O fato de o pai de Minnehaha ser um hábil fazedor de flechas o revela como o pai do herói (e a mulher que está com ele, como mãe). O pai do herói frequentemente é um talentoso carpinteiro ou outro tipo de artífice. Segundo uma lenda árabe, Taré (Sepp apud Drews, 1910, p. 78), pai de Abrão, teria sido um hábil marceneiro que, de qualquer pedaço de madeira, talhava *flechas*, isto é, segundo a linguagem árabe, ele era um gerador de excelentes filhos (cf. acima a simbólica das flechas). Além disso, ele produzia ídolos. Tvashtar, o pai de Agni, é o forjador do mundo, um ferreiro e carpinteiro, inventor da técnica de produzir o fogo. José, pai de Cristo, também era carpinteiro, assim como Cíniras, pai de Adônis; ele teria inventado o martelo, a alavanca, a construção de telhados e a mineração. Também o pai do multiforme Hermes é um carpinteiro e escultor engenhoso, Hefesto (ao lado de Zeus). Nos contos de fada, o pai do herói humildemente é o tradicional lenhador. Essas ideias estavam vivas também no culto a Osíris, em que o ídolo era talhado de um tronco e então colocado na abertura no tronco (Frazer, 1907, p. 297). No *Rigveda*, o forjador do mundo talha o mundo a partir de uma árvore. A ideia de que o herói é seu próprio gerador[421] faz com que lhe sejam atribuídos os atributos paternos, e vice-versa, os atributos do herói ao pai. Em Mâni, encontramos uma bela fusão dos temas. Ele executa seus grandes feitos como fundador de uma religião, esconde-se por anos numa caverna, morre, é torturado, empalhado e enforcado (herói), além disso ele é artífice e tem um pé atrofiado. Uma fusão de temas semelhantes encontra-se em Wieland, o Ferreiro.

Voltando para casa, Hiawatha não conta à velha Nokomis o que viu na casa do velho fazedor de flechas; também não toma qualquer iniciativa para conquistar Minnehaha. E agora acontece algo que, se não estivesse escrito numa epopeia indígena, poderia ser esperado na

421. Essa ideia é organizada de forma geral na doutrina da pré-existência. Destarte se garante ser seu próprio gerador, imortal e um herói, o que cumpre os mais elevados desejos.

anamnese de uma neurose: Hiawatha introverte sua libido, quer dizer, cai numa resistência extrema contra a "real exigência sexual" (Freud). Ele constrói uma cabana na floresta para ali jejuar e ter sonhos e visões. Durante os primeiros três dias, caminha pela floresta, como na primeira juventude, e observa todas as plantas e animais:

> Master of Life! he cried, desponding
> Must our lives depend on these things?
>
> [Mestre da Vida! exclamou ele em desalento,
> Devem nossas vidas depender de coisas tais?]

A pergunta se a vida deve depender "de coisas tais" é muito estranha. É como se a vida proviesse dessas coisas, da natureza em geral. De repente, a natureza parece ter adquirido um significado muito estranho. Esse fenômeno só pode ser explicado pelo fato de um grande montante da libido ter sido represado e agora, subitamente, transferido para a natureza. Pessoas que, normalmente, são totalmente insensíveis e secas, de repente, também se tornam sensíveis à natureza e até fazem poesias sobre ela na primavera do amor. Sabemos, porém, que uma libido barrada da via de transferência atual sempre regride para uma via de transferência anterior. Minnehaha, a água sorridente, é uma alusão muito clara à mãe, de modo que o anseio secreto do herói pela mãe é fortemente ativado. Sem ter feito coisa alguma, ele volta ao lar, a Nokomis; mas também ali não se acomoda, pois Minnehaha está em seu caminho.

Ele se afasta ainda mais, volta à primeira juventude, de cujos sons Minnehaha o faz recordar-se intensamente, quando ouvia a voz da mãe na voz da natureza. Nessa reanimação das lembranças da natureza, reconhecemos um renascer das primeiras e mais fortes impressões da natureza, sobrepujadas apenas pelas impressões ainda mais fortes que a criança recebe da mãe. O brilho de seu sentimento é transferido para outros objetos do mundo infantil (casa paterna, brinquedos etc.), dos quais mais tarde emanam aqueles sentimentos encantados próprios às primeiras recordações da infância. Mas quando Hiawatha torna a abrigar-se assim no seio da natureza, trata-se do seio materno. Por isso se espera que ele despontará novamente renascido de alguma forma.

Antes de voltarmos nossa atenção para essa nova criação decorrente da introversão, devemos ocupar-nos de um segundo significado da pergunta se a vida deve depender "de coisas tais". A vida também pode depender dessas coisas de tal forma que elas nos servem como *alimento*. Nesse caso deveríamos concluir que, de repente, o herói se preocupa com o problema da alimentação (essa possibilidade se confirmará mais adiante). A questão da alimentação é cabível. Em primeiro lugar, porque a regressão à mãe necessariamente traz à memória a mãe como fonte de nutrição. Assim que a libido regride à fase pré-sexual, podemos esperar que a função de nutrição e seus símbolos passem a substituir a função sexual. Daí provém uma raiz essencial da transferência de baixo para cima (Freud), quando, na fase pré-sexual, a importância principal não são os órgãos genitais, mas a boca. Em segundo lugar, porque o herói está em jejum, e assim a fome predomina. Como se sabe, o jejum é usado para aplacar a sexualidade, ele também expressa simbolicamente a resistência contra a sexualidade, traduzida para a linguagem da fase pré-sexual.

No quarto dia de seu jejum, o herói deixa de se ocupar com a natureza; está estendido em seu catre, exausto, os olhos semicerrados, profundamente imerso em seus sonhos, a imagem de extrema introversão.

Já vimos que em tais estados a vida exterior e a realidade externa são substituídas por um equivalente interior e infantilmente formado da realidade. Isso ocorre também em Hiawatha:

> And he saw a youth approaching,
> Dressed in garments green and yellow,
> Coming through the purple twilight,
> Through the splendor of the sunset;
> Plumes of green bend o'er his forehead
> And his hair was soft and golden.
>
> [E viu um jovem aproximar-se,
> Vestindo traje verde e amarelo,
> Vindo através do crepúsculo purpúreo,
> Através do esplendor do pôr do Sol;
> Plumas verdes cingiam sua fronte,
> E seu cabelo era macio e dourado].

Essa estranha aparição apresenta-se a Hiawatha do seguinte modo:

> From the Master of Life descending,
> I, the friend of man, Mondamin,
> Come to warn you and instruct you,
> How by struggle and by labor
> You shall gain what you have prayed for.
> Rise up from you bed of branches,
> Rise, O youth, and wrestle with me!

Do Mestre da Vida descendo,
Eu, o amigo do homem, Mondamin,
Venho te avisar e instruir
Como, com esforço e trabalho,
Alcançarás aquilo por que rezaste.
Ergue-te de teu leito de galhos,
Ergue-te, ó jovem, e luta comigo!

Mondamin é o milho. Um deus que é comido surge da introversão de Hiawatha. Sua fome em sentido duplo, seu anseio pela mãe que alimenta, gera a partir de sua alma outro herói, o milho comível, o filho da mãe-terra. É por isso também que ele surge no *pôr do sol* como penetração na mãe. E é no rubor do pôr do sol (no Ocidente) que se inicia novamente a luta mítica com o deus autocriado, que se fez totalmente de acordo com o anseio pela mãe que alimenta. A luta, por sua vez, é a luta pela libertação desse anseio que mata, mas também alimenta. Mondamin é, portanto, a mãe; e a luta com ele é a superação e a fecundação da mãe. Essa interpretação é confirmada por um mito dos Cherokees, "who invoque it (the maize) under the name of 'The old woman' in allusion to a myth that it sprang from *the blood of an old woman killed by her disobedient sons*" [que invocam o milho sob o nome "a velha", em alusão a um mito segundo o qual ele surgiu *do sangue de uma velha morta por seus filhos desobedientes*] (Frazer, 1907, p. 297).

Faint with famine, Hiawatha
Started from his bed of branches,
From the twilight of his wigwam
Forth into the flush of sunset
Came, and wrestled with Mondamin;
At his touch he felt new courage
Throbbing in his brain and bosom,

Felt new life and hope and vigor
Run through every nerve and fibre.

[Fraco de fome, Hiawatha
Ergueu-se de seu leito de galhos;
Da penumbra de seu wigwam
Para o rubor do Sol poente
Saiu, e lutou com Mondamin;
A seu contato sentiu nova coragem
Pulsando em seu cérebro e peito,
Sentiu nova vida, esperança e vigor
Correr através de cada nervo e fibra].

A luta com o deus-milho ao pôr do Sol dá novas forças a Hiawatha: e assim deve ser, pois a luta contra o anseio paralisante pela mãe, pelas próprias profundezas, dá forças criativas ao ser humano. Pois é essa a fonte de toda criação, mas é necessário ter coragem heroica para lutar contra essas potências e arrancar-lhes a preciosidade dificilmente alcançável. Quem o conseguir, no entanto, alcançou o melhor. Hiawatha luta consigo mesmo pela sua criação[422]. Novamente, a luta dura os três dias míticos. No quarto dia, como também profetizara Mondamin, Hiawatha o vence, e Mondamin cai por terra morto. Conforme desejo anterior de Mondamin, Hiawatha cava sua sepultura na terra materna. Pouco depois nasce de sua sepultura, tenro e fresco, o milho para alimento dos seres humanos.

No que diz respeito à ideia dessa peça, temos nela um lindo paralelo ao mistério de Mitra, em que ocorre primeiro a luta do herói com seu touro; e então, no "transitus", ele o carrega o mesmo até a "*caverna*", onde o mata. Dessa morte nasce toda a fertilidade, sobretudo

422. "Procuraste o fardo mais pesado, e encontraste a ti" (Nietzsche).

todo o alimento[423] (cf. acima). A caverna corresponde à sepultura. A mesma ideia está expressa no mistério cristão de formas mais bonitas, humanas. A luta espiritual de Cristo no Getsêmani, onde luta consigo mesmo para concluir sua obra, depois o "transitus", a *Via Crucis*[424], onde toma sobre si o símbolo da mãe que mata e com isso carrega a si mesmo até a morte, da qual ressuscita depois de três dias em triunfo; todas essas imagens expressam o mesmo pensamento básico. Também os símbolos do comer não estão ausentes no mistério cristão: Cristo é um Deus que é comido na Ceia. Sua morte o transforma em pão e vinho, que consumimos em memória de seu grande feito[425]. Não podemos deixar de mencionar aqui a conexão que existe entre Agni e soma, entre Dioniso e

423. É, por assim dizer, uma particularidade constante no mito da baleia-dragão que o herói está faminto no interior do monstro e começa a cortar pedaços do animal para *se alimentar*. Ele se encontra dentro da mãe nutriz em "*fase pré-sexual*". Seu ato seguinte é acender fogo para se libertar. Num mito dos esquimós do Estreito de Bering, o herói dentro da baleia encontra uma mulher, a alma do animal, que é feminina (cf. Frobenius, 1904).

424. O transporte da árvore (a *thallophoria*) desempenhava um papel importante também no culto de Dionísio e Ceres (Deméter), como revela uma observação em Estrabão (10).

425. Um texto egípcio que trata da chegada do faraó morto no céu conta como o faraó, ele mesmo de natureza divina, apodera-se dos deuses para se transformar no Senhor dos deuses: "Seus servos laçaram os deuses com um cabo de navio, *acharam-nos bons* e os arrastaram para perto, amarraram-nos, cortaram suas goelas e tiraram suas entranhas, esquartejaram-nos e os *cozinharam* em caldeiras quentes. *E o rei devora sua força e come suas almas.* Os grandes deuses constituem seu desjejum, os médios são seu almoço, os pequenos são seu jantar [...] O rei devora tudo que aparece à sua frente. Avidamente ele come tudo e seu poder mágico torna-se maior do que toda magia. Ele se torna um herdeiro do poder, maior do que todos os herdeiros, ele se torna o Soberano do céu, ele comeu todas as coroas e braceletes, ele comeu a sabedoria de cada deus" (Wiedemann, 1900, p. 18 apud Dieterich, 1910, p. 100s.). Essa comilança impossível, essa bulimia, descreve perfeitamente a libido sexual em regressão na fase pré-sexual, em que a mãe (os deuses) é objeto não da sexualidade, mas da fome.

o vinho[426]. Um paralelo nítido é Sansão que estrangula o leão e o ato seguinte em que as abelhas se instalam em sua carcaça, o que levou à conhecida charada: "Do que come saiu comida e do forte saiu doçura" (Jz 14,14). Também nos mistérios de Elêusis essas ideias parecem ter desempenhado um papel importante. Além de Deméter e Perséfone, Iaco era um dos principais deuses do culto de Elêusis, ele era o *puer aeternus*, o eternamente jovem, que Ovídio invoca do seguinte modo:

> Tu puer aeternus, tu formosissimus alto
> Conspiceris coelho tibi, cum sine cornibus astas,
> Virgineum caput est...
>
> [Eterna é, florescente mancebo
> A tua juventude e és visto como o mais belo
> No alto Olimpo: sem cornos apareces
> Com aspecto de uma donzela...]
> (Ovídio, *Metamorfoses*, 4, 18s.).

No grande cortejo festivo de Elêusis, a imagem de Iaco era levada na frente. Não é fácil dizer que deus era Iaco; provavelmente um menino ou um filho recém-nascido, talvez comparável ao *Tages* etrusco, que tem o cognome de "menino recém-desenterrado na lavoura", porque, segundo a lenda, ele teria surgido do sulco aberto pelo camponês que conduzia o arado. Essa imagem mostra claramente o tema de Mondamin: o arado tem significa-

426. O sacrifício sacramental de Dioniso-Zagreu e o ato de comer a carne sacrifical produzia o *neos Dionysos*, a ressurreição de deus, como se depreende do fragmento cretense de Eurípides, citado em Dieterich (1910, p. 105): "Levando uma vida consagrada desde que / me tornei um iniciado do Zeus de Ida / e um pastor dos bois do noturno Zagreu, / e ao ter comido as refeições de carne crua". Ao comerem a carne sacrifical crua, os iniciados, segundo a lenda cultual, recebiam o deus em si.

do fálico, como se sabe, e na Índia o sulco aberto por ele é personificado como mulher. A psicologia dessa imagem é um coito retransferido para a fase pré-sexual (fase da alimentação); o filho é o fruto comestível da lavoura. Iaco é *filho* de Deméter ou de Perséfone, mas também *esposo* de Deméter (o herói como seu próprio genitor). Chama-se também *tes Demetros daimon* (*daimon* = libido, isto é, libido materna). Foi identificado com Dioniso, sobretudo com o Dioniso-Zagreu da Trácia, a quem se atribui a história de um destino de renascimento típico: Hera incitara os titãs contra Zagreu que, *assumindo várias formas*, procurou fugir deles, até que finalmente o alcançaram quando se transformou em *touro*. Como tal o mataram (sacrifício de Mitra) e *esquartejaram*, jogando a seguir os pedaços num caldeirão fervente. Mas Zeus matou os titãs com o raio e *engoliu* o coração ainda palpitante de Zagreu. Com esse ato ele lhe devolveu a existência, e Zagreu reapareceu como Iaco.

Iaco carrega a tocha, o símbolo fálico da procriação, como testemunha Platão (*Leis*, 6, 776). No cortejo festivo de Elêusis era levada a *joeira de trigo*, o berço de Iaco (*liknon*, *mystica vannus Iacchi*). Segundo a lenda órfica[427], Iaco foi criado junto a Perséfone, onde acordou na *liknon* após um sono de três anos. O dia 20 de *boedrômion* (o mês *boedrômion* vai aproximadamente do dia 5 de setembro a 5 de outubro) chamava-se Iaco em honra do herói. Na noite desse dia era celebrada a grande festa das tochas à beira-mar, quando eram representadas a procura e a lamentação de Deméter. O pa-

427. Hino órfico 46 (cf. Roscher, *Ausführliches Lexikon*, verbete: "Iakchos").

pel de Deméter que, sem comer e sem beber, vaga pelo mundo todo à procura da filha, na epopeia indígena é assumido por Hiawatha. Ele também se dirige a todas as criaturas sem obter resposta. Assim como Deméter só obtém notícias da filha junto à deusa lunar Hécate, Hiawatha encontra o que procurava – Mondamin[428] – só na mais profunda introversão (descida até as mães). Como uma mãe, Hiawatha gera o filho Mondamin a partir de si mesmo. O anseio pela mãe também é mãe que pari (primeiro devora, depois pari). O Bispo Astério (cerca de 390) relata o seguinte sobre o conteúdo dos mistérios: "Porventura não acontecem ali (em Elêusis) a sombria descida (*katabasion*) e o encontro solene entre o hierofante e a sacerdotisa, entre ele e ela só? Não são apagadas as tochas e a incontável multidão não considera como bênção sua aquilo que na escuridão é consumado pelos dois?"[429]. Isso aponta indubitavelmente para uma cerimônia de hierógamo celebrada subterraneamente, na mãe-terra. A sacerdotisa de Deméter parece aqui ser a representante da deusa da terra, por assim dizer, do sulco do arado[430]. A descida para o interior da terra também é simbólica de "ventre materno" e era muito difundida como culto em cavernas. Plutarco con-

428. Um paralelo exato disso é a saga japonesa de Izanagi, que segue sua esposa morta ao *submundo* e lhe pede que retorne. Ela está disposta, mas pede ao marido: "Não olhes para mim!" Izanagi acende a luz com seu pente, isto é, com uma trave masculina do mesmo (falo produtor de fogo), e perde assim sua esposa (Frobenius, 1904, p. 343). Em lugar de esposa, leia-se "mãe". Em vez da mãe, o herói traz o fogo; Hiawatha, o milho; Odin, as runas etc.

429. Apud De Jong (1909, p. 22).

430. Um filho-amante do mito de Deméter é Iasião que abraça Deméter numa seara três vezes arada (leito nupcial na lavoura). Por isso Iasião foi abatido por Zeus com o relâmpago (Ovídio, *Metamorfoses* 9).

ta que os magos sacrificaram Ahriman *eis topon anelion* (num sítio onde não havia Sol). Luciano faz o mago Mithrobarzanes descer às profundezas *eis chorion eremon kai hylodes kai anelion* (num lugar pantanoso e ermo). Segundo o testemunho de Moses von Khoren, veneravam-se na Armênia a irmã Fogo e o irmão Fonte numa caverna. Juliano (*Oratio* 5) conta uma *katabasis eis antron*, da lenda de Átis, de onde Cibele torna a içar, isto é, dá à luz seu filho-amante (Cumont, 1896, vol. 1, p. 56). A gruta em que Cristo nasceu em Belém ("Casa do Pão") teria sido uma caverna (*spelaeum*) de Átis.

Outra simbólica das Eleusínias pertence à celebração do hierógamo: as *caixas místicas* que, segundo o testemunho de Clemente de Alexandria, teriam contido bolos, dádivas de sal e frutas. Mas o "*synthema*" [confissão] do iniciado nos mistérios relatado por Clemente aponta para mais: "Eu jejuei, eu bebi o *kykeon*, eu tomei da caixa e depois de ter *trabalhado*, eu o repus no cesto, e do cesto na caixa"[431]. Dieterich (1910, p. 125s.) analisa mais de perto o que havia na caixa. O "trabalhar" se refere a uma atividade fálica que o iniciado precisava realizar. Realmente existem ilustrações do cesto fálico em que se vê um falo cercado de *frutas*[432]. No assim chamado vaso sepulcral de Lovatelli, cujos relevos são considerados como cerimônias de Elêusis, um iniciado *acaricia a serpente enroscada em Deméter*. O ato de acariciar o animal temido indica uma superação cultual do incesto (Grimm, 1876-1877,

431. Ao invés de *ergasamenos*, por sugestão de Lobeck, lê-se "depois de ter provado". Dieterich (1910, p. 125), no entanto, mantém o texto tradicional.

432. Por exemplo, relevo de um campanário em Lovatelli (*Antichi monumenti*, 1889 I, IV, fig. 5). Também o Priapo de Verona tem um cesto cheio de falos.

vol. 2, p. 809s.)[433]. Segundo o testemunho de Clemente de Alexandria, a arca mística continha uma serpente (De Jong, 1909, p. 21). Nesse contexto, essa serpente é de natureza fálica (o falo proibido em relação à mãe). Rohde (1886, p. 124) menciona que, nas arretoforias, jogavam-se bolos em forma de falos e serpentes no abismo durante os festejos das tesmofórias; a cerimônia visava a bênção das crianças e da colheita[434]. A serpente também tinha papel importante nas iniciações sob o curioso título *ho dia kolpou theos* (o deus através da vagina ou do seio). Clemente (apud Dieterich, 1910, p. 123) observa que o símbolo dos mistérios de Sabázio seria: "O 'deus através do seio'; esta é uma cobra puxada através do seio do iniciado". E Arnóbio (Dieterich, 1910, p. 123) nos informa: "aureus coluber in sinum demittitur consecratis et eximitur rursus ab inferioribus partibus atque imis" [uma serpente dourada é introduzida nas vestes do consagrado e embaixo é novamente puxada para fora]. No hino órfico 52 invoca-se Bakcheus: *hypokolpie*, o que indica que o deus (a libido) penetra no homem como que pelas partes genitais femininas[435]. Segundo o testemunho de Hipólito (apud Dieterich, 1910, p. 123), no mistério de Elêusis,

433. O ato de acariciar ou beijar o dragão ou a serpente, o animal temido é transformado em uma linda mulher, que o herói conquista dessa forma.

434. A mãe, a terra, é a doadora de alimento. Na fase pré-sexual, a mãe tem esse significado. Por isso Dominicus é amamentado nos seios da mãe de Deus. A mulher solar de Namaqua consiste em toucinho. Cf. também as ideias de grandeza de minha paciente, que afirmava: "Eu sou Germânia e Helvétia, toda de manteiga doce" (OC 3; § 201).

435. Cf. as imagens em Nietzsche: "encravado, no próprio poço...". Numa oração a Hermes de um papiro londrino lê-se: "Vem a mim, Hermes, como as crianças vêm ao ventre das mulheres" (Kenyon, 1893, p. 116 apud Dieterich, 1910, p. 97).

o hierofante anunciava: "A Sublime deu à luz um menino, Brimo a Brimos". Esse evangelho natalino "nasceu-vos hoje um filho" é ilustrado pelo relato de que os atenienses "mostram em segredo àqueles que participam da epopteia (solenidade) o grande e magnífico e mais perfeito segredo epóptico [...] *uma espiga ceifada*"[436].

O paralelo ao tema da morte e ressurreição é o da perda e reencontro. O tema também aparece em forma cultual exatamente no mesmo momento, nos festejos da primavera semelhantes a hierógamos, onde a imagem divina era escondida e reencontrada. É uma tradição extracanônica que Moisés teria abandonado a casa paterna aos 12 anos para ir ensinar os homens. De modo semelhante, também os pais de Cristo o perdem e o reencontram como mestre de sabedoria. Assim como na lenda maometana Moisés e Josué perdem o peixe e em seu lugar aparece o sábio Chidr (o menino Jesus no templo), também o deus dos grãos, perdido e julgado morto, reaparece repentinamente de mãe com nova juventude (o fato de Christos ser colocado na manjedoura aponta para a ração. Por isso Robertson (1910, p. 46) compara a manjedoura ao *liknon*).

A partir desses relatos compreendemos como os mistérios de Elêusis eram confortadores para as esperanças do iniciado referentes ao além. Um belo epitáfio de Elêusis diz: "Eis que os deuses bem-aventurados anunciam um belo mistério! Aos mortais não é maldição, mas uma bênção à morte!"

---

436. O deus dos cereais típico da Antiguidade era Adônis, cuja morte e ressurreição era festejada todos os anos. Ele era o filho-amante da mãe, pois o grão é o filho e fecundador da terra, como Robertson (1910, p. 36) observa corretamente.

O mesmo diz também o hino a Deméter (De Jong, 1909, p. 14) sobre os mistérios: "Bem-aventurados aqueles dentre os homens habitantes da Terra que os contemplaram! Mas quem não participa dos atos sagrados, sorte diversa terá também nas escuras névoas da morte!"

Ao símbolo de Elêusis inere imortalidade: nós o reencontramos em um hino eclesiástico do século XIX, de Samuel Preiswerk:

> A coisa é tua, Senhor Jesus Cristo,
> A coisa em que estamos,
> E porque a coisa é tua
> Não pode perecer.
> Porém, o grão de trigo, fértil,
> Antes de crescer, para a luz,
> No seio da terra deve morrer,
> Antes, desfazer-se do próprio ser [...]
>
> Subiste, Jesus, nosso Senhor,
> Aos céus com sofrimento,
> E a todos aqueles que em ti creem
> Conduzes pelo mesmo caminho.
> Leva-nos, pois, neste momento,
> A partilhar do reino e do sofrimento;
> Pelo portal de tua morte nos conduz,
> Com a coisa tua para a luz.

Firmicus relata do mistério de Átis:

> Nocte quadam simulacrum in lectica supinum ponitur, et per numeros digestis fletibus plangitur. Deinde cum se ficta lamentatione satiaverint, lumen infertur. Tunc a sacerdote omnium qui flebant fauces unguentur, quibus perunctis sacerdos hoc lento murmure susurrat: 'Tharreite mystai tou theou sesosmenou estai gar hemin ek ponou soteria'.

> [Em determinada noite deita-se a imagem do deus de costas sobre uma maca e procede-se a lamentações rítmicas; e depois de se entregarem o suficiente ao simulado lamento fúnebre, introduz-se uma luz. A seguir o sacerdote unge o pescoço de todos os que choraram e murmura lentamente o seguinte: 'Tende coragem, ó iniciados, pois como o deus está salvo, também virá do sofrimento a bem-aventurança para vós'] (Firmicus Maternus, 1907, p. 57).

Tais paralelos mostram quão pouco há de humano-pessoal, e quanto de divino, isto é, de humano-geral, no mistério de Cristo. Nenhum ser humano é ou jamais foi um herói, pois o herói é um deus e, portanto, impessoal e dotado de validade universal. Cristo é um "espírito", como dizem as primeiras interpretações cristãs de primeira mão. Em muitas partes da terra e sob formas e aspectos dos mais diversos, o herói-salvador aparece como fruto da penetração da libido na própria profundidade materna. As sagrações baquianas representadas no relevo da Vila Farnesina contêm uma cena em que um iniciado, coberto com o manto puxado por sobre a cabeça, é levado a Sileno, que tem nas mãos o *liknon* coberto por um pano. A cobertura da cabeça significa invisibilidade, isto é, morte. O iniciado morre figuradamente como o grão de trigo, torna a brotar e crescer e chega à joeira de trigo. Proclo relata também que os iniciados eram enterrados até o pescoço (Dieterich, 1910, p. 167). A igreja cristã como local de culto de certo modo nada mais é do que um sepulcro de heróis (catacumbas). O crente desce ao túmulo para ressuscitar com o herói. Dificilmente podemos duvidar de que o sentido básico da igreja seja o de ventre materno. Os símbolos da missa são nítidos demais para que não transpareça por toda parte a mitologia do ato sagrado; é o feitiço do renascimento. Nesse sentido, o mais claro exemplo é certamente a veneração do santo sepulcro. Um bom exemplo é o santo sepulcro na Igreja de Santo Estêvão, em Bolonha. A própria igreja, uma construção redonda poligonal muito antiga, consiste em restos de um templo de Ísis. No interior, encontra-se um *spelaeum* artificial, um assim chamado santo sepulcro, ao qual se chega por uma porta minúscula. Após permanecer ali por algum tempo, o crente sai renascido do corpo materno. Um ossário etrusco no museu arqueológico de Florença é, ao mesmo tempo, a estátua de Matuta, a deusa da morte, ou seja, a figura da deusa da morte é oca por dentro para receber as cinzas. Seu assento é ornamentado com esfinges, como convém à mãe da morte.

Entre os demais atos de Hiawatha, só poucos nos interessam. Entre esses, encontramos no oitavo cântico a luta com Mishe-Nahma, o deus dos peixes; ele merece ser citado por ser uma luta típica de herói solar. Mishe-Nahma é um peixe monstro que mora no fundo das águas. Desafiado por Hiawatha para a luta, ele engole o herói juntamente com a canoa.

> In his wrath he darted upward,
> Flashing leaped into the sunshine,
> Opened his great jaws, and swallowed
> Both canoe and Hiawatha.
>
> Down into that darksome cavern
> Plunged the headlong Hiawatha,
> As a log on some black river
> Shoots and plunges down the rapids,
> Found himself in utter darkness,

Groped about in helpless wonder,
Till he felt a great heart beating,
Throbbing in that utter darkness.
And he smote it in his anger,
With his fist, the heart of Nahma,
Felt the mighty king of Fishes
Shudder through each nerve and fibre
[...]
Crosswise then did Hiawatha
Drag his birch-canoe for safety,
Lest from out the jaws of Nahma,
In the turmoil and confusion
Forth he might be hurled and perish.

[Em sua ira projetou-se para cima,
Lampejante pulou para a luz do Sol,
Abriu suas grandes mandíbulas e engoliu
Ambos, canoa e Hiawatha.

Para dentro da escura caverna
Mergulhou Hiawatha de ponta-cabeça,
Como uma tora em negro rio
Dispara e submerge corrente abaixo;
Encontrou-se em total escuridão
E tateou a seu redor, em desvalida consternação,
Até perceber o bater de um coração enorme,
Palpitando nesta total escuridão.

E golpeou em sua raiva,
Com seu punho, o coração de Nahma,
Sentiu o poderoso rei dos peixes
Tremer em cada nervo e fibra...

Em cruz então Hiawatha
Amarrou sua canoa por segurança,
Antes que, em meio ao confuso turbilhão,
Das mandíbulas de Nahma
Fosse despejado e sucumbisse].

É o típico mito do ato do herói, disseminado, por assim dizer, pelo mundo todo. Ele anda de barco, luta contra o monstro marinho, é engolido, defende-se contra o perigo de ser triturado ou esmagado[437] (tema de bater ou fincar o pé); chegando no interior do "dragão-baleia", procura o órgão mais vital, corta-o ou o destrói de outro modo. Muitas vezes o monstro morre porque o herói secretamente acende *fogo* dentro dele. No corpo da morte ele, em segredo, produz a vida, o Sol nascente. Assim o peixe é morto, flutua até a terra firme onde, com o "auxílio de um pássaro", o herói retorna à luz do dia[438]. O pássaro

---

437."Névoas ali flutuam incessantes, / Agite a chave, mantenha-as distantes" (Goethe, *Fausto*, Parte II, 1º Ato).

438. Menciono aqui, como exemplo para muitos, o mito de Rata, da Polinésia (apud Frobenius, 1904, p. 64-66): "Com vento favorável, o barco velejava gostosamente pelo oceano, quando um belo dia Nganaoa exclamou: 'Ó Rata, aqui está um inimigo terrível, que se ergue do oceano!'. Era um molusco com a concha aberta, de dimensões gigantescas. Um dos pratos estava na frente, o outro atrás do barco, e este estava exatamente no meio. No próximo instante, a terrível concha poderia fechar-se e esmagar a embarcação e todos eles. Mas Nganaoa estava preparado para essa eventualidade. Pegou uma lança comprida e a fincou rapidamente no corpo do animal, de modo que a criatura, ao invés de fechar suas conchas, afundou imediatamente no mar. Livres desse perigo, continuaram seu caminho. Mas depois de algum tempo ouviu-se de novo a voz do sempre vigilante Nganaoa: 'Ó Rata, outro inimigo terrível emergiu das profundezas do oceano!' Dessa vez era um enorme octópode cujos tentáculos já enlaçavam o barco para destruí-lo. Nesse momento crítico, Nganaoa tomou sua lança e a enterrou na cabeça do octópode. Seus tentáculos caíram frouxos e o monstro morto desapareceu flutuando na superfície do oceano. Novamente continuaram sua viagem, mas um perigo ainda maior os esperava. Um dia o valente Nganaoa exclamou: 'Ó Rata, eis aqui uma grande baleia!'. Escancarou enorme boca, e já colocava o maxilar inferior debaixo da embarcação, e o outro por cima dela. Um instante, e a baleia os engoliria. Nganaoa, 'o matador de monstros' (the slayer of monsters), quebrou sua lança em duas partes e, no momento em que a baleia quis esmagá-los, fincou as duas hastes na goela do inimigo, de modo que este não pôde mais fechar a enorme boca. Rapidamente Nganaoa pulou para dentro da baleia (deglutição do herói) e olhou para o interior de seu corpo. E o que viu? Ali sentados estavam seu pai Tairitokerau e sua mãe Vaiaroa, que haviam sido engolidos pelo monstro enquanto pescavam [...]. O oráculo se havia cumprido; a viagem alcançara seu fim. Grande foi a alegria dos pais de Nganaoa ao verem seu filho, pois estavam

aqui poderia significar o novo nascer do Sol, o anseio da libido, o renascimento de Fênix (frequentemente, o anseio é representado por símbolos flutuantes). O símbolo solar da ave que se ergue das águas está (etimologicamente) contido no canto do cisne. "Cisne" [em alemão "Schwan"] vem do radical *sven*, assim como o Sol [em alemão Sonne] e os tons (cf. acima). Esse feito significa o renascimento e a vida retirados de dentro da mãe[439] e, assim, a destruição definitiva da morte que, como diz um mito negro, entrara no mundo pelo descuido de uma velha. Durante a troca geral da pele (pois os homens naquele tempo rejuvenesciam trocando a pele como as cobras), por inadvertência, ela voltou a vestir a pele velha ao invés da nova, razão pela qual morreu. Mas o efeito de tal ato heroico não costuma durar muito. Sempre de novo os esforços do herói tornam a renovar-se e isso sempre sob o símbolo da libertação da mãe: como Hera (no papel da mãe perseguidora) é a verdadeira fonte dos gran-

---

convencidos agora de que sua libertação não tardaria. E Nganaoa também decidiu vingar-se. Tirou uma das hastes da boca do animal – uma só bastava para impedir que a baleia a fechasse, e ainda assim conservasse aberto o caminho para Nganaoa e seus pais saírem. Quebrou esta parte da lança em duas metades, para usá-las como paus de acender fogo. Pediu ao pai que segurasse um deles embaixo, enquanto ele próprio manejava a parte superior até que o fogo começou a surgir (acender o fogo). Soprando então para produzir chamas, ele se apressou em aquecer as partes gordurosas do ventre da baleia com o fogo (coração). O monstro, retorcendo-se de dor, nadou até a praia para procurar ajuda (viagem pelo mar). Assim que atingiu o banco de areia (desembarque), pai, mãe e filho saíram pela boca aberta da baleia moribunda e pisaram em terra firme (eclosão do herói...)".

439. Na saga de Mauí, da Nova Zelândia (Frobenius, 1904, p. 66s.), o monstro a ser vencido é a anciã Hine-nui-te-po. Mauí, o herói, diz aos pássaros que o ajudam: "Meus amiguinhos, se eu agora entrar na garganta da velha, vocês não podem rir, mas quando tiver estado lá dentro e tornado a sair por sua boca, vocês podem receber-me com risos jubilosos". E Mauí de fato rasteja para dentro da boca da velha adormecida.

des atos de Hércules, também Nokomis não dá trégua a Hiawatha e sempre põe novas dificuldades em seu caminho, aventuras mortais, das quais o herói poderá sair vencedor, mas nas quais também poderá encontrar sua ruína. O ser humano com seu consciente sempre fica para trás em relação à libido; ele cai em preguiçosa indolência até que sua libido o chama para novos perigos, ou então, no auge da existência, ele é acometido pelo anseio infantil pela mãe, que o paralisa terrivelmente, sem que busque as maiores alturas desafiando a morte. Assim a mãe é o demônio que desafia o herói para grandes feitos, colocando em seu caminho a serpente que o derrubará. No nono cântico, Nokomis chama Hiawatha, aponta com a mão para o *Oeste*, onde o Sol se põe purpúreo, e lhe diz:

> Yonder dwells the great Pearl-Feather,
> Megissogwon, the Magician,
> Manito the Wealth and Wampum,
> Guarded by his fiery serpents,
> Guarded by the black pitch-water.
> You can see his fiery serpents,
> The Kenabeek, the great serpents,
> Coiling, playing in the water.
>
> [Acolá mora o grande Pérola-Pena,
> Megissogwon, o Mágico,
> Manito de Fortuna e Wampum,
> Guardado por suas fogosas serpentes,
> Guardado pela negra água de breu.
> Podes ver suas fogosas serpentes,
> As Kenabeek, as grandes serpentes,
> Enroscando-se, brincando na água].

O perigo que está à espreita no Ocidente é, como já sabemos, a morte, da qual ninguém escapa, nem o mais poderoso. Ficamos sabendo que o mágico matou o pai de Nokomis. Agora ele envia seu filho para vingar o pai. Pelos símbolos associados ao mágico, é fácil reconhecer quem ele simboliza. Serpente e água pertencem à mãe. A serpente, como símbolo do anseio reprimido pela mãe, ou em outras palavras, como símbolo da resistência, enrosca-se no rochedo materno protegendo-o e defendendo-o, habita a caverna, sobe pela árvore materna, vigia o "Hort", o "tesouro" secreto. As águas negras do Estige, como o poço de lama de Dhulqarnein, é o lugar onde o Sol se apaga para renascer, o mar mortal e noturno da mãe. Na viagem até lá, Hiawatha leva o óleo mágico de Mishe-Nahma, que ajuda seu barco a atravessar as águas da morte (portanto, uma espécie de magia de imortalidade, como o sangue do dragão para Siegfried etc.). Primeiro Hiawatha mata a grande serpente. Sobre a "viagem noturna" pelas águas estígeas diz o poema:

All night long he sailed upon it,
Sailed upon that sluggish water,
Covered with its mould of ages,
Black with rotting water-rushes,
Rank with flags and leaves of lilies,
Stagnant, lifeless, dreary, dismal,
Lighted by the shimmering moonlight,
And by will-o'-the-whisps illumined.
Fires by ghosts of dead men kindled,
In their weary night-encampments.

[Por toda a noite velejou sobre ela,
Navegou sobre esta inerte água,

Coberta pelo limo dos tempos,
Negra de juncos apodrecidos,
Oculta por vegetação e folhas de lírios,
Estagnada, sem vida, triste, sombria,
Aclarada pela vacilante luz da Lua
E alumiada por fogos-fátuos,
Fogos acesos pelas almas dos mortos,
Em seus desolados abrigos noturnos].

Essa descrição mostra nitidamente a natureza de uma água da morte. O conteúdo da água indica o tema já mencionado de enlaçar e engolir. Assim, no *Traumschlüssel des Jagaddeva*, lemos: "Quem no sonho enlaça seu corpo com fibras, cipós ou cordas, com pele de cobra, fios ou tecidos, também morrerá" (Negelein, 1912, p. 177). Remeto o leitor à documentação anterior sobre o assunto. Chegado ao Ocidente, o herói desafia o mágico para a luta. Inicia-se um combate terrível. Hiawatha está impotente, pois Megissogwon é invulnerável. À noite, ferido e desesperado, ele se afasta por algum tempo para descansar.

Paused to rest beneath a pine-tree
From whose branches trailed the mosses,
And whose trunk was coated over
With the Dead-man's Moccasin-leather,
With the fungus white and yellow.

[Parou para repousar sob um pinheiro,
De cujos galhos pendiam os musgos,
E cujo tronco estava coberto
Com o couro mocassino do homem morto,
Com o fungo branco e amarelo].

Essa árvore protetora é descrita como revestida (com o couro mocassino dos mortos, o fungo). Essa antropomorfização da árvore é um rito importante em todos os lugares onde as árvores são veneradas, por exemplo na Índia, onde cada aldeia tem sua árvore sagrada, que é vestida e tratada como um ser humano. As árvores são ungidas com águas de cheiro, salpicadas com pós, enfeitadas com grinaldas e vestes. Assim como *os seres humanos perfuram a orelha como magia apotropaica contra a morte, isso também é feito na árvore sagrada*.

> Of all the trees in India there is none more sacred to the Hindus than the [...] Aswatha (Ficus religiosa). It is known to them as Vriksha Raja (king of trees). Brahma, Vishnu and Maheswar live in it, and the worship of it is the worship of the Triad. Almost every Indian village has an Aswatha. [Entre todas as árvores da Índia, nenhuma é mais sagrada aos hindus do que o [...] Aswatha (Ficus religiosa). Conhecem-na como Vriksha Raja (Rei das Árvores). Brahma, Vishnu e Maheswar vivem nela, e o seu culto é o culto da Trindade. Quase toda aldeia hindu tem um Aswatha] (apud Negelein, 1912, p. 257).

Esta “árvore da aldeia”, que nos é bem conhecida, aqui está nitidamente caracterizada como símbolo materno: ela contém os três deuses.

Quando Hiawatha se retira para descansar sob a “pinetree”[440], esse é um passo bastante arriscado, pois ele entra na mãe, cujo vestido é uma mortalha (mãe devoradoura). Como na baleia-dragão, o herói necessita da “ajuda dos pássaros”, dos animais prestativos, que representam os pais auxiliadores:

> Suddenly from the boughs above him

440. Como sabemos a “pine-tree” diz a palavra significativa: “Minne-wawa!”.

Sang the Mama, the woodpecker:
'Aim your arrows, Hiawatha,
At the head of Megissogwon,
Strike the tuft of hair upon it,
At their roots the long black tresses;
There alone can he be wounded!'

[Súbito, dos altos galhos
Cantou o pica-pau *Mama*:
'Aponta tuas flechas, Hiawatha,
Para a cabeça de Megissogwon,
Acerta em seu tufo de cabelos,
Em suas raízes, as longas tranças pretas;
Só ali é ele vulnerável!']

Curiosamente, devemos dizer, agora *Mama* vem em seu auxílio. Mas, estranhamente, o pica-pau também foi "Mama" de Rômulo e Remo ao colocar o alimento na boca dos gêmeos com seu bico[441] (cf. o papel do gavião no sonho de Lionardo [Freud, 1910]. O gavião é sagrado para Marte, assim como o pica-pau). Esse significado materno do pica-pau concorda com a antiga crença popular segundo a qual os pregos martelados na árvore em que esse pássaro faz seu ninho logo caem[442]. O pica-pau deve sua importância ao fato de *cavar buracos nas árvores* ("martelar pregos", cf. acima). Por isso é compreensível que, na lenda romana, ele tenha sido celebrado como um velho rei da terra, como dono ou senhor da árvore sagrada, o protótipo do "pater familias". Uma antiga fábula conta que Circe, esposa do Rei Picus, o transformou no

441. No conto da Gata Borralheira, o passarinho sentado na árvore que cresce sobre o túmulo da mãe vem em seu auxílio.

442. Provavelmente um símbolo do renascimento.

"picus martius". A feiticeira é a "mãe que pari de novo", que tem "influência mágica" sobre o filho-esposo. Ela o mata e o transforma no pássaro da alma, no desejo não cumprido. Picus também é interpretado como *demônio da floresta* e *incubus* (*Ausführliches Lexikon*, col. 2496, verbete: "Picus"), e também como profeta, o que aponta suficientemente para a libido materna[443]. Os antigos equiparam *Picus* frequentemente a Picumnus. Picumnus é o companheiro inseparável de Pilumnus, e ambos se chamam "*infantium dii*", deuses das crianças. Sobretudo de Pilumnus se conta que ele protege as crianças recém-nascidas contra os ataques funestos do sátiro Silvano (mãe boa e mãe má. Ideia das duas mães).

O pássaro prestativo, um desejo salvador que resulta da introversão[444], aconselha o herói a atirar no mágico debaixo do cabelo, onde se encontra o único ponto vulnerável. Esse é o ponto "fálico"[445], se assim podemos dizer, está na *altura da cabeça*, no lugar onde ocorre o nascimento mítico pela cabeça, que ainda hoje ocorre nas teorias sexuais das crianças. Nesse ponto Hiawatha atira

443. O pai de Picus se chamava Sterculus ou Sterculius, nome esse claramente derivado de *stercus*, fezes, excremento; ele também teria sido o inventor do estrume. O criador primário, que criou a mãe, o fez conforme a maneira infantil de produzir, que já vimos anteriormente. O deus supremo põe o seu ovo, sua mãe, por intermédio da qual ele se faz renascer – esse também é um raciocínio semelhante.

444. Introversão = penetração na mãe, imersão no mundo interno ou fonte da libido, simbolizada pelo arrastar-se para dentro, atravessar, escavar (coçar atrás das orelhas = fazer fogo). Perfurar a orelha, martelar pregos, engolir cobras. Assim se torna compreensível também a lenda budista: após ter passado o longo dia em profunda reflexão, *sentado sob a árvore*, à noite, Gautama havia se transformado em Buda, em um *iluminado*.

445. Cf. acima *phallos* e suas relações etimológicas.

(é claro, estamos tentados a dizer) três flechas[446] (os conhecidos símbolos fálicos) e assim abate Megissogwon. A seguir lhe rouba a couraça mágica de Wampum, que o torna invulnerável, e deixa o morto caído; de modo característico –, pois o mágico é a mãe terrível:

On the shore he left the body,
Half on land and half in water,
In the sand his feet were buried,
And his face was in the water.

[Na praia ele deixou o corpo,
Meio em terra e meio n'água;
Na areia seus pés se enterraram
E sua face ficou na água].

A situação, portanto, é igual à do rei dos peixes, pois o monstro é a personificação da água da morte, que, por sua vez, representa a mãe devoradora. A esse feito máximo de Hiawatha, em que ele vence a mãe como o demônio causador da morte[447], segue-se o casamento com Minnehaha.

Do que segue (cântico 12), vale mencionar uma pequena fábula que o poeta inseriu: um ancião se transforma num jovem ao *rastejar através de um carvalho oco*. O

446. A paciente de Spielrein foi atingida por três tiros de Deus, na cabeça, no peito e no olho; "depois veio uma ressurreição do espírito" (Spielrein, 1912, p. 376). Na saga tibetana de Bogda Gesser Khan, o herói solar atira uma flecha também na testa da velha demoníaca que o devora e depois o cospe. Num mito calmuca o herói atira a seta no "olho radiado" que se encontra na testa do touro (significado genital do olho, cf. acima). Cf. também a derrota de Polifemo, cujo caráter sagrado é representado num vaso ático por meio da presença de uma serpente (como símbolo materno, cf. a explicação do *sacrificium mithriacum*).

447. Na forma de pai, pois Megissogwon é, como Mudjekeewis, *demônio do Oeste*.

cântico 14 relata como Hiawatha inventa a *escrita*. Limito-me à descrição de dois caracteres hieroglíficos:

Gitche Manito the Mighty,
He, the Master of Life, was painted
As an egg, with points projecting
To the four winds of the heavens.
Everywhere is the Great Spirit,
Was the meaning of this symbol.

[Gitche Manito, o Poderoso,
Ele, o Mestre da Vida, foi pintado
Como um ovo, com pontas projetadas
Na direção dos quatro ventos dos céus.
'Onipresente é o Grande Espírito',
Era o significado deste símbolo].

O mundo está dentro do ovo, que o envolve por todos os lados; ele é aquele que gera o mundo, símbolo esse usado por Platão e pelos Vedas. Essa mãe é como o ar, que também está em toda parte. Mas ar é espírito: a mãe do mundo é um espírito.

Gitche Manito the Mighty,
He the dreadful Spirit of Evil,
As a serpent was depicted,
As Kenabeek, the great serpent.

[Gitche Manito, o Poderoso,
Ele, o terrível Espírito do Mal,
Como uma serpente foi representado,
Como Kenabeek, a grande serpente].

O espírito do Mal é o medo, o desejo proibido, o adversário que se opõe à vida que luta por duração eterna assim como a toda grande ação isolada, que instila no corpo o veneno da fraqueza e da idade por meio da traiçoeira picada de serpente; ele é toda tendência ao retrocesso, e já que a mãe nos é primeiro mundo, modelo do mundo, todo retrocesso visa à mãe e se disfarça por isso com a imagem do incesto.

Nessas duas imagens, o poeta representou em símbolos mitológicos a libido que brota da mãe e retorna para a mãe.

O cântico 15 descreve como Chibiabos, o melhor amigo de Hiawatha, o amável jogador e trovador, a personificação da alegria de viver, é atraído para uma emboscada pelos espíritos malignos, quando o gelo cede e ele morre afogado. Hiawatha lamenta sua morte até conseguir trazê-lo de volta com a ajuda dos magos. Mas o ressuscitado é apenas um espírito e se torna o senhor do reino dos espíritos (Osíris, senhor do submundo, os dois dióscuros). Seguem-se novas lutas e depois vem a perda de um segundo amigo, Kwasind, a personificação da *força física*.

No cântico 20 vêm a fome e a morte de Minnehaha, anunciada por dois silenciosos hóspedes do reino dos mortos; e no cântico 22, Hiawatha se prepara para a viagem final ao Ocidente:

> 'I am going, O Nokomis,
> On a long and distant journey,
> To the portals of the Sunset,
> To the regions of the home-wind,
> Of the Northwestwind, Keewaydin.'
>
> One long track and trail of splendor,
> Down whose stream, as down a river,
> Westward, westward, Hiawatha
> Sailed into the fiery sunset,
> Sailed into the purple vapors
> Sailed into the dusk of evening.

Thus departed Hiawatha,
Hiawatha the Beloved,
In the glory of the sunset,
In the purple mists of evening,
To the regions of the home-wind,
Of the Northwest-Wind, Keewaydin,
To the Islands of the Blessed,
To the Kingdom of Ponemah,
To the land of the Hereafter!

['Parto agora, ó Nokomis,
Em longa e distante viagem,
Para os portais do pôr do Sol,
Para as regiões do vento pátrio,
Do vento noroeste, Keewaydin.'

Uma longa trilha e senda de esplendor,
Em cujo curso, como rio abaixo,
A oeste, a oeste, Hiawatha
Velejava para dentro do fogoso poente,
Velejava para dentro dos vapores purpúreos,
Velejava para dentro das brumas do anoitecer.

Assim partiu Hiawatha,
Hiawatha, o Bem-amado,
Na glória do pôr do Sol,
Nas purpúreas névoas da tarde,
Para as regiões do vento pátrio,
Do vento noroeste, Keewaydin,
Para as Ilhas dos Abençoados,
Para o Reino de Ponemah,
Para a terra do Além!].

O Sol se liberta do abraço e do envolvimento, do seio envolvedor do mar, subindo triunfante e, deixando para trás o apogeu do meio-dia e toda a sua gloriosa obra, torna a mergulhar no mar materno, na noite que tudo cobre e tudo faz renascer. Essa imagem foi a primeira a ter o mais profundo direito de tornar-se portadora simbólica do destino humano: na manhã da vida, o filho se desprende dolorosamente da mãe e do rincão natal para, lutando, erguer-se até a maior altura sem ver seu pior inimigo diante de si, mas carregando-o dentro de si aquele anseio mortal pelo próprio abismo, pelo afogamento na própria fonte, por ser engolido pela própria mãe. Sua vida é uma luta constante com a morte, uma libertação violenta e passageira da noite eternamente à espreita. Essa morte não é um inimigo exterior, mas um anseio próprio e íntimo pelo silêncio e pela profunda paz do não ser, pelo sono sem sonho no mar do devir e do desaparecer. Mesmo em seus maiores esforços por harmonia e equilíbrio, por aprofundamento filosófico e "comoção" artística, ele procura a morte, a imobilidade, a saciedade e o silêncio. Demorando-se demais como Pirítoo nesse lugar de silêncio e paz, ele é tomado pelo enrijecimento, e o veneno da serpente talvez o paralise para sempre. Se quiser viver, precisará lutar e *sacrificar seu anseio voltado para trás*, para assim alcançar a altura que lhe é própria. E quando alcançar a altura do meio-dia, *terá de sacrificar também o amor por sua própria altura*, pois não lhe é dado parar. Também o Sol sacrifica sua maior força para prosseguir em frente, rumo aos frutos do outono, que são sementes da imortalidade; em filhos, em obras, em glória póstuma, em uma nova ordem das coisas, que, por sua vez, tornam a iniciar e completar o trajeto do Sol.

O *The song of Hiawatha* contém, como mostram essas reflexões, material muito apropriado para fazer fluir a abundância de possibilidades simbólicas primordiais que o espírito humano abriga e estimular a formação de figuras mitológicas. Os produtos, porém, sempre contêm os mesmos problemas da humanidade que, sempre revestidos de novos disfarces simbólicos, emergem do mundo de sombras do inconsciente. Assim, Chiwantopel faz Miss Miller lembrar-se de outra lenda que surgiu no palco sob a forma do *Siegfried*, de Wagner. Em seu monólogo, Chiwantopel exclama: "Não existe uma que me compreenda, que seja semelhante a mim ou que tenha uma alma irmã de minha alma". Miss Miller diz que a atmosfera emotiva dessa cena tem a maior analogia com os sentimentos que Siegfried nutre por Brünhilde.

Essa analogia nos leva a lançar um olhar sobre a lenda de Siegfried, especialmente sobre o relacionamento de Siegfried com Brünhilde. É fato conhecido que Brünhilde, a valquíria, favorece o nascimento (incestuoso) de Siegfried. Enquanto Sieglinde é a mãe humana, Brünhilde exerce o papel da mãe simbólica, da "mãe espiritual" (imago materna), mas não perseguindo, como Hera a Hércules, e sim ajudando. Esse pecado, do qual se torna cúmplice por meio de sua ajuda, constitui a razão para o banimento por Wotan. O nascimento especial de Siegfried da irmã-esposa o caracteriza como Hórus, o *Sol renascido*, uma reencarnação do Osíris-Wotan envelhecido. O nascimento do Sol jovem, do herói, de fato ocorre por meio de seres humanos, mas que são apenas portadores dos símbolos cósmicos. Assim o nascimento é protegido pela mãe espiritual (Hera, Lilit); Ela envia Sieglinde com o filho no ventre (a fuga de Maria) para a "viagem noturna pelo mar" rumo ao Oriente:

> Parte então, depressa,
> Voltado para o Oriente!
> [...]
> O mais augusto herói do mundo

> Abrigas tu, mulher,
> Em teu ventre protetor! (Wagner, *Die Walküre*, 1782s., 1792s.).

O tema do esquartejamento é reencontrado na espada despedaçada de Siegmund, que é guardada para Siegfried. Da fragmentação a vida se recompõe (milagre de Medeia). Como um ferreiro une as partes umas às outras, o morto esquartejado é recomposto (essa comparação encontra-se também no *Timeu* de Platão: as partes do mundo estão unidas umas às outras com cavilhas). No *Rigveda* (10, 72), Brahmanaspati, o criador do mundo, também é um ferreiro: "Soldou as partes deste mundo como grande ferreiro, Brahmanaspati" (Deussen, 1906, vol. 1, p. 145).

A espada tem o significado da força solar fálica, razão pela qual uma espada sai da boca do Cristo apocalíptico, isto é, o fogo gerador, a fala ou o logos gerador. No *Rigveda*, Brahmanaspati é a oração (Deussen, 1906, vol. 1, p. 139) que tem significado pré-mundial, criador. *Rigveda* (10, 31):

> E esta oração do cantor, expandindo-se,
> Transformou-se numa vaca, que já existia antes do mundo;
> Neste regaço divino juntos morando.
> Filhos da mesma estirpe são os deuses (Deussen, 1906, vol. 1, p. 140).

O logos se transforma em vaca, isto é, na mãe grávida dos deuses (em fantasias cristãs não canônicas, onde o Espírito Santo tem significado feminino, temos o conhecido tema das duas mães, Maria, a mãe terrena; e a mãe espiritual, o Espírito Santo). A transformação do logos na mãe nada tem de extraordinário, uma vez que a origem do fenômeno da fala de fogo parece ser a libido materna segundo as explicações dos capítulos anteriores. *O espiritual é a libido materna*. O significado da espada parece co-determinado pela agudeza no conceito sânscrito *têjas*, como mostramos acima, em sua conexão com o conceito da libido. O tema da perseguição (a Sieglinde perseguida em analogia a Leto) aqui não está ligado à mãe espiritual, mas a Wotan, ou seja, de acordo com a saga de Linos e outras, em que também o pai da mulher é o perseguidor. Wotan também é o pai de Brünhilde. Brünhilde tem um relacionamento estranho com Wotan. Brünhilde diz a Wotan:

> À vontade de Wotan falas,
> Quando me dizes o que queres.
> Quem – sou eu,
> Não seria eu a tua vontade?
> [...]

Wotan:

> Só comigo falo,
> ao dirigir-me a ti...
> (Wagner, *Die Walküre*, 900-903, 907s.).

Brünhilde pode, portanto, ser comparada ao "Anjo do Semblante", àquela vontade ou palavra criativa que emana de Deus[448], o logos que se transforma na mulher

448. Análogos são Zeus e Atena. No *Rigveda* (10, 31), a oração se transforma em vaca prenhe. Na Pérsia, é o "Olho de Ahura"; *Nabu* para os babilônios; *vohu mano*, em persa: o bom pensamento do deus criador; no estoicismo, Hermes é o logos ou a razão do mundo; na Alexandria, a Sophia; no Antigo Testamento, o "Anjo de Javé" ou o "semblante" de Deus. Foi com esse anjo que Jacó lutou no vau de Jaboque, *após ter atravessado a água* com tudo que possuía (viagem noturna pelo mar, luta com a serpente da noite, luta no vau como Hiawatha). Nessa luta, Jacó machucou o quadril (tema do desenroscar Gibil, o deus do fogo, desempenha o papel de logos) (Tiele, 1886). Em Efrem, o compositor de

que dá à luz. O deus cria o mundo por meio da palavra, ou seja, sua mãe, a mulher que tornará a pari-lo (ele bota seu próprio ovo). Parece-me que essa estranha ideia pode ser explicada supondo que a libido que invade a fala (o pensamento) ainda preservou em medida extraordinária o caráter sexual (devido à inércia que lhe inere). Destarte, a "palavra" deve agora executar e cumprir tudo aquilo que foi negado ao desejo sexual, isto é, o retorno para a mãe para alcançar duração eterna. A "palavra" cumpre esse desejo ao transformar-se em filha, em mulher, na mãe do Deus que torna a pari-lo[449].

Wagner vê diante de si esta imagem:

Lamento de Wotan:

> Nenhuma como ela
> Conhecia meus pensamentos mais íntimos;
> Nenhuma como ela
> Sabia da fonte de minha vontade;
> Ela própria era
> O seio criador de meu desejar;
> E agora ela quebrou
> O pacto sagrado!
> (Wagner, *Die Walküre*, 1867-1874).

O pecado de Brünhilde é o favorecimento de Siegmund. Mas por trás disso está o incesto; este se projeta no casal de irmãos Siegmund e Sieglinde: na realidade e expresso de forma arcaica, porém, Wotan, o pai, penetrou

---

hinos sírio, João Batista diz a Cristo: "Uma centelha de fogo no ar te aguarda sobre o Jordão. Se o seguirdes e quiserdes ser batizado, lava-te a ti mesmo, pois quem suporta tocar fogo aceso com as mãos? *Tu, que és todo fogo*, tem misericórdia de mim!" (Usener, 1911, p. 64; Drews, 1910, p. 81).

449. Talvez a grande importância do *nome* provenha dessa fantasia.

na própria filha para rejuvenescer. É claro que esse fato precisa ser velado. É com todo direito, porém, que Wotan se aborrece com Brünhilde, pois ela assumiu o papel de Ísis e, por meio do nascimento do filho, tirou o poder das mãos do velho. Wotan se defendeu contra o primeiro ataque da serpente da morte na figura do filho Siegmund, e a espada de Siegmund se partiu, mas Siegmund se levanta novamente no neto. E esse destino inevitável sempre é apoiado pela mulher; daí a ira de Wotan.

Sieglinde, como é justo, morre ao dar à luz Siegfried. Mas a mãe adotiva[450] não é uma mulher (aparentemente), e sim um deus ctônico, um anão aleijado que pertence à raça dos que renunciam ao amor[451]. O deus do submundo dos egípcios, a deformada sombra de Osíris (que celebra uma ressurreição um tanto tristonha em Harpócrates, o meio-macaco sem sexo), é o mentor de Hórus, que precisa vingar a morte de seu pai.

Enquanto isso, Brünhilde dorme o sono encantado na montanha, após o *hieros gamos*, em que Wotan a fez

450. Grimm menciona a lenda de que Siegfried foi amamentado por uma cerva (cf. o primeiro feito de Hiawatha).

451. Cf. Grimm (1876-1877, vol. 1, p. 314s.). Mime ou Mimir é um ser gigantesco de grande sabedoria, um "deus da natureza mais velho", que tem relação com os Asos. Fábulas posteriores fazem dele um sátiro e hábil ferreiro (próxima relação com Wieland). Assim como Wotan se aconselha com a mulher sábia (cf. a passagem mencionada acima de Júlio César sobre as matronas germânicas), Odin vai ao poço de Mimir, no qual estão ocultas sabedoria e inteligência, à mãe espiritual (imago materna). Ele pede ali uma bebida (poção da imortalidade), que não recebe enquanto *não sacrificar seu olho ao poço*. O poço de Mimir aponta de forma inequívoca para o significado materno de Mimir. Mimir possui o outro olho de Odin. Em Mimir se reúnem a mãe (gigante sábio) e embrião (anão, Sol subterrâneo, Harpócrates); ao mesmo tempo, como mãe, ele é a fonte da sabedoria e da arte ("imago materna" pode, portanto, às vezes ser traduzida também como "fantasia").

dormir com o espinho do sono (Edda)[452], cercada pelo fogo de Wotan (= libido)[453], que impede a aproximação de quem quer que seja. Mas Mime torna-se inimigo de Siegfried e lhe deseja a morte através de Fafner. Aqui se revela a natureza dinâmica de Mime: ele é um representante masculino da terrível mãe, ou seja, também uma mãe adotiva de natureza demoníaca, que coloca o verme peçonhento (Tifão) no caminho do filho (Hórus). O anseio de Siegfried pela mãe o afasta de Mime, e sua caminhada começa na mãe da morte e o leva, por meio da vitória sobre a mãe terrível[454], à mulher.

Siegfried:

> Que se vá o pesadelo!
> Não quero vê-lo mais.
> Mas como teria sido minha mãe?
> Não posso imaginar!
> Semelhante à corça
> Brilhavam por certo
> Seus olhos reluzentes e claros
> (Wagner, *Siegfried*, 1462-1470).

Siegfried quer separar-se do "pesadelo" que lhe foi a "mãe" no passado, e prossegue tateando com o anseio

---

452. Também na celebração homérica do hierógamo o sono encantado está presente (cf. acima).

453. Cf. as palavras de Siegfried: "Através de fogo ardente / fui ter contigo; / nem couraça nem arnês / protegiam meu corpo: / *agora a chama / irrompeu no meu peito; / meu sangue se inflama* / em ardente cio; / um fogo consumidor / acendeu-se em mim" (linhas 2.641-2.650).

454. O dragão na gruta é a terrível mãe. Frequentemente aparece na saga alemã a donzela a ser salva como serpente ou dragão e precisa ser beijada nessa condição, transformando-se então numa linda mulher. Certas mulheres sábias são representadas com um rabo de peixe ou serpente. No Monte Osel, perto de Dinkelsbühl, jaz uma serpente com cabeça de mulher e molho de chaves ao pescoço (Grimm, 1876-1877, vol. 2, p. 809s.).

que se dirige à outra mãe. Também para ele a natureza adquire um significado materno oculto ("corça"); também ele descobre nos sons da natureza um eco da voz materna e da linguagem da mãe.

Siegfried:

> Ó terno passarinho!
> Por certo nunca te ouvi;
> Moras aqui no bosque? –
> Pudesse eu entender seu doce balbuciar!
> Deve dizer-me alguma coisa –
> Talvez – sobre a querida mãe?
> (Wagner, *Siegfried*, 1482-1487).

Encontramos essa psicologia já em Hiawatha. Mas seu diálogo com o passarinho (o pássaro é uma imagem do desejo alado, igual ao vento e à flecha) chama Fafner para fora da caverna. Seus desejos pela mãe retornam, e o demônio ctônico, o terror da floresta que habita uma caverna, aparece. Fafner é o guardião do tesouro; em sua caverna está o tesouro [*Hort*], a fonte da vida e do poder. A mãe possui a libido do filho, e com ciúme ela a vigia. Traduzido em linguagem psicológica, isso quer dizer: a transferência positiva só é bem-sucedida pelo desligamento da libido da imago materna, o objeto incestuoso em si. Somente assim se conquista sua libido, o tesouro inestimável, e isso exige uma luta terrível, toda a luta de adaptação[455]. A vitória dessa batalha contra Fafner foi amplamente descrita na saga de Siegfried: segundo a Edda, Sigurd come o coração de Fafner, a sede da vida. Ele ganha a capa

455. "Não busco minha salvação no enrijecimento, / O estremecer é a melhor parte da humanidade; / mesmo que o mundo lhe encareça o sentimento, / Comovido, ele sente no fundo o monstruoso" (Goethe, *Fausto*, Parte II, 1º Ato, Galeria sombria).

mágica, por cujo feitiço Alberich se transformou numa cobra. Isso indica o tema da troca de pele, do rejuvenescimento. Por meio da capa, é possível desaparecer e transformar-se. O desaparecer remete à morte; e a presença invisível, à presença invisível no ventre materno. Uma capa prenunciadora de felicidade é também a membrana amniótica que, às vezes, aparece na cabeça dos recém-nascidos ("capuz da felicidade"). Além disso, Siegfried bebe o sangue do dragão e passa a entender então a linguagem dos pássaros e assim entra numa relação singular com a natureza, uma posição em que domina pelo saber. E então conquista o tesouro [Hort].

Hort é uma palavra do médio e antigo alto-alemão com o significado de "tesouro acumulado e guardado", gótico *huzd*, nórdico antigo *hodd*, germânico *hozda*, do pré-germânico *kuzdho* – em vez de *kudtho* – a coisa oculta. Kluge (1910, verbete: "Hort") acrescenta o grego *keutho, ekython* = proteger, esconder, também "*Hütte*" = cabana (*Hut, hüten*, inglês hide); raiz germânica *hud* do indo-germânico *kuth* (duvidoso) a *keutho* e *kysthos*, cavernoso, órgão genital feminino. Também Prellwitz (1905, verbete: "keutho") associa o gótico *huzd*, o anglo-saxão *hyde*, inglês *hide* e *Hort* com *keutho*. Withley Stokes (1894, p. 89) associa o inglês *hide*, anglo-saxão *hydan*, alto-alemão do norte *Hütte*, latim *cûdo* = capacete, sânscrito *kuhara* (caverna?) com o celta primitivo *koudo* = encobrimento, latim *occultatio*.

A suspeita de Kluge é apoiada também de outro lado, ou seja, pela imagem primordial: existia em Atenas:

> [...] um recinto sagrado (um têmeno) de Geia chamada Olímpia. Aqui o soalho apresenta uma brecha de aproximadamente uma vara de largu-

> ra; e contam que, depois da enchente na época de Deucalião, a água escorreu por ali; e a cada ano jogam na brecha farinha de trigo amassada com mel (Pausanias, s.d., vol. 1, 18, 7, p. 42).

Já mencionamos acima que, nas arretoforias, jogavam-se bolos em forma de serpentes e falos num precipício. Mencionamos esse fato no contexto das cerimônias de fecundação da terra. Falamos do sacrifício na fenda já em relação aos Watschendies. A enchente da morte penetrou na fenda da terra, portanto, novamente na mãe, pois da mãe veio outrora a grande morte geral. O dilúvio é simplesmente o reverso das águas que a tudo dão vida e tudo fazem nascer "do oceano, que é o princípio de origem de tudo" (Homero, *Ilíada*, 14, 246). Oferta-se à mãe o bolo de mel para que ela poupe da morte. Também em Roma jogava-se anualmente uma oferenda em dinheiro no "lacus Curtius", no antigo precipício, que só poderia fechar-se pelo sacrifício e morte de Curtius. Curtius foi o típico herói que desceu ao submundo para afastar o perigo que amcaçava o Estado Romano pela abertura do precipício. No Anfiarau de Oropos, os curados pela incubação no templo jogavam suas oferendas de dinheiro na fonte sagrada, da qual Pausânias diz: "Quando alguém se curou de uma doença pela fala de um oráculo, é costume jogar uma moeda de prata ou de ouro na fonte; pois aqui Anfiarau já teria subido ao alto como deus" (Pausanias, s.d., vol. 1, 34, 4, p. 82).

Presumivelmente, essa fonte orópica também é o local de sua catábase. Existiam diversas entradas para o Hades na Antiguidade. Em Elêusis, por exemplo, havia uma garganta por meio da qual Aidoneus subia e descia quando raptou Core (dragão e donzela: a libido vencida pela resistência, a vida substituída pela morte). Havia passagens nas rochas por meio das quais as almas podiam subir para o mundo. Atrás do templo de Ctônia em Hermione havia um distrito sagrado de Plutão com um desfiladeiro por meio do qual Hércules trouxera o Cérbero, havia ali também um lago "aquerôntico" (Rohde, 1907, vol. 1, p. 214). Esse desfiladeiro é, portanto, a entrada para o lugar onde a morte é vencida. O lago faz parte como símbolo materno adicional, pois os símbolos costumam ocorrer de forma acumulada, já que são substitutos e, por isso, não trazem a mesma densidade de desejo concedida pela realidade, razão pela qual o restante da libido não satisfeita é obrigada a procurar outras vazões simbólicas. O desfiladeiro do Areópago em Atenas era considerado a sede dos subterrâneos (Rohde, 1907, vol. 1, p. 214). Um antigo costume grego aponta para ideias semelhantes (Maehly, 1867, p. 13): como prova de virgindade, as moças eram enviadas para uma caverna habitada por uma cobra venenosa. Se a cobra as picasse, isso era sinal de que não eram mais virgens. Reencontramos o mesmo tema numa lenda romana de São Silvestre, que data do fim do século V:

> Erat draco immanissimus in monte Tarpeio, in quo est Capitolium collocatum. Ad hunc draconem per CCCLXV gradus, quasi ad infernum, magi cum virginibus sacrilegis descendebant semel in mense cum sacrificiis et lustris, ex quibus esca poterat tanto draconi inferri. Hic draco subito ex improviso ascendebat et licet non egrederetur vicinos tamen aeres flatu suo vitiabat. Ex quo mortalitas hominum et máxima luctus de morte veniebat infantum. [Tema de Lilit] Sanctus itaque Silvester cum haberet cum paganis pro

defensione veritatis conflictum, ad hoc venit ut dicerent ei pagani: 'Silvester descende ad draconem et face um in nomine Dei tui vel uno anno ab interfectione generis humani cessare'.

[Havia um dragão gigantesco no Monte Tarpeio, onde está o Capitólio. Uma vez por mês, magos com virgens sacrílegas desciam 365 degraus, quase até o inferno até este dragão, com dádivas e sacrifícios expiatórios, de onde o dragão poderia tirar seu alimento. Este dragão, de súbito e inesperadamente, subiu e, embora não pudesse sair, empestou o ar da redondeza com seu hálito, do que resultou uma grande mortalidade de pessoas e o grande sofrimento da morte de crianças. Por isso, quando São Silvestre entrou em conflito com os gentios na defesa da verdade, estes lhe disseram: 'Silvestre, desce até o dragão e faze com que, em nome de teu Deus, ele pare com esta matança de homens ao menos por um ano'] (Cumont, 1896, vol. 1, p. 351).

São Pedro apareceu em sonho a Silvestre e o aconselhou a fechar essa porta do inferno com correntes, dc acordo com o modelo apocalíptico:

Vi um anjo descer do céu com a chave do abismo e uma grande cadeia em sua mão. E ele tomou do dragão a velha serpente que é o diabo e satanás e o amarrou por 1000 anos, e o jogou no abismo, e fechou à chave e lacrou (Ap 20,1s.).

Do início do século V, o autor anônimo de uma obra *De promissionibus* menciona a seguinte lenda muito semelhante:

Apud urbem Roman specus quidam fuit in quo draco mirae magnitudinis mecânica arte formatus, gladium ore gestans[456], oculis rutilantibus gemmis[457], metuendus ac terribilis apparebat. Huic annuae devotae virgines floribus exornatae, eo modo in sacrifício dabantur, quatenus inscias munera deferentes gradum scalae, quo certe ille arte diaboli draco pendebat, contingentes impetus venientis gladii perimeret, ut sanguinem funderet innocentem. Et hunc quidam monachus, bene ob meritum cognitus Stiliconi tunc patrício, eo modo subvertit; baculo, manu, singulos gradus palpandos inspiciens, statimut illum tangens fraudem diabolicam repperit, eo transgresso descendens, draconem scidit, misitque in partes; ostendens et hic deos non esse qui manu fiunt.

[Perto da cidade de Roma existia uma caverna na qual se via um dragão enorme, um mecanismo artificial que trazia uma espada na boca e seus olhos eram pedras vermelhas reluzentes, assustador e horrível. Para lá anualmente se enviavam virgens consagradas enfeitadas com flores como oferendas sacrificais. As coisas aconteciam do seguinte modo: ao levarem suas oferendas para baixo, inconscientemente pisavam no degrau ao qual estava ligado este mecanismo diabólico do dragão e eram atravessadas pela espada projetada para a frente, derramando-se assim seu sangue inocente. Este dragão foi destruído por um

456. Como sua contraparte, o "Filho do homem" apocalíptico, de cuja boca sai uma "espada de dois gumes" (Ap 1,16). Cf. Cristo como serpente e o anticristo que seduz os povos (Cf. Ap 20,3). Encontramos o mesmo tema do dragão armado que mata as mulheres num mito da tribo da Baía das Ostras na Terra de Van Diemen: "Uma raia estava na concavidade de uma rocha, uma grande raia! A raia era grande, tinha uma lança muito comprida. De seu buraco espreitava as mulheres, via-as mergulharem; ela as atravessava com sua lança, matava-as e as levava embora. Durante muito tempo não eram mais vistas". – O monstro foi morto então pelos dois heróis. Eles acenderam fogo e reanimaram as mulheres (apud Frobenius, 1904, p. 77).

457. Os olhos do Filho do homem são como uma "labareda de fogo" (Ap 1,14).

> monge, conhecido de Estilicão, da classe patrícia, por seus préstimos. Com um bastão e com a mão ele tateou cuidadosamente cada degrau, descobriu a cilada diabólica, passou por cima do respectivo degrau, partiu o dragão e o fez em pedaços. Provou assim que não são verdadeiros os deuses feitos pela mão do homem] (apud Cumont, 1896, vol. 1, p. 351).

O herói que luta contra o dragão tem muita coisa em comum com ele; ele assume particularidades do dragão, por exemplo, a invulnerabilidade. Como mostram as notas de rodapé, a semelhança vai além (olhos cintilantes, espada na boca). Traduzido como psicologema, o dragão é apenas a libido do filho que busca a mãe, ou seja, o próprio filho. Portanto, o filho é o dragão, assim como o próprio Cristo se identifica com a serpente que – *similia similibus* – lutou contra a agonia da serpente no deserto (Jo 3,14). *Como serpente ele deve ser pregado na cruz*, quer dizer, *deve morrer pendurado na mãe como aquele que deseja voltar para a mãe*. Cristo e o dragão do anticristo são muito próximos na história de sua aparição e em seu significado cósmico (Bousset, 1895). A lenda do dragão abrigada no mito do anticristo pertence à vida do herói e, por isso, é imortal. Em nenhuma outra forma de mitos mais recentes os pares opostos são tão perceptivelmente próximos uns dos outros como em Cristo e anticristo (remeto à admirável descrição psicológica desse problema no romance *Leonardo da Vinci*, de Mereschkowski). Que o dragão seria apenas artificial, é uma ideia útil, deliciosa e racionalista, que é significativa para aquele tempo. Os doentes mentais esquizofrênicos gostam de recorrer a esse mecanismo para despotencializar personalidades efetivas, frequentemente ouvimos queixas estereotípicas:

"Tudo é fingimento, tudo é artificial, produzido" etc. O sonho de um esquizofrênico é típico: ele está num quarto escuro, que possui uma única janela pequena, pela qual ele consegue ver o céu. Lá aparecem Sol e Lua, mas eles são feitos artificialmente de papel laminado (negação das influências incestuosas deletérias).

A descida de 365 degraus indica um trajeto solar, portanto, novamente a caverna da morte e do renascimento. Uma nota em Malalas, o historiador de Antioquia (Cumont, 1896, vol. 1, p. 352), faz crer que essa caverna de fato está relacionada à mãe da morte subterrânea. O autor relata que, ali, Diocleciano teria consagrado uma cripta a Hécate, à qual se descia por 365 degraus. Ao que parece, seus mistérios cavernais eram celebrados também na Samotrácia. A serviço de Hécate, a serpente como atributo simbólico frequente também exercia um papel importante. Os mistérios de Hécate floresciam em Roma no fim do século IV, de maneira que as duas lendas acima mencionadas provavelmente se referiam a seu culto. Hécate (*Ausführliches Lexikon*, col. 1891, verbete: "Hekate") é uma autêntica deusa da noite e da assombração, uma *Mahr*; também é representada cavalgando e, em Hesíodo, é considerada *patrona dos cavaleiros*. Ela envia o horrendo fantasma do medo, a Empusa, sobre a qual Aristófanes diz que ela aparecia *envolta numa bolha de sangue*. Segundo Libânio, também a mãe de Ésquines chamava-se Empusa, e isso porque, "escondendo-se em cantos escuros, atacava crianças e mulheres". Como Hécate, Empusa tem *pés estranhos*: um é de bronze e o outro, de excremento de asno. Hécate tem pés de cobra, o que, como a figura tripla atribuída a ela, aponta para a natureza fálica de sua libido[458]. Em Traias, Hécate aparece ao lado de Priapo, e também existe uma Hécate Afrodísia. Seus símbolos são a chave[459], o açoite[460], a cobra[461], o punhal[462] e a tocha[463]. Como mãe da morte, ela é acompanhada por cães, cujo significado analisamos em extenso acima. Como guardiã da porta do Hades, como deusa dos cães de aspecto triplo, ela é, na verdade, idêntica a Cérbero. Assim Hércules, na forma de Cérbero, traz a deusa vencida ao mundo superior. Como a "mãe espiritual" (Lua!), ela envia a loucura, o lunatismo (essa observação mítica afirma que é a "mãe" que envia a loucura; e a grande maioria das doenças mentais realmente consiste na dominação do indivíduo por material da fantasia incestuosa). Em seus mistérios era colhido um *junco*. Esse junco protege a pureza das virgens e enlouquece aquele que tocar a planta. Reconhecemos nisso o tema da árvore sagrada que, sendo mãe, não pode ser tocada (só um louco ousaria tal coisa). Como pesadelo, Hécate aparece sob a forma de Empusa em papel de vampira ou Lâmia, como antropófaga, eventualmente também sob o aspecto mais bonito da "noiva de Corinto". Ela é a mãe de todo feitiço

458. O aspecto triplo é aplicado também à Lua (Lua crescente, cheia e minguante), mas essas relações cósmicas são, em primeira linha, metapsicologia projetada.

459. *Fausto*, Parte II, Cena das mães: A chave cabe a Hécate como guardiã da porta do Hades e deusa psicopômpica. Cf. Jano, Pedro e Aion.

460. Atributo da terrível mãe: Ishtar "martirizou o corcel [...] com açoite, espinho e chicote, torturando-o até a morte" (Jensen, 1906, p. 18). É atributo também de Hélios.

461. Símbolo fálico do medo.

462. Arma que mata como símbolo do falo fecundador.

463. Já testificado em Platão como símbolo fálico, conforme mencionado acima.

e de todas as feiticeiras, a santa protetora de Medeia, pois o poder da terrível mãe é mágico e irresistível (porque age a partir do inconsciente). No sincretismo grego ela exerce um papel importante: ela se mistura com Ártemis, também chamada a "que acerta de longe" ou "acerta de acordo com sua vontade", o que novamente atesta sua força superior. Ártemis é a caçadora com cães, e assim também Hécate, ao misturar-se com ela, transformou-se em cinegética, uma selvagem caçadora noturna (Deus como caçador, cf. acima). Tem seu nome em comum com Apolo (*hekatos, hekaergos*). Sob o ponto de vista da teoria da libido, essa relação pode ser compreendida facilmente, pois Apolo simboliza simplesmente o lado mais positivo do mesmo montante de libido. A fusão de Hécate com Brimo, como mãe subterrânea, é compreensível, assim também com Perséfone e Reia, a antiquíssima mãe universal. A partir do significado de mãe torna-se compreensível também a mistura com Ilitíia, a parteira. Hécate é também diretamente deusa do nascimento (*kourotrophos*), multiplicadora dos rebanhos e deusa do casamento. *Orficamente*, Hécate aparece até como ponto central do mundo, como Afrodite e Geia, até como *alma do mundo* em geral. Numa gema (*Ausführliches Lexikon*, col. 1909, verbete: "Hekate") ela traz a cruz sobre a cabeça. O pelourinho em que os criminosos eram castigados chamava-se *hekate*. A ela (como a Trivia romana) era consagrada a via tríplice ou *via divisora* ou encruzilhada. E no ponto em que os caminhos se separam ou se reúnem lhe eram oferecidos sacrifícios de cães; ali se jogavam também os cadáveres dos executados; o sacrifício ocorre no *ponto de união* (cf. acima). O significado de um sacrifício nesse lugar seria, portanto: oferecer à mãe algo no ponto de união ou *na fenda* (cf. os sacrifícios aos deuses ctônicos nas fendas da terra). Não é difícil conceber o têmeno de Geia, a fenda do mundo e a fonte como aqueles portais da vida e da morte[464], "perante os quais todos passam temerários" (Fausto) e sacrificam seu óbolo ou sua *pelanoi*, ao invés de seu corpo, assim como Hércules acalmou o Cérbero com o bolo de mel (cf. também o significado mítico do cão!). Assim a fenda de Delfos com a fonte Castália também era a sede do Pitão ctônico, que foi vencido pelo herói solar Apolo (Pitão, instigado por Hera, perseguiu a Leto grávida de Apolo; mas ela deu à luz seu filho sobre a ilha flutuante de Delfos – "viagem noturna pelo mar" – e esse filho mais tarde matou Pitão, isto é, nele venceu a mãe espiritual). Em Hierápolis (Edessa), o templo estava erigido sobre a fenda da terra pela qual o dilúvio escorreu, e em Jerusalém a pedra fundamental do templo cobria o grande abismo (Herzog, 1907, p. 219s.), assim como também igrejas cristãs foram construídas sobre cavernas, grutas, fontes etc. Encontramos o mesmo tema na gruta de Mitra[465] e nos demais cultos de cavernas até as catacumbas cristãs, que devem sua importância não às legendárias perseguições, mas ao culto aos mortos (cf. Schultze, 1882, p. 9s.). Também o

464. Cf. a simbólica do hino a Maria, de Melk (século XII): "Santa Maria, / Porta fechada / Aberta por palavras de Deus, / Fonte lacrada, / Jardim trancado, / Porta do Paraíso". A mesma simbólica na esfera do erótico: "Jovenzinha, posso acompanhá-la / a vosso jardim de rosas, / Ali, onde estão as rubras rosinhas, / Finas e delicadas, / E uma árvore ao lado, / Que embala suas folhas, / E também uma fresca fonte, / Que fica logo abaixo".

465. Um santuário de Mitra era, sempre que possível, uma gruta subterrânea. Muitas vezes somente se imitava uma caverna. É bem possível que as criptas e as partes baixas das igrejas tenham tido significado semelhante.

costume de enterrar os mortos em distritos sagrados (no "campo santo", em claustros, criptas etc.) é a devolução à mãe com a esperança de ressurreição, com a qual esse tipo de sepultamento é legitimamente recompensado. O animal da morte que vive na caverna, antigamente, precisava ser apaziguado com sacrifícios humanos, mais tarde, com ofertas naturais[466]. Daí o costume ático de enterrar os mortos com o melitoutta (bolo de mel), para apaziguar o cão do inferno, o monstro de três cabeças na porta do submundo. O óbolo para Caronte parece ter sido um substituto mais recente das ofertas naturais, razão pela qual Rohde o chamou de segundo Cérbero, correspondendo assim ao deus-cão egípcio Anúbis (outros exemplos em Herzog, 1907, p. 224). Cão e serpente do submundo (dragão) também são idênticos. Nos autores trágicos, Erínias são tanto serpentes como cães; as cobras Tifão e Equidna são os pais das cobras: Hidra, o dragão das Hespérides, e Górgona, tal como dos cães: Cérbero, Ortro e Cila (outros exemplos em Herzog, 1907, p. 224). Serpentes e cães também são guardiões de tesouros. O deus ctônico provavelmente sempre era uma serpente que habitava uma caverna e era alimentada com *pelanoi* (cf. fig. 106). Nos *asklepieia*, as serpentes sagradas quase desapareceram, ou talvez existissem ainda, mas só figuradamente[467]. Só restava o buraco onde a serpente devia viver. Ali eram depositados os *pelanoi*

---

466. Nos taurobólios, um touro era sacrificado sobre uma vala, na qual se encontrava a pessoa a ser consagrada. Sua iniciação consistia no banho com o sangue do sacrifício. Ou seja, uma nova procriação ou renascimento, batismo. Depois, o batizando passava a ser chamado de *renatus*.

467. Contudo, conservavam-se serpentes sagradas para exibição e outras finalidades.

e, mais tarde, era jogado o óbolo. A caverna sagrada no templo de Kos consistia numa fossa retangular coberta por uma tampa de pedra, e nessa tampa havia um buraco retangular. Esse dispositivo corresponde às finalidades de um *thesaurus*: o buraco da cobra se transformou em lugar para introduzir dinheiro, um "cepo" para dádivas; e a caverna, num "*Hort*". Essa evolução, lindamente demonstrada por Herzog, concorda perfeitamente com os resultados arqueológicos, como mostra um achado no templo de Asclépio e Higia na Ptolemaida:

> É uma serpente de granito enrolada e com a cabeça bem erguida. – No meio dos giros existe uma fenda estreita, gasta pelo uso, do tamanho exato para permitir a introdução de uma moeda de no máximo 4cm de diâmetro. Nos lados existem orifícios para a colocação de cabos para levantar a pesada peça, cuja parte inferior é feita em forma de tampa removível (Herzog, 1907, p. 212s.).

Agora, a serpente está deitada sobre o *thesaurus* como guardiã do "*Hort*". O medo do seio materno da morte transformou-se em guardiã do tesouro da vida. Nesse contexto, a serpente realmente se transformou em símbolo da morte, isto é, em símbolo da libido morta (um falo negativo), o que também se depreende do fato de as almas dos mortos, à semelhança dos deuses ctônios, aparecerem como *serpentes*, como habitantes do reino da mãe mortal (Rohde, 1907, p. 244). Essa evolução dos símbolos permite reconhecer a transição do significado primitivo da fenda da terra como mãe para aquele de *thesaurus* e por isso provavelmente corresponde à etimologia de "*Hort*" proposta por Kluge. O *keuthos* (grego) que faz parte de *keutho* significa as mais profundas entranhas da terra (Hades); a palavra *kysthos*, que Kluge acrescenta, tem significado semelhante: concavidade, seio. Prellwitz, contudo, não menciona essa relação. Fick (1890-1909, vol. 1, p. 28) associa: o alto-alemão do norte *hort*, gótico *huzd*, com o armênio kust (*venter*), eslavo eclesiástico *cista*, veda *kostha* = ventre inferior, da raiz indo-germânica *koustho-s* = vísceras, ventre inferior, câmara, despensa[468]. Prellwitz associa a grego *kysthos-kystis* = bexiga urinária, sacola, indiano antigo: *kustha-s* = concavidade lombar; depois grego *kythos* = cavidade, abaulamento; grego kytis = caixa pequena de kyeo = estou grávida. Daí grego *kytos* = caverna, *kyar* = buraco, *kyathos* = cálice, *kyla* = depressão abaixo do olho, *kyma*, inchaço, vaga, onda, *kyros* = poder, *kyrios* = senhor, antigo iraniano *caur, cur* = herói, antigo indiano çuras = forte, herói. As raízes indo-germânicas subjacentes são (Fick, 1890-1909, vol. 1, p. 424): *kevo* = inchar, ser forte. Daí os acima mencionados grego *kyeo, kyar, kyros* e latim *cavus*, oco, arqueado, cavidade, buraco, *cavea* = cavidade, cerca, jaula, cena e reunião; *caulae* = cavidade, abertura, cercado, estábulo[469]; kuéyô = intumescência, part. *kueyonts*, inchando;

468. Também latim *cuturnium = vas quo in sacrificiis vinum fundebatur* (o vaso no qual era despejado o vinho durante os sacrifícios).

469. Cf. a limpeza dos estábulos por Hércules. *O estábulo, como a caverna, é um lugar de natividade*. Encontramos o estábulo e a caverna em conexão com a simbólica do touro, tanto no mitraísmo como no cristianismo (Robertson, 1889). Numa lenda dos basutos também aparece o nascimento num estábulo (Frobenius, 1904, p. 105s.). O nascimento no estábulo faz parte da mitológica fábula animal; daí também a lenda da *conceptio immaculata*, em conexão com a história da fecundação da estéril Sara idosa já existe como fábula egípcia. Em Heródoto (*Geschichte*, Livro 3, 28, p. 19) lê-se: "Este Ápis, ou Epaphos, é um bezerro de uma vaca que não pode mais conceber um fruto de seu ventre. E os egípcios dizem que *um raio desceria do céu sobre a vaca e deste ela teria gerado*

en-kueyonts = grávida, *en-kyeon* = latim *inciens*, prenhe; sânscrito *vi-çvàyan* = inchando; *kûro-s* (*kevaro-s*), forte, robusto, herói.

O tesouro que o herói traz da caverna escura é a *vida tumescente*, é ele mesmo, o herói, renascido dos medos da *gravidez* e da luta do nascimento. Assim o portador do fogo indiano se chama Matariçvan = o que intumesce na mãe. *O herói é aquele, como aquele que busca a mãe, o dragão e, como aquele que sai da mãe, o herói que vence o dragão*[470]. Essa linha de raciocínio, que apontamos já acima ao falarmos de Cristo e anticristo, pode ser retraçada até os detalhes da fantasia cristã: existe um conjunto de representações medievais[471] nas quais o conteúdo do cálice é um dragão, uma serpente ou outro animal pequeno[472].

O cálice é o recipiente, o ventre materno do deus que renasce no vinho, o cálice é a caverna onde reside a serpente, o deus que troca a pele na fase da transformação; pois Cristo também é a serpente. Em 1Coríntios (10,1s.), esses simbolismos são inseridos em contextos sombrios:

Ápis". Ápis é o Sol, daí seus símbolos: uma mancha branca sobre a testa, nas costas o desenho de uma águia, sobre a língua um escaravelho.

470. Segundo Filo, a serpente é de todos os animais o mais espiritual, sua natureza é a do fogo, sua rapidez é enorme e não necessita da ajuda de nenhum membro especial. Ela tem vida longa e, com a pele, se despe da idade. Por isso ela é incluída nos mistérios, pois é imortal (Maehly, 1867, p. 7).

471. Por exemplo, São João de Quinten Matsys, também tem duas representações de um mestre anônimo de Estrasburgo na Galeria de Estrasburgo.

472. "A mulher [...] tinha na mão um cálice de ouro, cheio de abominações e imundícies da sua prostituição" (Ap 17,4). A mulher embriagou-se com o sangue dos santos e "testemunhas de Jesus", uma imagem perfeita da mãe terrível (cálice = órgãos genitais). No mito tibetano de Bogda-Gesser Khan, a preciosidade dificilmente alcançável, protegida pela velha demoníaca, é um besouro. Gesser lhe diz: "Irmã, desde que nasci, tu não me mostraste *minha alma, um besouro*". É típico que a velha deseja o herói também como esposo (Frobenius, 1904, p. 291).

São Paulo escreve ali dos judeus que "foram batizados em Moisés na nuvem e no mar" (ou seja, renasceram) e beberam a "mesma bebida, pois bebiam da rocha espiritual que os seguia, e a rocha era Cristo". Eles beberam da mãe (a rocha que dá à luz, nascimento da rocha) o leite do rejuvenescimento, o remédio da imortalidade, e essa rocha era o Cristo, aqui idêntico com a mãe; pois Ele é o representante simbólico da libido materna. Quando bebemos do cálice, bebemos a imortalidade e a salvação eterna do seio materno. Porque os judeus comeram e se levantaram para então dançar e se prostituir, 23 mil foram mortos pela praga das cobras. A cura dos sobreviventes foi a vista da serpente pendurada no madeiro. Dela partia a cura. "O cálice de bênção que abençoamos não é a comunhão com o sangue de Cristo? E o pão que partimos não é a comunhão com o corpo de Cristo? Uma vez que há um só pão, nós formamos um só corpo, embora sejamos muitos, pois todos participamos do mesmo pão" (1Cor 10,16-17).

Pão e vinho são corpo e sangue de Cristo, o alimento dos imortais, que são irmãos com Cristo, *adelphoi*, aqueles que "provêm do mesmo ventre". Com Cristo, todos nós somos heróis, renascidos através da mãe, e desfrutamos de alimento imortal. Como já nos judeus, em Cristo também está próximo o perigo do consumo indigno, pois nesse mistério, cuja relação psicológica com o hierógamo subterrâneo de Elêusis é íntima, trata de uma união secreta do ser humano no sentido espiritual[473], que ainda

---

473. Esse, também, é o sentido do mistério. Sua função é transferir a libido incestuosa ociosa e inútil pela via de pontes simbólicas para uma atividade útil e assim traduzir a coerção sombria da libido em comunhão social e uma busca ética mais elevada.

é entendido errado pelo profano e é traduzido para sua língua, em que o mistério é orgia; e o mistério, vício[474].

Assim, um blasfemador e sectário interessante do início do século XIX disse sobre a Santa Ceia:

> Nestes bordéis a companhia é satanás. Tudo o que ali sacrificam é ao diabo e não a Deus; ali eles têm o cálice e a mesa de satanás; *ali bebem da cabeça das serpentes*[475], ali se alimentam do pão ímpio e bebem o vinho da luxúria.

Unternährer [= que alimenta por baixo], como se chamava esse homem[476], é um seguidor ou proclamador da "teoria do viver". Ele mesmo se imagina como uma espécie de divindade priápica; diz ele sobre si mesmo: "Cabelos negros e traços graciosos e belos, todos te ou-

---

474. Um excelente exemplo é a descrição das orgias de sectários russos em Mereschkowski (Pedro o Grande, e seu filho Alexei). No culto asiático da deusa do amor (Anaitis, Milita etc.), a prostituição nos templos era uma instituição organizada. O culto orgiástico de Anâhita conservou-se em seitas mais recentes, entre os Ali Illâhiya, os "Apagadores da Luz", entre os Yêzidas e os Dushicurdos, que celebram orgias religiosas noturnas, as quais terminam numa terrível promiscuidade sexual, incluindo relações incestuosas (Spiegel, *Erânische Altertumskunde*, vol. 2, p. 64s.). Outros exemplos valiosos em Stoll (1908).

475. Cf. o beijo na serpente em Grimm (1876-1877, vol. 2, p. 809s.). Assim uma linda mulher é libertada. O ato de sugar aponta para o significado materno da serpente, que existe ao lado do significado fálico. Trata-se de um coite em fase pré-sexual. A paciente de Spielrein diz o seguinte: "Vinho é o sangue de Jesus [...]. A água deve ser abençoada e também é abençoada por Ele [...]. O enterrado vivo transforma-se em vinha. Todo vinho transforma-se em sangue [...]. A água é penetrada de caráter infantil porque Deus diz: Tomai-vos como crianças. Existe também uma água espermática que pode ser misturada com sangue. Esta talvez seja a água de Jesus". A mistura das diversas ideias é característica. Wiedemann (apud Dieterich, 1910, p. 101) documenta a ideia egípcia de que, ao mamar no seio de uma rainha, junto com o leite ingere-se a imortalidade. Cf. a respeito o mito de Hércules, em que o herói adquire a imortalidade por meio de uma única sucção no seio de Hera.

476. *Aus den Schriften des Sektierers Anton Unternährer. Geheimes Reskript der bernischen Regierung an die Pfarr- und Statthalterämter* (1821). Devo o conhecimento desse documento ao Pastor Dr. O. Pfister.

vem com prazer pelas palavras afáveis que saem de tua boca; por isso te amam as donzelas".

Ele prega "nudismo":

> Tolos e cegos, Deus criou o homem à sua imagem como um homenzinho e uma mulherzinha, e os abençoou e falou: Sede fecundos e multiplicai-vos, enchei e subjugai a terra. Para isso concedeu a maior honra aos membros carentes e os colocou nus no jardim... As folhas de parreira e aquilo que vos servia de coberta já não existem, porque vos convertestes ao Senhor. Pois o Senhor é Espírito, e onde está o Espírito do Senhor, aí há *liberdade*[477], aí se reflete a claridade do Senhor, seu semblante descoberto. Delícia de Deus, magnificência e adorno do Senhor, quando, à imagem e à honra de Deus, assim estais como Ele vos criou, nus, e sem vos envergonhardes. Quem poderia louvar condignamente, nos filhos e filhas do Deus vivo, os membros do corpo que foram feitos para gerar? No seio das filhas de Jerusalém está a porta do Senhor. Os justos por ela penetrarão no templo, até o altar[478]. É no seio dos filhos do Deus vivo que está o tubo que vem do alto, semelhante a uma vara para medir o templo e o altar. E na parte de baixo do tubo estão erigidas as pedras sagradas, como sinais e testemunhas[479] do Senhor, que tomou a si o sêmen de Abraão. Pelo sêmen na câmara materna Deus cria um homem com sua mão, à sua imagem. Então são abertas às filhas do Deus vivo sua casa e câmara maternas e o próprio Deus através delas gera a

477. Nietzsche (*Also sprach Zarathustra*, 1899-1911, p. 79): "E também esta parábola eu vos proponho: não poucos que quiseram exorcizar o seu demônio acabaram eles mesmos entre os porcos".

478. Cf. a visão de Zósimo.

479. Em ambiguidade original: cf. *testis* = testículo e testemunha.

criança. Assim Deus faz nascer crianças destas pedras, pois das pedras vem o sêmen[480].

Em seus muitos exemplos, a história nos ensina como o mistério descamba facilmente em orgia sexual por ter surgido justamente por meio da revalorização da orgia. É notável como esse salvador priápico[481] retorna para o velho símbolo da serpente, que, nos mistérios, penetra no fiel, fecundando-o e espiritualizando-o, mas que originalmente tinha significado fálico. Nos mistérios dos ofitas, a solenidade era realmente celebrada com cobras, e os animais eram até beijados (cf. as carícias à serpente de Deméter nos mistérios de Elêusis). Nas orgias sexuais de seitas cristãs modernas o beijo fálico exerce um papel importante. Unternährer era um camponês inculto e louco, e não podemos supor que ele conhecia os costumes cultuais dos ofitas.

A cobra, porém, expressa o significado fálico de forma negativa ou misteriosa, o que, como sempre, indica um pensamento secundário secreto. O pensamento secundário se refere à mãe; assim encontrei a seguinte

480. O significado da Santa Ceia como uma *unio mystica* com o Deus é, no fundo, sexual e muito físico. O significado original da Santa Ceia é, provavelmente, o de um hierógamo. Por isso, um fragmento do mistério de Átis transmitido por Firmicus afirma que o iniciado come do *tympanon*, bebe do *kymbalon*, e confessa: "hypo ton paston hypedyon", o que significa: "Entrei nos aposentos da noiva". Usener (apud Dieterich, 1910, p. 126) cita ainda uma série de passagens da literatura patrística, das quais menciono apenas uma frase dos discursos de Proclo de Constantinopla: a igreja na qual a palavra se casou com a carne. A igreja é, portanto, o aposento da noiva, onde o espírito copula com a carne, na verdade, o cemitério. Ireneu relata várias coisas sobre os costumes de iniciação de certas seitas gnósticas, que, sem dúvida, eram casamentos espirituais (Dieterich, 1910, p. 127s.). Na Igreja Católica ainda hoje se celebra um hierógamo na ordenação dos padres. Uma jovem moça representa a noiva-igreja.

481. Cf. também as fantasias de Felicien Rops: o príapo crucificado.

imagem num sonho de um paciente: "*Uma serpente salta de dentro de uma cavidade úmida e pica o sonhador na região genital*". Esse sonho ocorreu no momento em que o paciente se convenceu da conveniência da análise e começava a se libertar do feitiço do complexo materno. O sentido é: estou convencido, entusiasmado e envenenado pela mãe. A expressão contraditória é típica do sonho. No momento em que sente o movimento para a frente, ele também percebe a ligação à mãe. Durante uma recidiva de sua neurose, quando voltou a introverter completamente a libido por um tempo, uma paciente teve o seguinte sonho: "*Ela estava totalmente tomada internamente por uma enorme cobra. Só uma ponta da cauda ainda saía de seu braço. Tentou agarrá-la, mas ela lhe escapou*". Outra paciente com a mais forte introversão (estado catatônico) se queixava de ter uma serpente atravessada na garganta[482]. Nietzsche usa esse simbolismo na "Visão" do pastor e da serpente[483]:

> E, em verdade, o que eu via eu não vira jamais. Eu vi um jovem pastor se retorcendo, sufocado, estremecendo, com o semblante desfigurado, e de sua boca pendia uma pesada e negra serpente. Já vi eu tanto asco e lívido terror num rosto?[484] Teria ele dormido? Então a serpente penetrou em sua goela – e ali se fixou.
>
> Minha mão puxava e puxava a serpente. Mas em vão! '[...] Arranca a cabeça! Morde!' – gritava

482. Cf. a simbólica no poema de Nietzsche: "Por que te insinuaste no paraíso da velha serpente?"

483. Nietzsche (1899-1911, vol. 6, p. 233s.).

484. O próprio Nietzsche durante certo tempo teria tido uma preferência por animais repugnantes. Cf. Bernoulli (1908, vol. 1, p. 166).

> meu horror, meu ódio, meu asco, minha compaixão. Tudo o que havia de bom e de mau em mim gritava num só grito que saía de mim.
>
> Vós, temerários, ao meu redor [...] Desvendai o enigma que naquela ocasião eu vi, interpretem-me a visão do solitário!
>
> Pois aquilo era uma visão e uma profecia. O que vi então em forma de alegoria? E quem é aquele que um dia ainda há de vir?
>
> Quem é o pastor, em cuja boca a serpente assim penetrou? Quem é o homem em cuja boca há de entrar tudo o que há de mais pesado e de mais negro?[485]
>
> Mas o pastor mordeu conforme meus gritos lhe aconselhavam; mordeu bem mordido! Para longe cuspiu a cabeça da serpente, e ergueu-se num salto.
>
> Não mais pastor, não mais homem – um transfigurado, um iluminado, que ria! Nunca sobre a terra alguém riu assim como ele ria!
>
> Oh! meus irmãos, ouvi seu riso, e não era um riso humano – e agora uma sede me corrói, uma saudade que nunca se aplaca.
>
> A saudade deste riso me atormenta: oh! como suporto viver ainda! E como suportaria morrer agora![486].

A serpente representa a libido que se introverte. Pela introversão, o indivíduo é fecundado, entusiasmado, reconcebido e renasce. Essa imagem de atividade espiritual

---

485. Lembro o sonho de Nietzsche que é citado na primeira parte deste trabalho (capítulo 3).

486. O mito germânico de Dietrich von Bern, que tem sopro de fogo, pertence a essa imagem: ele é ferido na testa por uma flecha e um pedaço da mesma fica encravado; justamente por isso ele é chamado o *imortal*. Da mesma forma, a metade da cunha de pedra de Hrûngnir está encravada na testa de Thor. Cf. Grimm (1876-1877, vol. 1, p. 309).

criativa na filosofia indiana tem até significado *cosmogônico*. O desconhecido Criador original de todas as coisas é, segundo *Rigveda* (10, 121), Prajâpati, o "Senhor das Criaturas". Nos diferentes Brâmanas sua atividade cosmogônica é relatada do seguinte modo: "Prajâpati almejava: eu quero reproduzir-me, quero ser múltiplo! Ele exercitou Tapas; depois de ter exercitado Tapas, criou estes mundos".

Segundo Deussen (1906, vol. 1, p. 181), o conceito de Tapas deve ser traduzido por: "ele se aqueceu em aquecimento" (*sa tapo atapyata*) no sentido de: "ele incubou incubação", em que o incubador e o incubado não são dois, e sim um só e mesmo ser. Como Hiranyagarbha, Prajâpati é o ovo por ele mesmo produzido, o ovo do mundo, no qual ele choca a si mesmo: ele, portanto, penetra em si mesmo, torna-se seu próprio útero, está prenhe de si mesmo, para gerar o mundo do múltiplo. Assim Prajâpati, por meio da introversão, transforma-se num ser novo, o múltiplo do mundo. É particularmente interessante observar como conceitos distantes se tocam. Deussen (1906, vol. 1, p. 182) observa: "Na medida em que o conceito de *tapas* (calor) na quente Índia se tornou símbolo do esforço e do tormento, o *tapo atapyata* passou também para o conceito de automortificação e com isso se relacionou com a ideia [...] de que a criação por parte do Criador seria um ato de *autoesvaziamento*".

Autoincubação[487], automortificação e introversão são conceitos muito próximos. A mesma ideia se revela na visão

487. A ideia estoica do calor primordial criador, no qual já reconhecemos a libido, faz parte desse contexto, assim como o nascimento de Mitra na pedra, que ocorre "solo aestu libidinis" (só pelo calor da libido).

de Zósimo, mencionada acima, que afirma sobre o local da transformação: *ho topos tes askeseos*. Observamos naquela ocasião que o local da transformação é, na verdade, o útero. O aprofundamento em si mesmo (introversão) é uma penetração no inconsciente e, ao mesmo tempo, uma ascese. Para a filosofia dos Brâmanes, dessa atitude se origina o mundo, para os gnósticos pós-cristãos, a renovação e o renascimento espiritual do indivíduo, que nasce num novo mundo espiritual. A filosofia indiana é apenas significativamente mais ousada e consequente, ela supõe também que da introversão se origina a criação em si; como diz o maravilhoso hino *Rigveda* (10, 129):

> Então, pela força da ardente dor,
> Nasceu o Uno que na casca se ocultava.
> Do Uno surgiu o amor[488], primeiro em origem,
> Como germe do reconhecimento;
> Os sábios encontraram as raízes do ser
> No não ser, investigando os *impulsos do coração*[489].

Esse conceito filosófico considera o mundo uma emanação da libido, o que deve ser aceito em grande medida também pelo ponto de vista epistemológico e psicológico, pois a função da realidade é, como explicamos acima, uma função de pulsão com o caráter da adaptação biológica. Quando o doente mental Schreber produz uma espécie de fim do mundo com a introversão da libido, isso é uma opinião psicológica absolutamen-

488. Kâma = Eros.

489. Na tradução exata em prosa, esta passagem diz: "Então se desenvolveu nele no início Kâma" (Deussen, 1906, vol. 1, p. 123). Kâma é a libido. "A radicação do ente no não ente foi encontrada pelos sábios quando procuraram com percepção, no coração".

te coerente, assim como também Schopenhauer tentou anular pela negação (santidade, ascese) o erro da vontade primitiva devido ao qual o mundo aconteceu. Não é Goethe que também diz:

> Seguis pista errada,
> Não penseis que gracejamos!
> Não está o âmago da natureza
> No coração do homem?

O herói que precisa realizar a renovação do mundo, vencer a morte, é a libido que, chocando-se a si mesma na introversão, como serpente envolvendo o próprio ovo, parece ameaçar a vida com mordida venenosa para conduzi-la à morte, e dessa noite, vencendo-se a si mesma, a faz renascer. Nietzsche conhece essa imagem:

> Há quanto tempo estás sentado sobre teu infortúnio?
> Ouve! Ainda hás de chocar
> um ovo,
> um ovo de basilisco
> de tanto te lamentares (Nietzsche, 1899-1911, vol. 8, p. 425).

O herói é serpente para si mesmo, seu próprio imolador e imolado. *O próprio herói é de natureza da serpente*, razão pela qual Cristo se compara à serpente; por isso, o princípio redentor do mundo daquelas seitas gnósticas que se chamavam de ofitas era uma serpente. Ela é Agatodemo e Cacodemo. É, portanto, compreensível quando a saga germânica diz que os heróis tinham olhos de serpente (Grimm, 1876-1877, vol. 3, p. 311)[490]. Lem-

---

490. Os heróis tinham olhos de serpente, como os reis: ormr î auga. Sigurdr se chama Ormr î Auga.

bro também o paralelo acima mencionado entre os olhos do Filho do homem e os olhos do dragão de Tarpeia. Nas imagens medievais já citadas, aparece no lugar do Senhor o dragão no cálice que, com olhar de serpente cintilante (Nietzsche, 1899-1911, vol. 8, p. 419), protege o mistério divino no ventre materno do renascimento renovador: novamente em Nietzsche, renova-se a velha imagem aparentemente morta há muito tempo:

> Hoje doente de delicadeza, um vento de orvalho,
> Zaratustra está sentado, esperando, esperando em suas montanhas,
> *em seu próprio suco* tornado doce e *cozinhado*,
> *embaixo* de seu cume,
> *embaixo* de seu gelo,
> cansado e venturoso,
> um criador em seu sétimo dia.
> – Quietos!
> É minha verdade! –
> De olhos esquivos,
> de arrepios aveludados
> me atinge seu olhar,
> amável, mau, um *olhar de moça*...
> Ela adivinha a razão de minha felicidade
> Ela adivinha – ah! o que ela inventa? –
> Purpúreo espreita um dragão
> no fundo de um olhar de moça[491].
> Ai de ti, Zaratustra!
> Pareces alguém
> *que engoliu ouro*:
> ainda hão de te abrir a barriga![492].

491. Cf. Nietzsche (1899-1911, vol. 8, p. 393): "Olhos lentos, / Que raramente amam: / Mas quando amam, relampeja / como que de *valas de ouro* / onde um dragão vigia o tesouro do amor".

492. Ele está prenhe com o Sol.

Esse poema reúne toda a simbólica que elaboramos acima em outros contextos. No mito de Cécrope, ainda há sinais nítidos da identidade original de serpente e herói: Cécrope é meio serpente, meio homem. Originalmente, ele provavelmente foi a própria serpente castelã ateniense. Como deus enterrado ele é, como Erecteu, um deus-serpente ctônico. Sobre sua moradia subterrânea ergue-se o Partenão, o templo da virgem deusa (cf. a ideia análoga da Igreja cristã). O esfolamento do deus, que já mencionamos de passagem, tem íntima relação com a natureza de serpente do herói. Já falamos das cerimônias mexicanas de esfolamento. Sobre Mâni, o fundador da religião maniqueia, conta-se que foi morto, esfolado, empalhado, e assim pendurado[493]. É uma morte de Cristo, apenas em forma mitológica diferente[494].

---

493. Gálatas (3,27) alude a essa imagem primordial: "Pois todos vós, que fostes batizados em Cristo, *vos revestistes de Cristo*".

494. Como Mâni, Mársias também é um crucificado (Robertson, 1910, p. 66). Ambos foram pendurados, castigo esse que tem um valor simbólico inconfundível, pois o estar suspenso ("Ansiar e temer em *tormento suspenso*") é símbolo de um desejo não satisfeito (Freud, 1900, p. 196), razão pela qual Cristo, Odin, Átis estão pendurados em árvores (= mãe). Morte semelhante sofreu o Jesus talmúdico Jesus Ben Pandira (aparentemente, o Jesus histórico mais provável) na véspera de uma festa de *Pessach* durante o governo de Alexandre Janeu (106-79 a.C.). Dizem que esse Jesus foi o fundador da seita dos essênios (Robertson, 1910, p. 123), relacionada ao cristianismo posterior. O Jesus Ben Stada, identificado anteriormente com Jesus, mas que data do século II d.C., também foi pendurado. Ambos foram apedrejados antes, castigo esse que, de certa forma, não era sangrento, assim como o pendurar (a Igreja cristã, que não derrama sangue, queima). Isso é significativo, pois temos o relato de uma estranha cerimônia celebrada em Uganda: "Quando um rei de Uganda queria viver para sempre, dirigia-se a um lugar em Busiro onde os chefes celebravam uma festa. Na festa, honras especiais eram destinadas ao clã de Mamba, e durante as festividades um membro deste clã era secretamente escolhido por seus companheiros e espancado até a morte; nenhum bastão ou arma, a não ser os próprios punhos, podia ser usado pelos homens indicados para praticar a ação. Depois da morte o corpo da vítima era esfolado e com a pele fazia-se um açoite especial [...]. Depois da cerimônia da festa em Busiro, com seu estranho sacri-

Mársias, que parece ser um substituto de Átis, o filho-amante de Cibele, foi esfolado (Frazer, 1907, parte 4, p. 246). Quando morria um rei dos citas, seus escravos e cavalos eram mortos, esfolados e empalhados, e assim recolocados em suas posições (Frazer, 1907, parte 4, p. 249). Assim como na Frígia os representantes do deus-pai eram abatidos e esfolados, também acontecia em Atenas com um boi que, esfolado e empalhado, era de novo atrelado diante do arado. Desse modo celebrava-se a ressurreição da fertilidade da lavoura (Dieterich, 1910, p. 215).

Assim se explica facilmente a expressão dos mistérios de Sabázio, transmitida por Firmicus: "Tauros drakontos kai pater taurou drakon" [O touro da serpente e a serpente como pai do touro].

A forma ativa e fecundadora (ascendente) da libido se transforma na força negativa que busca a morte. O herói como zodíaco da primavera (Áries, Touro) supera o ponto mais baixo no inverno e, após o solstício de verão, é acometido por um anseio inconsciente pela morte e é picado pela cobra; mas ele mesmo é a cobra. No entanto, ele está em discórdia consigo mesmo, por isso, a descida e o fim lhe parecem uma invenção maldosa da mãe da morte, que, assim, deseja atraí-lo para si. Mas o mistério anuncia, confortando, que não há contradição[495] nem de-

---

fício, supunha-se que o rei de Uganda viveria para sempre, mas a partir daquele dia nunca mais lhe permitiam ir ver sua mãe" (Frazer, 1907, parte 4, p. 405). A vítima escolhida para comprar a vida eterna para outro, aqui é morto *sem* derramamento de sangue e depois é *esfolado*. A relação inequívoca dessa vítima com a *mãe* – já sabemos que relação é essa – é nitidamente visível no relato de Frazer.

495. Outra tentativa de solução parece ser o tema dos dióscuros. O Sol consiste em dois irmãos semelhantes: um mortal, o outro imortal. O mesmo tema encontra-se também na Índia, como os dois açvins, entre os quais contudo não há diferença. No mistério de Mitra, Mitra é o pai, Sol é o filho, no entanto, ambos são um como "*ho megas theos Helios Mithras*" (Dieterich, 1910, p. 68).

sarmonia quando a vida se transforma em morte: "tauro drakontos kai pater taurou drakon". Também Nietzsche fala desse mistério:

> E agora estou aqui sentado...
> deglutido por este minúsculo oásis –
> sonolenta, abria ela sua suave boca...
> Bendita, bendita aquela baleia,
> quando assim aconchegou seu hóspede!...
>
> Bendito o seu ventre,
> quando foi assim
> um ventre-oásis tão cândido...
> O deserto cresce; ai daquele que desertos abriga!
> Pedra range contra pedra, o deserto devora e aniquila.
> A horrível morte espreita ardendo, escura,
> e mastiga – sua vida é mastigar...
>
> Não olvides, homem, a quem a volúpia esgotou:
> Tu – és a pedra, o deserto, és a morte...
> (Nietzsche, 1899-1910, vol. 8, p. 407s.).

A simbólica da serpente da Santa Ceia se explica a partir da identidade do herói com a cobra: o deus está sepultado na mãe; como fruto do campo, como alimento vindo da mãe e, ao mesmo tempo, como poção da imortalidade, ele é absorvido pelo iniciado, ou como cobra ele fecunda o iniciado. Todos esses símbolos representam a libertação da libido da ligação incestuosa, e assim nova

---

O tema dos gêmeos aparece não raramente em sonhos. Em um sonho que dizia que uma mulher tinha dado à luz gêmeos, a sonhadora encontrou não as crianças esperadas, mas uma caixa e um objeto semelhante a uma garrafa. Aqui, portanto, os gêmeos tinham significado masculino e feminino. Essa observação aponta para um possível significado dos dióscuros como Sol e sua mãe-filha que pari de novo.

vida é adquirida. Essa libertação ocorre sob símbolos que representam a atividade do desejo incestuoso.

Acredito que seja justificado lançar aqui um olhar sobre a psicanálise como método de tratamento; pois na análise prática, trata-se a princípio de reencontrar a libido que se perdeu sob o domínio da consciência (com a libido ocorre frequentemente o que acontece com o peixe de Moisés na lenda maometana: por vezes "ele encontra de modo milagroso seu caminho para o mar"). Freud afirma em seu importante trabalho "A dinâmica da transferência": "A libido regrediu e reavivou as imagens infantis" (Freud, 1911, p. 169).

A mitologia diria que o Sol foi devorado pela serpente noturna, o tesouro foi escondido e está sendo protegido pelo dragão: substituição de um modo de adaptação recente por um modo infantil, que é representado por correspondentes sintomas neuróticos. Freud continua: "O tratamento analítico a segue, que pretende encontrar a libido, torná-la novamente acessível ao consciente e colocá-la finalmente a serviço da realidade. Onde a pesquisa analítica *se depara com a libido que recuou para seu esconderijo, deve irromper uma luta*; todas as forças que causaram a regressão da libido, se levantarão como *resistências* contra o trabalho, a fim de conservar esse novo estado" (grifos meus).

Em termos mitológicos, isso significa: o herói procura o Sol, o fogo, o sacrifício da virgem ou o tesouro perdido e trava a típica luta com o dragão, com a *libido em resistência*. Como mostram esses paralelos, a psicanálise põe em movimento algo do processo vital, cuja importância fundamental o significado da psicanálise traz à luz.

Depois de ter abatido o dragão, Siegfried encontra o pai Wotan, que é atormentado por preocupações sombrias, pois a mãe primordial Erda colocou a serpente em seu caminho para enfraquecer seu Sol; ele diz a Erda:

Peregrino:

> Onisciente
> Cravaste um dia
> O espinho da apreensão
> No audacioso coração de Wotan:
> Com temor de ignóbil
> E inimigo fim
> Preenche-o teu saber,
> O medo reprime sua coragem.
> Se és a mais sábia das mulheres
> Diz-me pois:
> Como vence o Deus a apreensão?

Erda:

> Tu não és
> Aquilo de que te chamas!

É o mesmo tema antiquíssimo que encontramos também em Wagner: com espinho venenoso a mãe tira a alegria de viver do filho, o deus solar, e o despoja do poder, que está relacionado ao nome. Assim como Ísis exige *o nome do deus*, Erda diz: "Tu não és aquilo de que te chamas". Mas o "peregrino" encontrou a maneira de vencer o feitiço mortal da mãe, o medo da morte:

> Pelo fim dos deuses
> Não me aflige o medo,
> Desde que meu desejo – o quer!
>
> Ao mais deleitoso Wälsung
> Destino agora a minha herança.

> Ao eternamente jovem
> Cede com alegria o deus.
> (Wagner, *Siegfried*, 2088-2101, 2117s., 2126s., 2248s.).

Essas sábias palavras realmente contêm a ideia salvadora: não foi a mãe quem colocou o verme venenoso no caminho, mas é a própria libido que deseja que ela complete a trajetória do Sol, quer subir desde a manhã até o meio-dia e, ultrapassando o meio-dia, apressar-se em direção à tarde, não em desacordo consigo mesma, mas *desejando também a descida e o fim*[496].

O Zaratustra de Nietzsche ensina:

> Eu vos exalto minha morte, a morte livre, que vem a mim porque eu quero.
> E quando hei de querer? – Quem tem um objetivo e um herdeiro, quer a morte no momento certo para o objetivo e o herdeiro.

---

496. Esse problema ocupou muito também o antigo mito solar. Chama atenção que os heróis que matam um leão, Sansão e Hércules, lutam *sem armas*. O leão é o símbolo do maior calor de verão, astrologicamente é o "domicilium solis". Steinthal (1862, p. 133) faz a respeito o seguinte raciocínio muito interessante, que cito literalmente: "Se, portanto, o deus solar luta contra o calor do verão, ele luta contra si mesmo; se o matar, ele se mata. – Realmente! O povo fenício, assírio e lídio atribui a seu deus solar um suicídio. Pois só como suicídio ele podia compreender que o Sol diminuísse seu calor. Portanto, acreditava ele, se o Sol no verão está no apogeu e envia seu raio com calor abrasante, o próprio deus se queima, mas não morre, apenas rejuvenesce [...]. Também Hércules se queima, mas sobe ao Olimpo nas chamas. – É essa a contradição nos deuses pagãos. Como forças da natureza, são ao mesmo tempo benéficos e prejudiciais ao homem. Para fazer bem e salvar, eles precisam agir contra si mesmos. A contradição é atenuada quando cada um dos dois lados da força natural é personificado por um deus especial; ou se a força de fato é concebida como uma só personalidade divina, mas cada uma de suas duplas ações, a benéfica e a maléfica, um símbolo especial. O símbolo torna-se cada vez mais independente e finalmente se transforma também num deus. E enquanto originalmente o deus agia contra si próprio, destruía a si mesmo, agora símbolo luta contra símbolo, deus contra deus, ou o deus com o símbolo". Certamente o deus luta consigo mesmo, com seu outro eu, que conceituamos sob o símbolo da mãe. A luta sempre parece ser a superação do pai e a vitória contra a mãe.

> E este é o grande meio-dia, quando o homem está no meio de seu caminho entre homem e sobre--homem e celebra seu caminho para a tarde como sua mais nobre esperança: pois é o caminho para uma nova manhã.
>
> Então, aquele que se põe abençoará a si mesmo, por ser aquele que faz a transição; e o Sol de seu conhecimento estará no ápice para ele.
>
> (Nietzsche, 1899-1911, vol. 6, p. 106).

Siegfried derrota o pai Wotan e se apodera de Brünhilde. A primeira coisa que dela avista é o corcel, então acredita ver nela um *homem* em armadura. Ele *corta* a armadura protetora da adormecida (superação). Vendo que se trata de uma mulher, ele é tomado de pavor.

> Oscilam meus sentidos em vertigem! –
> A quem apelar
> Por auxílio?
> Mãe! Mãe!
> Pensa em mim! –
> É isto o temer? –
> Ó Mãe, Mãe!
> Teu valente filho!
> Dorme uma mulher: –
> Esta ensinou-lhe o temer! –
> Desperta! Desperta!
> Santa mulher! –
> Assim aspiro vida
> De dulcíssimos lábios –
> Ainda que venha a perecer!

O dueto que segue invoca a mãe:

> Oh! salve a mãe
> Que me gerou...

Muito característica é a confissão de Brünhilde:

Ah! soubesses tu, prazer do mundo,
Como te amei!
Tu eras meu pensar,
Minha apreensão, tu!
Eu te nutri na ternura,
Ainda antes de gerado;
Já antes de nascido
Protegia-te o meu escudo[497].

A pré-existência do herói e a pré-existência de Brünhilde como sua esposa-mãe se revela nitidamente nesta passagem. Siegfried diz, confirmando:

Não morreu então a minha mãe?
Dormia ela apenas?

A imago materna, que é o símbolo da libido que morre e deseja ressuscitar, é explicada ao herói por Brünhilde como seu próprio querer:

Tu mesma sou eu
Quando amas a mim, ditosa.

Brünhilde anuncia o grande mistério do logos que penetra a mãe para renascer com as seguintes palavras:

Ó Siegfried, Siegfried!
Luz vitoriosa!
A ti sempre amei;
Pois só a mim
Atingia o pensamento de Wotan.
O pensamento que eu jamais
Pude mencionar,
Que eu jamais pensei
Mas apenas sentia;

---

497. Por acaso, era costume etrusco cobrir a urna que continha as cinzas, portanto o morto, com o *escudo* ao ser enterrado. – Wagner (*Siegfried*, 2478-2482, 2496-2500, 2511-2516, 2542-2543, 2552-2559).

Pelo qual combati,
Lutei e briguei;
Pelo qual eu afrontava
Aquele que o pensava,
E só percebia! –
Poderias compreender! –
Para mim ele era apenas amor por ti!

As seguintes comparações eróticas evidenciam claramente o tema do renascimento:

Águas deslumbrantes
Diante de mim ondeiam;
Com todos os sentidos
Vejo só a ela,
A deliciosa vaga ondeante:
Quebrou a minha imagem,
E agora queimo eu mesmo,
Ardor abrasante,
Para refrescar-me n'água
Eu mesmo, como sou,
Pulo no riacho[498]: –
Oh, se suas vagas
Me tragassem feliz...

O tema do mergulhar na água materna do renascimento (batismo) está plenamente desenvolvido. Uma alusão à terrível imago materna, a mãe dos heróis, que os apavora, encontra-se nas palavras de Brünhilde (da mulher-cavalo que sequestra os mortos para a terra no além).

Não temes, Siegfried,
Não temes tu
A bravia, esbravejante mulher?

498. Cf. a imagem de Fênix no Apocalipse de Baruque, primeira parte deste trabalho.

O orgíaco "occide moriturus" chega a nós nas palavras de Brünhilde:

> Rindo, deixe-nos arruinar –
> Rindo, perecer!

E nas palavras:

> Reluzente amor,
> Sorridente morte!
> (Wagner, *Siegfried*, 2561s., 2565s., 2571-2590, 2738-2750, 2797s., 2818s., 2862s.).

Encontra-se a mesma contradição significativa.

Os demais destinos de Siegfried são os do *invictus*: a lança do ciclópico Hagen, o obscuro, atinge seu ponto vulnerável. O velho Sol, transformado em deus da morte, o Wotan ciclópico, abate o filho. A trajetória do Sol invencível concedeu ao mistério da vida humana belos e eternos símbolos, para a sede de vida dos mortais transformou-se em cumprimento consolador de todos os desejos de eternidade.

O ser humano abandona a mãe, a fonte da libido, impulsionado pela sede eterna de reencontrá-la e dela beber a renovação e, assim, completar seu ciclo para retornar ao seio da mãe. Cada obstáculo que se põe no caminho de sua vida e ameaça sua ascensão, carrega em si os traços sombrios da mãe terrível, que, com o veneno do anseio secreto e retrospectivo paralisa sua coragem de viver; e em cada vitória ele reconquista a mãe sorridente, doadora de amor e vida – imagens essas que pertencem à profundeza do sentimento humano, mas cujos traços o desenvolvimento progressivo da superfície do espírito humano desfigurou de forma irreconhecível. A dura necessidade da adaptação trabalha incansavelmente para extinguir os últimos traços daqueles monumentos primordiais do tempo da origem do espírito humano e substituí-los por linhas que, de modo cada vez mais claro, pretendem designar a natureza de objetos reais.

Se, depois desse longo desvio, voltarmos agora para as visões de Miss Miller, traremos conosco a resposta à pergunta sobre o significado do anseio de Siegfried por Brünhilde: *é a busca da libido da mãe pela mãe*. Essa frase paradoxal pode ser traduzida assim: enquanto a libido se satisfaz apenas com fantasias, ela se move em si mesma, em sua própria profundeza, na mãe[499]. Quando o anseio de nossa autora se levanta para fugir do encanto do objeto incestuoso e, portanto, destruidor, e ela não consegue encontrar realidade, o objeto é e continua sendo a mãe. Somente a superação dos obstáculos da realidade significa a libertação da mãe, que é fonte de vida constante e inesgotável para aquele que cria, mas morte para o covarde, temeroso e acomodado.

Quem conhece a psicanálise sabe com que frequência os neuróticos se queixam de seus pais. Certamente, muitas vezes, tais queixas se justificam diante da imperfeição humana geral, mas com uma frequência muito maior trata-se de queixas que, no fundo, merecem ser dirigidas a si mesmo. Sempre, porém, acusação e ódio são tentativas impotentes de, aparentemente, se libertar dos pais, mas, na verdade, de se libertar do próprio anseio obstrutivo pelos pais. Por meio da boca do herói infantil Chiwantopel, nossa autora professa uma série de xingamentos contra seu próprio sexo. Devemos supor que ela

499. O reino da mãe é o reino da fantasia (inconsciente).

precise renunciar a todas essas tendências, pois há um excesso de desejo não reconhecido nelas. Esse herói que fala muito e pouco faz e dá espaço a anseios impotentes é a libido que não cumpre seu papel, que fica girando em torno de si mesma no reino das mães e, a despeito do anseio, não chega a agir. Esse feitiço só pode ser rompido por aquilo que possui a coragem do querer viver e o heroísmo de executá-la. Se Chiwantopel, esse herói juvenil ansioso, pudesse pôr um fim à sua existência, provavelmente renasceria como um homem corajoso na vida real. Essa necessidade se impõe na forma de um sábio conselho e de uma dica do inconsciente da sonhadora no seguinte monólogo de Chiwantopel:

> 'Dans ce monde entier, il n'y en a pas une seule! J'ai cherché dans cent tribus. J'ai vieilli de cent lunes depuis que j'ai commence. Est-ce qu'il n'y en aura jamais une qui connaîtra mon âme? – Oui, par le Dieu souverain, oui! – Mais dix mille lunes croîtront et décroîtront avant que naisse son âme purê. Et c'est d'un autre monde que ses pères arriveront à celui-ci. Elle aura la peau pâle et pâles les cheveux. Elle connaîtra la douleur avant même que as mère l'ait enfantée. La souffrance l'accompagnera, ele aussi cherchera et ne trouvera personne que la comprenne. Bien des prétensdents voudront lui faire la cour, mais il n'y en aura pas um quis aura la comprendre. La tentation souvent assairllira son âme – mais elle ne faiblira pas. Dans ces rêves, je viendrai à elle, et elle comprendra. J'ai conserve mon corps inviolé. Je suis venu dix mille lunes avant son époque et elle viendra dix mille lunes trop tard. Mais elle comprendra! Ce n'est qu'une fois, toutes les dix mille lunes qu'il naît une âme comme celle-là!' (Une lacune) – Une vipère verte sort des brous-

sailles, se glisse vers lui et le pique au bras, puis s'ataque au cheval, qui succombe le premier. Alors Chiwantopel au cheval: 'Adieu, frère fidèle! entre dans tons repôs! Je t'ai aimé et tu m'as bien servi. Adieu, je te rejoins bientôt!'. Puis au serpent: 'Merci, petite soeur, tu as mis fin à mês pérégrinations!' Puis il crie de douleur et clame as prière: 'Dieu souverain, prends-moi bientôt! J'ai cherché à te connaître et à garder tal oi! Oh ne permets pas que mon corps tombe dans la pourriture et la puanteur, et serve de pâture aux aigles!' Um volcan fumant s'aperçoit à distance, on entend le grondement d'un tremblement de terre, suivi par um glissement de terrain. Chiwantopel s'écrie dans le délire de la souffrance, tandis que la terre recouvre son corps: 'J'ai conserve mon corps inviolé. – Ah! elle comprendra! – Já-ni-wa-ma, Já-ni-wa-ma, toi, tu me comprends!'

['Neste mundo todo não existe uma só! Procurei em cem tribos. Envelheci cem luas desde que comecei. Será que não existirá jamais uma que conhecerá a minha alma? – Sim, por Deus soberano, sim! – Mas dez mil luas nascerão e minguarão antes que nasça sua alma pura. E é de um outro mundo que seus pais chegarão a este aqui. Ela terá a pele pálida e pálidos os cabelos. Ela conhecerá a dor antes mesmo que sua mãe a tenha dado à luz. O sofrimento a acompanhará; ela também procurará – e não encontrará quem a compreenda. Muitos pretendentes far-lhe-ão a corte, mas não haverá um que saiba compreendê-la. A tentação frequentemente provocará sua alma – mas ela não fraquejará [...] Em seus sonhos, eu virei a ela, e ela compreenderá. Conservei meu corpo inviolado. Eu vim dez mil luas antes de sua época e ela virá dez mil luas tarde demais. Mas ela compreenderá! É só uma vez a cada dez mil luas que nasce uma alma como aquela!' (Uma lacuna) – Uma víbora verde sai dos abrolhos, rasteja até ele e o pica no braço, depois ataca o cavalo, que sucumbe primeiro. Chiwantopel diz então ao cavalo: 'Adeus, irmão fiel! Entra em teu repouso! Eu te amei e tu me serviste bem. Adeus, eu te reencontro logo!' Depois à serpente: 'Obrigado, irmãzinha, puseste fim a minhas peregrinações!' – Depois ele grita de dor e clama sua súplica: 'Ó Deus Todo-poderoso, leva-me logo! Procurei conhecer-te e guardar tua lei! Oh, não permitas que meu corpo tombe na podridão e no mau cheiro e sirva de comida às águias!' – Avista-se ao longe um vulcão fumegante, ouve-se o estrondo de um tremor de terra, seguido por um deslizamento do terreno. Chiwantopel grita no delírio do sofrimento, enquanto a terra cobre seu corpo: 'Conservei meu corpo inviolado. – Ah! ela compreenderá! – Ja-ni wa-ma, Ja-ni-wa-ma, tu, tu me compreendes!']

A profecia de Chiwantopel é uma repetição do *Hiawatha* de Longfellow, em que o poeta não conseguiu evitar o sentimentalismo e introduziu, no fim da carreira do herói Hiawatha, o Redentor dos homens brancos na forma da chegada dos eminentes representantes da religião e ética cristã. (Lembro a "obra redentora" dos espanhóis no México e no Peru!) Com essa profecia de Chiwantopel, a personalidade da autora voltou a estabelecer uma relação íntima com o herói, como sendo o verdadeiro objeto do anseio de Chiwantopel. Certamente o herói a teria desposado se ela já tivesse vivido em sua época; infelizmente, porém, ela chega tarde demais. Esse contexto comprova nossa constatação acima de que a libido se move em círculos: a autora ama a si mesma, ou seja, ela como heroína é procurada por alguém que chega tarde demais. Esse elemento do atrasar-se é característico dos apaixonamentos infantis: o pai e a mãe não podem mais ser alcançados. A separação dos dois personagens por "dez mil luas" é o cumprimento de um desejo: dessa forma, a relação incestuosa é suspensa de forma efetiva. Essa heroína branca também procurará incompreendida (ela é incompreendida porque não consegue compreender a si mesma) e não encontrará. Mas se encontrarão pelo menos no sonho, "et elle comprendra". A frase seguinte no texto diz: "J'ai conservé mon corps inviolé". Essa frase orgulhosa, que, naturalmente, só pode ser dita por uma mulher – pois um homem não costuma se gabar disso – confirma mais uma vez que todos os empreendimentos permaneceram sonhos, mas que o corpo permaneceu "inviolé", ileso. Quando o herói visita a heroína no sonho, todos sabem o que isso quer dizer. Essa afirmação do herói de ter permanecido ileso remete ao atentado malogrado no capítulo anterior (arqueiro) e explica-nos posteriormente como deveríamos entender tal atentado, isto é, como recusa de uma fantasia de coito. Aqui, o desejo do inconsciente volta a se impor de forma mais forte, após o herói ter se esquivado na primeira vez e então ter feito o monólogo doloroso e histérico: "La tentation souvent assaillira son âme – mais elle ne faiblira pas". Essa alegação muito ousada seduz – noblesse oblige – o inconsciente a uma enorme inflação em megalomania infantil; o que sempre acontece quando a libido é obrigada a regredir por tais expressões: "Ce n'est qu'une fois toutes les dix mille lunes qu'il naît une âme comme celle-la!" Aqui o pequeno consciente cheio de si busca ocupar todo o espaço, evidentemente, para encobrir com sua inflação boa parte da obrigação de vida não cumprida. No entanto, o castigo não tarda. Quem se orgulha demais de não ter sido ferido na luta da vida, levanta a suspeita de ter lutado apenas com palavras e de ter se escondido atrás do armário. Esse gesto é apenas uma inversão do orgulho daquelas esposas dos indígenas que, com prazer, mostram as cicatrizes das feridas que os homens lhe causaram na luta de superação. De acordo com essa veneração e em seguimento consequente dessa, tudo se expressa em linguagem indireta: aqui, deparamo-nos com o orgiástico "occide moriturus" em sua mistura com a gargalhada desenfreada do êxtase dionisíaco em disfarce miserável – feitiço teatral sentimental, digno da nossa edição póstuma da moralidade "cristã". O falo positivo é substituído pelo negativo, que conduz o cavalo do herói, sua *libido animalis*, não para a satisfação, mas para a paz eterna, assim como o herói. Esse fim significa que a mãe como dragão da morte volta a tragar a libido da filha, por isso, em vez de vida e crescimento fecundo, autoimersão fantástica. O fim desonroso não eleva nem ilumina enquanto o contemplarmos apenas como solução de um conflito *erótico* individual. O fato de que os símbolos, sob os quais ocorre a solução, possuem um aspecto significativo nos revela que, por trás da máscara individual, por trás do véu da "individuação", há uma imagem primordial, cujos traços rígidos e sérios nos desencorajam a ver a interpretação sexual dos símbolos de Miss Miller como suficientes.

Nunca devemos esquecer que as fantasias sexuais do neurótico e a linguagem sexual do sonho são fenômenos regressivos. A sexualidade do inconsciente não é o que parece ser, ela é apenas símbolo; é um pensamento diurno absolutamente claro, uma decisão, um passo em direção a toda meta na vida –, mas expressado na linguagem sexual indireta do inconsciente e do pensamento de uma fase anterior; é, de certo modo, uma reanimação de antigos modos de adaptação. Portanto, quando o inconsciente passa para o primeiro plano o desejo de coito, expressado de forma negativa, isso significa: sob essas condições o ser humano primitivo agia assim (o homem negro ainda hoje realiza esse modo de adaptação que, para nós, já se tornou inconsciente: os empreendimentos que vão além da alimentação são, para ele, sexualidade, violência e brutalidade). Por isso, em vista do modo de expressão arcaico da fantasia de Miss Miller, somos legitimados a supor que nossas interpretações são corretas para as camadas mais próximas. Uma camada de significado mais profunda parte da constatação anterior de que a figura de Chiwantopel possui o caráter de Cássio, que é "acompanhado por um cordeiro". Por isso Chiwantopel é o montante da libido ligado com a mãe (e por isso masculino) da sonhadora, ou seja, sua personalidade infantil, a infantilidade em seu caráter que se recusa a reconhecer que um ser humano precisa deixar pai e mãe quando chegar a hora para servir ao destino de sua personalidade total. Nietzsche fornece a limitação para isso: "Chamas-te livre? Quero ouvir teu pensamento dominante e não que escapaste de um jugo. És alguém que pôde escapar a um jugo? Há muitos que jogaram fora seu último valor, quando jogaram fora seu serviço" (Nietzsche, 1899-1911, vol. 6, p. 92).

Portanto, quando Chiwantopel morre, isso significa que é o cumprimento do desejo que esse herói infantil, o qual não consegue sair de baixo da saia da mãe, morra.

Esse rompimento do laço entre mãe e filha significa um grande progresso em termos de liberdade interior e exterior. Mas queremos permanecer criança por tempo demais, queremos parar a roda que, girando, leva os anos, queremos preservar infância e juventude eternas, não queremos morrer e apodrecer no túmulo ("Oh, ne permets pas que mon corps tombe dans la pourriture et la puanteur") – e não pensamos nisso, pois nada nos traz à consciência a cruel transitoriedade de todas as flores de forma mais dolorosa do que a inatividade e a falta de conteúdo da vida. *O sonho preguiçoso é a mãe de todo medo da morte,* do lamento sentimental daquilo que foi e a inútil tentativa de fazer o tempo voltar. Mesmo que nos esqueçamos, no sentimento de juventude preservado por muito tempo, talvez por tempo demais, no estado onírico das lembranças teimosamente preservadas, de que a roda do tempo gira; os cabelos grisalhos, a pele frouxa e as rugas no rosto nos informam sem misericórdia que, mesmo quando não expomos o corpo às forças destruidoras da plena luta pela vida, o veneno da rasteira serpente do tempo decompõe nosso corpo (amado com tanto ardor). E não adianta exclamarmos, juntamente com o triste herói Chiwantopel: "J'ai conserve mons corps inviolé", a fuga da vida não nos liberta da lei do envelhecer e da morte. O neurótico, que tenta se esquivar da necessidade da vida, nada ganha e só coloca sobre si o terrível fardo de um envelhecer e morrer antecipado, que, diante da total falta de conteúdo e sentido de sua vida, é especialmente cruel. Se negarmos à libido uma vida que avança, que deseja também todo perigo e toda ruína, ela segue o outro caminho e mergulha na própria profundidade, até alcançar a velha noção da imortalidade de toda vida, o anseio pelo renascimento.

Hölderlin mostra esse caminho em suas poesias e em sua vida. Passo a palavra ao poeta em suas canções:

A uma rosa

Em seu seio maternal nos traz eterna,
Doce rainha das campinas,
A ti e a mim, a natureza silenciosa, grande,
Que a tudo dá vida.

Pequena rosa! Nosso esplendor fenece,
Tempestades desfolham a ti e a mim,
Mas o eterno germe desabrocha
Logo em nova floração (Hölderlin, 1909, vol. 2, p. 91).

Sobre a alegoria desse poema devemos observar o seguinte: a rosa é o símbolo da mulher amada ("pequena rosa do brejo", Goethe). A rosa floresce também no "jardim de rosas" da donzela, portanto é também um simples símbolo direto da libido. Quando o poeta sonha estar com a rosa no seio materno da natureza, o significado psicológico é que ele está com a mãe. É um eterno germinar e renovar. Já encontramos esse tema no hino do hierógamo (*Ilíada*, 14, 292s.): o leito nupcial na bem-aventurada terra do Oeste, isto é, a união na mãe e com a mãe. Plutarco, em sua tradição do mito de Osíris, mostra esse tema de forma ingênua: Osíris e Ísis desposando-se no ventre materno. Hölderlin também sente como prerrogativa invejável dos deuses o fato de gozar da terna primeira infância; diz ele na "Canção do Destino de Hiperion" ("Hyperions Schicksalslied"):

Sem destino, como a adormecida
Criança de peito, respiram os celícolas;
Castamente guardado em modesto botão,
Floresce-lhes o espírito eternamente,
E os olhos bem-aventurados
Veem em silenciosa,
Eterna claridade (Hölderlin, 1909, vol. 2, p. 160).

Essa passagem mostra o que significa bem-aventurança celestial. Hölderlin jamais conseguiu esquecer essa primeira e máxima bem-aventurança, cuja imagem onírica o alienou da vida real. Esse poema alude além disso uma alusão ao *tema dos gêmeos* no ventre materno (Ísis e Osíris no ventre materno). O tema é arcaico. Em Frobenius (1904, p. 68) encontra-se uma saga na qual a grande serpente (originada de uma serpente pequena numa árvore oca, pelo que se chama "criação de serpentes") devora todos os seres humanos (mãe devoradora = morte), restando apenas uma mulher grávida. Esta cava um *fosso*, cobre-o com uma pedra (túmulo = ventre materno) e, vivendo nele, dá à luz *gêmeos*, os futuros matadores de dragões (o herói em figura dupla, homem e falo, homem e mulher, o ser humano com sua libido, Sol que morre e renasce). A ideia de "estar juntos" na mãe encontra-se também lindamente no seguinte mito: "No início, Obatala (o Céu) e Odudua (a Terra), sua mulher, estão deitados numa cabaça, bem apertados um contra o outro" (Frobenius, 1904, p. 269). A ideia de estar guardado "em modesto botão" é uma imagem já encontrada em Plutarco, em que se diz que o Sol nasce pela manhã de um botão de flor. Também Brahma vem de um botão. Em Assam, o primeiro casal humano nasce assim:

O ser humano

Ó terra, mal surgiram das águas os cimos
Das jovens montanhas, as primeiras graciosas ilhas
Perfumavam o ar, respirando prazer,
Cobertas de bosques sempre verdes,
No deserto cinzento do oceano;

As primeiras belas ilhas,
E os olhos prazerosos do deus Sol
Contemplavam os novos seres,
As plantas, sorridente geração
De sua eterna juventude, de ti nascidos:

Então, na mais bela das ilhas, onde
O bosque em suave paz envolve o ar,
Sob videiras encontrou-se um dia,
Após cálida noite, ao romper da aurora,

Nascido, mãe-terra, teu mais belo filho;
E o menino ao pai Hélio ergue os olhos,
E vela e escolhe, provando
A doce fruta, a *santa videira*

Como ama. *E logo cresce*; temem-no
Os animais, pois o homem é diferente deles;
Não a ti e não ao pai.
Se assemelha ele, pois temerário, só nele está

O elevado espírito do pai, com teu prazer,
Ó terra! e a teu pranto, desde sempre unido;
A mãe dos deuses, à natureza,
A que tudo abrange, quer ser igual!

Por isso o seu arrojo o impele, terra,
Para longe, e tuas dádivas são
Vãs e brandos teus laços;
Pois coisa melhor procura o bravo!

Da margem, perfumado prado,
A água deserta quer partir o homem.
Que seu bosque brilhe qual noite estrelada
De dourados frutos; ele cava para si

Cavernas nas montanhas e espreita no poço
A alegre luz de seu pai distante,
Ao deus Sol também infiel,
Não ama servos e do sofrimento ri.

Pois mais livres respiram as aves da floresta,
Ainda que o peito do homem se erga mais soberbo,
E o que vê o negro futuro deve também
Ver a morte e a ela só temer.

Contra todos que respiram, o homem
Porta armas em sempre temeroso orgulho;
Na discórdia ele se consome,
E a flor de sua paz, delicada, dura pouco.

Não é ele, dentre todos os companheiros de vida,
O mais feliz? Porém mais fundo e pungente
Atinge-o o destino, tudo nivelando,
Mesmo o peito inflamável do forte (Hölderlin, 1909, vol. 2, p. 128s.).

Essa poesia revela a iminente ruptura entre o poeta e a natureza; ele começa a alienar-se da realidade, da realidade natural. Uma imagem notável é como o menino escolhe a "videira por ama". Essa alusão dionisíaca é muito antiga: na bênção de Jacó, lemos sobre Judá (Gn 49,11): "Ele ata à videira o jumentinho, à parreira escolhida o filho da jumenta [...]". Preservou-se uma gema gnóstica que representa uma jumenta amamentando o potro e, no alto, a figura de Câncer com a inscrição: D.N.I.H.Y.X.P.S: Dominus noster Jesus Christus, com o acréscimo: Dei filius (Robertson, 1910, p. 92). Como já insinua São Justino mártir, escandalizado, as relações da lenda cristã com a de Dioniso são inegáveis (por exemplo, o milagre do vinho). Em sua lenda, o jumento desempenha um papel importante. Para os países mediterrâneos, o jumento tem um significado econômico totalmente diferente do que em nosso país. Por isso é uma *bênção* quando Jacó diz (Gn 49,14): "Issacar é um jumento robusto deitado no meio dos currais". A ideia acima levantada é verdadeiramente oriental: como no Egito o Sol recém-nascido é um bezerro, no resto do Oriente ele também pode ser um potro, cuja ama é a videira (daí a imagem na bênção de Jacó, em que o versículo 12 diz sobre Judá: "Seus olhos são mais escuros do que o vinho e os dentes mais brancos do que o leite"). A caricatura do crucificado com cabeça de jumento, no Palatino, alude a contextos muito significativos.

À natureza

Quando ainda entre teus véus eu brincava,
Ainda de ti como uma flor eu pendia[500],
Ainda teu coração em qualquer som eu sentia,
Que meu terno, palpitante, coração eu cingia,

500. Por natureza, de acordo com nossas explicações anteriores e com a poesia precedente de Hölderlin, deve-se entender a mãe. Aqui o poeta vê a mãe como árvore da qual a criança pende como uma flor.

Quando ainda rico em fé e nostalgia,
Como tu, diante de teu retrato eu me calava,
Um lugar ainda para meu pranto,
Um mundo para meu amor eu achava;

Quando ao Sol ainda meu coração se abria,
Como se lhe pudesse ouvir os sons,
E as estrelas seus irmãos chamava[501],
A melodia divina chamava a primavera,
Quando no sopro que o bosque agitava,
Ainda teu espírito, teu jovial espírito,
Na quieta vaga de meu coração se fazia sentir:
Então dias de ouro me envolviam.

Quando no vale, com sua refrescante fonte[502],
Onde o verde dos jovens talos
Entre silenciosas rochas saltitava,
E o éter entre os galhos se avistava,
Quando ali, por flores encoberto,
Quieto e ébrio seu hálito eu bebia,
E das alturas, de luz e brilho inundada,

---

501. Ele chamava "estrelas seus irmãos". Lembro aqui o que foi dito na primeira parte desse trabalho, sobretudo a identificação mística com os astros: *Ego eimi symplanos hymin aster*... A separação e a distinção da mãe, a "individuação" produz o confronto de sujeito e objeto, o fundamento do consciente. Antes era a unidade com a mãe, isto é, com o universo. Naquele tempo ainda não se conhecia o Sol como irmão, só depois. Depois de efetuada a separação e objetificação, a libido, regredindo ao infantil, percebe suas possibilidades naquele primeiro estado, impõe-se seu parentesco com os astros. Esse processo não parece ser muito raro na psicose de introversão. Um jovem operário adoeceu de esquizofrenia. Em suas primeiras sensações doentias ele percebia uma relação especial com o Sol e com os astros. As estrelas se lhe tornaram significativas, ele pensava que tinham alguma coisa a ver com ele, e o Sol lhe insuflava ideias. Nessa doença encontra-se às vezes essa percepção aparentemente nova da natureza. Outro paciente começou a entender a linguagem dos pássaros, que lhe traziam mensagens da amada (mãe) (cf. Siegfried).

502. A fonte faz parte do conjunto da imagem.

Dourada nuvem para mim descia...[503]
[...]
Muitas vezes com lágrimas inebriantes,
Como após longo errar
Os rios o oceano buscam,
Lindo mundo! amando, em tua plenitude eu me perdia;
Oh! então, com os seres todos,
Caía eu, da solidão do tempo,
Qual peregrino que ao lar retorna,
Feliz nos braços do Infinito.

Abençoados sejam, sonhos dourados de criança,
Vós me ocultastes a pobreza da vida,
Os bons germes do coração criastes,
Presente me fizestes daquilo que jamais consigo!
Oh natureza! À luz da beleza tua,
Sem fadiga ou força desabrocharam
Os frutos imperiais do amor[504]
Como as colheitas na Arcádia.

Morta agora está quem me criou e nutria,
Morto agora está o mundo juvenil,
Este seio que um dia um céu todo enchia,

---

503. Essa imagem expressa a divina felicidade infantil, como na Canção do Destino de Hyperion: "Ihr wandelt droben im Licht / Auf weichem Boden, selige Genien! / Glänzende Götterlüfte / Rühren euch leicht..." [Caminhais lá em cima na luz / em macio chão, benditos gênios! / Esplêndidos ares divinos / vos afagam...].

504. Essa passagem é especialmente característica: na infância tudo lhe era dado, e o homem é incapaz de readquiri-lo, pois nada é possível sem "fadiga e força"; até o amor exige esforço. Na infância a fonte da libido jorrava em borbulhante abundância. Na vida posterior, é trabalhoso manter a fonte jorrando, pois com o avançar da idade ela mostra tendência cada vez maior de refluir para sua origem, se não forem construídos mecanismos para impedir esse refluxo. Nesse contexto se insere o preconceito popular segundo o qual o amor seria algo espontâneo; somente o tipo de amor infantil é totalmente espontâneo. O amor de uma pessoa adulta pode ser conduzido com decisões. Podemos também dizer: "Quero amar". A sofisticação da cultura é determinada pela capacidade de deslocamento da libido.

Morto e ermo como um campo de restolhos;
Oh! ainda canta a primavera, como outrora,
A meu sofrer gentil canção consoladora,
Mas morta está a manhã de minha vida,
Morta de meu coração a primavera.

Para sempre o mais querido amor sofre penúria,
O que amamos, uma sombra apenas é.
Quando da juventude os dourados sonhos pereceram,
A amável natureza para mim morreu;
Disto não soubeste em dias felizes,
Que tão longe de ti a pátria está,
Pobre coração, jamais hás de conhecê-la,
Se um sonho seu não te bastar (Hölderlin, 1909, vol. 2, p. 97s.).

Palinódia

Por que, qual névoa, me envolve, terra, teu amável verde?
Por que me sopras de novo, leve brisa, como outrora?
Em todos os cimos sussurra...
[...]
Por que me despertai a alma? Por que agitai
em mim o passado, vós, os bons? Poupai-me
E deixai-a descansar, as cinzas de minhas
Alegrias, apenas zombai; ó vagai

Deuses sem destino e florescei
Em vossa juventude sobre os que envelhecem
E se quiserdes juntar-vos aos mortais,
florescem para vós as donzelas

Muitos dos jovens heróis e mais lindamente acaricia
A manhã o rosto dos felizes

E amáveis ressoam...
Os cânticos dos *ociosos*

Oh! Outrora fluía leve a onda da canção
Também de meu peito, quando ainda a alegria
Divina brilhava em meu olhar... (Hölderlin, 1909, vol. 2, p. 285).

A separação da felicidade da infância, da juventude, tirou até da natureza o brilho dourado, e o futuro é o vazio desolador. Mas o que tira o brilho da natureza e a alegria da vida é o veneno do anseio que olha para trás, que deseja voltar para mergulhar na própria profundeza.

Empédocles

A vida procuras, procuras, e brota e brilha para ti
Um fogo divino da profundeza da terra,
E tu, em terrível desejo,
Te atiras nas labaredas do Etna.

Assim fundiu no vinho pérolas de arrogância
A rainha; e as queria! Não tivesses tu,
Ó poeta, sacrificado teu tesouro
Na fermentante taça!

Mas sagrado me és, como o poder da terra
Que te levou, arrojado morto!
E seguir ao abismo queria,
Não me impedisse o amor o herói (Hölderlin, 1909, vol. 2, p. 202).

Esse poema revela o anseio secreto pela profundeza materna[505].

505. Tema da imortalidade na fábula da morte de Empédocles. Horácio (*Ars poética*, p. 464s.): "Deus immortalis haberi / Dum cupit Empedocles ardentem frigidus Aetnam / Insiluit..." [Como queria ser um deus imortal, Empédocles pulou resolutamente no Etna fumegante...].

Ele quer ser dissolvido no vinho como pérola, sacrificado na taça (a "cratera" do renascimento). Mas o amor ainda o retém na luz do dia. A libido ainda tem um objeto pelo qual vale a pena viver. Mas se esse objeto for abandonado, a libido submergirá no reino da mãe subterrânea, que pari de novo.

Epitáfio

Tomo outro rumo a cada dia,
Ora ao verde bosque, ora à fonte,
À rocha, onde florescem as rosas,
Olho da colina para o vale, mas
Em parte alguma, querida, te encontro na luz,
E nos ares desaparecem as palavras
Que, piedosas, outrora, eu, a teu lado,
[...]

Longe estás, rosto bendito!
E o som harmonioso de tua vida emudeceu em mim,
Não mais ouvido e, ai! onde estais
Cânticos milagrosos, que um dia o coração

Me aplacastes com a paz dos celestiais?
Foi há tanto tempo! tanto! O jovem
Envelheceu; até a terra, que então
Me sorria, modificou-se.

Adeus! despede-se e retorna a ti
A alma a cada dia, e chora por ti
O olho, para que mais claro possa
Enxergar-te lá, onde estás (Hölderlin, 1909, vol. 2, p. 285).

Claramente já se percebe aqui a renúncia, uma inveja da própria juventude, daquela época da "facilidade", que tanto gostaríamos de prender junto a nós por abominarmos tanto qualquer atividade obrigatória, à qual é negada toda recompensa imediata de prazer. O trabalho exaustivo de longo prazo e por metas distantes não é algo que compete à criança ou ao ser humano primitivo. É difícil dizer se isso poderia ser chamado também de preguiça; no entanto, parece estar relacionado ao fato de a vida sentimental em fase primitiva, seja ela de natureza infantil ou arcaica, possuir uma enorme inércia e espontaneidade em produção e não produção.

A última estrofe proclama algo terrível: um olhar para a outra terra, para a costa distante do pôr ou do nascer do Sol. O amor não mais segura o poeta, os laços com o mundo se romperam, e em alta voz ele clama pela ajuda da mãe:

Aquiles

Grandioso filho dos deuses! quando perdeste a amada,
Foste ter à praia e levaste teu pranto à maré,
Com lamentos, aspirava teu coração o sagrado abismo,
O silêncio, onde, longe do clamor dos barcos,
Sob as vagas, em tranquila gruta, mora
A bela Tétis, que te protegia, a deusa do mar.
Mãe para o jovem foi ela, a poderosa deusa,
À beira dos rochedos de sua ilha,
Nutrira outrora com amor o menino,
Com o vigoroso canto das ondas e no
Banho robustecedor, ela o transformara em herói.
E a mãe ouviu o lamento do jovem,

Pesarosa, do fundo do mar emergiu, como pequenas nuvens,
Serenou com carinhoso abraço as dores do querido,
E ele ouviu, meiga, prometera auxílio.
Filho dos deuses, fosse eu como tu, poderia na intimidade,
A um celestial contar meu secreto sofrer.
Não o presenciarei, devo carregar a desonra, como se
Não mais pertencesse a ela, que no entanto chora por mim.
Bons deuses! Ouvis todas as súplicas dos homens,
Oh! íntima e abnegadamente te amei, sagrada luz,
Desde que vivo, a ti, terra, e a tuas fontes e bosques,
Pai Éter, e a ti, com demasiado ardor e pureza sentia
Este coração – oh abrandai minha dor, benditos,
Para que minh'alma não se cale cedo, demasiado cedo,
Para que eu viva e vos possa, potestades celestiais,
Agradecer ainda, no fugidio dia, com cântico devoto,
Por antigo bem, por alegrias de finda juventude,
E depois recebei entre vós, com brandura, o solitário.
(Hölderlin, 1909, vol. 2, p. 213s.).

Esses cânticos descrevem melhor do que áridas palavras o constante afastamento e a alienação cada vez maior da vida, o lento submergir no abismo materno do próprio ser. A esses cânticos de anseio retrospectivo associa-se estranhamente, como hóspede sinistro, o canto apocalíptico *Patmos*, envolto pelas brumas da profundeza, pelas envolventes "névoas" da mãe causadora de loucura. Nele transparecem os pensamentos antiquíssimos do mito, o pressentimento da morte e ressurreição da vida revestido de símbolos. Encontraremos coisas semelhantes em grande número em pacientes desse tipo.

Cito alguns fragmentos significativos de *Patmos* (Hölderlin, 1909, vol. 2, p. 230s.).

> Deus perto está,
> Difícil de captar,
> Mas onde há perigo, cresce
> O que salva também.

Essas palavras indicam que, agora, a libido alcançou a maior profundidade, onde "o perigo é grande" (Goethe, *Fausto*, Parte II, Cena das mães). Aí "Deus está próximo": aí o homem encontraria o Sol interior, sua própria natureza solar que se renova, escondida no seio materno, como o Sol durante a noite:

> No escuro moram
> As águias, e destemidas deslizam
> As filhas dos Alpes por sobre o abismo,
> Sobre pontes levemente construídas.

Com essas palavras a poesia obscura e fantástica continua. A águia, a ave solar, mora no escuro – a libido se escondeu, mas no alto os habitantes das montanhas transpõem o espaço, certamente os deuses ("Caminhais lá no alto, na luz"), imagens do Sol que caminha no céu e, como uma águia, desliza sobre a profundidade.

> Pois agregados estão em torno
> Os cimos do tempo
> E os entes queridos moram perto, em desalento,
> Sobre montanhas distantes,
> Assim dai água inocente.
> Oh! dai-nos asas, para, singelamente,
> Atravessar e retornar!

A primeira é uma imagem escura de montanhas e de tempo (provavelmente motivada pelo Sol que caminha por sobre as montanhas); a imagem seguinte, uma proximidade e, na mesma imagem, a separação dos queridos parece indicar a vida no submundo[506], em que se dá a reunião com tudo o que mais se amava; mas a felicidade da união não pode ser desfrutada, pois tudo é sombra, sem substância, sem vida. Ali quem desce bebe a água "inocente", provavelmente "infantil", a poção da renovação[507], para que lhe cresçam asas e, alado, possa reerguer-se para a vida, como o disco solar alado, que se ergue da água voando como um cisne ("asas, para atravessar e retornar").

> Assim falava eu, quando me raptou
> Mais depressa do que imaginava,
> Para longe, para onde jamais
> Pensei chegar, um gênio,
> Levando-me de casa. Entreviam-se
> No crepúsculo, quando eu ia,
> O frondoso bosque
> E os saudosos riachos
> Da pátria; jamais conheci estas terras.

Depois das obscuras e enigmáticas palavras iniciais, em que o poeta expressa o pressentimento do que está por vir, começa a viagem solar ("viagem noturna pelo mar")

---

506. Cf. o belo trecho na viagem pelo Hades de Ulisses, em que o herói quer abraçar sua mãe: "Mas eu, movido por intensa saudade, / Quis abraçar a alma da falecida mãe. / Três vezes tentei, ardentemente desejando o abraço; / Três vezes das mãos, como vã sombra e quimera, / Ela escapou; e mais forte se tornou em meu coração a saudade" (Homero, *Odisseia*, 16, p. 204s.). O submundo, o inferno, é o lugar do anseio não satisfeito. O tema de Tântalo atravessa todo o inferno.

507. A doente de Spielrein (1912, p. 345) fala, no contexto do significado da Santa Ceia, de "água impregnada de infantilidade", "água espermática", "sangue e vinho"; na página 368 ela diz: "As almas caídas n'água são salvas por Deus: elas caem no fundo mais profundo. – As almas são salvas pelo deus solar".

para o Oriente, para o nascer, para o enigma da eternidade e do renascimento, como que também Nietzsche sonha e fala com palavras grandiosas: "Ó como não estaria eu sedento de eternidade e do nupcial anel dos anéis – o anel do regresso! Nunca encontrei a mulher da qual desejasse um filho, não fora esta a mulher que eu amo: pois eu te amo, ó eternidade" (Nietzsche, 1899-1911, vol. 6, p. 334s.).

Hölderlin capta o mesmo anseio numa imagem magnífica, cujos traços isolados já nos são conhecidos:

> Mas logo, em fresco esplendor, Misteriosa,
> No incenso dourado, desabrochou,
> Depressa crescendo,
> Com passos de Sol,
> Com mil cimos perfumada,
>
> Ásia para mim, e ofuscado procurei
> Algo conhecido, pois estranhas
> Me eram *as ruas largas*, onde
> Do Tmolus desce
> Paktol adornado de ouro,
> E Taurus está com Messogis.
> Cheio de flores o jardim,
> Um silencioso fogo; mas à luz
> Brilha a neve prateada;
> E testemunha de vida imortal,
> Em paredões inacessíveis,
> Antiquíssima, a hera[508] cresce, e sustentados são
> Por colunas vivas cedros e louros,
> Solenes,
> Os palácios divinamente erigidos.

---

508. O *pharmakon athanasias*, a poção do Soma, o Haoma dos persas, seria feito de Ephedra vulgaris (Spiegel, 1871-1878, vol. 1, p. 433).

A imagem é apocalíptica: a cidade maternal no país da juventude eterna, envolta por imperecível verde e florida primavera[509]. O poeta aqui se identifica com João, que vivia na Ilha de Patmos e um dia se uniu ao "Filho do Altíssimo" e o viu face a face:

> Quando ali, junto ao enigma da videira,
> Eles estavam reunidos, à hora da ceia,
> E na grande alma, sereno, percebendo a morte,
> Falou o Senhor, e o último amor...
>
> E a seguir morreu. Muito poderia
> Ser dito a respeito. E viram-no, com olhar vencedor,
> O mais alegre, os amigos ainda no fim...
>
> Por isso enviou-lhes ele
> O Espírito, e por certo estremeceu
> A casa, e os templos de Deus rolaram
> Trovejantes sobre
> As cabeças sábias, quando, sombrios,
> Reunidos estavam os heróis da morte,
> Agora, quando partindo,
> Mais uma vez lhes apareceu.
> Pois agora apagou-se o dia do Sol,
> O régio que quebrou

509. Como a cidade celestial *Hanneles Himmelfahrt*, de Hauptmann: "A Bem-aventurança é uma bela cidade, / Onde paz e alegria não têm fim. / Suas casas são de mármore, seus telhados de ouro, / Na prateada fonte corre vinho rubro. / Pelas brancas, brancas ruas espalharam flores, / Repiques nupciais ressoam das torres. / Verde-maio são as ameias, por luz matinal iluminadas, / Adornadas de rosas, / De borboletas cercadas. / ... Lá embaixo caminham de mãos dadas / Os festivos homens pela terra abençoada. / Rubro vinho tinto enche o grande, grande mar, / Nele mergulham com alegria sem par. / Mergulham fundo na espuma e no esplendor. / Por inteiro os recobre a purpúrea cor. / E quando das águas emergem deslumbrados, / Com o sangue de Jesus foram purificados" (Hauptmann, 1902, p. 92).

O radiante cetro,
Com divino sofrimento,
Pois deve retornar
No momento certo.

As imagens subjacentes são a morte como sacrifício e a ressurreição de Cristo, como autoimolação do Sol, que voluntariamente quebra seu cetro de raios, em certa esperança da ressurreição. Sobre a substância do "cetro de raios" deve-se observar o seguinte: a paciente de Spielrein diz que "Deus perfura a terra com um raio" (Spielrein, 1912, p. 375). Para a paciente, a terra tem o significado de uma mulher. Ela também interpreta o raio solar mitologicamente como um objeto sólido: "Jesus Cristo mostrou-me seu amor batendo com um raio em minha janela". Também em outro doente mental encontrei a mesma ideia da substância sólida do raio solar. Devemos apontar aqui também para a natureza fálica do instrumento atribuído ao herói. O martelo de Tor, com o qual ele fende a terra e nela penetra, pode ser comparado com o pé de Kaineus. No fundo da terra o martelo comporta-se como o *Hort*, isto é, com o correr do tempo volta à superfície (o tesouro "floresce"), ou seja, ele renasce da terra (cf. o que foi dito acima sobre o "entumecer"). Em muitos monumentos, Mitra tem em mãos um instrumento peculiar, que Cumont compara com um odre semicheio. Com a ajuda do texto de um papiro, Dieterich comprova que o instrumento é a *espádua bovina*, a constelação de Ursa. A espádua tem um significado fálico indireto, pois é o elemento que faltava em Pélope. Pélope havia sido abatido, esquartejado e cozinhado na caldeira por seu pai Tântalo como refeição dos deuses. Sem saber, Deméter comeu a espádua, quando Zeus descobriu o sacrilégio. Ele mandou devolver as partes à caldeira e, com a ajuda de Cloto, a doadora de vida, Pélope foi recriado e a espádua foi substituída por uma espádua de marfim. Essa substituição é um paralelo exato à substituição do falo de Osíris. Mitra é representado, num ato especial, segurando a espádua sobre o Sol, seu filho e representante. Essa cena deve ser um tipo de ordenação, comparável à ordenação de um cavaleiro (por exemplo, o *Firmelungsschlag*). O ato de bater como função geradora (fecundadora, entusiasmante) se preserva no uso popular do *bater com a cana da vida*, o que tem o significado de um feitiço de fertilidade. Nas neuroses, o significado sexual do castigo físico exerce um papel importante, visto que, em muitas crianças, o castigo físico pode provocar um orgasmo. O ato sacral do bater tem o mesmo significado do "convencer" (fecundar) e deve simplesmente ser uma variante do original "passar o falo". De constituição semelhante à espádua bovina é a perna de cavalo do diabo, que também possui significado sexual. A queixada do jumento de Sansão deve ser avaliada da mesma forma. No mito dos Mãui da Polinésia, a queixada, a arma do herói, provém da antropófaga Muri-ranga-whenua, cujo corpo infla quando sente o cheiro de carne humana. Héracles retira sua queixada da madeira da oliveira materna. Também a chave de Fausto conhece as mães. A libido provém da mãe, e é somente com essa arma que se vence a morte.

Corresponde à natureza fálica da queixada de jumento de Sansão que, no lugar em que ele a jogou, Deus fez brotar uma fonte (Jz 15,17s.) (fontes nascidas de cascos de cavalo, pegadas, casco de cavalo). Quanto ao sentido, faz parte desse contexto a varinha mágica, o cetro em geral. Em grego *skeptron* = cetro, pertence a *skapos, skepanon, skepon* = bastão, *skeptos* = vento de tempestade, latim *scapus*, haste, *scapula,* escápula, antigo alto-alemão *scaft*: lança (Prellwitz, 1905, verbete: "skepto"). Reencontramos aqui aquelas relações que já nos são conhecidas: o falo solar como tubo de vento, lança e espádua.

A transição da Ásia para o mistério cristão, passando por Patmos, na poesia de Hölderlin aparentemente é uma ligação superficial, mas, no fundo, é um raciocínio de muito sentido: a penetração na morte e no além como uma autoimolação do herói para alcançar a imortalidade. No período em que o Sol se pôs, em que aparentemente o amor está morto, os seres humanos esperam em alegria secreta a renovação de toda vida:

> […] e foi alegria
> Doravante,
> Viver em carinhosa noite e conservar
> Em singelos olhos, constantes,
> Abismos de saber.

Nas profundezas habita a sabedoria, a sabedoria da mãe; ser um com ela confere aos sentidos a percepção de coisas mais profundas, de todas as sedimentações de tempo primordial, cujas camadas o espírito preservou. Também o poeta em seu êxtase doentio sente o múltiplo da grandeza da visão, mas ele já não se importa mais em trazê-la à luz do dia aquilo que minerou na profundeza – ao contrário de Fausto.

> E não é um mal, se alguma coisa
> *Se perde* e da fala
> O som vivo se queda,
> Pois a obra divina é semelhante à nossa.

Nem tudo o Supremo quer de uma vez.
Embora ferro contenha a mina
E incandescentes resinas o Etna,
Tivesse eu fortuna
Para fazer uma imagem e vê-lo,
Como foi, o Espírito.

Só uma esperança reluz lá de baixo, revestida de escassas palavras:

Os mortos ele desperta,
Que ainda não foram apanhados
Pelo Bruto.
[...]
E se os celestiais agora
Tal como penso, me amam...
[...]
Silencioso é o seu[510] sinal
No céu trovejante. E alguém debaixo está
Por toda sua vida. Pois ainda vive Cristo.

Mas como outrora Gilgamesh, que, ao trazer a erva mágica das terras benditas do Ocidente, tem sua presa roubada pela serpente demoníaca, também o poema de Hölderlin termina em lamento doloroso que nos revela que, após sua descida para as sombras, não haverá um renascer vitorioso:

... Ultrajantemente
Nos arranca o coração uma força.
Pois quer sacrifício de cada celestial.

O poeta reconheceu tarde demais que deveríamos sacrificar a saudade retrospectiva (a libido incestuosa) antes que os "celestiais" nos "arrebatem" os sacrifícios, quando levam também toda a libido. Por isso considero sábio

510. Isto é, do Pai.

o conselho que o inconsciente dá à nossa autora, para que sacrifique seu herói infantil. A melhor forma de fazer esse sacrifício é, como nos mostrou a primeira camada de significado, uma total devoção à vida, quando toda a libido retida em laços familiares precisa ser levada para fora, para a sociedade humana, pois, para o bem-estar do indivíduo, é necessário que ele, após em sua infância ter sido apenas uma partícula que girava num sistema giratório, depois de adulto se torne ele próprio o centro de um novo sistema. É claro que tal passo inclui também a solução, ou pelo menos o tratamento esforçado do problema sexual; pois se isso não acontece, a libido não usada inevitavelmente permanece presa na relação incestuosa e mantém o indivíduo preso sob muitos aspectos. Lembramos aqui que a pregação de Cristo pretende separar o indivíduo de sua família, sem qualquer consideração, e no diálogo com Nicodemos vimos o esforço especial de Cristo para dar atividade à libido incestuosa. As duas tendências servem ao mesmo fim: libertar o ser humano, de um lado, o judeu de sua ligação extraordinária à família, que não corresponde a uma compreensão mais elevada e sim à brandura e ao descontrole do sentimento incestuoso, daí a compensação da cerimônia coerciva do culto e o medo religioso do Javé imprevisível. Se, sem o medo da lei e dos fanáticos e profetas irados, o ser humano deixar agir sua libido incestuosa e não a libertar para objetivos mais elevados, ele estará sob a influência de uma coerção inconsciente. Pois coerção é desejo inconsciente (Freud). Então ele está sob a coerção da libido (*heimarmene*) e seu destino não passa por suas mãos; suas *Tychai kai Moirai* lhe caem dos astros. Sua libido inconscientemente incestuosa, que assim é aplicada da forma mais primitiva, mantém o ser humano, no que diz respeito a seu tipo de amor, em uma fase primitiva, na fase do descontrole e da entrega aos afetos. Era essa a situação psicológica do fim da Antiguidade, e o redentor e médico daquela época era aquele que tentava educar os seres humanos para a sublimação de sua libido incestuosa[511].

Para isso, a destruição da escravidão era postulado e condição; pois a Antiguidade ainda não tinha reconhecido a *obrigação de trabalhar* e o *trabalho obrigatório* como condição social de significado mais fundamental. Trabalho de escravo era trabalho forçado, a contraparte à coerção libidinosa igualmente funesta dos senhores. Foi somente a obrigação de trabalhar do indivíduo que, em longo prazo, permitiu aquela "drenagem" constante do inconsciente inundado pelas constantes regressões da libido. A preguiça é o começo de todo vício, porque, no estado do sonhar ocioso, a libido tem oportunidades abundantes de imergir em si mesma, para, por meio de vínculos regressivamente reavivados, criar obrigações coercivas. O melhor remédio contra isso é o *trabalho regular*[512]. Mas o trabalho só é redenção quando é um ato

---

511. Praticamente todos os mistérios têm esse objetivo. Eles criam símbolos de morte e ressurreição para a atividade e educação da libido infantil. Como mostra Frazer (1911, p. 214s.), também povos exóticos e bárbaros têm em seus mistérios os mesmos símbolos de iniciação por meio de morte e renascimento, exatamente como Apuleio (*Metamorphoses*, XI, 23, p. 240) diz sobre a iniciação de Lúcio aos mistérios de Ísis: "Accessi confinium mortis: et calcato Proserpinae limine, per omnia vectus elementa remeavi" [Eu fui até o limite entre vida e morte. Cruzei o umbral de Prosérpina, e depois de ter atravessado todos os elementos, retornei] (p. 425). Lúcio morreu figuradamente (ad instar voluntariae mortis) [como que de uma morte voluntária] e renasceu (*renatus*).

512. Mas isso não impede o neurótico moderno de transformar sua obrigação de trabalhar em um meio para se reprimir.

livre e se despiu de qualquer coerção infantil. Sob esse aspecto, a cerimônia religiosa se apresenta, em boa parte, como *inatividade organizada* e, ao mesmo tempo, como fase preliminar do *trabalho* moderno.

Se a visão de Miss Miller tem por objeto o problema do sacrifício de anseios infantis, de início isso é um problema individual, mas se lançarmos um olhar sobre a forma em que se faz essa elaboração, perceberemos que aqui se trata de alguma coisa que deve ser problema também para a humanidade em geral. Pois os símbolos – a serpente que mata o cavalo[513] e o herói que se sacrifica voluntariamente – são figuras primordiais das fantasias e dos mitos religiosos que brotam do inconsciente.

À medida que o mundo e tudo o que existe é, em primeira linha, produto da imaginação (ao qual pela via da coação empírica atribuímos também uma "substancialidade" transcendente), a criação do mundo e, em termos psicológicos, o mundo em si resultam do sacrifício da libido que anseia por tudo que passou. Para aquele que olha para trás, o mundo (e mesmo o céu estrelado) se torna novamente a mãe debruçada sobre ele a envolvê-lo de todos os lados[514]; e da renúncia a essa imagem e do anseio por ela se origina a imagem do mundo. Dessa simples ideia básica, que talvez nos pareça estranha simplesmente porque ela é imaginada exclusivamente de acordo como o princípio do prazer e não do *princípio da realidade* (Freud, 1911, p. 1s.), resulta o significado do *sacrifício cósmico*. Um

513. Cf. Gênesis (49,17): "Dã seja como serpente no caminho, como víbora no atalho, que morde os calcanhares do cavalo e faz cair para trás o cavaleiro".

514. Cf. a representação egípcia do céu como mulher e como vaca.

bom exemplo é a matança da *mãe primordial* babilônica, Tiâmat, do dragão, cujo cadáver está destinado a formar o céu e a terra. Encontramos a formulação mais completa dessa ideia na filosofia indiana mais antiga, nos cânticos do *Rigveda*. O canto (10, 81, 4) pergunta:

> O que foi a *madeira*, o que foi a árvore,
> Da qual esculpiram terra e céu?
> Ó sábios, pesquisai isto no espírito...
> (Deussen, 1906, vol. 1, p. 136).

Viçvakarman, o criador universal, que criou o mundo a partir da árvore desconhecida, o fez do seguinte modo:

> Aquele que, *sacrificando*, se aprofundou,
> Em todos estes seres como sábio *imolador*, nosso Pai,
> Ambicionando riquezas por meio de reza,
> *Ocultando origem*, no baixo mundo penetrou.
> Mas o que lhe serviu de base,
> De ponto de apoio?[515]

Rigveda (10, 90) dá resposta a essas perguntas: o Purusha é o ser primitivo que

> Cobre a terra toda por completo,
> Para dez dedos acima fluir ainda.

Vê-se que Purusha é uma espécie de alma universal platônica, que envolve o mundo também por fora: de Purusha

> Nascido ele envolveu o mundo,
> Pela frente, por trás, por todos os lados.

---

515. Essa forma da pergunta lembra o conhecido símbolo indiano do animal que carrega o mundo: um elefante sobre uma tartaruga. Como se sabe, o elefante tem significado principalmente masculino-fálico; e a tartaruga, como todo animal dotado de carapaça, significado feminino.

A simbólica da mãe na imagem de Purusha é, como me parece, clara. Ele representa a imago materna e a libido da criança que adere a ela. Essa hipótese explica-se facilmente o seguinte:

> Como animal sacrifical sobre a palha ofertaram
> Purusha, o que antes se originara.
> Ali o sacrificaram deuses, bem-aventurados
> E sábios, que ali se reuniram.

Esse verso é estranho. Se quisermos entender esse mitologema nos moldes da lógica, teríamos que o violentar. É uma fantasia excessivamente ousada que, além dos deuses, meros "sábios" tenham "sacrificado" o ser primário, sem falar do fato de que, no início, nada existia além dele (isto é, antes do sacrifício), como ainda veremos. Mas se o mitologema se refere ao grande enigma do estado psíquico primitivo, tudo se esclarece:

> Dele, como animal sacrifical todo consumado
> Escorreu o mel do sacrifício com sebo misturado;
> Com isto se criaram os animais no ar
> E os que vivem na floresta e no lar.
> Dele, como animal sacrifical todo queimado
> Os hinos e cânticos se originaram,
> Como também os cantos de pompa, todos eles,
> E o que de versos sacrificais nós conhecemos...
>
> De seu Manas se formou a Lua,
> O olho como Sol se vê agora,
> De sua boca nasceram Indra e Agni,
> Vâyu, o vento, do sopro de seu hálito foi feito.
> O reino do espaço surgiu de seu umbigo,
> O céu da cabeça teve origem,
> Dos pés, a terra, os polos da orelha,
> Assim se fez a criação inteira
> (Deussen, 1906, vol. 1, p. 156s.).

É evidente que isso não diz respeito a uma cosmogonia física e sim psicológica. O mundo se origina quando o ser humano o descobre. E ele o descobre quando sacrifica a mãe, isto é, quando se liberta das brumas de seu inconsciente na mãe. Aquilo que o impele para essa descoberta pode ser compreendido como a *Inzestschranke* ("barreira do incesto") assim chamada por Freud. A proibição do incesto estabelece uma meta para o anseio infantil pela mãe nutridora e força a libido, que aos poucos se torna sexual, para o caminho do objetivo biológico. A libido afastada da mãe pela proibição do incesto, "a libido materna", procura o objeto sexual em lugar da mãe proibida. Nesse sentido psicológico mais amplo, que se expressa na linguagem alegórica de "proibição do incesto", "mãe" etc., deve ser interpretada também a frase paradoxal de Freud: "Originalmente nós só conhecíamos objetos sexuais" (Freud, 1911, p. 171). Essa frase, que deve ser compreendida *psicologicamente*, no sentido de uma imagem do mundo criado de dentro para fora, que, a princípio, nada tem a ver com a chamada imagem do mundo "objetiva", que deve ser compreendida como uma reedição da imagem do mundo subjetiva que passou pela correção da realidade. A biologia como uma ciência experiencial objetiva teria que rejeitar a frase de Freud, pois, como demonstramos no início, a função da realidade só pode ser parcialmente sexual; em outra parte igualmente importante ela é autopreservação. De outra forma a coisa se apresenta ao pensamento que acompanha a função biológica como epifenômeno. Pelo que sabemos, o ato de pensamento individual parece estar completamente, ou pelo menos em grande parte, vinculado à existência de um cérebro altamente diferenciado, enquanto a função da realidade (adaptação à realidade) é algo que ocorre em toda a natureza animada de forma totalmente independente do ato de pensamento. Essa sentença importante de Freud vale apenas para o ato de pensamento, pois esse, como indicam todos os rastros, descende dinamicamente da libido, que, na "barreira do incesto", foi separada do objeto original. A "barreira do incesto" entra em ação quando os primeiros movimentos sexuais começam a fluir na corrente da libido que vai para a mãe. Por meio da barreira do incesto, a libido sexual é recalcada da identificação libidinosa com os pais e introvertida por falta de atividade adequada. É a libido sexual que, aos poucos, conduz o indivíduo para fora da família (se essa necessidade não existisse, a família permaneceria junta como um torrão sólido. Por isso o neurótico sempre abre mão de uma *vivência erótica plena*[516], para poder permanecer criança). Da introversão da libido sexual parecem originar-se as fantasias. Visto, então, que as primeiras fantasias infantis certamente não alcançam a qualidade de um plano consciente e, em todo caso, as fantasias (também no adulto) quase sempre são ascendentes diretos do inconsciente, é muito provável que as primeiras fantasias resultam de um ato regressivo. Como explicamos acima, a regressão remete à fase pré-sexual, algo que foi apontado por muitos indícios. Aqui a libido sexual torna a adquirir, de certo modo, aquela capacidade universal de aplicação ou capacidade de deslocamento, que ela realmente

516. O neurótico Don Juan não é prova; o que o "habitué" entende por amor é apenas uma fraqueza e longe daquilo que se chama amor!

possuía naquela fase em que a aplicação sexual ainda não havia sido encontrada. Para a libido sexual que regride, naturalmente não se encontra na fase pré-sexual nenhum objeto adequado, apenas substitutos, que ainda deixam um desejo insatisfeito, o desejo de que o substituto seja o mais semelhante possível à meta sexual. Mas esse desejo é *secreto*, pois, no fundo, é um desejo incestuoso. O desejo inconsciente não satisfeito gera agora inúmeros objetos secundários, símbolos para o objeto primordial, a mãe. (Como diz o *Rigveda*, o criador do mundo penetra as coisas "velando a origem"). Disso resulta o pensamento e a fantasia como uma *atividade agora dessexualizada de uma libido originalmente sexual*.

No que diz respeito à expressão "barreira do incesto", ela corresponde a uma interpretação sob o ponto de vista da libido. No entanto, podemos aplicar também outro ponto de vista à mesma pergunta.

Aquele período do despertar da sexualidade (mais ou menos o terceiro ou quarto ano de vida) é, ao mesmo tempo, visto de fora, o período em que a criança é confrontada com exigências mais altas da realidade. Ela sabe andar, falar e fazer muitas coisas de forma independente; ela já se vê diante do mundo das possibilidades ilimitadas, no qual, porém, pouco ou nada ousa fazer, pois, de outro lado, ainda é criança demais que não consegue ser sem a mãe. *Nessa fase, a mãe deveria ser trocada pelo mundo*. Contra isso se levanta o passado como maior resistência; como sempre, quando o ser humano precisa se adaptar a algo novo. A despeito de todas as evidências e de toda determinação consciente, o inconsciente (o passado) sempre torna a fazer valer seu ponto de vista como resistência. Nessa situação difícil, justamente nesse período do despertar da sexualidade, vemos o brotar do espírito. A tarefa da criança nessa fase é o descobrimento do mundo e da grande realidade transubjetiva. Ela deve perder a mãe a ela; cada passo em direção ao mundo é um passo para mais longe da mãe. Compreensivelmente, tudo que há de retrospectivo no ser humano se opõe a esse passo, e são feitas tentativas enérgicas de não realizar essa adaptação. Por isso, essa faixa etária é também o período das primeiras neuroses nitidamente desenvolvidas. A tendência dessa idade é uma tendência diretamente oposta à tendência da *dementia praecox*. A criança procura conquistar o mundo e abandonar a mãe (isso como consequência necessária); a *dementia praecox*, porém, procura abandonar o mundo e recuperar o subjetivismo da infância. Vimos que a *dementia praecox* substitui a recente adaptação à realidade por um modo de adaptação arcaico, ou seja, a imagem do mundo recente pela imagem do mundo arcaica. Quando a criança desiste de sua tarefa da adaptação à realidade, isto é, apresenta dificuldades consideráveis nesse desempenho, podemos esperar que a adaptação recente também seja substituída por modos de adaptação arcaicos. Por isso seria concebível que, por causa da regressão, fossem incentivados produtos arcaicos na criança, ou seja, antigos modos de funcionamento do sistema do pensamento, inatos com a diferenciação do cérebro. De acordo com o material que tenho em mãos (ainda inédito), a fantasia infantil parece possuir um caráter estranhamente arcaico e, ao mesmo tempo, de validade universal, que apresenta várias semelhanças com os produtos da *dementia praecox*. Não parece improvável que, pela regressão nessa idade sejam despertadas aquelas mesmas associações de elementos e analogias que outrora formavam também os elementos da imagem do mundo arcaica. Se analisarmos quais são os elementos da imagem do mundo arcaica, basta lançarmos um olhar sobre a psicologia dos mitos para ver que a imagem do mundo arcaica era principalmente um antropomorfismo sexual. Parece que essas coisas desempenham um papel extraordinário na fantasia infantil inconsciente, como revelam amostras. Assim como o sexualismo da neurose não deve ser interpretado literalmente, mas como um fantasma regressivo e substituto simbólico de uma adaptação recente não realizada, o sexualismo da fantasia infantil, sobretudo o problema do incesto, é um produto regressivo da reanimação de modos de funcionamento arcaicos que transcendem em muito a realidade. Essa é a razão pela qual, neste trabalho, tenho me expressado de forma muito indeterminada sobre o problema do incesto, para não provocar a opinião de que, para mim, ele é uma tendência sexual bruta voltada para os pais. Como mostra meu raciocínio, a situação é muito mais complicada. Nem originalmente o incesto como tal deve ter tido um significado muito grande, visto que a copulação com uma mulher velha por qualquer razão dificilmente deve ter sido preferida à copulação com uma mulher jovem. Parece que a mãe se tornou incestuosa primeiro psicologicamente. Os casamentos incestuosos na Antiguidade, por exemplo, não foram consequência de uma tendência amorosa, mas de uma *superstição* especial, intimamente vinculada às ideias míticas discutidas aqui. Um faraó da segunda dinastia casou-se com sua irmã, sua filha e sua neta, os ptolomeus também cultivavam o casamento consanguíneo, Cambises casou-se com suas irmãs; Artaxerxes, com suas duas filhas; Cobado I (século VI d.C.!), com sua filha. O sátrapa Sisimitres casou-se até com sua mãe. Esses casamentos incestuosos explicam-se a partir do fato de que o Zendavestá recomenda diretamente o casamento entre parentes (Spiegel, 1871-1878, vol. 2, p. 667s.); ele servia para tornar os senhores semelhantes aos deuses e, portanto, era uma figuração mais artificial do que natural, pois nascia de uma tendência mais teórica do que biológica (havia muitas vezes também uma necessidade prática resultante do direito hereditário sobrevivente do matriarcado). Os equívocos, que certamente eram cometidos pelo bárbaro dos tempos mais remotos na escolha de seu objeto sexual, não devem ser avaliados segundo a psicologia do amor atual. Em todo caso, o incesto da pré-história semianimal não se compara com o significado enorme da fantasia incestuosa nos povos de cultura. Esse desequilíbrio nos obriga a supor que também a proibição do incesto, que já encontramos nas tribos relativamente inferiores, isso tenha mais a ver com ideias míticas do que com a nocividade biológica, razão pela qual as proibições étnicas quase sempre se dirigem à mãe e raramente ao pai. A proibição do incesto seria, portanto, a consequência de uma regressão, a consequência de um medo libidinoso que se lançou regressivamente sobre a mãe. Naturalmente, é difícil ou impossível dizer qual teria sido a origem desse medo. Ouso apenas insinuar que talvez tenha se tratado de uma separação original de pares opostos, ocultos na vontade de viver, o querer viver e o querer morrer. Permanece obscura a adaptação da qual o ser humano primitivo quis se esquivar por meio da introversão e regressão aos pais. Mas, segundo a analogia da vida anímica em si, podemos supor que a libido, que perturbou o equilíbrio original do devir e morrer, represou-se diante de uma adaptação especialmente difícil e diante da qual ela recua ainda hoje.

Após esse extenso excurso, retornamos ao cântico do *Rigveda*. Não considerei supérfluo dizer mais alguma coisa sobre a natureza fantástica da aplicação da libido que deve ser sacrificada. Pensamento e imagem do mundo resultaram do recuo diante da dura realidade, e só quando o ser humano se assegura regressivamente do poder protetor dos pais[517], ele, preso num sonho da infância, envolto em superstições mágicas, isto é, "pensando"[518], entra no mundo, temerosamente sacrificando seu melhor e se assegurando do favor do invisível, e cresce passo a passo em direção a um poder cada vez maior, na medida em que ele se liberta de seu anseio retrospectivo e da desunião inicial de seu ser.

O *Rigveda* (10,90) fecha com o verso muito significativo, que é de maior importância também para o mistério cristão:

---

517. Freud (1910, p. 57): "O Deus todo-poderoso e justo e a natureza bondosa nos parecem sublimações maravilhosas de pai e mãe, renovações e recriações das ideias infantis de ambos. A religiosidade tem sua origem biológica na impotência duradoura e na necessidade de ajuda do pequeno filho do homem, que, quando mais tarde reconhece seu real abandono e fraqueza diante das grandes potências da vida, percebe sua situação semelhante à da infância e tenta negar sua *miséria por meio da renovação regressiva das potências de proteção infantis*".

518. Nietzsche (*Gaia Ciência*, aforismo 157): "Mentiri – atenção! – ele pondera: logo terá uma mentira pronta. Este é um nível da cultura em que povos inteiros estiveram. Contemple o que os romanos expressavam com mentiri!". Realmente, o radical indo-germânico *mentis, men-* é a mesma de *mentiri, memini* e *mens*. Cf. Walde (1910, verbetes: "mendax, memini, mens").

Os deuses, sacrificando, veneraram o sacrificado,
E este foi dos sacrifícios o primeiro;
Em altas vozes para o céu clamavam,
Lá onde os velhos, santos deuses moram
(Deussen, 1906, vol. 1, p. 158).

Pelo sacrifício se obtém um poder tão grande que se aproxima do poder dos "pais". Assim, o sacrifício tem também o significado do processo psicológico do amadurecimento.

Da mesma forma como o mundo se originou por meio do sacrifício, pela renúncia à libido materna retrospectiva, segundo o ensinamento dos Upanixades também se produz a nova condição do homem, que pode ser chamada de imortal. Essa nova condição depois da existência humana é, por sua vez, obtida por meio de um sacrifício, pelo *sacrifício de um cavalo*, que tem significado cósmico segundo os ensinamentos dos Upanixades. Brihadâranyaka-Upanishad (1, 1) diz o que significa o cavalo sacrificado:

Om!

1.O rubor da aurora, em verdade, é a cabeça do corcel sacrifical, o Sol é seu olho, o vento seu hálito, sua goela o fogo universal, o ano é o corpo do corcel sacrifical. O céu é seu dorso, o espaço sua cavidade abdominal, a terra é a saliência de seu ventre; os polos são seus flancos, os entrepolos suas costelas, as estações do ano seus membros, os meses e quinzenas suas articulações, dias e noites são seus pés, os astros sua ossatura, as nuvens sua carne. O alimento que ele digere são os desertos de areia, os rios suas artérias, fígado e pulmões são as montanhas, os arbustos e árvores sua crina. O Sol nascente é sua parte

> anterior, o Sol em declínio seu lado posterior. O que ele relincha é relâmpago, o que ele estremece é trovão, o que ele molha é chuva; sua voz é fala. 2. O dia, em verdade, nasceu para o corcel como a pátera que está diante dele: seu berço está no oceano pela manhã; a noite nasceu para ele como a pátera que lhe está por trás: seu berço está no oceano ao cair da tarde; estas duas páteras surgiram para cercar o corcel. Como corcel ele puxou os deuses, como lutador os Gandharvas, como corredor os demônios, como cavalo os homens. O oceano é seu parente, o oceano seu berço (Deussen, 1909, p. 21s.).

Como observa Deussen, o sacrifício do corcel tem o significado de uma *renúncia ao universo*. Quando o cavalo é sacrificado, de certa forma o mundo é sacrificado e destruído – um raciocínio com que já Schopenhauer se ocupava e que retorna como produto da doença mental em Schreber (Freud, 1911, p. 60). No texto acima o corcel está entre duas páteras, de uma delas ele vem, para a outra ele vai, como o Sol caminha da manhã para a noite. Portanto, o cavalo significa a libido que foi para o mundo. Acima vimos que a libido à mãe teve que ser sacrificada para gerar o mundo; aqui, o mundo é anulado pelo renovado sacrifício da mesma libido, que, a princípio, pertencia à mãe. Por isso o cavalo pode ser inserido como símbolo da libido, pois, como vimos, ele apresenta muitas relações com a mãe[519]. Pelo sacrifício do corcel só pode, portanto, ser proporcionada nova fase de introver-

519. *Bundahish* (XV, 27): o touro Sarsaok é sacrificado no fim dos tempos. Mas Sarsaok foi quem difundiu o gênero humano; ele levou nove de quinze raças humanas em seu dorso, por meio do mar, para lugares distantes da terra. O touro primitivo de Gayomart, como vimos, devido à sua fecundidade tem significado materno.

são, semelhante àquela da criação do mundo. A posição do cavalo entre as duas páteras, que representam a mãe que dá à luz e a mãe devoradora, indica a imagem da vida encerrada no ovo, razão pela qual as páteras têm a função de "cercar" o corcel. O Brihadâranyaka-Upanishad (3, 3) prova que isso realmente é assim:

> 1. 'Para onde foram os descendentes de Parikshit, eu te pergunto, Yâjñavalkya! Para onde foram os descendentes de Parikshit?'
> 2. Yâjñavalkya falou: 'Ele vos disse que foram para onde vão (todos) os que fizeram o sacrifício do corcel. Pois este mundo se estende tanto quanto alcançam trinta e dois dias da carruagem do deus (Sol). Este (mundo) envolve a terra por duas vezes esta extensão. Esta terra envolve o oceano por duas vezes esta extensão. Aí existe, tão largo quanto o fio de uma navalha ou como a asa de uma mosca, um espaço entre (as duas cascas do ovo universal). Estes Indra levou como falcão para o vento; e o vento os acolheu e os levou para o lugar onde estavam os ofertantes do sacrifício do corcel. Assim vos falou ele (o Gandharva) e louvou o vento'. Por isto o vento é o especial (vyashti) e o vento é o geral (samashti). Impede a nova morte, quem disto sabe! (Deussen, 1909, p. 38).

Como nos diz esse texto, os que ofertam o sacrifício do corcel entram naquela *fresta mais estreita* entre as cascas do ovo universal, no lugar onde elas se *unem* e onde estão *separadas*. Em Platão (*Timeu*), a fresta (vagina) na alma universal materna é identificada pelo X, pelo símbolo da cruz. Indra que, como falcão, raptou o soma (a preciosidade dificilmente alcançada), como *psychopompos*, leva as almas para o vento, para o pneuma criador, que as conduz até a fresta ou a vagina, para o ponto de união, para a entrada no ovo materno. Esse raciocínio da filosofia indiana resume de forma sucinta o sentido de muitos mitos; ao mesmo tempo, é um excelente exemplo para mostrar que filosofia nada mais é do que mitologia refinada e sublimada. Ela foi levada a esse refinamento por meio do efeito da correção da realidade[520]. Devemos ressaltar que, no drama de Miss Miller, morre primeiro o cavalo, como o irmão animal do herói (como a morte prematura do semianimal Eabani, o amigo-irmão de Gilgamesh). Essa morte por imolação lembra toda a categoria dos sacrifícios mitológicos de animais. Poderíamos encher volumes com paralelos, razão pela qual aqui precisamos nos limitar a alusões. O sacrifício de animais, quando perde o significado primitivo de simples oferenda e adquire um sentido religioso mais elevado, está em íntima relação com o herói e com a divindade. O animal representa o próprio deus[521], assim, por exemplo, o touro[522] representa Dioniso-Zagreu e Mitra; o cordeiro, Cristo[523] etc. Como sabemos, o símbolo do animal representa a libido animal. O sacrifício do animal significa, portanto, imolação da libido sexual animal, da natureza animal. Isso se expressa mais nitidamente na lenda cultual de Átis. Átis é o filho--amante da deusa-mãe, a Agdístis-Cibele (Agdístis era an-

---

520. Se, para Silberer (1912, p. 664s.), a simbólica mitológica é um processo epistemológico em nível mitológico, essa opinião e a minha divergem apenas em seu ponto de vista, que tem como consequência um modo de expressão totalmente diferente.

521. Essa sequência de ideias começa com a refeição fúnebre.

522. Na astrologia, o touro é o *domicilium veneris*.

523. Da biblioteca de Assurbanípal existe um interessante fragmento sumério--assírio (apud Gressmann, 1909, vol. 1, p. 101): "Ao sábio ele falou: / Um cordeiro é substituto para um homem; / O cordeiro ele dá por sua vida, / a cabeça do cordeiro ele dá pela cabeça do homem...".

drógina[524], igual à árvore como símbolo da libido materna; na verdade, um indício claro de que a imago materna, além do significado da representação da mãe real, também tem o significado da mãe da humanidade, da libido em geral). Alucinado pela mãe causadora de loucura, por ele apaixonada, ele pratica a autocastração *debaixo de um pinheiro* (o pinheiro exerce um papel importante em seu culto. Todo ano enfeita-se um pinheiro com grinaldas, pendura-se nele uma imagem de Átis, e depois o pinheiro é cortado, o que representa a castração). O sangue que respingou na terra se transformou em violetas florescentes. *Cibele então toma este pinheiro, leva-o até sua gruta, e ali chora por ele* (Pietà). A mãe ctônica leva seu filho – pois, segundo outra versão, Átis foi transformado no pinheiro – para a gruta, ou seja, para dentro do ventre materno. Aqui, a árvore tem um significado essencialmente fálico; mas o ato de nela pendurar a imagem de Átis também aponta para o significado materno. ("An der Mutter hängen", [estar pendurado na mãe]).

Ovídio diz sobre o pinheiro:

> Grata deum matri, siquidem Cybeleïus Attys
> Exuit hac hominem, truncoque induruit illo.

524. Cf. o relato notável em Pausânias: "No sono, Zeus teria derramado sêmen na terra; com o tempo, dele teria brotado um demônio com *genitais duplas*, as de um homem e as de uma mulher. Deram-lhe o nome Agdistis. Os deuses, porém, amarraram Agdistis e *cortaram as genitais do homem*. Quando a amendoeira que delas nasceu deu frutos, a filha do Rio Sangarios comeu do fruto; porque o *colocou em seu seio*, o fruto desapareceu imediatamente; ela própria, porém, engravidou. Após dar à luz, um *bode* protegeu o filho banido; quando cresceu, ele era de beleza sobre-humana, de modo que *Agdistis se apaixonou pelo garoto*. Os parentes enviaram o Átis adulto para Pessino, para se casar com a filha do rei. Quando Agdistis apareceu, entoaram o cântico nupcial, e, enfurecido, Átis cortou suas genitais" (6, 17, 9s.).

[Agradável para a mãe dos deuses, assim como Átis, amado de
Cibele,
Perdeu sua humanidade e endureceu sob aquele tronco]
(Ovídio, *Metamorfoses*, Livro 10, p. 254).

A transformação em pinheiro é, aparentemente, um sepultamento na mãe, assim como Osíris foi envolvido pela erica. Num relevo de Átis em Koblenz[525], Átis parece *sair* de uma árvore, no que Mannhardt vê o *númen da vegetação* próprio da árvore. Provavelmente se trata apenas do nascimento numa árvore[526], como em Mitra (Relevo de Heddernheim). Como relata Firmicus, árvore e imagem tiveram importância no culto de Ísis e Osíris e também no culto da virgem Perséfone (Firmicus apud Robertson, 1910, p. 136; Creuzer, 1810-1812, vol. 2, p. 332). Dioniso tinha o cognome Dendrites, e na Beócia ele teria se chamado *endendros*, portanto, "na árvore" (Preller, 1864, vol. 1, p. 555 apud Robertson, 1910, p. 137) (no nascimento de Dioniso, Megera planta o pinheiro no Citerão). A saga de Penteu, associada ao mito de Dioniso, traz o equivalente interessante e complementar à morte de Átis e ao lamento subsequente: Penteu[527], curioso por espreitar as orgias das mênades, *trepa num pinheiro*, mas sua mãe o percebe; *as mênades cortam a árvore* e Penteu, tido por elas como um animal, é despedaçado

525. Cf. Roscher (1884-1890, col. 722, 10, verbete: "Átis").

526. Cf. também acima o nascimento na árvore.

527. Penteu como herói com natureza de serpente; seu pai foi Equíon, o ofídio.

em meio à loucura[528]; *a primeira a atirar-se sobre ele é a própria mãe* (Roscher, 1884-1890, col. 1054, p. 56s., verbete: "Dionysos"). Nesse mito, temos o significado fálico da árvore (cortar = castrar), sua natureza materna (escalada e morte sacrificial do filho), ao mesmo tempo temos aqui o oposto complementador da Pietà, a terrível mãe. A festa de Átis era celebrada como lamentação e depois como festa de regozijo na primavera (Sexta-Feira Santa e Páscoa). Os sacerdotes no culto de Átis-Cibele eram castrados e chamavam-se *galloi*[529]. O *arquigallos* chamava-se Atys (Átis)[530]. Em vez da castração anual, os sacerdotes apenas faziam arranhões em seus *braços* (braço em vez de falo. "Desarticular o braço"). Uma simbólica semelhante ao sacrifício da pulsão é encontrada na religião de Mitra, em que partes importantes do mistério representam os atos de apanhar e dominar o touro. Uma figura paralela a Mitra é o homem primitivo Gayõmard. Ele foi criado juntamente com seu touro, e os dois viveram em estado de bem-aventurança durante 6 mil anos. Mas quando o mundo entrou na era de Libra, irrompeu o mau princípio. Astrologicamente, Libra é o assim chamado domicílio positivo de Vênus; o mau princípio veio, portanto, sob o domínio da deusa do amor. (Destruição do herói solar pela mãe-esposa – serpente, prostituta etc.) Devido a essa

528. A morte sacrificial típica no culto de Dioniso.

529. Nos cortejos festivos usavam roupas de mulher.

530. Na Bitínia, Átis chamava-se *papas* (papa) e Cibele, Mã. Lembro que, nos cultos da Ásia Anterior, venerava-se o peixe em honra a essa deusa-mãe, e os sacerdotes eram proibidos de comer peixe. É interessante saber também que o filho de Atárgatis, idêntica a Astarte, Cibele etc., chamava-se Ichthys (Creuzer,1810-1812, vol. 2, p. 60), daí provavelmente o anagrama do nome de Cristo: Iesous christos theou yios soter = Ichthys.

constelação, Gayomart e seu touro morreram já depois de 30 anos (também as provas de Zaratustra duram até o 30º ano). Do touro morto nasceram 55 tipos de grãos, 12 tipos de plantas medicinais etc. O sêmen do animal foi para a Lua para purificação, o sêmen de Gayomart foi para o Sol. Esse fato poderia indicar um significado mais feminino do touro. Gosh ou Drvâshpa é a alma do animal e é venerada como *divindade feminina*. A princípio, por timidez, ela não quis ser deusa dos rebanhos, até que a vinda de Zaratustra lhe foi anunciada. Isso tem seu paralelo num Purâna hindu, em que se promete à Terra a vinda de Krishna (um análogo perfeito a Cristo) (Spiegel, 1871-1878, vol. 2, p. 77). Como Ardviçûrua, a deusa do amor, ela também anda de carruagem. A alma do touro, portanto, é decididamente feminina. O mito de Gayomart repete, de forma modificada, a ideia primitiva do círculo fechado sobre si mesmo de uma divindade masculino-feminina que gera e faz renascer a si própria.

Como o touro sacrificado, o fogo, de cujo sacrifício tratamos no capítulo 3, tem natureza feminina na China, conforme diz o comentarista (Nagel, 1908, p. 24) do filósofo Tchuang-Tse (350 a.C.): "O espírito do lar chama-se Ki. Ele está vestido de vermelho-claro, semelhante ao fogo, e tem o aspecto de uma bela e dócil donzela". No *Livro dos Ritos* lê-se: "A madeira é queimada nas chamas para o espírito Au. Este sacrifício para Au é um sacrifício *a mulheres velhas (falecidas)*". Esses espíritos do lar e do fogo são as almas dos cozinheiros mortos e por isso se chamam "mulheres velhas". O deus da cozinha desenvolveu-se a partir dessa tradição pré-budista e mais tarde (com sexo masculino) tornou-se o chefe da família e o *mediador entre família e deus*. Assim o antigo espírito feminino do fogo tornou-se uma espécie de Logos e mediador (Cf. o capítulo 3).

Do sêmen do touro originaram-se os primeiros pais dos bovinos assim como 272 tipos de animais úteis (Spiegel, 1871-1878, vol. 1, p. 511). Segundo o Minôkhired (Spiegel, 1851, p. 134, 166), Gayomart matou o Dév Azûr, que é considerado o demônio do mau desejo. Azi, também um *demônio* mau, apesar da ação de Zaratustra, mantém-se por mais tempo na Terra. Mas na ressurreição ele será o último a ser destruído (como satanás no Apocalipse de João); outra versão diz que Angro Mainyu e a serpente resistem até o fim para serem destruídos pelo próprio Ahura Mazda (Spiegel, 1871-1878, vol. 2, p. 164). Segundo a hipótese de Kern, Zaratustra se chamaria "Estrela de Ouro" e seria idêntico a Mitra (Spiegel, 1871-1878, vol. 1, p. 708). O nome de Mitra tem relação com o neopersa *mihr*, que significa *Sol e Amor*.

Em Zagreu, porém, vemos que o touro também é idêntico ao deus, razão pela qual o sacrifício do touro é um sacrifício divino, mas em nível primitivo. O símbolo animal é, de certa forma, só uma parte do herói; ele só sacrifica seu animal, portanto, simbolicamente, só renuncia à sua natureza animal. A participação íntima no ato do sacrifício[531] se revela por meio da expressão de doloroso êxtase no rosto de Mitra ao matar o touro. *Ele o faz voluntária e involuntariamente*[532], daí a expressão um tanto histérica em certos monumentos, que tem alguma semelhança com o rosto exageradamente sentimental

---

531. Porfírio (*De antro nympharum*) diz: "Como o touro representa a força criadora, Mitra também é o Senhor da Origem" (apud Dieterich, 1910, p. 72).

532. A morte do touro é desejada e indesejada. Quando Mitra mata o touro, um escorpião lhe morde o testículo (equinócio de outono).

do crucifixo de Guido Reni. Benndorf (apud Cumont, 1896, vol. 1, p. 182) diz sobre Mitra: "A expressão facial, que sobretudo na parte superior apresenta traços de todo ideais, tem *aparência altamente doentia*".

O próprio Cumont diz sobre a expressão do rosto do tauróctono:

> Ce visage, tel qu'on peut l'observer dans les meilleurs repliques, est celui d'un jeune homme d'une beauté presque féminine; une abondante chevelure bouclée *qui se dresse sur le front*, l'entoure d'auréole, la tête est légèrement penchée en arrière de façon que le regard se dirige vers le ciel, et la contraction des sourcils et des lèvres donne à la physionomie *une étrange expression de douleur*.
>
> [Este rosto, tal como pode ser observado nas melhores reproduções, é o de um jovem de beleza quase feminina; uma abundante cabeleira anelada, *que lhe cai sobre a fronte*, o envolve como uma auréola; a cabeça está ligeiramente inclinada para trás de modo que o olhar se dirige para o céu, e a contração das sobrancelhas e dos lábios confere à fisionomia *uma estranha expressão de dor*] (apud Cumont, 1896, vol. 1, p. 182).

A cabeça de Óstia (Mitra tauróctono?), reproduzida em Cumont, tem, porém, uma expressão de resignação sentimental, como a que conhecemos bem em nossos pacientes. Sentimentalidade é brutalidade reprimida, daí a postura excessivamente sentimental que tinha sua contraparte na simbólica do pastor e do cordeirinho do cristianismo contemporâneo, com o acréscimo do infantilismo[533].

533. O infantilismo é meramente a consequência da introversão muito mais elevada do cristão em relação aos seguidores de outras crenças.

Em todo caso, Mitra sacrifica somente sua natureza animal, sua sexualidade[534], sempre em analogia próxima com a trajetória do Sol. No decorrer deste estudo, vimos que o montante da libido que constrói imagens religiosas, em última análise, está fixado na mãe e assim representa aquele laço por meio do qual estamos ligados à nossa origem. (Religio?) Podemos, portanto, chamar esse montante da libido de "libido materna". Como vimos, essa libido se oculta em símbolos numerosos e bastante variáveis, também em símbolos animais, indiferentemente se de natureza masculina ou feminina – também as diferenças sexuais são, no fundo, de natureza secundária e, psicologicamente, não têm a importância que poderíamos atribuir-lhes numa observação superficial.

O sacrifício anual de donzelas ao dragão representava, provavelmente, o caso simbólico ideal. Para aplacar a cólera da terrível mãe, sacrificava-se a mais bela mulher como símbolo de sua libido. Formas mais amenas são o sacrifício do primogênito e de diferentes animais domésticos valiosos. Um segundo caso ideal é a autocastração a serviço da mãe (Dea Syria etc.); uma forma mais suave disso é a circuncisão, sacrificando-se pelo menos uma parte[535]. Com esses sacrifícios, cujos obje-

534. A natureza libidinosa daquilo que foi sacrificado é indubitável. Na Pérsia, um *carneiro* auxilia o primeiro homem a cometer o primeiro pecado, a coabitação; ele também é o primeiro animal que foi sacrificado (Spiegel, 1871-1878, vol. 1, p. 511). O carneiro, portanto, é equivalente à serpente do paraíso, que, segundo a literatura maniqueia, foi Cristo. Também o velho Melitão de Sardes teria ensinado que Cristo foi um cordeiro, comparável ao carneiro que Abraão sacrificou em lugar do filho. O arbusto representaria a cruz (*Fragmento V*, apud Robertson, 1910, p. 143s.).

535. Cf. "Noivo de sangue da Mãe" (Ex 4,25s.). Em Josué (5,2s.) somos informados de que Josué tornou a introduzir a circuncisão e a venda da primoge-

tos, no caso ideal, simbolizam a libido que afasta da mãe, renuncia-se simbolicamente à vida, para então readquiri-la. O sacrifício proporciona libertação do medo da morte e a reconciliação da mãe que mata. Nos cultos tardios em que o herói que, desde tempos remotos, vence todo mal e a morte se transformou na figura principal e divina, ele se torna o sacerdote autoimolador e o regenerador da vida. Como o herói é uma figura imaginária e também seu sacrifício é um mistério transcendental cujo valor vai muito além de uma simples oferenda sacrifical, esse aprofundamento da simbólica do sacrifício retomou regressivamente a ideia do sacrifício humano; de um lado, devido a uma predominância de acréscimos fantásticos, que sempre extraem sua matéria de profundezas maiores; de outro, também devido à maior ocupação religiosa da libido, que exigia uma expressão completa e equivalente. A relação entre Mitra e seu touro já se aproxima bastante dessa ideia. No mistério de Cristo, é o próprio herói que se sacrifica voluntariamente. Conforme vimos, o próprio herói é a personalidade infantil que anseia pela mãe e que, como Mitra, sacrifica o desejo (a libido), mas, como Cristo, autoimola-se, ambos voluntária e involuntariamente. Em monumentos do culto de Mitra encontramos frequentemente um símbolo estranho: uma cratera[536] (vasilha), envolta pela serpente e, em oposição a ela, um

nitura. "Com isto ele teria substituído o sacrifício de crianças, como era antes oferecido a Javé, pelo sacrifício do prepúcio, e assim instituído uma forma mais humana do culto sacrifical" (Drews, 1910, p. 47).

536. Em um relato de Porfírio encontramos o seguinte: "em Mitra encontra-se a vasilha ao invés da fonte" (apud Cumont, 1896, vol. 1, p. 101), o que é importante para a interpretação da cratera (cf. também a cratera de Zósimo).

leão (Cumont, 1896, p. 100). Parece que ambos brigam pela cratera. Como vimos, a cratera simboliza a mãe; a serpente, a resistência que a defende; e o leão, força máxima e desejo mais intenso[537]. A luta é pela mãe. A serpente quase sempre assiste ao sacrifício mitraico do touro, movendo-se em direção ao sangue que jorra da ferida. Isso parece indicar que a vida do touro (o sangue) é sacrificada à serpente. Já mencionamos acima a inter-relação entre serpente e touro e achamos que o touro simboliza o herói vivo, o sol brilhante; a serpente, o herói morto, enterrado ou ctônico, o Sol invisível. Como no estado da morte o herói se encontra na mãe, a serpente, como símbolo do medo da morte, também representa a mãe devoradora. O sacrifício do touro à serpente significa, portanto, uma renúncia voluntária à vida, para assim obtê-la da morte. Daí ocorre após o sacrifício do touro a maravilhosa fertilidade. O antagonismo da serpente e do leão em torno da vasilha deve, portanto, ser compreendido como uma luta pelo ventre materno que dá à luz, semelhante ao simbolismo mais simples do cântico de Tishtriya, em que o demônio Apaosha, o cavalo negro, ocupa o lago da chuva e o cavalo branco Tishtriya precisa afastá-lo. De vez em quando, a morte impõe sua mão destruidora à vida, e a fertilidade e a libido desaparecem, penetrando a mãe, de cujo seio elas renascem. Por isso, parece muito provável que o significado do sacrifício do touro no culto de Mitra também seja um sacrifício à mãe que envida o medo da morte. Visto que, também aqui, vale o sentido oposto do *occide moriturus*, o ato do sacrifício é uma fe-

537. Como signo do zodíaco de maior calor do Sol.

cundação da mãe; o demônio ctônico da serpente bebe o sangue, isto é, a libido (sêmen) do herói que comete o incesto. Assim, a vida é preservada imortal, pois, como o Sol, também o herói se gera novamente. Depois de todo o material visto acima, não é difícil reconhecer também no mistério cristão o sacrifício humano ou *o sacrifício do filho à mãe*[538]. Assim como Átis se castrou por causa da mãe, também Cristo está suspenso[539] na árvore da vida e lenho da cruz, a *hekate*, a mãe ctônica, e assim redime a criação da morte. Ao tornar a penetrar no seio da mãe (Matuta, Pietà de Michelangelo), ele paga na morte pelo que o protântropo Adão pecou em vida, e por seu ato[540] expressa o significado mais íntimo e secreto da libido religiosa. A morte de Cristo em Agostinho realmente tem o

538. Aparentemente, essa resolução só leva em conta a simbólica dogmática. Menciono apenas que essa morte sacrificial era também um festival de vegetação ou primavera, do qual surgiu a lenda cultual. Também os costumes populares subjacentes contêm a mesma ideia básica em variações (Drews, 1910, p. 37s.).

539. Um sacrifício semelhante é o fim de Prometeu. Ele é *amarrado na rocha*. Segundo outra versão, suas amarras passam por meio de uma *coluna*, o que aponta para o amarrar a uma árvore. A ele acontece como castigo aquilo que Cristo aceita voluntariamente. O destino de Prometeu lembra o infortúnio de Teseu e Pirítoo, que ficaram presos na rocha, a mãe ctônica. Segundo Ateneu, Júpiter ordenou a Prometeu, depois de tê-lo libertado, que usasse uma coroa de salgueiro e um anel de ferro, o que representava simbolicamente sua falta de liberdade e sua dependência (Foroneu, que, em Argos, era venerado como portador do fogo, era filho de Mélia, o freixo, daí o amarrar à árvore). Robertson compara a coroa de Prometeu à coroa de espinhos de Cristo. Os adeptos também usavam coroas em homenagem a Prometeu, para representar sua filiação (Robertson, 1910, p. 126). Nesse sentido, a coroa significa, portanto, o mesmo que o anel de noivado. São os requisitos do antigo hierógamo com a mãe, a coroa de espinhos (que, segundo Ateneu, é de origem egípcia) e têm o significado do *noivado ascético* doloroso.

540. O golpe de lança de Longino substitui a punhalada no sacrifício do touro mítrico. "O dente afiado da cunha de bronze" fere o peito de Prometeu, amarrado e sacrificado (Ésquilo: Prometeu).

significado de um hierógamo com a mãe (semelhante à festa de Adônis, em que Vênus e Adônis eram deitados sobre o leito nupcial).

> Procedit Christus quasi sponsus de thalamo suo, praesagio nuptiarum exiit at campuma saeculi [...] prevenit usque ad crucis torum (torus tem o significado de cama, amante, catafalco) et ibi firmavit ascendendo conjugium; ubi cum sentiret anhelantem in suspiriis creaturam commercio pietatis se pro coniuge dedit ad poenam [...] et copulavit sibi perpetuo iure matronam.
>
> [Como um noivo saiu Cristo de seu aposento; com o prenúncio de seu casamento saiu para o campo do mundo [...] Chegou até o leito da cruz e ali, subindo, confirmou o matrimônio; e ao sentir os penosos suspiros da criatura, entregou-se ao castigo em devota doação pela esposa [...] e desposou a mulher para todo o sempre] (apud Dieterich, 1910, p. 131).

Essa passagem é tão explícita que nada deixa a desejar. O Melcarte sírio sofre uma morte semelhante, que, *montado num cavalo marinho, queimado anualmente*. Os gregos o chamavam de Melicertes, e ele era representado montado num golfinho. O golfinho é também a montaria de Árion. Acima, conhecemos o significado maternal do golfinho, de modo que podemos reconhecer mais uma vez na morte de Melcarte o hierógamo com a mãe em sua expressão negativa (Frazer, 1907, p. 87). Essa expressão é de grande importância teleológica: por meio de seu símbolo, ela conduz aquela libido que busca voltar ao inicial, primitivo e instintivo para o espiritual, ajudando-a a exercer ali uma atividade misteriosa, mas frutífera. É supérfluo falar do efeito desse símbolo sobre o inconsciente da humanidade ocidental. Basta lançar um olhar sobre a história para ver as forças criativas liberadas nesse signo[541].

A comparação entre o sacrifício mitraico e o cristão mostra claramente em que consiste a superioridade do símbolo cristão: é a compreensão direta de que não só os desejos inferiores devem ser sacrificados, mas toda a personalidade. O símbolo cristão exige entrega total; ele exige um sacrifício real a causas mais elevadas, enquanto o *sacrificium mithriacum*, permanecendo num nível simbólico inferior, contenta-se com um sacrifício animal. O efeito religioso desses símbolos deve ser imaginado como uma orientação do inconsciente pela via da iniciação.

Assim existe também na fantasia de Miss Miller uma necessidade interna que a faz passar do sacrifício do cavalo para o autossacrifício do herói. Enquanto o primeiro simboliza a renúncia aos desejos sexuais, o último tem o sentido mais profundo e eticamente mais elevado do sacrifício da personalidade infantil. Na psicanálise também vivenciamos o equívoco de que se trata da renúncia ou da realização dos desejos sexuais comuns, quando, na verdade, se trata do problema da sublimação da personalidade infantil ou, em termos mitológicos – do sacrifício e do renascimento do herói infantil[542]. No mistério cristão,

541. Devemos mencionar que a mitologia nórdica conhece a mesma ideia da fertilidade da morte sacrificial à mãe: suspenso na árvore da vida, Odin adquiriu conhecimento das runas e do elixir extasiante que lhe conferia *imortalidade*.

542. Ao longo deste trabalho apenas orientador, deixei de mencionar as numerosas possibilidades de aplicação das relações com a simbólica dos sonhos. Isso é objeto de uma investigação separada. No entanto, não posso deixar de mencionar aqui um sonho simples que uma jovem paciente trouxe para a análise: *Ela se encontra entre altas paredes de neve sobre trilhos. Ela está com seu*

o ressurreto se torna o espírito sobrenatural, e seus fiéis conquistam, por meio da autossacrifício à mãe, o Reino de Deus invisível com suas dádivas misteriosas. Na psicanálise, a personalidade infantil é privada de modo racional de suas ocupações da libido; a assim liberada libido serve para a construção de uma personalidade amadurecida e adaptada à realidade, que faz tudo isso voluntariamente, sem queixas, algo que é imposto pela necessidade (pois a ambição principal da personalidade infantil é resistir a todas as necessidades e causar coações onde não existe nenhuma).

A serpente como instrumento do sacrifício já foi amplamente documentada (lenda de São Silvestre, prova da virgindade, ferimento de Rê e de Filoctete, simbólica da lança e da flecha). Ela é a faca que mata, mas também o falo segundo o princípio do "*occide moriturus*", de modo que

---

irmão caçula. Um trem se aproxima, ela corre desesperada e deixa para trás seu irmãozinho sobre os trilhos. Ela vê como ele é atingido pelo trem, mas, quando o trem passa, ele se levanta ileso. O sentido do sonho é claro: a aproximação inevitável da "pulsão" (*to drive* = andar). O abandono do irmãozinho é a disposição reprimida de se submeter. A submissão é simbolizada pelo sacrifício do irmão (a personalidade infantil), a morte aparentemente certa, porém, é uma ressurreição. Outra paciente prefere formas mais clássicas: ela sonha com uma poderosa águia, ferida por flechadas no bico e no pescoço. Se formos para além da fantasia atual de transferência (águia = médico, flechas = desejos eróticos da paciente), o material nos conduz à águia (leão alado de São Marco, a glória de Veneza no passado; bico = lembranças de certos atos perversos da infância), à percepção de que a águia é uma composição de lembranças infantis, que, em parte, se agrupam em torno do pai. Ele é, portanto, um herói infantil, que, de modo característico, está ferido no ponto fálico (bico). O sonho significa portanto: eu renuncio a desejos infantis, eu sacrifico minha personalidade infantil (sinônimo de: eu a paraliso, castro o pai ou o médico). No mistério de Mitra, na introversão, o próprio iniciado se transforma em *aetos*, em águia, ou seja, no grau de iniciação mais elevado. Aqui, a identificação com o animal da libido inconsciente vai muito longe, como relata Agostinho (?): alii autem sicut aves alas percutiunt vocem coracis imitantes, alii vero leonum more fremunt [mas outros batem as asas como pássaros, imitando a voz de um leão, enquanto outros rugem como leões] (apud Dieterich, 1910, p. 69).

o ato sacrificial representa ao mesmo tempo uma copulação[543]. O significado cultual da serpente como um animal ctônico que habita a caverna aponta para outra ideia: para a penetração (do ventre materno) na forma de serpente[544].

Assim como o cavalo é o irmão, a serpente é a irmã de Chiwantopel ("ma petite soeur"). Esse parentesco próximo aponta para uma relação desses animais e de seus caracteres com o herói. Sabemos que, normalmente, o cavalo não é um animal de medo (na mitologia, por vezes, ele pode ter esse significado). Ele significa, portanto, mais a parte viva e positiva da libido, a busca de renovação constante, enquanto a serpente costuma representar o medo, o medo da morte[545], e, às vezes, é imaginada como pertencente ao falo. Essa oposição entre cavalo e serpente, mitologicamente entre touro e cobra, representa uma oposição da libido em si mesma, uma vontade de avançar e recuar ao mesmo tempo[546]. A libido não é só um impulso irrefreável para a frente, um infindável desejo

543. Em Miss Miller, a serpente é *verde*. *Verde* é também a serpente da minha paciente ("A psicologia da dementia praecox" [OC 3, § 283]), sobre a qual ela diz: "*Então veio uma cobrinha verde até a boca, ela tinha a sensibilidade mais delicada e amável, como se possuísse razão humana, como se quisesse me dizer alguma coisa, como se quisesse me beijar*". A paciente de Spielrein diz sobre a cobra: "É um animal de Deus com cores tão maravilhosas: verdes, azuis, brancas. *Verde* é a cascavel; ela é muito perigosa. A cobra pode ter *espírito humano*, pode ter juízo divino; ela é *amiga das crianças*. Ela salvaria aquelas crianças que são necessárias para preservar a vida humana" (1912, p. 366). Aqui, o significado fálico é inconfundível. A serpente como príncipe encantado tem o mesmo significado no conto de fadas (Riklin, 1908, p. 40s.).

544. Uma paciente tinha a fantasia de ser uma serpente, que envolve a mãe e, por fim, a penetra por inteiro.

545. A cobra epidáurica é curadora – *similia similibus*.

546. Bleuler deu a isso o nome de *ambivalência* ou *ambitendência*, Stekel (1911, p. 535s.), o chamou de "bipolaridade de todos os fenômenos psíquicos".

de viver e construir, como Schopenhauer formulou sua vontade do mundo, em que a morte é uma traição ou fatalidade que vem de fora; mas a libido, à semelhança do Sol, também quer a ruína de sua formação. Na primeira metade da vida, ela quer crescimento, na segunda ela primeiro insinua de leve, depois anuncia claramente sua vontade de morrer. E se na juventude o ímpeto de incontida expansão da vida frequentemente se oculta sob uma camada de oposição a ela, também a vontade de morrer da idade muitas vezes se esconde sob uma resistência teimosa contra o fim.

Essa aparente contradição na natureza da libido é ilustrada perfeitamente pela estatueta de Priapo em Verona: com um sorriso, Priapo aponta com o dedo para uma serpente que pica seu membro. Ele carrega um cesto repleto de objetos alongados, provavelmente falos, aparentemente prontos para a substituição.

Encontramos um tema semelhante no *Juízo Final*, de Rubens (Munique, Pinacoteca Antiga), em que uma serpente castra um homem. Esse tema explica o sentido do dilúvio: o mar materno é também a mãe devoradora[547]. A fantasia do incêndio do mundo, do fim catastrófico do mundo em geral, nada mais é do que uma projeção mitológica da vontade de morrer; por isso Rubens representa a castração pela serpente como a quintessência da fantasia

547. O dilúvio e a serpente são de uma só natureza. Na *Völuspa* está escrito que o dilúvio virá quando a serpente Midgard despertar para a destruição universal. Ela se chama Jörmungandr, o que literalmente quer dizer "lobo universal". O destruidor lobo Fenris por sua vez tem relação com o mar. "Fen" encontra-se em Fensalir (salões do mar), a morada de Frigg, e originalmente significa mar (Frobenius, 1904, p. 179). Na história de Chapeuzinho Vermelho também foi colocado o lobo no lugar da serpente.

do dilúvio, pois a serpente é a vontade (reprimida) do fim, que é tão difícil aceitar. No que diz respeito à simbólica da cobra, sua interpretação depende muito da idade e das circunstâncias de vida. Na juventude, a sexualidade reprimida é representada na cobra, pois a chegada da sexualidade encerra a infância. Para a velhice, porém, a serpente significa a repressão do pensamento da morte. Em nossa autora, é a sexualidade que não consegue se expressar de modo suficiente que, como cobra, assume o papel do imolador e entrega o herói à morte e ao renascimento.

Como no início de nossa pesquisa o nome do herói nos obrigou a falar da simbólica do Popocatepetl como a parte "criadora" do corpo humano, assim o fim do drama de Miss Miller nos dá, mais uma vez, a oportunidade de ver como o vulcão também ajuda na morte do herói e, por meio de um terremoto, o faz desaparecer na terra. Assim como o vulcão deu nome e nascimento ao herói, ele torna a tragá-lo no fim dos dias[548]. As últimas palavras do herói nos revelam que sua almejada *amada, a única que o compreende, chama-se Ja-ni-wa-ma*. Nesse nome reencontramos as primeiras palavras balbuciadas pelo herói na infância: Wawa, wama, mama. A única que realmente nos compreende é a mãe. Pois, provavelmente, compreender (*verstehen*) (no antigo alto-alemão *firstân*) é derivado do prefixo germânico primitivo *fri*, que é idên-

548. Cf. o anseio de Hölderlin por Empédocles. Também a viagem de Zaratustra ao inferno através da abertura ao Hades no vulcão. A morte é a repenetração na mãe. Por isso também o faraó egípcio Miquerinos fez sua filha morta ser sepultada numa vaca de madeira dourada. Essa é a garantia do renascimento. A vaca estava num aposento suntuoso e lhe eram feitos sacrifícios. Num outro cômodo, perto dessa vaca, estavam as estátuas das concubinas de Miquerinos (Heródoto, *Geschichte*, II, 1, p. 129s.).

tico a *periv*, em torno, ao redor; o antigo alto-alemão *antfristôn* (= traduzir) é considerado idêntico a *firstân*. Disso resultaria o significado básico de compreender (*verstehen*) como "colocar-se ao redor de alguma coisa" (Kluge, 1910). *Comprehendere* e grego *katasyllambanein* expressam uma ideia semelhante ao "*erfassen*" alemão (abranger, entender). O que essas expressões têm em comum é o "envolver" e "abraçar". E não há dúvida de que nada no mundo jamais nos abraça tão totalmente quanto a mãe. Quando o neurótico se queixa de que o mundo "não entende", ele diz indiretamente que sente falta da mãe. Paul Verlaine deu a mais bela expressão a esse pensamento em sua poesia "Mon rêve familier":

> Je fais souvent ce rêve étrange et pénétrant
> D'une femme inconnue, et que j'aime, et que m'aime,
> Et qui n'est, chaque fois, ni tout à fait la même
> Ni tout à fait une autre, et m'aime et me comprend.
>
> Car elle me comprend, et mon coeur, transparent
> Pour elle seule, hélas! cesse d'être un problème
> Pour elle seule, et les moiteurs de mon front blême,
> Elle seule les sait rafraîchir, en pleurant.
>
> Est-elle brune, blonde ou rousse? – Je l'ignore.
> Son nom? Je me souviens qu'il est doux et sonore
> Comme ceux des aimés que la Vie exila.
>
> Son regard est pareil au regard des statues,
> Et, pour sa voix lointaine, et calme, et grave, elle a
> L'inflexion des voix chères que se sont tues.

[Frequentemente tenho este sonho estranho e penetrante
De uma mulher desconhecida, e que eu amo, e que me ama,
E que não é, a cada vez, exatamente a mesma
Nem exatamente outra, e me ama e me compreende.

Pois ela me compreende, e meu coração transparente
Para ela só, ah! cessa de ser um problema
Para ela só, e a umidade de minha fronte pálida,
Ela só sabe refrescar, chorando.

É ela morena, loira ou ruiva? – Eu ignoro.
Seu nome? Lembro-me de que é doce e sonoro
Como aqueles dos amados que a vida exilou.

Seu olhar é semelhante ao olhar das estátuas,
E, por sua voz longínqua, calma e grave, ela tem
A inflexão das vozes queridas que se calaram]
(Verlaine, 1923-1926, vol. 1, *Poèmes Saturniens*, 6).

Com essas observações chegamos ao fim de nosso programa. Nosso objetivo foi estudar um sistema individual de fantasias quanto às relações com suas fontes, e nos deparamos com problemas cujas proporções são tão imensas que nossa tentativa de os compreender em toda sua amplitude necessariamente não pode passar de uma orientação superficial sobre seus possíveis caminhos que, talvez, a pesquisa futura trilhe com sucesso. Não posso aceitar a posição de rejeitar certas hipóteses de trabalho porque possivelmente não são eternamente válidas ou porque contêm alguma forma de erro. Por certo procurei o mais possível evitar erros, que em tais terrenos escorregadios podem tornar-se especialmente funestos, estando para isso perfeitamente ciente dos perigos de um tal estudo. Considero o exercício da ciência não como uma disputa sobre quem está com a razão, mas como um trabalho que visa aumentar e aprofundar o reconhecimento. Àqueles que assim pensam sobre ciência destina-se este trabalho.

Por fim, quero agradecer àqueles que apoiaram meus esforços com sua ajuda valiosa, principalmente à minha esposa e aos meus amigos, à cuja assistência altruísta devo muito.

Apêndice

Miss Frank Miller
Fenômenos de sugestão passageira ou autossugestão momentânea

(Texto completo, traduzido segundo a versão em francês, como foi publicada por Théodore Flournoy sob o título "Quelques faits d'imagination créatrice subconsciente", com uma introdução, em: *Archives de Psychologie*, 5, p. 36-51, Genebra, 1906)[549].

I

Denomino assim, por falta de expressão melhor, um fenômeno estranho que observei em mim mesma e que se manifesta sob diferentes formas. Ele consiste no fato de, em determinadas épocas e apenas por alguns instantes, impressões e sensações de outros me ocorrerem tão vivamente como se fossem minhas próprias, embora eu saiba, quando a sugestão passou, que esse não foi o caso. Eis alguns exemplos:

549. Essa tradução segue a tradução para o português de OC 5, enquanto as passagens citadas por C.G. Jung em *Transformações e símbolos* mantêm a tradução de C.G. Jung da primeira edição.

1. Eu adoro caviar, cujo cheiro e gosto, no entanto, repugnam muito alguns membros de minha família. Se um deles, no momento em que começo a comer, demonstra sua aversão, essa aversão me invade tão intensa e imediatamente, que, durante alguns instantes, sinto absoluta repugnância pelo alimento. Mas não são necessários mais de um momento e um esforço de minha parte para vencer essa impressão e degustar o caviar com todo o prazer de sempre.

2. Inversamente, vai aqui um exemplo da transmissão de uma impressão agradável. Existem substâncias aromáticas e essências que, por seu odor intenso, me desagradam e me fazem sentir mal. Quando uma senhora cheira sua água de colônia e elogia sua concentração e seu perfume delicioso, compartilho por um instante – provavelmente não mais de três a cinco segundos – seu prazer, para, logo em seguida, voltar a sentir meu desagrado contra odores fortes. Parece-me muito mais fácil afastar sugestões agradáveis e voltar à minha impressão real de repugnância do que o contrário.

3. Quando acompanho com interesse uma história que leio ou que alguém me conta, frequentemente tenho a ilusão, que pode durar até por um minuto, de participar realmente dos acontecimentos em vez de apenas os ler ou ouvir. Isso ocorre principalmente em boas peças de teatro (por exemplo, em apresentações de Sarah Bernhardt, Duse ou Irving). Em certas cenas muito empolgantes, a impressão se torna tão completa que, como no *Cyrano*, quando Christian é morto e Sarah Bernhardt se joga sobre ele para estancar o sangue de sua ferida, senti uma dor aguda em meu próprio peito, exatamente no lugar

em que Christian foi ferido. Esse tipo de sugestão pode durar um minuto ou um segundo.

4. Às vezes, essa sugestão momentânea assume formas estranhas, quando a imaginação exerce papel ainda maior. Assim, por exemplo, apreciei enormemente minhas viagens por mar, e me recordo especialmente da travessia do Atlântico. Recentemente, mostraram-me uma bonita fotografia de um navio em alto-mar; imediatamente – a ilusão foi de força e beleza incalculáveis – percebi o barulho das máquinas, o movimento das ondas, o balanço do navio. Isso só pode ter durado um segundo, mas durante esse instante apenas perceptível eu me senti como se estivesse novamente em alto-mar. O mesmo fenômeno repetiu-se, embora menos intensamente, quando tornei a ver essa fotografia alguns dias depois.

5. Agora um exemplo que pertence inteiramente à área da fantasia criadora. Um dia, quando eu estava no banheiro e me preparava para entrar debaixo do chuveiro, enrolei uma toalha na cabeça para proteger meus cabelos. A toalha, de tecido grosso, assumiu uma forma curiosa e eu estava diante do espelho para prendê-la com grampos. Essa forma cônica lembrava o ornato pontiagudo usado na cabeça pelos antigos egípcios. Como quer que seja, por um momento pareceu-me, com nitidez consternante, que eu estava num pedestal, como uma estátua egípcia verdadeira, em todos os seus detalhes: membros rígidos, um pé na frente, insígnias na mão etc. Foi tão maravilhoso que percebi com pesar como essa impressão desaparecia, assim como um arco-íris se desfaz; e como um arco-íris, ela voltou, mais fraca, antes de desaparecer por completo.

6. Mais um fenômeno. Um artista bastante conhecido ofereceu-se para ilustrar algumas de minhas publicações. Nessas coisas, porém, tenho minhas próprias ideias e sou difícil de contentar: pois consegui fazê-lo reproduzir paisagens como a do Lago de Genebra, onde ele nunca estivera, e ele afirmou que "eu o fazia desenhar coisas que nunca vira antes, e lhe transmitia a sensação de uma atmosfera correspondente, que nunca vivenciara; em resumo, que eu me servia dele como ele mesmo se servia de seu lápis, isto é, como de um simples instrumento".

Não dou grande importância aos fatos que acabo de relatar – eles são tão fugazes e nebulosos – e suponho que todas as pessoas de temperamento nervoso e dotadas de fantasia que recebem impressões estranhas por meio de empatia, tenham passado por experiências semelhantes. Não me parecem muito significativas, a não ser que possam ajudar a compreender outros fatos, menos elementares. Quero dizer que esse temperamento de comunhão de sentimentos ou de simpatia em indivíduos de saúde normal exerce papel importante na origem de tais imagens e impressões "estimuladas" ou na possibilidade disso. E não seria possível que, sob determinadas condições favoráveis, alguma coisa nunca vista, diferente de tudo que se conhece, se erguesse no horizonte da mente tão deslumbrante e bela como um arco-íris e, contudo, tão natural quanto este em relação à sua origem e causa? Pois essas estranhas pequenas experiências (falo das acima expostas) são tão distintas da realidade habitual e cotidiana da vida quanto um arco-íris se distingue do céu azul.

As observações acima têm o intuito de servir de introdução para os dois ou três importantes casos apresentados a seguir: estes, por sua vez, parecem-me indicados para esclarecer fenômenos mais complexos e ilusórios em outros indivíduos que se deixam enganar por eles porque não conseguem ou não querem analisar o funcionamento subliminar ou subconsciente de sua mente.

II
"Louvado seja Deus!" – Poesia sonhada

1. Não se pode imaginar algo de mais maravilhoso do que a viagem marítima de Odessa a Gênova no inverno, com paradas curtas, mas lindíssimas em Constantinopla, Esmirna, Atenas e nos portos da Sicília e da costa ocidental da Itália... Só uma pessoa embotada, sem qualquer sensibilidade, não se emocionaria diante da beleza do Bósforo ou não sentiria vibrar todas as cordas de sua alma ao pensar no passado de Atenas... Em 1898, na idade de 20 anos, pude realizar essa viagem com minha família...

Depois da longa e cansativa viagem de Nova York a Estocolmo e de lá para Petersburgo e Odessa, foi para mim uma verdadeira volúpia abandonar o mundo das cidades habitadas, das ruas barulhentas, das lojas, em uma palavra, da terra firme, e penetrar no mundo das ondas, do céu e do silêncio... Eu passava horas no convés para sonhar, estendida numa cadeira preguiçosa: as histórias, lendas e mitos dos diferentes países vistos como que de longe voltavam à minha memória imprecisos, diluídos numa espécie de névoa radiante, na qual as coisas reais perdiam seu caráter de realidade e as fantasias pareciam ser a única coisa real. No início evitei toda companhia, mantendo-me à distância, absorvida em meus sonhos, em que tudo que eu conhecia de verdadeiramente grandioso, belo e bom me voltava à memória com nova vida e nova força. Empreguei também boa parte de meu tempo para escrever a meus amigos, ler e esboçar pequenos poemas em recordação aos lugares visitados. Algumas dessas poesias eram de natureza mais séria. Quando a viagem chegava ao fim, os oficiais de bordo se desdobraram em amabilidades e passei muitas horas divertidas tentando ensinar-lhes inglês.

Na costa da Sicília, no Porto de Catania, compus uma "canção do marinheiro", que aliás era praticamente a adaptação de uma canção muito conhecida sobre o mar, o vinho e o amor (*brim, wine and damsels fine*). Os italianos de modo geral cantam bem, e um dos oficiais, que cantava no convés durante a vigia noturna, causara-me grande impressão e me inspirara a ideia de escrever algumas palavras que combinassem com a sua melodia.

Pouco depois quase tive de inverter o conhecido ditado "ver Nápoles e morrer", pois no Porto de Nápoles me senti muito indisposta (embora sem perigo): mas restabeleci-me o suficiente para poder desembarcar e visitar de carro os principais pontos turísticos da cidade. Esse dia me cansou muito e, como pretendíamos ver Pisa no dia seguinte, voltei logo a bordo e fui dormir cedo, sem pensar em coisa mais séria do que na beleza dos oficiais e na feiura dos mendigos da Itália.

2. De Nápoles a Livorno o navio leva uma noite, durante a qual dormi mais ou menos bem – pois meu sono raramente é profundo e sem sonhos – e pareceu-me que a voz de minha mãe me despertava exatamente no fim do seguinte sonho, que, portanto, deve ter ocorrido imediatamente antes de acordar:

Primeiro tive uma ideia vaga das palavras "*when the morning stars sang together*" (quando as estrelas da manhã cantaram juntas), que eram, se assim posso expressar-me, o prelúdio de uma ideia confusa da criação e de imponentes corais que ecoavam através do universo. Mas a esse caráter confuso e contraditório próprio dos sonhos misturavam-se os coros de oratórios apresentados por uma das melhores sociedades musicais de Nova York e com imprecisas semelhanças como *Paraíso perdido* de Milton. Depois, lentamente, certas palavras emergiram dessa confusão, arranjando-se em três estrofes, escritas em minha caligrafia, sobre uma folha de papel comum com pautas azuis, página de meu velho álbum de poesias que sempre levo comigo; em resumo, apareceram me exatamente assim como alguns minutos depois de fato se encontravam em meu livro.

Nesse momento minha mãe chamou-me: "Vamos, acorde, não se pode dormir o dia inteiro e ver Pisa ao mesmo tempo!" Isso me fez saltar de meu leito e gritar: "Não fale comigo! Nenhuma palavra! Acabo de ter o sonho mais lindo de minha vida, uma verdadeira poesia! Vi e ouvi as palavras, as estrofes e até a métrica. Onde está meu álbum? Preciso escrevê-la no papel imediatamente, antes que esqueça alguma coisa". Minha mãe, habituada a ver-me escrevendo a qualquer hora do dia, recebeu meu capricho com bom humor e até admirou meu sonho, que lhe contei tão depressa quanto pude pronunciar as palavras. Necessitei de alguns minutos para apanhar meu álbum e meu lápis e vestir alguma peça de roupa; mas por rápido que tudo isso fosse, foi o bastante para que a lembrança imediata do sonho se apagasse, de maneira que as palavras que eu estava pronta para escrever haviam perdido sua clareza. A primeira estrofe veio sem esforço, mas a segunda foi mais difícil de ser reavivada, e só com grande esforço consegui lembrar a última, distraída como estava pela sensação do ridículo de estar assim a rabiscar, acocorada sobre o leito superior do camarote, semivestida, enquanto minha mãe ria de mim. Por isso a primeira composição é imperfeita. Meus deveres como cicerone ocuparam depois meu tempo até o fim de nossa longa viagem, e só alguns meses mais tarde, quando estava acomodada em Lausanne para meus estudos, no silêncio de minha solidão, voltei a lembrar-me deste sonho, e aprontei uma segunda versão da poesia, mais exata, isto é, muito mais próxima do original sonhado do que a primeira. Reproduzo-a aqui nas duas formas:

> Quando Deus, no início, criou o Som,
> Miríades de ouvidos
> Surgiram para a existência,
> E através de todo o universo
> Rolou vigoroso eco:
> 'Louvado seja o Deus do Som!'
>
> Quando Deus, no início, deu a beleza (a luz),
> Miríades de olhos surgiram para ver,
> E ouvidos que ouviam e olhos que viam
> Fizeram ecoar novamente a vigorosa canção:
> 'Louvado seja o Deus da Beleza (da Luz)!'
>
> Quando Deus, no início, deu o Amor,
> Miríades de corações surgiram;
> E ouvidos cheios de música, olhos cheios de
> Beleza
> Corações cheios de amor, todos cantavam:
> 'Louvado seja o Deus do Amor!'

Quando o Eterno criou o Som,
Miríades de ouvidos surgiram para ouvir,
E através de todo o universo
Rolou um eco profundo e claro:
'Toda Glória ao Deus do Som!'

Quando o Eterno criou a Luz
Miríades de olhos surgiram para ver,
E ouvidos que ouviam e olhos que viam
Tornaram a entoar o imponente coral:
'Toda Glória ao Deus da Luz!'

Quando o Eterno criou o Amor,
Miríades de corações saltaram para a vida;
E ouvidos cheios de música, olhos cheios de luz,
Proclamaram com corações empolgados de
amor:
'Toda Glória ao Deus do Amor!'

3. Como nunca fui adepta do espiritismo e do contranatural, que distingo do sobrenatural, tentei alguns meses depois descobrir as prováveis causas e condições necessárias para um tal sonho. O que eu mais estranhava, e ainda hoje continua inexplicável para mim como fantasia, é que, ao contrário do relato bíblico de Moisés, em que sempre acreditei, minha poesia colocava a criação da luz em segundo lugar, ao invés do primeiro. É interessante lembrar que Anaxágoras também faz o cosmos originar-se do caos por meio de um furacão – o que geralmente não acontece sem a produção de ruído. Mas naquela época eu ainda não estudara filosofia e nada sabia de Anaxágoras nem de suas teorias sobre o Nous, cujo sistema eu seguira inconscientemente. Também desconhecia totalmente o nome de Leibniz e consequentemente

sua doutrina: "*dum Deus calculat fit mundus*" (enquanto Deus calcula, origina-se o mundo).

Há primeiro o *Paraíso perdido*, de Milton, do qual tínhamos em casa uma bela edição, ilustrada por Gustavo Doré, e que desde criança sempre folheei. Depois o Livro de Jó, que me leram em voz alta desde que me lembro. Se compararmos agora meu primeiro verso com as primeiras palavras de o *Paraíso perdido*, veremos que a métrica é a mesma (∪ – / ∪ – / ∪ – / ∪ /):

> Of man's first disobedience...
> When the Eternal first made sound.

Além disso, a ideia básica de minha poesia lembra um pouco diversas passagens de Jó e também uma ou duas partes do Oratório de Haendel, "A criação" (que de alguma forma já se imiscuiu no início do sonho).

Lembro que uma vez, aos 15 anos, fiquei muito perturbada com um artigo que minha mãe me lera, sobre a "Ideia que gera espontaneamente o seu objeto". Fiquei tão perturbada que não dormi quase a noite toda, pensando e repensando no que significaria aquilo. Na idade dos 9 aos 16 anos, eu ia todos os domingos a uma igreja presbiteriana, onde o pároco, naquela época, era um homem muito culto, e que agora é diretor de um colégio famoso. Numa das primeiras lembranças que dele guardei, vejo-me como menininha, sentada numa grande cadeira no coro da igreja, esforçando-me para ficar acordada e prestar atenção, mas não conseguindo por nada nesse mundo compreender o que ele queria dizer ao nos falar do "caos", "cosmos" e do "dom do amor" (don d'amour).

No que se refere aos sonhos, lembro que, aos 15 anos, durante meus preparativos para uma prova de geometria, fui dormir sem conseguir resolver um só problema. Acordei no meio da noite, sentei-me na cama, repeti para mim mesma uma fórmula que acabara de encontrar durante o sonho, e tornei a dormir. Na manhã seguinte tudo estava claro na minha cabeça. O mesmo aconteceu com uma palavra latina que eu procurava encontrar. – Também sonhei várias vezes que amigos distantes me haviam escrito, e isso pouco antes da chegada real dessas cartas, o que eu expliquei simplesmente com o fato de que em meu sono eu calculara aproximadamente em que época possivelmente me escreveriam e que a ideia de chegada real da carta no sonho substituía a esperança dessa chegada provável. Tiro essa conclusão do fato de que algumas vezes também sonhei que receberia cartas que nunca chegaram.

Se penso resumidamente no que acima referi que, na época de meu sonho, eu havia escrito uma série de poesias, esse fato já não me parece tão extraordinário quanto no primeiro instante. Ele me parece proceder de uma mistura de ideias de o *Paraíso perdido*, de Jó e de *A Criação*, que em meu espírito se haviam combinado com conceitos como o da "Ideia que gera espontaneamente o seu objeto", do "dom do amor", do "caos" e do "cosmos". Como cacos irregulares de vidro colorido formam lindos e raros desenhos num caleidoscópio, assim a meu ver se combinaram os fragmentos de filosofia, estética e religião em mim existentes – sob a influência estimulante da viagem e dos países conhecidos de relance, combinada com o grande silêncio e a magia indizível do mar – para produzir esse lindo sonho. Foi apenas isso, e nada mais: "*Only this and nothing more*!"

III
"A mariposa e o Sol" – Poesia hipnagógica

Meu último dia antes de partir de Genebra foi extremamente cansativo. Eu havia feito um passeio sobre o Salève e ao voltar encontrei um telegrama que me obrigou a arrumar minhas malas, pôr todos os meus assuntos em ordem e partir dentro de duas horas. Meu cansaço no trem foi tal, que mal consegui dormir uma hora. Estava terrivelmente quente no compartimento das senhoras. Às quatro da manhã levantei a cabeça de minha mala, que me servia de travesseiro, sentei-me e estendi meus membros enrijecidos. Uma mariposa voava em torno da luz que transparecia através da cortina que balançava de um lado para outro com o movimento do trem. Tornei a deitar-me e tentei dormir de novo; quase consegui, isto é, adormeci tanto quanto possível, sem, no entanto, perder totalmente a consciência de mim mesma. Subitamente me ocorreu então o poema transcrito abaixo. Apesar de todos os esforços, não consegui tirá-lo da cabeça. Tomei um lápis e o escrevi imediatamente:

> A mariposa ao Sol
> Ansiei por ti quando primeiro rastejei para a consciência,
> Meus sonhos todos tratavam de ti quando na crisálida dormia.
> Miríades de minha espécie esgotam suas vidas
> Contra uma tênue centelha vinda de ti.
> Só uma hora mais – e minha pobre vida se esvai;
> Mas meu último esforço, como o primeiro desejo meu, será
> Apenas de tua glória aproximar-me; depois, obtido
> Um vislumbre encantado, eu morrerei contente,
> Pois a fonte de beleza, calor e vida
> Em seu esplendor perfeito, por uma vez olhei.

Este pequeno poema me impressionou profundamente. É verdade que não encontrei logo uma explicação suficientemente clara e direta para ele. Mas poucos dias depois, quando retomei um texto filosófico que eu lera em Berlim no inverno passado, e que me entusiasmara, e o li para uma amiga, deparei com as seguintes palavras: "A mesma aspiração apaixonada da mariposa pela estrela, do homem por Deus". Eu as tinha esquecido completamente, mas parecia bem claro que eram justamente elas que reapareciam em minha poesia hipnagógica. Além disso, lembrei-me de um drama, visto há alguns anos, com o título "Mariposa e chama", como outra possível fonte do poema. Vê-se quantas vezes a expressão "mariposa" me foi inculcada! – Acrescento que na primavera eu havia lido uma coletânea de textos escolhidos de Byron e que essa leitura me agradara muito. Sempre de novo os folheava. Notei que existe grande semelhança entre o ritmo de meus dois últimos versos, "Pois a fonte..." e aquele dos seguintes versos de Byron:

> Now let me die as I have lived in faith
> Nor tremble tho' the Universe should quake!

É possível que a leitura tão frequente desse livro tenha me influenciado e contribuído para preparar minha inspiração tanto em relação à ideia em si quanto ao ritmo.

Colocando essa poesia, que me ocorreu em estado de semiconsciência, por um lado junto àquelas que componho quando estou totalmente acordada; e por outro lado junto à anterior, que foi obra do sono profundo, então essas três categorias me parecem formar uma série absolutamente natural: o caso central constitui uma transição simples e espontânea entre os dois extremos e afasta assim qualquer suspeita de alguma coisa "oculta" que poderia ter ocorrido em relação ao poema composto no sonho.

IV
"Chiwantopel", drama hipnagógico

Os fenômenos limítrofes (*borderland phenomena*) – ou, se o senhor preferir, as composições do cérebro no "estado crepuscular" (Flournoy) – me interessam particularmente, e penso que seu estudo exato e compreensivo ajudaria muito a esclarecer os enigmas e a desfazer a crença nos assim chamados "espíritos". Nesse sentido apresento-lhe um caso que, nas mãos de alguém que se preocupasse menos com a verdade exata ou que não tivesse escrúpulos em inventar acréscimos e aumentos, poderia dar motivo a um romance fantástico e comparar-se às histórias inventadas de seus médiuns. Redigi a observação abaixo tão fielmente quanto possível, baseada nas anotações feitas imediatamente depois do estado de sonolência, e limito-me a intercalar, entre parênteses, uma ou duas observações assim como letras que indicam as observações explicativas no fim.

Observação do dia 17 de março de 1902, 12:30 horas da noite.

1ª fase – Depois de uma noite cheia de preocupações e temor, fui deitar-me às 11:30 horas. Estava agitada e sem poder dormir, apesar de muito cansada. Tive a impressão de encontrar-me num estado de espírito receptivo (*receptive mood*). Não havia luz no quarto. Fechei os olhos e tive a sensação de esperar por alguma coisa que estava para acontecer. Senti então um grande relaxamento e fiquei tão passiva quanto possível. Diante de meus olhos surgiram linhas, centelhas e espirais de fogo, sinais de nervosismo e excesso de cansaço dos olhos, seguidas de uma série caleidoscópica de imagens de acontecimentos triviais recentes. Depois a impressão de que alguma coisa me seria comunicada no próximo momento. Pareciam repetir-se em mim as palavras: "Fala, Senhor, pois tua serva ouve, / Abre tu mesmo meus ouvidos". A cabeça de uma esfinge aparece subitamente diante de meus olhos, com adornos egípcios; depois tudo se apaga. Nesse instante meus pais me chamaram, e eu lhes respondi imediatamente, de forma totalmente coerente, prova de que não havia adormecido.

2ª fase – De repente aparece um asteca, perfeitamente claro em todos os detalhes: a mão aberta com dedos grandes, a cabeça de perfil, armamentos, ornato da cabeça semelhante ao adorno de penas dos índios americanos. Todo o quadro se assemelha um pouco às esculturas mexicanas (observação A). – O nome "Chi-wan-to-pel" forma-se parte por parte, e parece pertencer à figura que acaba de ser mencionada (observação B). – Depois, um formigueiro de gente, cavalos, uma batalha, a visão de uma cidade de sonho (observação C). – Uma estranha árvore conífera com galhos nodosos, velas pontudas numa enseada com água purpúrea, um penhasco íngreme, confusão de sons, como Wa-ma, Wa-ma etc.

(Uma lacuna) – A cena transformou-se numa floresta. Árvores, arbustos, mato etc. A figura de Chi-wan-to-pel surge do sul, a cavalo, envolto por um manto de cores vivas, vermelho, azul e branco. Um índio, em traje de camurça bordado de pérolas e ornado de plumas, avança agachado e se prepara para atirar uma flecha contra Chi-wan-to-pel. Este apresenta seu peito, numa atitude de desafio, e o índio, fascinado diante dessa visão, esquiva-se e desaparece na floresta. Chi-wan-to-pel desfalece numa colina, deixa seu cavalo pastar preso a uma corda, e começa o seguinte monólogo, todo em inglês: "Do alto da espinha dorsal destes continentes, da extremidade das terras baixas, eu errei por uma centena de luas depois de ter abandonado o palácio de meu pai, sempre perseguido por um desejo louco de encontrar 'aquela que compreenderá'. Com joias tentei muitas mulheres, com beijos tentei arrancar o segredo de seus corações, com atos de bravura conquistei sua admiração. (Ele passa em revista as mulheres que conheceu): Chi-ta, a princesa de minha raça [...] era estúpida, vaidosa como um pavão, só tinha joias e perfumes na cabeça. Ta-nan, a jovem camponesa [...] bah, uma verdadeira porca, nada mais do que busto e ventre, só pensando no prazer. E depois Ki-ma, a sacerdotisa, um mero papagaio, que repetia as frases ocas aprendidas com os sacerdotes; tudo da boca para fora, sem instrução real nem sinceridade, desconfiada, posuda e hipócrita! [...] Ai de mim! Nenhuma que me compreendesse, nenhuma que fosse semelhante a mim ou que tivesse uma alma irmã de minha alma. Não há uma entre todas elas que tenha conhecido minha alma, nenhuma que tivesse lido meu pensamento, longe disso; nenhuma capaz de procurar comigo os píncaros luminosos ou de soletrar comigo a palavra sobre-humana de Amor!"

(Uma lacuna) – Ele exclama dolorosamente: "Neste mundo todo não existe uma só! Procurei em cem tribos. Envelheci cem luas desde que comecei. Será que não existirá jamais uma que conheça a minha alma? – Sim, por Deus soberano, sim! – Mas dez mil luas nascerão e minguarão antes que nasça sua alma pura. E de um outro mundo virão seus pais. Ela terá a pele pálida e pálidos os cabelos. Ela conhecerá a dor antes mesmo que sua mãe a tenha dado à luz. O sofrimento a acompanhará; ela também procurará – e não encontrará quem a compreenda. Muitos pretendentes far-lhe-ão a corte, mas não haverá um que saiba compreendê-la. A tentação frequentemente provocará sua alma – mas ela não fraquejará [...]. Em seus sonhos, eu virei a ela, e ela compreenderá. Conservei meu corpo inviolado. Eu vim dez mil luas antes de sua época e ela virá dez mil luas tarde demais. Mas ela compreenderá! É só uma vez a cada dez mil luas que nasce uma alma como aquela!"

(Uma lacuna) – Uma víbora verde sai dos abrolhos, rasteja até ele e o pica no braço, depois ataca o cavalo, que sucumbe primeiro. Chi-wan-to-pel diz então ao cavalo: "Adeus, irmão fiel! Entra em teu repouso! Eu te amei e tu me serviste bem. Adeus, eu te reencontro logo!" Depois à serpente: "Obrigado, irmãzinha, puseste fim às minhas peregrinações!" – Depois ele grita de dor e clama sua súplica: "Oh Deus Todo-poderoso, leva-me logo! Procurei conhecer-te e guardar tua lei! Oh, não permitas que meu corpo tombe na podridão e no mau cheiro e sirva de pasto às águias!" – Avista-se ao longe um vulcão fumegante, ouve-se o estrondo de um tremor de terra, seguido por um deslizamento do terreno. Chi-wan-to-pel grita no delírio do sofrimento, enquanto a terra recobre seu corpo: "Conservei meu corpo inviolado. – Ah! ela compreenderá! – Ja-ni-wa-ma, Ja-ni-wama, tu, tu me compreendes!"

Observações e esclarecimentos

O senhor há de convir, suponho, que essa fantasia hipnagógica, como obra da imaginação, merece alguma atenção. Não lhe falta diferenciação e peculiaridade na estrutura, e possui até certa originalidade na composição dos temas. Poderíamos até fazer dela uma espécie de melodrama. Se eu tivesse a tendência de superestimar o significado de tais composições e fosse incapaz de reconhecer elementos conhecidos nessa estranha fantasia, eu poderia até chegar ao ponto de ver em Chi-wan-to-pel meu "controle", meu espírito controlador, a exemplo de tantos médiuns. Não preciso dizer que não farei isso. Procuremos, portanto, as prováveis fontes desse pequeno romance.

Em primeiro lugar, o nome Chi-wan-to-pel: um dia, estando completamente desperta, veio-me à cabeça a palavra A-ha-ma-ra-ma, em caracteres assírios, e apenas tive de relacioná-la com outros nomes já meus conhecidos, como Ahasverus, Asurabama (o segundo a fabricar tijolos cuneiformes), para descobrir sua origem. Assim também aqui: compare Chi-wan-to-pel com Po-po-cat-a-pel, o nome de um vulcão da América Central, com a pronúncia que nos foi ensinada: a semelhança é enorme.

Além disso, quero observar que alguns dias antes eu havia recebido uma carta de Nápoles, em cujo envelope havia uma vista do Vesúvio fumegante (K). Em minha infância interessei-me muito por fragmentos astecas assim como pela história do Peru e dos Incas (A e B). – Recentemente vi uma belíssima exposição de índios com suas roupas etc., que encontraram o seu devido lugar em meu sonho (D). – A conhecida cena de Shakespeare,em que Cassius apresenta seu peito nu a Brutus, sugere-me uma explicação para a cena

(E); e a cena (F) lembra-me de um lado o momento em que Buda deixa sua casa paterna e, de outro lado, também a história de *Rasselas, o príncipe da Abissínia*, de Samuel Johnson. – Vários detalhes lembram também a Canção de Hiawatha, a epopeia índia de Longfellow, cujo ritmo entrou inconscientemente em diversas passagens do monólogo de Chi-wan-to-pel. E sua ardente procura por alguém que lhe fosse semelhante (G) apresenta inegável analogia com os sentimentos de Siegfried para com Brünhilde, que Wagner conseguiu expressar tão bem. – Enfim (I), ouvi recentemente uma palestra de Félix Adler sobre a personalidade intacta (*The inviolate personnality*).

Na vida febril que se leva em Nova York, muitas vezes milhares de elementos diferentes se fundem numa impressão geral de um único dia. Concertos, conferências, livros, revistas, peças de teatro etc., tudo isso realmente pode transformar nossa cabeça num redemoinho. Afirma-se que nada daquilo que entra na mente se perde por completo; bastaria qualquer associação de ideias ou uma certa coincidência de fatos para fazer reviver até mesmo a mais fraca das impressões. Isso deve ocorrer em muitos casos. Assim, por exemplo, os detalhes da cidade de sonho (C) correspondiam àqueles vistos na capa de uma revista que eu havia lido há pouco tempo. E, resumindo, é possível que a história toda nada mais seja do que um mosaico composto pelos seguintes elementos:

A – Fragmentos astecas e a história dos Incas do Peru.

B – Pizarro no Peru.

C – Gravuras e ilustrações vistas recentemente em diversas revistas.

D – Exposição de índios com suas roupas etc.

E – Reminiscências de uma cena de *Júlio César*, de Shakespeare.

F – Despedida de Buda e Rasselas.

G e H – Siegfried, que suspira por Brünhilde.

I – Recordações de uma conferência sobre a personalidade intacta.

K – Vista do Vesúvio sobre um envelope.

E agora, se acrescento que, durante os dias que antecederam, eu estivera à procura de uma "ideia original", não é preciso grande esforço para imaginar que esse mosaico se formou por si só, por meio de milhares de impressões, como ocorre em pessoas muito ocupadas, tendo assumido essa forma fantástica de sonho. Era ao redor de meia-noite e possivelmente meu estado de extremo cansaço e excitação psíquica até certo ponto turvou e desviou o curso de meus pensamentos.

P.S. – Temo que minha preocupação com a exatidão do relato me tenha levado a dar um cunho demasiado pessoal a minhas observações. No entanto, espero – e esta é a minha justificativa – que possam ajudar outras pessoas a se orientarem em meio a situações semelhantes, e contribuir para o esclarecimento de fenômenos ainda mais complexos, como aparecem frequentemente nos médiuns.

Referências

As referências às obras de C.G. Jung remetem à edição Obra Completa publicada pela Vozes.

Abeghian, M. (1899). *Der armenische Volksglaube*. Drugulin.

Abraham, K. (1908). Die psychosexuellen Differenzen der Hysterie und der Dementia praecox. In *Zentralblatt für Nervenheilkunde und Psychiatrie*. Vogel & Kreienbrink

Abraham, K. (1909). *Traum und Mythus – Eine Studie zur Völkerpsychologie* (*Schriften zur angewandten Seelenkunde*). Franz Deuticke. [Obra original organizada por S. Freud].

Aigremont, Dr. [Pseudônimo de Siegmar von Schultze-Galléra] (1909). *Fuss- und Schuh-Symbolik und -Erotik. Folkloristische und sexualwissenschaftliche Untersuchungen*. Deutsche-Verlag; Aktien-Gesellschaft.

Aigremont, Dr. [Pseudônimo de Siegmar von Schultze-Galléra] (1908-1909). *Volkserotik und Pflanzenwelt*. Satyr-Verlag.

Apuleius. (1778). *Lucii Apuleii Madaurensis Platonici philosophi opera: Vol. I. Metamorphoseos sive De asino aureo*. Altenburg. [Versão alemã: *Die Metamorphosen oder Der goldene Esel*. (1909). Hanns Floerke]

Arnold, E. (1887). *The Light of Asia or The Great Renunciation... being the Life and Teaching of Gautama*. Robert Brothers. [Versão alemã: *Die Leuchte Asiens oder Die grosse Entsagung* (Mahabhinischkramana) (1887)].

Arnold, R. F. (1902). Die Natur verrät heimliche Liebe. In *Zeitschrift des Vereins für Volkskunde* (Vol. XII, pp. 155-167; pp. 291-295). Verlag von A. Asher.

Augustinus, A. (1836). *Opera omnia: Vol. 1. Confessionum libri tredecim*. [Versão alemã: *Die Bekenntnisse des heiligen Augustinus*. (1888). Reclam-Verlag (O. F. Lachmann, Trad.)].

Baldwin, J. M. (1908-1914). *Das Denken und die Dinge oder Genetische Logik – Eine Untersuchung der Entwicklung und der Bedeutung des Denkens*. Barth. [Tradução para o alemão com a colaboração do autor por W.F.G. Geisse].

Bastian, A. (1868). *Beiträge zur vergleichenden Psychologie. Die Seele und ihre Erscheinungsweisen in der Ethnographie*. Dümmler.

Bernoulli, C.A. (1908). *Franz Overbeck und Friedrich Nietzsche – Eine Freundschaft*. E. Diederichs.

Berthelot, M. (1887-1888). *Collection des anciens alchimistes grecs*. G. Steinheil.

Bertschinger, H. (1912). Illustrierte Halluzinationen. In *Jahrbuch für psychoanalytische und psychopathologische Forschungen* (Vol. III, pp. 69-100). Franz Deuticke.

Bíblia Sagrada (1982). Vozes.

Bleuler, E. (1911). *Dementia praecox*. International Universities Press.

Bleuler, E. (1910). Die Psychoanalyse Freuds. In *Jahrbuch für psychoanalytische und psychopathologische Forschungen* (Vol II, pp. 623-730). Franz Deuticke.

Bleuler, E. (1910). Zur Theorie des schizophrenen Negativismus. In *Psychiatrisch--neurologische Wochenschrift* (Vol. XII, n. 18-21). University of California Libraries.

Bousset, W. (1895). *Der Antichrist in der Überlieferung des Judentums, des neuen Testaments und der alten Kirche – Ein Beitrag zur Auslegung der Apokalypse*. Vandenhoeck.

Breuer, J., & Freud, S. (1895). *Studien über Hysterie*. Franz Deuticke.

Brugsch, H. (1852). *Die Adonisklage und das Linoslied*. Ferd. Dümmler-Verlag.

Brugsch, H. (1891). *Religion und Mythologie der alten Ägypter*. J.C. Hinrichs.

Bücher, K. (1896). *Arbeit und Rhythmus* (Abhandlungen der philologisch-historischen Classe der sächsischen Gesellschaft der-Wissenschaften XVII/5). B. G. Teubner.

Bücher, K. (1874). *Die Aufstände der unfreien Arbeiter 143 bis 129 vor Christus*. J.D. Sauerländer's Verlag.

Buber, M. (org.). (1909). *Ekstatische Konfessionen*. E. Diederichs.

Bundahish. (1880). In E. W. West (org.), *Pahlavi Texts* (*Sacred Books of the East* V). Motilal Banarsidass.

Burckhardt, J. (1901). Briefe an Albert Brenner. Mit Einleitung und Anmerkungen von Hans Brenner. In *Basler Jahrbuch* (pp. 87-110). C. Dettloff's Buchhandlung.

Burckhardt, J. (1869). *Die Kultur der Renaissance in Italien – Ein Versuch* (2a ed.). Schweighauser.

Byron, G. G. N. (1902). *The Poetical Works*. F.A. Brockhaus.

Caetani-Lovatelli, E. (1889). *Antichi monumenti illustrati*. Tipografia della R. Accademia dei Lincei.

Carlyle, T. (s.d.). Über Helden – Heldenverehrung und das Heldentümliche in der Geschichte. *Sechs Vorträge*. Verlag Neues Leben Wilhelm Borngräber.

Chamberlain, H. S. (1904). *Die Grundlagen des neunzehnten Jahrhunderts* (5a ed.). München Bruckmann.

Cicero (1884). *Tusculanarum disputationum ad M. Brutum libri quinque* (8a ed.). Berlin Weidmann.

Claparède, E. (1908). Quelques mots sur la définition de l'hystérie. In *Archives de psychologie de la Suisse romande* (Vol. VII, pp. 169-183). [S.n.].

Conybeare, F. C. (1906). Die jungfräuliche Kirche und die jungfräuliche Mutter. Eine Studie über den Ursprung des Mariendienstes. In *Archiv für Religionswissenschaft* (Vol. IX, pp. 73-86). Teubner.

Creuzer, F. (1810-1812). Symbolik und Mythologie der alten Völker, besonders der Griechen. In *Vorträgen und Entwürfen* (4 Vols.). Leske.

Cumont, F. (1903). *Die Mysterien des Mithra. Ein Beitrag zur Religionsgeschichte der römischen Kaiserzeit*. (2a ed). Teubner.

Cumont, F. (1896-1899). *Textes et monuments figurés relatifs aux mystères de Mithra* (2 Vols.). Lamertin.

De Jong, K. H. E. (1909). *Das antike Mysterienwesen in religionsgeschichtlicher, ethnologischer und psychologischer Bedeutung*. Brill.

Deussen, P. (1906-1915). *Allgemeine Geschichte der Philosophie mit besonderer Berücksichtigung der Religionen* (2a ed.). F.A. Brockhaus.

Deussen, P. (1909). *Die Geheimlehre des Veda. Ausgewählte Texte der Upanishad's* (3a ed.). F.A. Brockhaus.

Dieterich, A. (1891). *Abraxas. Studien zur Religionsgeschichte des späteren Altertums. Festschrift für Hermann Usener*. Teubner.

Dieterich, A. (org.). (1910). *Eine Mithrasliturgie* (2a ed). Teubner.

Dieterich, A. (1905). *Mutter Erde. Ein Versuch über Volksreligion*. Teubner.

Diez, F. (1861). *Etymologisches Wörterbuch der romanischen Sprachen* (2 Vols.). bei Adolph Marcus-Verlag.

Drews, A. (1910). *Die Christusmythe*. E. Diederichs.

Drews, A. (1907). *Plotin und der Untergang der antiken Weltanschauung*. E. Diederichs.

Ebbinghaus, H. (1910). Psychologie. In W. Dilthey (org.), *Die Kultur der Gegenwart*. [S.n.].

Eberschweiler, A. (1908). Untersuchungen über die sprachliche Komponente der Assoziation. In *Allgemeine Zeitschrift für Psychiatrie und psychisch-gerichtliche Medizin* (Vol. LXV, pp. 240-271). August Hirschwald.

Emerson, R. W. (1903-1904). The Conduct of Life. In R. W. Emerson. *The Complete Works: Vol. VI. Centenary Edition*. Houghton Mifflin.

Erdmann, B. (1907). *Logische Elementarlehre* (Logik I) (2a ed.). Max Niemeyer.

Erman, A. (1885). Ägypten und ägyptisches Leben im Altertum. Verlag der H. Laupp schen Buchhandlung.

Ferenczi, S. (1909). Introjektion und Übertragung. In *Jahrbuch für psychoanalytische und psychopathologische Forschungen* (Vol. I, pp. 422-457). Franz Deuticke.

Ferrero, G. (1895). *Les lois psychologiques du symbolisme*. Kessinger.

Fichte, I. H. (1864/1873). *Psychologie* (2 Vols.). Teubner.

Fick, A. (1890-1909). *Vergleichendes Wörterbuch der Indogermanischen Sprachen* (4a ed.). Vandenhoeck.

Firmicus Maternus, I. (1907). *De errore profanarum religionum*. Teubner.

Firmicus Maternus, I. (1894). *Matheseos libri VIII*. Teubner.

Flournoy, T. (1900). *Des Indes à la planète Mars – Etude sur un cas de somnambulisme avec glossolalie* (3a ed.). F. Alcan.

France, A. (1908). *Le jardin d'Epicure*. [S.n.].

Frazer, J. G. (1907/1911). *The Golden Bough. A Study in Magic and Religion: Part III. The Dying God; Part IV: Adonis, Attis, Osiris* (3a ed.). [S.n.].

Freud, S. (1909). Analyse der Phobie eines fünfjährigen Knaben. In *Jahrbuch für psychonalaytische und psychopathologische Forschungen* (Vol. I, pp. 1-109). Franz Deuticke.

Freud, S. (1909). Der Dichter und das Phantasieren. In *Sammlung kleiner Schriften zur Neurosenlehre* (Vol. II). Franz Deuticke.

Freud, S. (1909). Bemerkungen über einen Fall von Zwangsneurose. In *Jahrbuch für psychoanalytische und psychopathologische Forschungen* (Vol. I). Franz Deuticke.

Freud, S. (1900). *Die Traumdeutung*. Franz Deuticke.

Freud, S. (1905). *Drei Abhandlungen zur Sexualtheorie*. Franz Deuticke.

Freud S. (1910). *Eine Kindheitserinnerung des Leonardo da Vinci* (Schriften zur angewandten Seelenkunde VII). Franz Deuticke.

Freud S. (1911). Formulierungen über die zwei Prinzipien des psychischen Geschehens. In *Jahrbuch für psychoanalytische und psychopathologische Forschungen* (Vol. III). Franz Deuticke.

Freud, S. (1911). Psychoanalytische Bemerkungen über einen autobiographisch beschriebenen Fall von Paranoia (Dementia paranoides). In *Jahrbuch für psychoanalytische und psychopathologische Forschungen* (Vol. III, pp. 9-68). Franz Deuticke. [Suplemento: P. Schreber: Denkwürdigkeiten eines Nervenkranken, pp. 588-590 do mesmo volume].

Freud, S. (1911). Zur Dynamik der Übertragung. In *Zentralblatt für Psychoanalyse*, (Vol. 2, pp. 167-173). J. F. Bergmann.

Freud, S. (1904). *Zur Psychopathologie des Alltagslebens. Über Vergessen, Versprechen, Vergreifen, Aberglauben und Irrtum*. S. Karger.

Freud, S. (1909). Zwangshandlungen und Religionsübung. In *Sammlung kleiner Schriften zur Neurosenlehre* (Vol. 2). Franz Deuticke.

Friedländer, S. (1910). Venicreator! Zehn Jahre nach dem Tode Friedrich Nietzsche's. In Jugend 35, p. 823. [S.n.].

Frobenius, L. (1904). *Das Zeitalter des Sonnengottes*. G. Reimer.

Goethe, J. W. (1827-1834). *Werke* (31 Vols.). [S.n.]. [Edição completa do texto definitivo].

Görres, J. (1836-1842). *Die christliche Mystik* (4 Vols.). G. J. Manz.

Graf, M. (1911). *Richard Wagner im "Fliegenden Holländer". Ein Beitrag zur Psychologie künstlerischen Schaffens* (Schriften zur angewandten Seelenkunde IX). Franz Deuticke.

Gressmann, H. (org.). (1909). *Altorientalische Texte und Bilder zum Alten Testamente* (2 Vols.). J.C.B. Mohr.

Grimm, J. (1876-1877). *Deutsche Mythologie* (E. H. Meyer, org.; 4a ed.; 3 Vols.). [S.n.].

Gubernatis, A. de (1874). *Die Thiere in der indogermanischen Mythologie*. [S.n.].

Gunkel, H. (1895). *Schöpfung und Chaos in Urzeit und Endzeit – Eine religionsgeschichtliche* Untersuchung über Genesis 1 und Apokalypse des Johannes 12. [S.n.].

Hamann, J. G. (1821-1843). *Schriften* (F. Roth, org.; 8 Vols.). [S.n.].

Hauptmann, G. (1904). *Die versunkene Glocke – Ein deutsches Märchendrama* (57a ed.). [S.n.].

Hauptmann, G. (1902). *Hanneles Himmelfahrt – Traumdichtung in zwei Teilen* (11a ed.). [S.n.].

Heine, H. (1899). *Sämtliche Werke*. Dt. Verlags-Anstalt.

Herodot (1911). *Neun Bücher der Geschichte* (Vol. I: 1º ao 4º livro). [S.n.].

Herrmann, P. (1903). *Nordische Mythologie in gemeinverständlicher Darstellung*. Engelmann.

Herzog, R. (1907). Aus dem Asklepieion von Kos. In *Archiv für Religionswissenschaft* (Vol. X, pp. 201-228, pp. 400-415). Teubner.

Hesiod (1855-1911). *Werke* (4a ed.). Stuttgart, Krais & Hoffmann. [Traduzido para o alemão de acordo com a métrica original por Eduard Eyth].

Hirt, H. (1909). *Etymologie der neuhochdeutschen Sprache – Darstellung des deutschen Wortschatzes in seiner geschichtlichen Entwicklung*. Bech.

Hölderlin, F. (s.d.). Sämtliche Werke. Insel.

Hölderlin, F. (1909). *Gesammelte Werke: Band II. Gedichte* (3 Vols.). E. Diederichs.

Homer (1842). *Werke* (J. Heinrich, Trad.): Vol. I. *Ilias*. Vol. II. *Odyssee*. [S.n.].

Horaz (1899/1925). *Werke* (2 Vols.). [S.n.]. [Organizado por O. Keller e A. Holder]

Humboldt, A. von (1889). *Kosmos – Entwurf einer physischen Weltbeschreibung* (2 Vols.). Klett-Cotta.

Inman, T. (1894). *Ancient pagan and modern Christian Symbolism*. Peter Eckler.

Jahns, M. (1872). *Ross und Reiter in Leben, Sprache, Glauben und Geschichte der Deutschen. Eine kulturhistorische Monografie* (2 Vols.). [S.n.].

James, W. (1909). *Psychologie*. [S.n.].

Janet, P. (1909). *Les névroses*. Ernest Flammarion.

Jensen, P. (1906). *DasGilgamesch-Epos in der Weltliteratur*. Trübner.

Jensen, P. (1890). *Die Kosmologie der Babylonier. Studien und Materialien*. Trübner.

Jodl, F. (1908). *Lehrbuch der Psychologie* (2 Vols.). Cottasche Buchhandlung Nachfolge.

Joel, K. (1912). *Seele und Welt –Versuch einer organischen Auffassung*. E. Diederichs.

Johnson, S. (1759). *The History of Rasselas, Prince of Abissinia*. [S.n.].

Jones, E. (1910). On the Nightmare. *American Journal of Insanity, LXVI*, 383-417. [Tradução alemã: *Der Alptraum in seiner Beziehung zu gewissen Formen des mittelalterlichen Aberglaubens* (1912)].

Jung, C.G. (2019). *Estudos experimentais* (Obra Completa, Vol. 2). Vozes.

Jung, C.G. (2013). *Estudos psiquiátricos* (Obra Completa, Vol. 1, 5a ed). Vozes.

Jung, C.G. (2013). *Freud e a psicanálise* (Obra Completa, Vol. 4, 7a ed). Vozes.

Jung, C.G. (2011). *O desenvolvimento da personalidade* (Obra Completa, Vol. 17, 11a ed.). Vozes.

Jung, C.G. (2013). *Psicogênese das doenças mentais* (Obra Completa, Vol. 3, 6a ed.). Vozes.

Jung, C.G. (2018). *Símbolos da transformação* (Obra Completa, Vol. 5). Vozes.

Kalthoff, A. (1904). *Die Entstehung des Christentums. Neue Beiträge zum Christusproblem*. E. Diederichs.

Kleinpaul, R. (1893). *Das Leben der Sprache und ihre Weltstellung* (3 Vols.). E. Diederichs.

Kluge, F. (1910). *Etymologisches Wörterbuch der deutschen Sprache* (7a ed). Trübner.

Knight, R. P. (1904). *A discourse on the worship of Priapus and its connection with the mystic theology of the ancients*. [S.n.].

Kuhn, A. (1886). *Mythologische Studien.* Vol. I: *Die Herabkunft des Feuers und* des *Göttertranks. Ein Beitrag zur vergleichenden Mythologie der Indogermanen* (2a ed.). [S.n.].

Külpe, O. (1893). *Grundriss der Psychologie auf experimenteller Grundlage dargestellt*. E. Diederichs.

Laistner, L. (1889). *Das Rätsel der Sphinx* (2 Vols.). W. Hertz.

Lajard, J. B. F. (1837). *Recherches sur le culte, les symboles, les attributs et les monuments figurés de Vênus en orient et en occident* [Excerto]. [S.n.].

La Rochefoucauld, F. (1868). *Oeuvres complètes* (3 vols.). [S.n.].

Le Blant, E. (1886). *Les Sarcophages chrétiens de la Gaulle*. [S.n.].

Lehrbuch der Religionsgeschichte. *Begründet von Chantepie de la Saussaye* (1925) (A. Berthole & E. Lehmann, orgs.; 4a ed.; 2 Vols.). Mohr.

Liepmann, H. (1904). Über Ideenflucht: Begriffsbestimmung und psychologische Analyse. [S.n.].

Löwis of Menar, A. von (1910). Nordkaukasische Steingeburtssagen. In *Archiv für Religionswissenschaft* (Vol. XIII, pp. 509-524). Teubner.

Lombroso, C. (1887). *Genie und Irrsinn in ihren Beziehungen zum Gesetz, zur Kritik und zur Geschichte*. Reclam.

Longfellow, H. W. (1893). The song of Hiawatha. In *The Complete Poetical Works*. [S.n.].

Lotze, H. (1874). *Logik. Drei Bücher vom Denken, vom Untersuchen und vom Erkennen*. [S.n.].

Lydus, J. (1898). *De mensibus* (R. Wünsche, org.). [S.n.].

Macrobius, A. A. T. (1556). *Saturnaliorum libri VII*. [S.n.]. [Junto com: *In somnium Scipionis libri II*].

Maeder, A. (1908). Die Symbolik in den Legenden, Märchen, Gebräuchen und Träumen. In *Psychiatrisch-neurologische Wochenschrift* (Vol. X, pp. 45, 55). [S.n.].

Maehly, J. (1867). *Die Schlange im Mythus und Cultus der classischen Völker*. [S.n.].

Maeterlinck, M. (s.d.). *L'Oiseau bleu. Féerie en six actes et douze tableaux*. [S.n.]. [Estreia em Moscou/Paris, 1908/1911].

Maeterlinck, M. (1914). *La Sagesse et la destinée*. G. Charpentier.

Magdeburg, M. von (1909). *Das fliessende Licht der Gottheit der Mechthild von Magdeburg*. [S.n.]. [Traduzido para o alemão moderno e explicado por Mela Escherich].

Mannhardt, W. (1904-1905). *Wald- und Feldkulte* (2a ed.; 2 Vols.). Gebrüder Borntraeger.

Maurice, T. (1796). *Indian Antiquities* (7 Vols.). [S.n.].

Mauthner, F. (1901). *Sprache und Psychologie* (Beiträge zu einer Kritik der Sprache I). Cotta.

Mead, G. R. S. (1907). *A Mithraic Ritual (Echoes from the Gnosis VI)*. [S.n.].

Mereschkowski, D. S. (1910). *Leonardo da Vinci. Historischer Roman aus der Wende des 15. Jahrhunderts*. [S.n.].

Meringer, R. (1904). Wörter und Sachen. In *Indogermanische Forschungen* (Vol. XVI, pp. 101-196). W. de Gruyter.

Meyer, E. H. (1883-1887). *Indogermanische Mythen* (2 Vols.). [S.n.].

Miller, F. [Pseudônimo Miss] (1906). Quelques faits d'imagination créatrice subconsciente. Introduction par M. Th. Flournoy. In *Archives de psychologie de la Suisse romande* (pp. 36-51). [S.n.].

Mörike, E. (s.d.). *Sämtliche Werke* (6 Vols.). [S.n.].

Müller, F. M. (1874). *Einleitung in die vergleichende Religionswissenschaft*. [S.n.].

Müller, F. M. (1880). *Vorlesungen über den Ursprung und die Entwicklung der Religion mit besonderer Rücksicht auf die Religionen des alten Indiens*. [S.n.].

Müller, J. (1826). Über die phantastischen Gesichtserscheinungen. [S.n.].

Müller, J. G. (1867). *Geschichte der Amerikanischen Urreligionen* (2a ed.). [S.n.].

Muther, R. (1909). *Geschichte der Malerei: Vol. II. Die Renaissance im Norden und die Barockzeit*. [S.n.].

Nagel, A. (1908). Der chinesische Küchengott Tsau-kyun. In *Archiv für Religionswissenschaft* (Vol. XI, pp. 23-43). Teubner.

Negelein, J. (1909). Das Pferd im Seelenglauben und Totenkult. In *Zeitschrift des Vereins für Volkskunde* (Vol. XI, pp. 406-420; Vol. XII, pp. 14-25; pp. 377-390). Verlag von A. Asher.

Negelein, J. (1912). *Der Traumschlüssel des Jaggadeva. Ein Beitrag zur indischen Mantik* (Religionsgeschichtliche Versuche und Vorarbeiten VI). [S.n.].

Neumann, K. E. (1905). *Reden, Die, des Gotamo Buddho's aus der Sammlung der Bruchstücke Suttanipãto des Pãli-Kanons* (K. Eugen, trad.). [S.n.].

Nietzsche, F. (1899-1911) *Werke* (16 Vols.). [S.n.]. [Vols. cit. II: *Menschliches, Allzumenschliches*; VI: *Also sprach Zarathustra. Ein Buch für Alle und Keinen*; VIII: *Zarathustra-Sprüche und -Lieder*]

Nork, F. (1843-1845). *Etymologisch-symbolisch-mythologisches Real-Wörterbuch zum Handgebrauche für Bibelforscher, Archäologen und bildende Künstler* (4 Vols.). [S.n.].

Ovid (1630). *Opera. Ex recensione Dan. Heinsii*. [S.n.].

Paul, H. (1909). *Prinzipien der Sprachgeschichte* (4a ed.). [S.n.].

Pausanias (s.d.). *Pausanias' Beschreibung von Griechenland* (4a ed.). [S.n.].

Pfister, O. (1910). *Die Frömmigkeit des Grafen Ludwig von Zinzendorf. Ein psychoanalytischer Beitrag zur Kenntnis der religiösen Sublimierungsprozesse und zur Erklärung des Pietismus* (Schriften zur angewandten Seelenkunde VIII). [S.n.].

Platon (1906). *Gastmahl* (2a ed.). E. Diederichs. [Tradução para o alemão por Rudolf Kassner].

Platon (1909). *Timaios/Kritias/Gesetze X*. E. Diederichs. [Tradução para o alemão por Otto Kiefer].

Plinius, Secundus C. (1875-1906). *Naturalis historiae libri 37* (6 Vols.). [S.n.]. [Versão alemã: *Die Naturgeschichte des Plinius*. Organizada por G.C. Wittstein].

Plutarch (1850). Über Isis und Osiris. *Nach neuverglichenen Handschriften mit Übersetzungen und Erläuterungen hg. von Gustav Parthey*. [S.n.].

Poe, E. A. (1845). *The Raven and Other Poems*. [S.n.].

Pöhlmann, R. (1893/1901). *Geschichte des antiken Kommunismus und Sozialismus* (2 Vols.). [S.n.].

Preller, L. (1854). *Griechische Mythologie* (2 Vols.). [S.n.].

Prellwitz, W. (1905). *Etymologisches Wörterbuch der griechischen Sprache* (2a ed.). [S.n.].

Preuss, K. Th. (1904). Der Ursprung der Religion und Kunst. In *Globus. Illustrierte Zeitschrift für Länder- und Völkerkunde* (Vol. LXXXVI, p. 321-327, 355-363, 375-379, 388-392; LXXXVII (1905), p. 333-337, 347-350, 380-384, 394-400, 413-419). [S.n.].

Rank, O. (1910). Ein Traum, der sich selbst deutet. In *Jahrbuch für psychoanalytische und psychopathologische Forschungen* (Vol. II, pp. 465-540). Franz Deuticke.

Rank, O. (1909). *Der Mythus von der Geburt des Helden – Versuch einer psychologischen Mythendeutung (Schriften zur angewandten Seelenkunde V)*. Franz Deuticke.

Reitzenstein, R. (1910). *Die hellenistischen Mysterienreligionen. Ihre Grundgedanken und Wirkungen*. [S.n.].

Renan, E. (1876). Dialogues et fragments philosophiques. In *Les Sciences de la nature et les sciences historiques. Lettre à M. Marcellin Berthelot* (*août 1863*) (pp. 153-191). [S.n.].

Riklin, F. (1908). *Wunscherfüllung und Symbolik im Märchen*. [S.n.].

Robertson, J. M. (1889). *Christ and Krishna*. [S.n.].

Robertson, J. M. (1910). *Die Evangelien-Mythen* (2a ed.). E. Diederichs.

Rohde, E. (1907). Psyche. *Seelencult und Unsterblichkeitsglaube der Griechen* (4a ed.; 2 Vols.). [S.n.].

Rohde, E. (1886). Exira. In *Hermes* (Vol. XXI, p. 124). [S.n.].

Roscher, W. H. (org.). (1884-1890). *Ausführliches Lexikon der griechischen und römischen Mythologie*. [S.n.].

Rostand, E. (1899). *Cyrano de Bergerac. Comédie héroique en cinq actes*. [S.n.]. [Versão alemã: *Cyrano von Bergerac. Romantische Komödie in fünf Aufzügen* (L. Fulda, trad.; 7a ed.)].

Schelling, F. W. J. (1856-1857). *Philosophie der Mythologie*. Sämtl. Werke. II/1 und 2. [S.n.].

Schopenhauer, A. (1891). *Die Welt als Wille und Vorstellung. Sämtliche Werke in sechs Bänden*. I und II (E. Griesebach, org.; 2a ed.). [S.n.].

Schreber, D. P. (1909). *Denkwürdigkeiten eines Nervenkranken nebst Nachträgen usw*. [S.n.].

Schultz, W. (1910). *Dokumente der Gnosis*. E. Diederichs.

Schultze, F. (1900). *Psychologie der Naturvölker*. [S.n.].

Schultze, V. (1882). *Die Katakomben. Die altchristlichen Grabstätten. Ihre Geschichte und ihre Monumente*. [S.n.].

Seneca (1871-1873). *L. Anneae S'ae opera quae supersunt* (F. Haase, org.; 3 Vols.). [S.n.].

Siecke, E. (1898). Der Gott Rudra im Rig-Veda. In *Archiv für Religionswissenschaft* (Vol. I, pp. 113-151, pp. 209-259). Teubner.

Silberer, H. (1910). Phantasie und Mythus (Vornehmlich vom Gesichtspunkte der "funktionalen Kategorie" aus betrachtet). In *Jahrbuch für psychoanalytische und psychopathologische Forschungen* (Vol. II, pp. 541-622). Franz Deuticke.

Silberer, H. (1909). Bericht über eine Methode, gewisse symbolische Halluzinationserscheinungen hervorzurufen und zu beobachten. In *Jahrbuch für psychoanalytische und psychopathologische Forschungen* (Vol. I, pp. 513-525). Franz Deuticke.

Silberer, H. (1911-1912). Über die Symbolbildung. In *Jahrbuch für psychoanalytische und psychopathologische Forschungen* (Vol. III, pp. 661-723; Vol. IV, pp. 607-683). Franz Deuticke.

Spiegel, F. (1871-1878). *Erânische Altertumskunde* (3 Vols.). [S.n.].

Spiegel, F. (1851). *Grammatik der Parsisprache nebst Sprachproben*. [S.n.].

Spielrein, S. (1912). Über den psychologischen Inhalt eines Falles von Schizophrenie (Dementia praecox). In *Jahrbuch für psychoanalytische und psychopathologische Forschungen* (Vol. III, pp. 329-400). Franz Deuticke.

Spitteler, C. (1919). *Imago*. E. Diederichs.

Stacpoole, H. de V. (1908). *The blue lagoon*. [S.n.].

Steinthal, H. (1862). Die Sage von Simson. In *Zeitschrift für Völkerpsychologie und Sprachwissenschaft* (Vol. II, pp. 129-178). Dümmler.

Steinthal, H. (1862). Die ursprüngliche Form der Sage von Prometheus. In *Zeitschrift für Völkerpsychologie und Sprachwissenschaft* (Vol. II, pp. 1-29). Dümmler.

Stekel, W. (1912). Aus Gerhart Hauptmanns Diarium. In *Zentralblatt für Psychoanalyse* (Vol. II, pp. 365s.) J. F. Bergmann.

Stekel, W. (1908). Die sexuelle Wurzel der Kleptomanie. In *Zentralblatt für Sexualwissenschaft* 1/2. J. F. Bergmann.

Stekel, W. (1911). *Die Sprache des Traumes. Für Ärzte und Psychologen*. J. F. Bergmann.

Stokes, W. (1894). Urkeltischer Sprachschatz. In *Vergleichendes Wörterbuch der Indogermanischen Sprachen*. Vandenhoeck.

Stoll, O. (1908). *Das Geschlechtsleben in der Völkerpsychologie*. Veit.

Sueton (1912). *Die zwölf Cäsaren*. [S.n.]. [Traduzido por Adolf Stahr (Klassiker des Altertums, erste Reihe XII)].

Tertullian. Apologeticus adversus gentes pro Christianis. (Apologia.) In *Migne, P. L.* I col. 257-536. [S.n.].

The Song Celestial, or Bhagavad Gita (Sir E. Arnold, trad.). (1910). Kegan Paul.

Theokrit (1869). *Theokrits Idyllen*. [S.n.]. [Com texto explicativo em alemão por Ad. Th. Hermann Fritzsche].

Thiele, G. (1928). *Antike Himmelsbilder. Mit Forschungen zu Hipparchos, Aratos und seinen Fortsetzern und Beiträgen zur Kunstgeschichte des Sternhimmels*. Weidmannsche Buchhandlung.

Upanishads, The (1896). [Traduzido e organizado por G. R. S. Mead e J. C]. Chattopadhyâya.

Upanishads, The (1900). Part II. [Traduzido e organizado por F. Max Müller (The Sacred Books of the East 15)]. Oxford.

Usener, H. (1911). *Das Weihnachtsfest* (2a ed.). [S.n.].

Usener, H. (1907). *Der heilige Tychon*. [S.n.].

Verlaine, P. (1923-1926). *Oeuvres complètes* (5 Vols.). [S.n.]. ["Poèmes Saturniens", vol. I, 1925]

Vergil (1939). *Hirtengedichte/Vom Landbau*. [S.n.]. [Versão alemã de Rudolf Alexander Schröder].

Völlers, K. (1909). Chidher. In *Archiv für Religionswissenschaft* (Vol. XII, pp. 234-284). Teubner.

Wagner, R. (s.d.). *Gesammelte Schriften* (J. Kapp, org.; 14 Vols.). Teubner. ["Siegfried" e "Walküren", vol. IV].

Waitz, T. (1859-1872). *Anthropologie der Naturvölker* (6 Vols.). Teubner.

Walde, A. (1910). *Lateinisches etymologisches Wörterbuch* (Indogermanische Bibliothek, 2. Reihe I) (2a ed.). Heidelberg.

Wegener, T. a V. (1891). *Das wunderbare innere und äussere Leben der Dienerin Gottes Anna Katharina Emmerich aus dem Augustinerorden*. [S.n.].

Wiedemann, A. (1900). Die Toten und ihre Reiche im Glauben der alten Ägypter. In *Der Alte Orient* (Vol. II/2, pp. 33-68). [S.n.].

Wirth, A. (org.) (1894). *Aus orientalischen Chroniken*. M. Diesterweg.

Wolff, C. (1732). *Psychologia empirica methodo scientifica pertractata*. Officina Libraria Rengeriana.

Wundt, W. (1902). *Grundriss der Psychologie* (5a ed.). W. Engelmann.

Wundt, W. (1898). Über naiven und kritischen Realismus. Dritter Artikel: II, Der Empiriokriticismus (Schluss). In W. Wundt (org.), *Philosophische Studien* (Vol. 13). [S.n.].

Zöckler, O. (1875). *Das Kreuz Christi. Religionshistorische und kirchlich-archäologische Untersuchungen. Zugleich ein Beitrag zur Philosophie der Geschichte*. [S.n.].

Fontes

A primeira parte de *Transformações e símbolos da libido* foi publicada em 1911 no anuário organizado por Eugen Bleuler e Sigmund Freud, *Jahrbuch für psychoanalytische und psychopathologische Studien*, vol. 3; a segunda parte foi publicada em 1912 no vol. 4. No mesmo ano, o trabalho foi publicado também como livro pela editora Franz Deuticke, Leipzig e Viena. Este livro segue essa publicação, utilizando-se da terceira edição do ano 1938.

A nova versão de 1950 sob o título *Símbolos da transformação*, publicada em 1952 pela editora Rascher, Zurique, foi publicada como vol. 5 na edição da Obra Completa pela Editora Vozes, Petrópolis.

Este livro segue a primeira edição, mas corrige as citações e referências de acordo com OC 5; além disso, as traduções das citações em outras línguas também foram adaptadas às traduções em OC 5. As nove ilustrações da Parte II não foram reproduzidas (a nova edição de 1952, OC 5, oferece um rico material ilustrativo).

Conecte-se conosco:

facebook.com/editoravozes

@editoravozes

@editora_vozes

youtube.com/editoravozes

+55 24 2233-9033

www.vozes.com.br

Conheça nossas lojas:

www.livrariavozes.com.br

Belo Horizonte – Brasília – Campinas – Cuiabá – Curitiba
Fortaleza – Juiz de Fora – Petrópolis – Recife – São Paulo

EDITORA VOZES LTDA.
Rua Frei Luís, 100 – Centro – Cep 25689-900 – Petrópolis, RJ
Tel.: (24) 2233-9000 – E-mail: vendas@vozes.com.br